AF758388

# Bibliothèque du programmeur en TURBO C®

COLLECTION BORLAND/McGRAW-HILL

# *Bibliothèque du programmeur en* TURBO C®

*Kris Jamsa*

*Traduit de l'américain*
*par Suzanne DELLINGER*

**McGRAW-HILL**

**Paris** — Auckland — Bogota — Caracas — Hambourg — Jakarta — Lisbonne — Londres — Madrid — Mexico — Milan — Montréal — New Delhi — New York — Panama — San Juan — São Paulo — Singapour — Sydney — Tokyo — Toronto.

**1989**

marques déposées:

| | |
|---|---|
| IBM® | International Business Machines Corporation |
| MS-DOS® | Microsoft Corporation |
| Turbo C® | Borland International, Inc. |

Maquette de couverture : Françoise Rojare

**Bibliothèque du programmeur en Turbo C®** est la traduction française de **Turbo C® Programmer's Library**

© 1988 by McGraw-Hill, Inc., New-York
© 1989, McGraw-Hill, Paris, pour la traduction française

ISBN : 2-7042-1177-9
ISSN : 0-992-5880

La loi du 11 mars 1957 n'autorisant, aux termes des alinéas 2 et 3 de l'Article 41, d'une part, que les « copies ou reproductions strictement réservées à l'usage privé du copiste et non destinées à une utilisation collective » et, d'autre part, que les analyses et les courtes citations dans un but d'exemple et d'illustration, « toute représentation ou reproduction intégrale, ou partielle, faite sans le consentement de l'auteur ou de ses ayants-droit ou ayants-cause, est illicite » (alinéa 1er de l'Article 40). Cette représentation ou reproduction, par quelque procédé que ce soit constituerait donc une contrefaçon sanctionnée par les Articles 425 et suivants du Code Pénal.

McGraw-Hill — 28, rue Beaunier — 75014 Paris

# Table des matières

# Préface

Proposer — avec notre éditeur McGraw Hill — la *Bibliothèque du programmeur en Turbo C* aux nombreux utilisateurs du Turbo C est un réel plaisir.

La puissance, la souplesse et la portabilité de Turbo C ont conquis la communauté des programmeurs, qui a accueilli avec enthousiasme cet environnement de développement complet et totalement interactif. Nous avons répondu à cette adhésion par l'engagement à soutenir les développeurs professionnels par tous les moyens: avec un produit d'un haut niveau technique, un support technique exceptionnel, et des ouvrages de qualité pour les aider à élargir leur domaine d'utilisation de Turbo C.

La *Bibliothèque du programmeur en Turbo C* de Kris Jamsa, auteur reconnu, fait à cet égard partie intégrante de notre structure d'assistance. Vous trouverez rassemblés en un seul ouvrage les techniques et des exemples pour produire un code de très bonne qualité, et les outils nécessaires à la construction de bibliothèques de routines puissantes. En outre, Kris Jamsa apporte une aide précieuse aux utilisateurs pour comprendre et mieux utiliser la bibliothèque de routines standard.

Nous vous recommandons la *Bibliothèque du programmeur en Turbo C* comme un ouvrage de référence. Si vous développez des programmes en Turbo C, c'est le livre qu'il vous faut.

Marie-Eve SCHAUBER
Directeur Général
Borland France

Philippe KAHN
Président
Borland International, Inc.

# Avant-propos

Améliorer le rendement des programmeurs est un des avantages que procure la constitution d'une bibliothèque Turbo C. Lorsqu'on travaille dans une entreprise, une bonne bibliothèque de routines améliore le rendement de chacun, et ceci pour plusieurs raisons. D'abord parce qu'une bibliothèque commune évite que les programmeurs perdent du temps en récrivant des routines qui existent déjà dans d'autres applications; ensuite parce que tout programmeur améliore son style de programmation en étudiant du «bon code». Analyser le code d'autres programmeurs permet de s'informer et d'apprendre de nouvelles techniques, de standardiser le code et la documentation et de réduire les erreurs. Si l'on fait de la programmation chez soi, la gestion d'une bibliothèque permet de mieux organiser les fichiers sur disque.

Ce livre fournit une importante collection de routines en Turbo C, écrites de telle façon que leur intégration dans des programmes d'application soit très simple. Cette bibliothèque répond aux besoins des débutants mais aussi à ceux des programmeurs expérimentés. Grâce à elle, les premiers pourront créer en quelques minutes seulement des programmes, quant aux seconds ils y trouveront les moyens d'augmenter la souplesse de leurs applications par l'utilisation de menus et la gestion dynamique de la mémoire. Tous apprendront comment écrire des routines qui permettent d'utiliser les tubes du DOS, les caractères génériques de remplacement et les services système DOS et BIOS.

## La bibliothèque standard de Turbo C

Les lecteurs qui utilisent déjà la librairie standard de Turbo C, liront sans doute avec intérêt la présentation détaillée des routines qui est faite ici pour la première fois. L'utilisation des routines présentées ici permettra d'augmenter sensiblement la puissance des programmes d'application. Dans tous les cas, cette présentation améliorera la compréhension des routines de Borland et en permettra l'utilisation optimale.

## Philosophie de développement

Ce livre est guidé par deux objectifs: le premier est d'offrir de nouvelles possibilités aux programmeurs de tous niveaux en Turbo C. Au débutant, cet ouvrage apporte un savoir et la possibilité d'approfondir sa connaissance de Turbo C. Pour répondre aux différents besoins des programmeurs chevronnés, il offre des routines de gestion de menus déroulants et d'entrées-sorties évoluées, de gestion de la mémoire dynamique, et de gestion des caractères génériques de remplacement.

Le second objectif — et le plus important — consiste à illustrer les bonnes techniques de programmation. C'est ainsi que chaque routine présente les caractéristiques suivantes :

- une documentation complète
- une utilisation cohérente
- un code structuré
- une détection des erreurs minutieuse
- pas ou peu d'effets secondaires (effets de bords).

En étudiant les routines, on remarquera la cohérence de leur documentation. En effet, dans la mesure où l'on doit examiner des centaines de routines, une documentation cohérente est plus importante qu'il n'y paraît au premier abord. On notera également leur code très structuré: les **goto** sont évités et les fonctions ont, aussi souvent que possible, un seul point d'entrée et un seul point de sortie. Afin d'augmenter les performances de compilation, le style des prototypes Turbo C a été largement employé. Si vous n'avez pas encore établi vos propres standards de programmation, vous aurez tout intérêt à adopter ceux qui vous sont proposés ici.

## Contenu

Le lecteur est supposé connaître Turbo C, ou être en train de l'apprendre. Ce livre n'est donc pas un guide d'apprentissage de Turbo C.

Le **chapitre 1** fait un tour d'horizon de la bibliothèque standard de Turbo C, introduit la notion de prototypage de fonctions C, et présente les conventions utilisées tout au long du livre.

Le **chapitre 2** est une présentation détaillée du traitement des chaînes de caractères. Un certain nombre de fonctions de la bibliothèque standard de Turbo C sont ici améliorées et enrichies de nouvelles fonctionnalités.

Le **chapitre 3** traite de la manipulation de chaînes au moyen de pointeurs. De nombreuses routines du chapitre 2 sont alors présentées dans une nouvelle version plus simple. Ce chapitre est essentiel pour la compréhension du langage C.

Le **chapitre 4** détaille la récursion. En bref, la récursion consiste à faire appeler une fonction par elle-même pour l'exécution d'une tâche spécifique.

Le **chapitre 5** explique comment développer des programmes qui utilisent les tubes du DOS et les redirections d'Entrées-Sorties.

Le **chapitre 6** présente les services du DOS. Toutes les commandes exécutées au niveau du système d'exploitation DOS (par exemple la navigation dans la hiérarchie des répertoires) peuvent être appelées au cœur d'un programme. Ce chapitre vous montre comment tirer le meilleur parti du DOS.

Le **chapitre 7** détaille les services de la ROM-BIOS. Vous pourrez améliorer sensiblement la souplesse de vos programmes en gérant les Entrées-Sorties par les services du BIOS plutôt que par les fonctions standard de Turbo C.

Le **chapitre 8** présente le pilote ANSI dont vos programmes Turbo C peuvent faire usage dès lors qu'il a été chargé au démarrage du système. Ce pilote ANSI offre des possibilités de redéfinition du clavier et des sorties à l'écran.

Le **chapitre 9** expose des techniques évoluées de manipulation de fichiers. Vous y apprendrez comment utiliser des caractères de remplacement ou des lignes de commande avec plusieurs paramètres.

Le **chapitre 10** présente des routines de manipulation de tableaux, ainsi que des techniques d'utilisation de macros permettant de garantir le caractère générique des routines.

Le **chapitre 11** détaille plusieurs algorithmes de recherche et de tri. Vous y découvrirez le tri par extraction, le tri bulles, le tri rapide et le tri Shell, puis les recherches séquentielle et dichotomique.

Le **chapitre 12** porte sur les routines avancées d'Entrées-Sorties. On développera des routines qui traitent et affichent des valeurs entières, en virgule flottante ou alphanumériques.

Le **chapitre 13** traite de la manipulation de structures dynamiques. On analysera les listes chaînées, les listes doublement chaînées et les arbres binaires.

Le **chapitre 14** détaille la gestion de l'affichage vidéo en Turbo C. Du fait que la plupart des routines modifient l'affichage, ce chapitre propose deux routines en langage d'assemblage destinées à synchroniser les appels à la mémoire vidéo et le rafraîchissement d'écran.

Le **chapitre 15** porte sur la gestion de menus. Il inclut plusieurs routines réutilisables pour tout menu, et détaille les menus de sélection par les flèches du clavier (souvent appelés *pop-up menus*).

**L'annexe A** fournit la séquence d'appel de chacune des routines de la bibliothèque standard de Turbo C ainsi que quelques remarques concernant ces routines. **L'annexe B** donne la table des codes ASCII.

# 1 Premiers pas avec la Bibliothèque Turbo C

Le but de cet ouvrage est de permettre au lecteur de concevoir, d'écrire et de tester des programmes Turbo C plus rapidement. Il propose une bibliothèque de routines éprouvées et prêtes à l'emploi qui pourront être directement insérées dans des programmes. Si vous découvrez l'IBM PC, DOS ou Turbo C, celles-ci vous seront une aide précieuse par leur lisibilité et leur adaptabilité.

Ces routines seront le point de départ de votre propre bibliothèque. N'hésitez pas à les adapter à vos besoins si nécessaire. C'est en les utilisant que vous en découvrirez toutes les finesses de fonctionnement. Les bibliothèques sont destinées à rendre vos programmes faciles et agréables à développer.

## La bibliothèque standard de Turbo C

L'une des principales raisons d'être d'une bibliothèque est de réduire la redondance de code. A quoi bon récrire ce que d'autres ont déjà fait ? Borland International a développé une bibliothèque de fonctions standard parfaitement éprouvées que le programmeur doit utiliser aussi souvent que possible. Ces routines sont présentées dans l'Annexe A. Le temps qu'on passe à les assimiler est largement compensé par le gain de temps qu'elles permettent ensuite.

Dans certains cas, on peut se demander pourquoi certaines des routines proposées font double emploi avec celles de la bibliothèque standard de Turbo C. La plupart du temps, c'est dans un but didactique. Il en est ainsi des manipulations de chaînes de caractères pour lesquelles la bibliothèque standard est déjà richement pourvue mais dont le fonctionnement ne peut être réellement assimilé qu'en détaillant le code; c'est, en outre, le seul moyen de pouvoir adapter des routines à ses besoins.

## Conventions de présentation

Toutes les routines de ce livre respectent une même norme de présentation, que ce soit dans les illustrations ou le code. Considérons par exemple la routine sum qui reçoit deux valeurs et en retourne la somme. Cette routine est illustrée de la façon suivante:

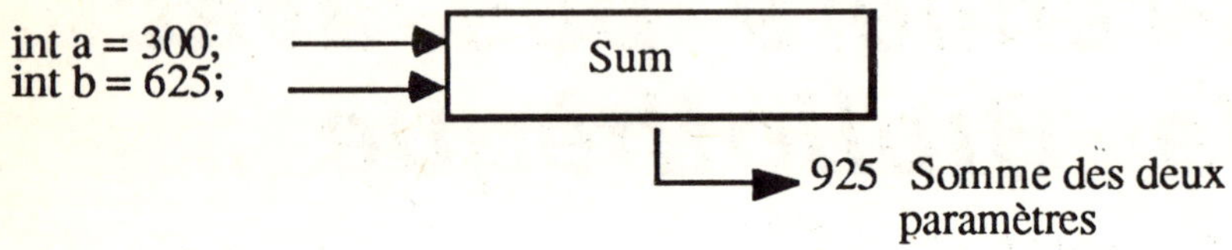


Remarquez d'abord le passage des deux valeurs:

Cette figure indique que les deux valeurs sont de type int et donne un exemple de valeur admissible pour chacune. Dans l'exemple présent, on additionne 300 et 625. Puis on indique la valeur retournée:

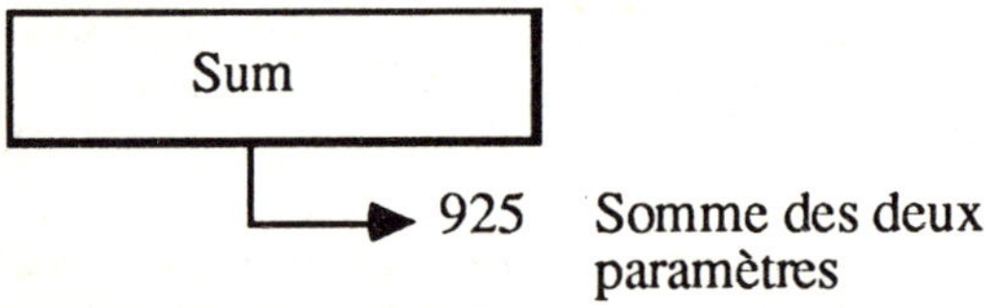


Chaque routine retournant une valeur à la fonction appelante aura donc une sortie schématisée par une flèche en dessous du rectangle la représentant. Mais si on prend l'exemple de la routine add_and_display, qui au lieu de retourner la valeur l'affiche à l'écran, on la schématisera de la façon suivante:

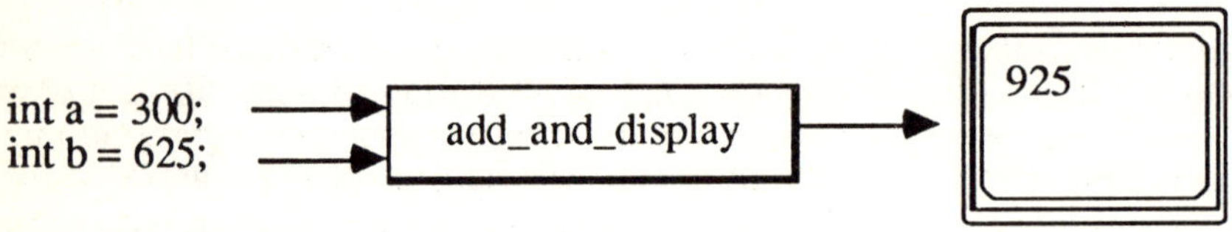


Toute routine affichant un résultat à l'écran sera représentée ainsi. De la même façon, si la routine get_a_character reçoit en entrée une information passée par le clavier, on l'illustrera par:

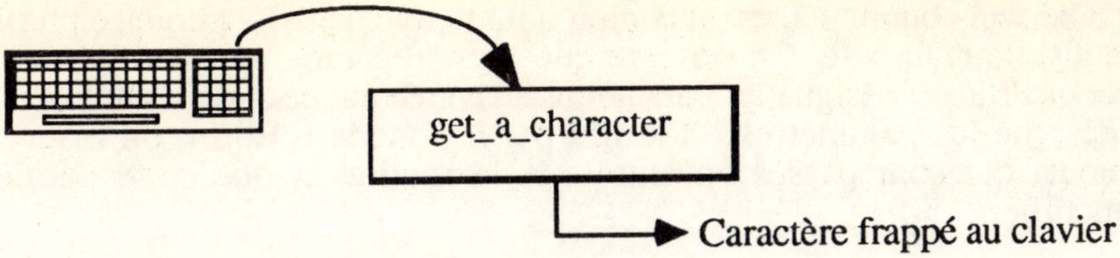


Si une routine permet de modifier un ou plusieurs des paramètres qui lui sont passés, le paramètre modifié sera figuré comme sortant de la partie droite de la boîte, comme dans:

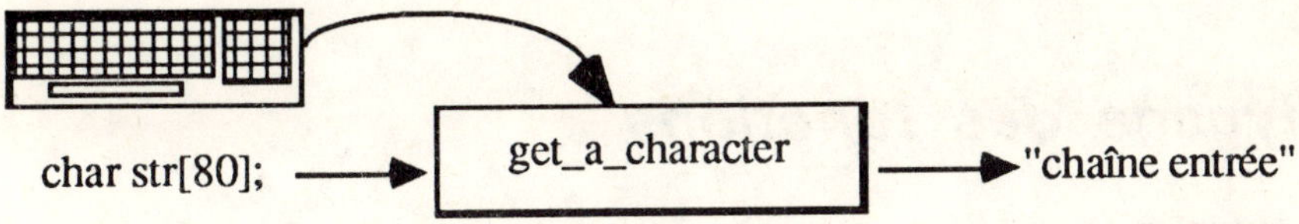


Le but de cette représentation graphique des routines est de permettre de mémoriser en une image leur fonctionnement avant même d'en lire le code. Dans de nombreux cas, on se rend compte qu'en pratique, on a plus besoin de savoir ce que fait une routine que de connaître exactement la façon dont elle procède. Telle est la raison d'être de ces figures.

Le code de chaque routine est également présenté de façon cohérente. Si on reprend l'exemple de la routine sum, le code source se présentera ainsi:

```
/*
 * sum (a, b)
 *
 * Retourne la somme de deux paramètres entiers.
 *
 * a (in): Premier paramètre entier.
 * b (in): deuxième paramètre entier.
 *
 * exemple d'appel : result = sum (6, 7);
 */

sum (a, b)
    int a, b;
    {
      return (a + b);
    }
```

Observons le commentaire précédant le code de la fonction:

```
/*
 * sum (a, b)
 *
 * Retourne la somme de deux paramètres entiers.
 *
 * a (in): Premier paramètre entier
 * b (in): deuxième paramètre entier
 *
 * exemple d'appel : result = sum (6, 7);
 */
```

En examinant ce seul commentaire, on comprendra le rôle de la fonction, son utilisation et les variables qu'elle manipule. On observe que chaque paramètre est suivi de (in) ou (out). Le premier qualificatif désigne les paramètres en entrée qui ne sont pas modifiés par la routine, (out) désigne les paramètres retournés par la fonction. Enfin, on trouvera des paramètres (in/out) qui sont passés en entrée de la routine et que cette dernière est susceptible de modifier.

## Le prototypage des fonctions

Ceux qui, parmi les lecteurs, ne connaissent pas encore la notion de prototype de fonction vont faire une grande découverte. Turbo C permet en effet de *définir* et *déclarer* une fonction; définir une fonction, c'est en donner le code source, par exemple:

```
float sum (a, b, c)
      float a, b, c;
   {
      return (a+ b + c);
   }
```

Déclarer une fonction, c'est indiquer la façon de l'utiliser à une autre fonction:

```
float sum ();
```

Pendant longtemps, de nombreux programmeurs se sont contentés de déclarer les fonctions C quand celles-ci devaient retourner une valeur d'un type autre que int. Grâce au prototypage de fonctions, on peut éviter de nombreuses erreurs à l'exécution car le compilateur les aura détectées auparavant.
Prenons un exemple :

```
float sum (a, b, c)
   float a, b, c;
   {
    return (a + b + c);
   }
main ()
   {
    float sum ();
    printf ("%f\n", sum (1.2, 2.4));
   }
```

La routine sum attend ici trois paramètres, mais deux seulement lui sont passés. Le compilateur n'ayant aucune connaissance préalable de sum, ne rejettera pas le programme, et pourtant à l'exécution une erreur difficile à déceler est susceptible de se produire.

L'utilisation de prototypes permet de se prémunir contre de telles erreurs. Comment modifier l'entête de sum ? Il suffit de déplacer la définition des paramètres à l'intérieur des parenthèses:

```
float sum (float a, float b, float c)
   {
    return (a + b + c);
   }
```

A l'intérieur du programme main, vous devez déclarer sum comme fonction et typer chaque paramètre:

```
float sum (float a, float b, float c)
   {
    return (a + b + c);
   }
main ()
   {
    float sum (float, float, float);
    printf ("%f\n", sum (1.2, 2.4));
```

Puisque main a une connaissance préalable de la syntaxe de sum, le compilateur détecte l'erreur dans l'instruction:

```
printf ("%f\n", sum (1.2, 2.4));
```

Au cours de l'élaboration de cet ouvrage, le prototypage a économisé à l'auteur un temps considérable. Pensez bien à déclarer les routines que vous appelez, et le type de leurs paramètres, la mise au point de vos programmes en sera considérablement accélérée.

## *Les routines en langage d'assemblage*

Les chapitres 14 et 15 proposent plusieurs fonctions basées sur deux routines écrites en langage d'assemblage servant d'interface avec le micro-ordinateur. Pour les exécuter, il vous faudra disposer du macro-assembleur Microsoft, ou de la bibliothèque de modules exécutables présentées dans l'avant-propos. Ecrire le maximum d'une application en langage de haut niveau est l'un des principes de la programmation; il est atteint ici, mais cependant pour éviter l'apparition de "neige" à l'écran, il faut que les routines de contrôle de l'affichage disposent d'un interface en langage d'assemblage, seul langage à garantir une exécution suffisamment rapide.

Pour compiler ces routines écrites en langage d'assemblage il faut utiliser au niveau du système d'exploitation le compilateur TCC (par opposition à la compilation dans l'environnement intégré de Turbo C).

## *En guise de conclusion*

A vous de jouer. Entraînez-vous avec les centaines de routines qui vous sont offertes, et mettez à profit le temps qu'elles vous feront gagner en les étudiant soigneusement.

# 2 Les chaînes de caractères

Les routines de manipulation de chaînes de caractères sont parmi les plus couramment utilisées par les bibliothèques de programmes C. A l'instar de la plupart des compilateurs C, Turbo C dispose de fonctions d'intérêt général pour la manipulation de chaînes de caractères. Il est indispensable d'assimiler la façon dont C stocke et manipule les chaînes car celles-ci sont d'un usage très fréquent .

Ce chapitre traite dans le détail des chaînes de caractères et vous permettra, une fois assimilé, de faire un choix parmi diverses solutions d'un problème, tout en vous familiarisant avec certaines fonctions de la bibliothèque standard de Turbo C.

## Préliminaires

Une *chaîne de caractères* est une séquence de caractères stockée sous forme de tableau, tableau dont les enregistrements consécutifs représentent les caractères qui composent la chaîne. Considérons par exemple la déclaration de chaîne suivante:

```
char some_string [255];
```

Dans cet exemple C crée une variable de type chaîne de caractères de longueur 255. Comme tout tableau en C, les chaînes sont indexées à partir de 0. Ainsi, la déclaration ci-dessus est illustrée par la Figure 2-1.

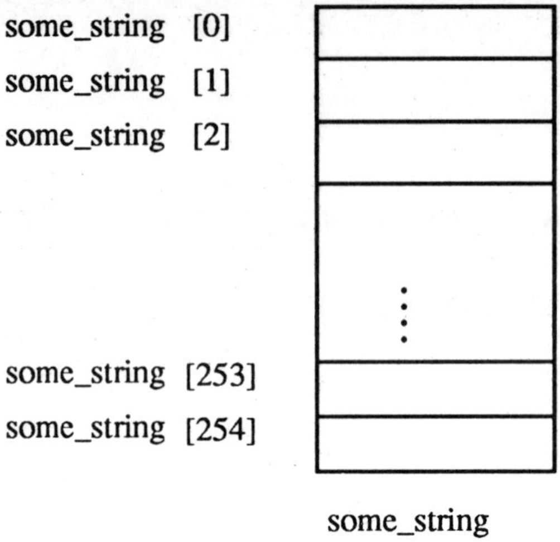


***Figure 2-1.*** *Tableau indexé de caractères*

Par défaut, C ne permet pas de connaître le nombre réel de caractères d'une chaîne. En fait, il place un caractère nul (ASCII 0) après le dernier caractère. Par exemple, la chaîne "Turbo C" est stockée dans un tableau tel que le montre la Figure 2-2.

Grâce à ce caractère nul ajouté en fin de chaîne on peut déterminer le nombre de caractères d'une chaîne s de la façon suivante:

```
for (i = 0;  s[i] != '\0'; i++)
    ;
```

Le caractère nul est ajouté automatiquement par Turbo C dès que l'on spécifie une chaîne de caractères entre apostrophes, par exemple dans l'instruction:

```
#define COMPILER "Turbo C"
```

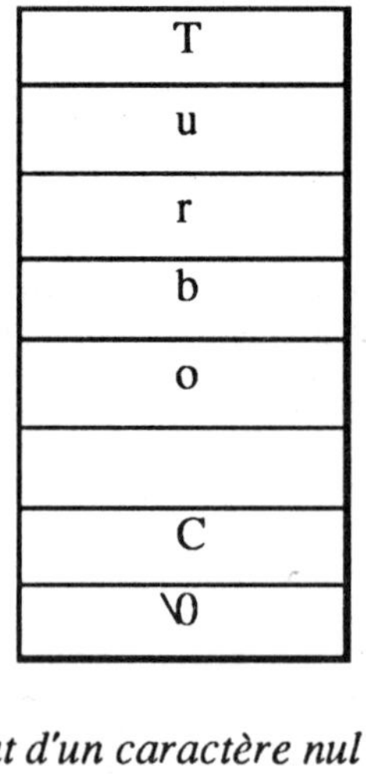


***Figure 2-2.*** *Ajout d'un caractère nul en fin de chaîne.*

La plupart du temps cependant, le contrôle de la présence du caractère nul en fin de chaîne sera pris en charge par le programmeur, comme le montre l'exemple suivant:

```
main ()
  {
   char alphabet [27]; /* 26 lettres et le caractère nul */
   char letter;
   int index;
   for (index = 0, letter = 'A'; letter <= 'Z'; index++, letter++)
     alphabet [index] = letter;
   alphabet [index] = '\0';      /* ajoute le caractère nul */
   printf ("%s\n",alphabet);
  }
```

## *Les paramètres de type chaîne*

Cette façon de traiter les chaînes est utilisée notamment pour le passage de paramètres de type chaîne à des fonctions. En effet, prenons l'exemple d'une fonction string_length qui retourne le nombre de caractères d'une chaîne, appelée dans un programme sous la forme:

```
count = string_length (strvar) ;
```

Puisque le paramètre passé est un tableau de caractères, on peut déclarer la chaîne sans préciser sa longueur:

```
string_length (char str[])
  {
   /* corps de la fonction */
  }
```

Dans la suite de ce chapitre, toutes les routines utiliseront ce mode de déclaration des paramètres formels de type chaîne.

## *Longueur de chaîne*

La routine suivante retourne la longueur d'une chaîne après recherche du caractère nul :

```
/*
 * string_length (string)
 *
 * retourne le nombre de caractères de la chaîne.
 *
 * string (in) : chaîne dont on veut connaître la longueur.
 *
 * exemple d'appel : count = string_length (string);
 *
 */
```

```
int string_length (char string [])
  {
  int i;
  for (i = 0; string[i]; i++)
      ;
  return (i);
    }
```

## *Limites de tableaux*

Certains programmes doivent sacrifier la vitesse d'exécution à d'autres critères, tels que l'espace mémoire.

Considérons l'exemple d'une routine qui copie le contenu d'une chaîne dans une autre:

```
/*
 * void first_copy (source, target)
 *
 * Copie le contenu d'une chaîne source dans une chaîne cible.
 *
 * s1 (in)  : chaîne source contenant les caractères à copier.
 * s2 (out) : chaîne recevant les caractères copiés.
 *
 * exemple d'appel : first_copy ("Voici un test", stringvar);
 *
 * first_copy n'effectue aucun contrôle de limites.
 *
 */

void first_copy (char s1[], char s2[])
  {
    int i;
   for (i = 0; s1[i] != '\0';  ++i)
         s2[i] = s1[i];
    s2[i] = '\0';
   }
```

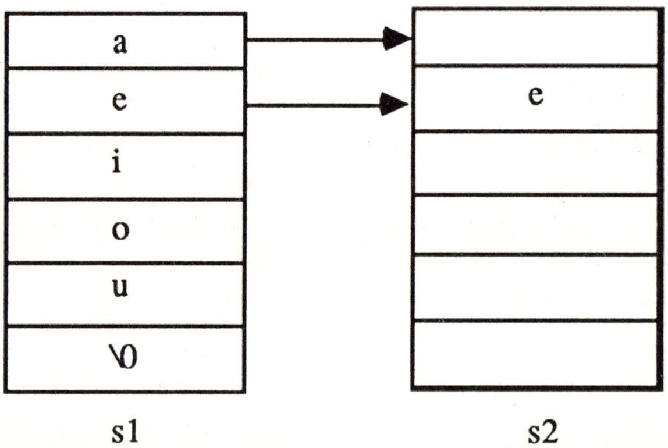


***Figure 2-3.*** *Copie de caractères d'une chaîne dans une autre*

Cette routine copie un par un les caractères de la première chaîne (*s1*) vers la seconde jusqu'à ce qu'elle rencontre le caractère nul (voir Figure 2-3).

Elle fonctionne correctement dans la plupart des cas, cependant si l'on considère l'exemple suivant d'un programme utilisant first_copy :

```
main ()
  {
    s2 [5];
    first_copy ("long string", s2);
  }
```

Ici, first_copy semble copier les caractères de s1 dans s2 comme souhaité. En fait, la copie dépasse les limites du tableau de s2. La chaîne "long string" contient 11 caractères (en incluant le caractère nul), alors que s2 ne peut en contenir que 5. Pour tout résultat, la routine first_copy écrit sur sa propre pile et provoque une erreur. Pour résoudre ce problème, on peut ajouter un paramètre qui définit le nombre maximum de caractères à assigner à la chaîne cible, de la façon suivante:

```
second_copy ("long string", s, sizeof(s));
```

L'implémentation de second_copy se fera de la manière suivante:

```
/*
 * int second_copy (source, target, array_bound)
 *
 *  Copie la chaîne source dans la chaîne cible.
 *
 * s1 (in)  : Contient les caractères à copier.
 * s2 (out): Reçoit les caractères copiés.
 * maxchar (in): définit le nombre maximum de caractères que peut
 *               contenir s2.
 * status = second_copy ("This is", stringvar, sizeof (stringvar));
 *
 * Retourne 1 si la longueur autorisée de la chaîne cible est dépassée
 *          0 dans le cas contraire.
 */

int second_copy (char s1[], char s2[], int maxchar)
  {
    int index;
    maxchar--; /* on décrémente maxchar pour prévoir le caractère nul */
    for (index = 0; (s1[index] !=  '\0') && index < maxchar; index++)
          s2[index] = s1[index];
    s2[index] = '\0';
    return (s1[index] && (index == maxchar));
   }
```

Cette routine évite l'erreur qui survenait auparavant. Cependant, l'ajout du second test:

```
(s1[index] != '\0') && (index < maxchar)
```

augmente le temps d'exécution de chaque itération de la boucle du programme.

## *Réduction de la longueur des programmes*

Bien que les routines ci-dessus soient très lisibles lorsqu'on est familiarisé avec les tableaux en C, on peut encore en simplifier l'écriture. Considérons la séquence:

```
for (i = 0; s1[i] != '\0'; ++i)
        s2[i] = s1[i];
s2[i] = '\0';
```

C permet de modifier le code de la façon suivante:

```
for (i = 0; (s2[i] = s1[i]) != '\0'; ++i)
     ;
```

Chacune de ces écritures remplit la même fonction, mais dans la deuxième, Turbo C teste la valeur affectée à *s2* à chaque itération. Si cette valeur est nulle, la boucle se termine, sinon Turbo C affecte le caractère suivant de *s1* à *s2*, et renouvelle le test. La boucle se termine une fois que le caractère nul a été affecté à *s2*. Par conséquent, l'instruction

```
s2[i] = '\0';
```

devient inutile.

Lorsque le programme affecte le caractère nul à *s2*, la valeur retournée par le test

```
(s2[i] = s1[i]) != '\0'
```

est 0 (puisque le caractère nul est ASCII 0). Comme C représente le booléen FAUX par 0, vous pouvez encore modifier le code comme suit:

```
for (i = 0; (s2[i] = s1[i]) ; ++i)
    ;
```

Au moment d'écrire une routine de manipulation de chaînes de caractères, on doit toujours avoir à l'esprit trois questions:

* Faut-il privilégier la vitesse d'exécution au détriment de la fiabilité ?

* Le texte du programme est-il aussi simple que possible ?

* Est-il lisible ?

## Copie de chaînes

Les deux routines suivantes effectuent des copies de chaînes. La première, fast_copy, copie le contenu de la chaîne source dans la chaîne cible; la seconde, copy_string, ajoute un contrôle de longueur.

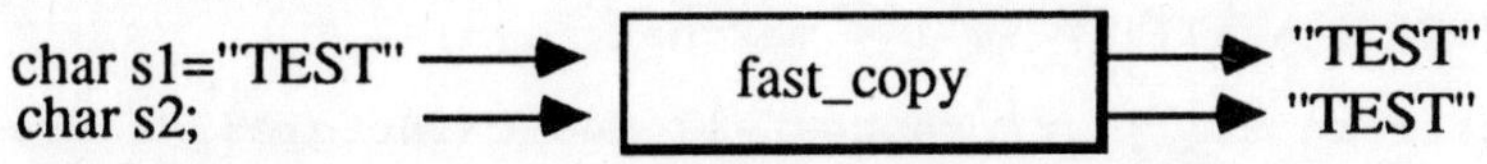


*Remarque :* fast_copy n'effectue pas de contrôle de longueur

```
/*
 * void fast_copy (source, target)
 *
 * Copie le contenu de la chaîne source dans la chaîne cible.
 *
 * s1 (in): chaîne source
 * s2 (out): chaîne recevant les caractères à copier.
 *
 * exemple d'appel : fast_copy ("This is a test", stringvar);
 *
 * fast_copy n'effectue pas de contrôle de longueur.
 */

void fast_copy (char s1[], char s2[])
     {
       int i;
       for (i = 0; (s2[i] = s1[i]) ; ++i)
          ;
     }
```

La routine suivante retourne la valeur 1 si elle ne peut effectuer entièrement la copie, sinon elle retourne 0.

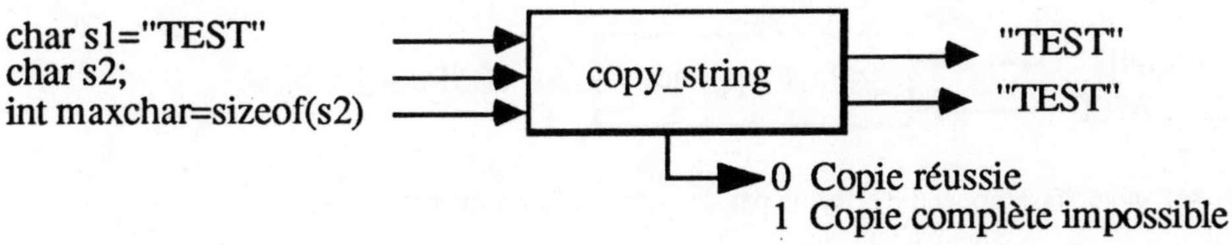


```
/*
 * int copy_string (source, target, array_bound)
 *
 * Copie la chaîne source dans la variable de la chaîne cible.
 *
 * s1 (in): contient les caractères à copier.
 * s2 (out): reçoit les caractères copiés.
 * maxchar (in): détermine le nombre maximum de caractères que
 *               peut recevoir s2.
 *
 * status = copy_string ("This is", stringvar, sizeof (stringvar));
 *
```

```
 * Retourne 1  si la longueur autorisée de la chaîne cible est dépassée
 *          0  dans le cas contraire.
 */

int copy_string (char s1[], char s2[], int maxchar)
   {
    int i;
    maxchar--;  /* on décrémente pour prévoir le caractère nul */
    for (i = 0; (s2[i] = s1[i]) && i < maxchar; i++)
        ;
    if (i == maxchar && s1[i]) /* reste-t-il des caractères dans s1*/
        {
         s2[i] = '\0';
         return (1);
        }
     else
         return (0);
    }
```

## *Concaténation de chaînes*

Les deux routines suivantes concatènent le contenu d'une chaîne à celui d'une seconde. Dans un premier temps, elles détectent la position du caractère nul de la deuxième chaîne puis ajoutent les caractères de la première à partir de cette position. La boucle se termine dès que le caractère nul de la première chaîne a été copié dans la seconde. Comme dans l'exemple précédent, la première routine, fast_append, opère sans contrôle de longueur, au contraire de append_string.

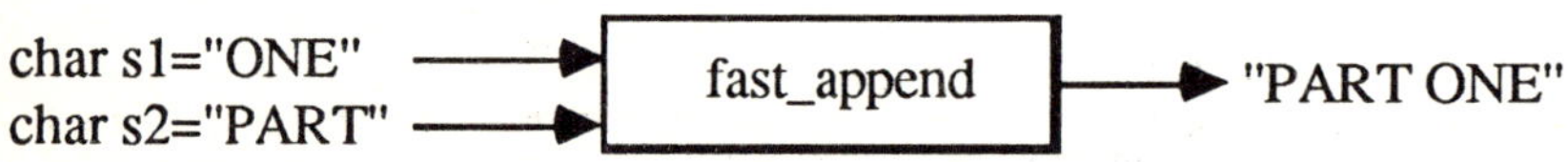


*Remarque :* fast_append n'effectue pas de contrôle de longueur

```
/*
 * void fast_append
 *
 * Concatène le contenu de la chaîne source à la chaîne cible.
 *
 * s1 (in): chaîne source contenant les caractères à concaténer.
 * s2 (out): chaîne cible recevant les caractères.
 *
 * exemple d'appel : fast_append ("This is a test", stringvar);
 *
 * fast_append n'effectue pas de contrôle de longueur.
 */
```

```
void fast_append (char s1[], char s2[])
    {
     int i, j;
     for (i = 0; s2[i] ; ++i)     /* détecte la fin de la chaîne s2  */
         ;
     for (j = 0; s2[i] = s1[j]; i++, j++)     /* concaténation de s1 */
         ;
     }
```

La routine suivante retourne la valeur 1 si elle ne peut effectuer entièrement la copie, sinon elle retourne 0.

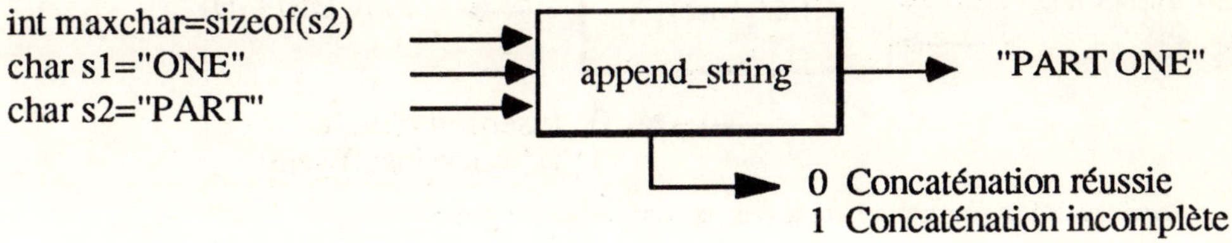


```
/*
 * int append_string (source, target, array_bound)
 *
 * Concatène le contenu de la chaîne source à la variable chaîne cible.
 *
 * s1 (in): chaîne source contenant les caractères à concaténer.
 * s2 (out): chaîne cible recevant les caractères.
 * maxchar (in): nombre maximum de caractères à ajouter à s2.
 *
 * status = append_string ("Le voici", stringvar, sizeof(stringvar));
 *
 * Retourne 1  si la longueur autorisée de la chaîne cible est dépassée
 *          0  dans le cas contraire.
 */

int append_string (char s1[], char s2[], int maxchar)
    {
     int i, j;
     maxchar--; /* on décrémente pour tenir compte du caractère nul */
     for (i = 0; s2[i] ; ++i)    /* détecte la fin de la chaîne s2  */
         ;
     / * on concatène s1 */
     for (j = 0; (s2[i] = s1[j]) && i < maxchar; i++,j++)
         ;
     /* on teste s'il reste des caractères dans s1 */
     if (i == maxchar && s1[j])
         {
          s2[i] = '\0';
          return (1);
         }
     else
          return (0);
     }
```

## *Insertion de chaîne*

L'efficacité des routines d'entrées-sorties (E/S) réside, entre autres critères, dans leur aptitude à insérer une chaîne de caractères au sein d'une autre. La routine fast_insert effectue cette opération, sans contrôle de limites; elle est efficace, dans la mesure où l'on est certain que la chaîne de caractères à insérer ne dépasse pas les limites de l'espace alloué à la chaîne cible. Dans le cas contraire, on doit préférer la routine insert_string.

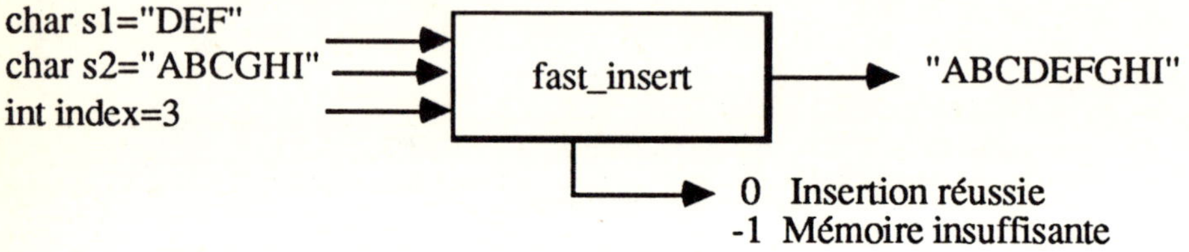


*Remarque :* fast_insert n'effectue pas de contrôle de longueur

```
/*
 * int fast_insert (source, target, index)
 *
 * Insère le contenu de la chaîne source dans la chaîne cible
 * à partir de la position spécifiée.
 *
 * s1 (in): chaîne source contenant les caractères à copier.
 * s2 (out): chaîne recevant les caractères à insérer.
 * index (in): début d'insertion de s1 dans la chaîne cible.
 *
 * exemple : status = fast_insert ("Pocket", stringvar, 6);
 *
 * fast_insert n'effectue aucun contrôle de longueur.
 * Retourne  -1  si une erreur apparaît durant l'exécution,
 *            0  si l'insertion est effectuée correctement.
 */

int fast_insert (char s1[], char s2[], int start_index)
   {
    int i, j, len1,len2;
    char *temp;
    void *calloc (unsigned, unsigned);
    for (len1 = 0; s1[len1]; ++len1)  /* détermine la longueur de s1 */
        ;
    for (len2 = 0; s2[len2]; ++len2)  /* détermine la longueur de s2 */
        ;
   if (start_index > len2) start_index = len2;  /* concaténation */
   if ((temp =  (char *) calloc (1, len1+len2+1)) == '\0')
       return (-1);          /*  allocation mémoire impossible  */
   for (i = 0; i < start_index; ++i)
       temp[i] = s2[i];
   for (j = 0; temp[i+j] = s1[j]; j++)
       ;
   while (temp[i+j] = s2[i])
       ++i;
   for (i = 0; s2[i] = temp[i]; i++)
       ;
   free (temp);
```

```
return (0);           /* insertion réussie  */
}
```

La routine suivante retourne 1 si elle ne peut insérer la chaîne source sans dépasser les limites du tableau de la chaîne cible, -1 si elle ne peut allouer assez de mémoire, et 0 si l'insertion est réussie.

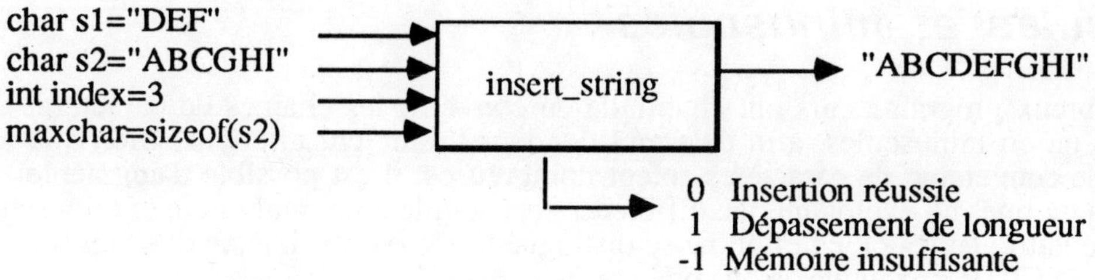


```
/*
 * insert_string (source, target, location, array_bounds)
 *
 * Insère le contenu de la chaîne source dans la chaîne cible à partir
 * de la position spécifiée.
 *
 * s1 (in): chaîne source contenant les caractères à copier.
 * s2 (out): chaîne recevant les caractères à insérer.
 * index (in): début d'insertion de s1 dans la chaîne cible.
 * maxchar (in): nombre maximum de caractères dans s2.
 *
 * insert_string ("Pocket", stringvar, 6, sizeof (stringvar));
 *
 * insert_string retourne  -1  si l'espace mémoire est insuffisant.
 *                          0  si l'insertion est bien effectuée.
 *                          1  si l'insertion n'a pu être effectuée.
 */

int insert_string (char s1[], char s2[], int start_index, int maxchar)
   {
    int i, j, len1, len2;
    char *temp;
    void *calloc (unsigned, unsigned);
    for (len1 = 0; s1[len1]; ++len1)  /* détermine la longueur de s1 */
        ;
    for (len2 = 0; s2[len2]; ++len2)  /* détermine la longueur de s2 */
        ;
   if (start_index > len2) start_index = len2;  /* concaténation */
   if ((temp =  (char *) calloc (1, len1+len2+1)) == '\0')
      return (-1);          /*  allocation mémoire impossible  */
   for (i = 0; i < start_index; ++i)
      temp[i] = s2[i];
   for (j = 0; temp[i+j] = s1[j]; j++)
      ;
   while (temp[i+j] = s2[i])
      ++i;
   for (i = 0; (s2[i] = temp[i]) && i < maxchar; i++)
      ;
   free (temp);
   if (i == maxchar && s2[i])      /* L'insertion n'a pu être terminée */
      {
```

```
        s2[i] = '\0';
        return (1);
      }
   else
        return (0);          /* insertion réussie  */
   }
```

## *Majuscules et minuscules*

De nombreux programmeurs ont l'habitude de convertir les chaînes de caractères en majuscules ou en minuscules, afin de simplifier leur traitement ultérieur. Bien que les méthodes de conversion de caractères soient nombreuses, il est possible d'augmenter la rapidité des routines en exploitant une différence très simple entre majuscule et minuscule d'une même lettre: celles-ci, en effet, ne se distinguent que par le sixième des huit bits de leurs codes ASCII. Par exemple, si on compare "a"

```
"a" code ASCII 97 , code binaire 0110 0001
```

avec "A",

```
"A" code ASCII 65, code binaire 0100 0001,
```

on constate que seul le sixième bit diffère.

On peut, grâce aux opérateurs de manipulation de bits de C, effectuer des comparaisons rapides:

```
'A' | 32 = 'a'
0100 0001 | 0010 0000 = 0110 0001

'a' & ~32 'A'
0110 0001 & 1101 1111 = 0100 0001
```

Les routines suivantes convertissent une chaîne de caractères de majuscules en minuscules et vice versa:

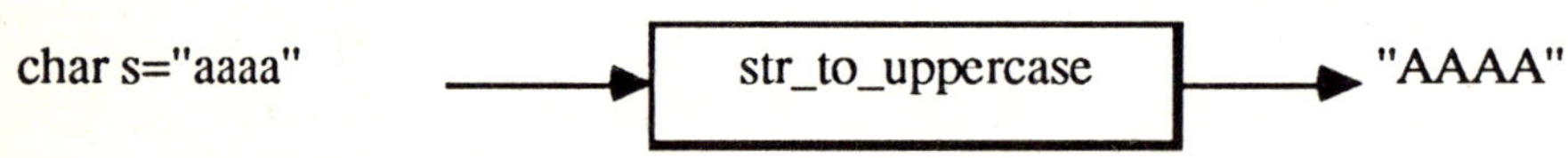


```
/*
 * void str_to_uppercase (s)
 *
 * Convertit une chaîne en MAJUSCULES.
 * s (in/out): chaîne à convertir en majuscules.
 *
 * exemple d'appel : str_to_uppercase (filename);
 *
 * str_to_uppercase utilise les opérateurs de manipulation de bits.
 *
 * Note: cette routine ne traite pas les lettres accentuées.
 *
 */
```

```
void str_to_uppercase (char s[])
   {
    int i;
    for (i = 0; s[i]; i++)
       if (s[i] >= 'a' && s[i] <= 'z')
         s[i] = s[i] & ~32;
   }
```

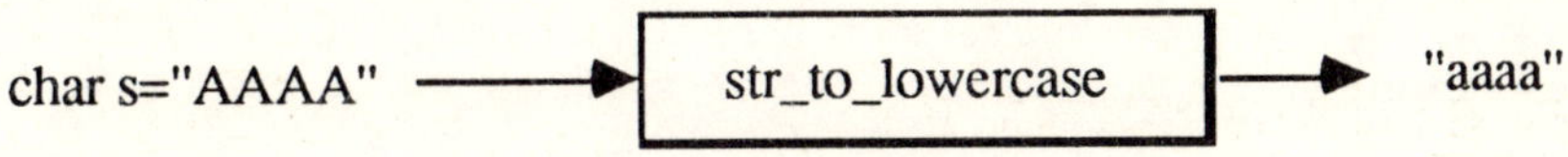


```
/*
 * void str_to_lowercase (s)
 *
 * Convertit une chaîne en MINUSCULES.
 * s (in/out): chaîne à convertir en minuscules.
 *
 * exemple d'appel : str_to_lowercase (filename);
 *
 * str_to_lowercase utilise les opérateurs de manipulation de bits.
 */

void str_to_lowercase (char s[])
   {
    int i;
    for (i = 0; s[i]; i++)
       if (s[i] >= 'A' && s[i] <= 'Z')
         s[i] = s[i] | 32;
   }
```

## Renversement de chaînes de caractères

Lorsqu'un programme traite une expression mathématique, il doit l'analyser en sens inverse de celui de l'affichage. De même qu'il existe plusieurs façons d'effectuer des conversions majuscules-minuscules, on peut renverser une chaîne de diverses manières.

Considérons-en deux. La première méthode, reverse_string, lit les caractères de la chaîne en commençant par le premier et le dernier, puis le second et l'avant-dernier, et ainsi de suite. Cette méthode donne lieu à 1,5 * n permutations, si n est le nombre de caractères de la chaîne.

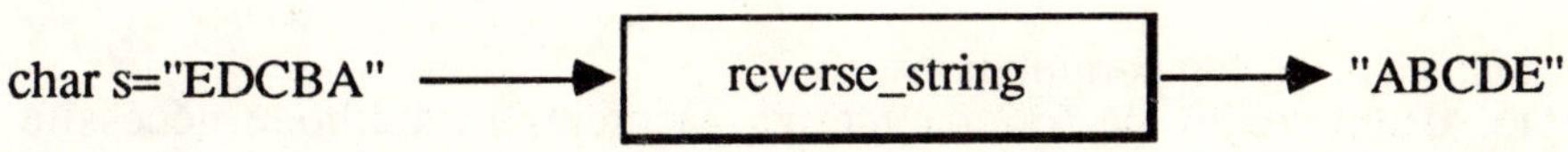


```
/* void reverse_string (s)
 *
 * Renverse l'ordre des caractères de la chaîne spécifier.
 *
 * s (in/out): chaîne à renverser.
 * reverse_string (binary_result);
 *
 * Cette méthode nécessite  1,5 * n permutations.
 */
```

```
void reverse_string (char s[])
    {
     char temp;
     int i, j;
     for (j = 0; s[j]; ++j)  /* détecte la fin de la chaîne */
         ;
     for (i = 0, j--; i < j; i++, j--)
         {
           temp = s[i];
           s[i] = s[j];
           s[j] = temp;
          }
      }
```

La deuxième méthode comporte une phase préliminaire destinée à allouer une zone tampon capable de contenir la chaîne initiale, dont on recopiera les éléments en ordre inverse dans la variable initiale.

```
/*
 * int reverse_string (s)
*
 * Renverse l'ordre des caractères de la chaîne spécifiée.
 *
 * s (in/out): chaîne à renverser.
 * reverse_string (binary_result);
 *
 * Cette méthode nécessite  2 * n permutations.
 * Retourne  -1  si une erreur se produit durant l'exécution.
 *            0  si l'inversion est effectuée correctement.
 */

int reverse_string (char s[])
    {
     char *temp;
     void *calloc (unsigned, unsigned);
     int i, j;
     for (j = 0; s[j]; ++j)  /* détecte la fin de la chaîne */
         ;
     if ((temp = (char *) calloc (1,j)) == '\0')
        return (-1);      /* allocation mémoire impossible  */
     for (i = 0, j--; j >= 0; i++, j--)
           temp[i] = s[i];
     for (j = 0; j < i; j++)
           s[j] = temp[j];
     return (0);
      }
```

Cette méthode donne lieu à 2 * n permutations.

Sur l'exemple d'une chaîne de 512 caractères, la première méthode nécessite 768 permutations, contre 1 024 pour la seconde. On voit donc la nette supériorité de la première: le choix de la méthode sera particulièrement influent sur la rapidité des programmes.

## *Permutation de chaînes de caractères*

Compte tenu du résultat précédent, il apparaît que le moyen le plus rapide de permuter deux chaînes de caractères est d'utiliser une permutation circulaire sur trois variables (voir Figure 2-4).

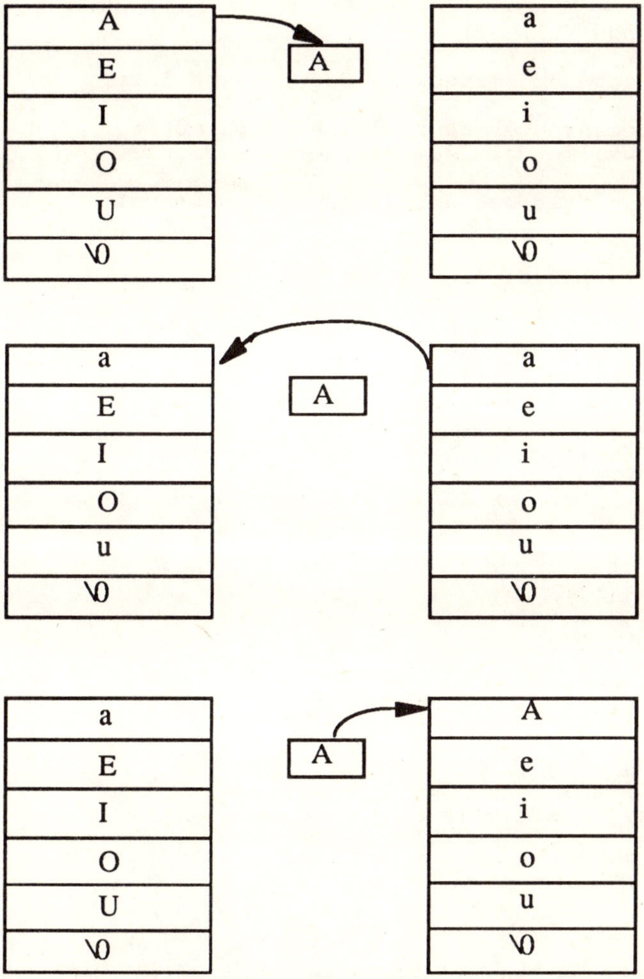


***Figure 2-4.*** *Permutation de deux caractères avec variable intermédiaire*

Les routines suivantes utilisent ce procédé, mais il faut à nouveau prévoir le cas où l'utilisateur a alloué un espace différent pour chaque chaîne, par exemple:

```
char s1[32], char s2[64];
```

Permuter ces deux chaînes sans vérification peut avoir des conséquences catastrophiques. Ici encore, nous proposons le choix entre fast_exchange, qui permute les deux chaînes sans contrôle de longueur, et string_exchange, qui assure le contrôle.

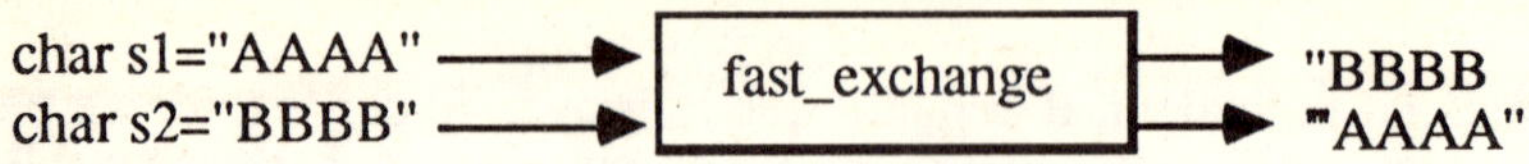


*Remarque :* fast_exchange n'effectue pas de contrôle de longueur

```
/*
 * void fast_exchange (s1, s2)
 *
 * Echange les caractères respectifs des deux chaînes.
 *
 * s1 (in/out): première des deux chaînes à permuter.
 * s2 (in/out): deuxième des deux chaînes à permuter.
 *
 * exemple d'appel : fast_exchange (oldname, newname);
 */

void fast_exchange (char s1[], char s2[])
   {
    int i, j;
    char temp;
    for (i = 0; s1[i] && s2[i]; i++)
       {
        temp = s1[i];
        s1[i] = s2[i];
        s2[i] = temp;
       }
     if (s1[i])
        {
         j = i;
         while (s1[i])
              s2[i] = s1[i++];
          s2[i] = '\0';
          s1[j] = '\0';
         }
      else if (s2[i])
         {
          j = i;
          while (s2[i])
              s1[i] = s2[i++];
          s1[i] = '\0';
          s2[j] = '\0';
          }
       }
```

La routine suivante procède au contrôle des longueurs afin d'éviter les débordements de tableaux:

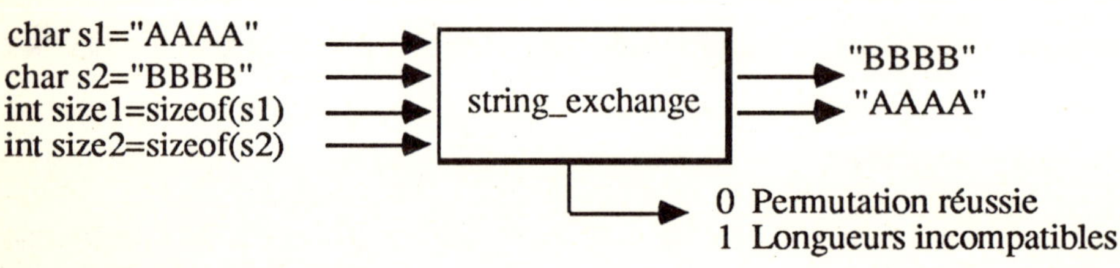

```
/*
 * string_exchange (s1, s2, size1, size2)
 *
 * Echange les caractères respectifs de deux chaînes.
 *
 * s1 (in/out): première des deux chaînes à permuter.
 * s2 (in/out): deuxième des deux chaînes à permuter.
 * size1 (in): nombre maximum de caractères de s1.
 * size2 (in): nombre maximum de caractères de s2.
 *
 * result = string_exchange (name, a, sizeof (name), sizeof (a));
 *
 * Retourne   0  si la permutation a été correctement effectuée
 *            1  si la permutation n'a pu être terminée.
 *
*/

string_exchange (char s1[], char s2[], int size1, int size2)
   {
    int i, j;
    char temp;
    for (i = 0; s1[i]; i++)  /* détecte la longueur de s1 */
      ;
    if (i >= size2)     /* cas où s2 est trop courte  */
      return (1);
    for (i = 0; s2[i]; i++)  /* détecte la longueur de s2 */
      ;
    if (i >= size1)     /* cas où s1 est trop courte  */
      return (1);
    for (i = 0; s1[i] && s2[i]; i++)
       {
        temp = s1[i];
        s1[i] = s2[i];
        s2[i] = temp;
       }
    if (s1[i])
        {
         j = i;
         while (s1[i])
              s2[i] = s1[i++];
          s2[i] = '\0';
          s1[j] = '\0';
        }
    else if (s2[i])
         {
          j = i;
         while (s2[i])
              s1[i] = s2[i++];
          s1[i] = '\0';
          s2[j] = '\0';
         }
    return (0);
    }
```

Si la permutation est réussie la routine retourne la valeur 0. Si l'une des deux chaînes est trop longue pour la variable de la seconde, elle retourne la valeur 1.

## Bourrage de chaînes

De nombreux documents apparaissant bien cadrés à l'écran nécessitent l'ajout d'un ou plusieurs espaces afin de les cadrer au moment de l'impression. Les routines suivantes vous permettront d'insérer des espaces supplémentaires en tête de chaînes, fast_pad et pad_string se distinguant comme à l'habitude par l'absence ou la présence du contrôle des longueurs:

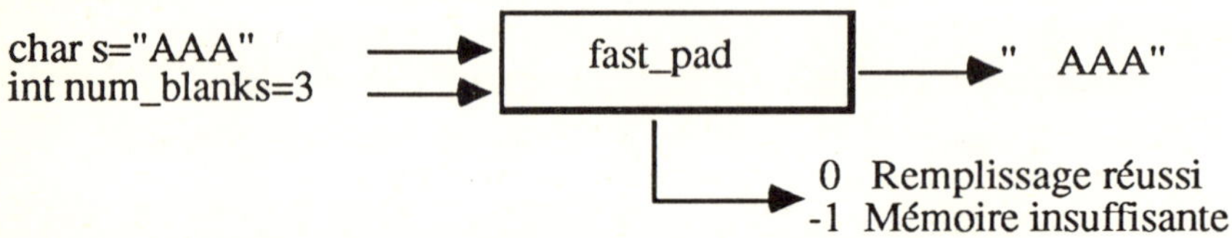


*Remarque :* fast_pad n'effectue pas de contrôle de longueur

```
/*
 * int fast_pad (s, num_blanks)
 *
 * Insère le nombre souhaité d'espaces en tête d'une chaîne.
 *
 * s (in/out): chaîne à remplir.
 * num_blanks (in): nombre de blancs (espaces) à insérer.
 *
 * exemple d'appel : result = fast_pad (s, 33);
 *
 * fast_pad retourne la valeur  -1 si l'espace mémoire est insuffisant
 *                               0 si le remplissage est correct.
 */
int fast_pad (char s[], int num_blanks)
    {
     int i, j;
     char *temp;
     void *calloc(unsigned, unsigned);
     for (i = 0; s[i]; i++)    /*  détermine la longueur de s */
         ;
     if ((temp = (char *) calloc (1, i + num_blanks + 1)) == '\0')
        return (-1);           /* mémoire insuffisante   */
     for (i = 0; i < num_blanks; i++)
         temp[i] = ' ';
     for (j = 0; temp[i] = s[j]; ++j, ++i)
         ;
     temp[i] = '\0';
     for (i = 0; s[i] = temp[i]; i++)
         ;
     free (temp);
     return (0);
    }
```

La routine suivante retourne la valeur 0 si le remplissage est effectué correctement, -1 si la mémoire disponible est insuffisante et 1 si la longueur autorisée de s est dépassée.

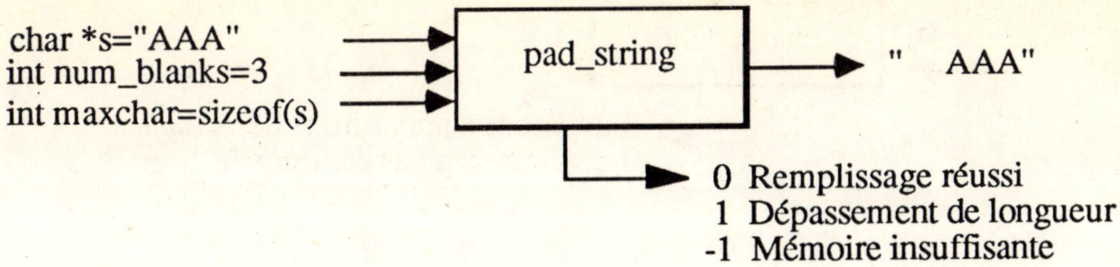


```
/*
 * int pad_string (s, num_blanks, maxchar)
 *
 * Insère le nombre souhaité d'espaces en tête d'une chaîne.
 *
 * s (in/out): chaîne à remplir.
 * num_blanks (in): nombre de blancs (espaces) à insérer.
 * maxchar (in): nombre maximum de caractères de s.
 *
 * exemple d'appel : result = pad_string (s, 33, sizeof (s));
 *
 * pad_string retourne   -1 si l'espace mémoire est insuffisant
 *                        0 si le remplissage est correctement effectué
 *                        1 si le remplissage est incomplet.
 */

int pad_string (char s[], int num_blanks, int maxchar)
   {
    int i, j;
    char *temp;
    void *calloc(unsigned, unsigned);
    for (i = 0; s[i]; i++)    /*  détermine la longueur de s */
        ;
    if (i + num_blanks >= maxchar)
        return (1);
    else if ((temp = (char *) calloc (1, i + num_blanks + 1)) == '\0')
       return (-1);          /* mémoire insuffisante  */
    for (i = 0; i < num_blanks; i++)
        temp[i] = ' ';
    for (j = 0; temp[i] = s[j]; ++j, ++i)
        ;
    temp[i] = '\0';
    for (i = 0; s[i] = temp[i]; i++)
        ;
    free (temp);
    return (0);
   }
```

## *Opérations sur le contenu des chaînes*

Avant d'aborder les routines de manipulation de sous-chaînes ou de comparaison de chaînes, les routines suivantes vous permettront d'opérer au niveau des caractères, afin de localiser, supprimer, ou remplacer l'un d'eux.

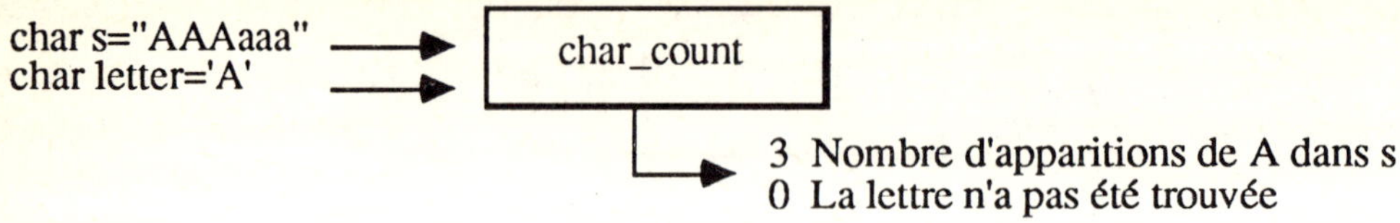


```
/*
 * char_count (s, letter)
 *
 * Retourne le nombre d'occurrences d'un caractère dans une chaîne.
 *
 * s (in): chaîne à analyser.
 * letter (in): lettre à rechercher dans la chaîne.
 */

char_count (char s[], char letter)
   {
    int i, count=0;
    for (i = 0; s[i]; i++)
       if (s[i] == letter)
          count++;
    return (count);
   }
```

De même, remove_character est une routine qui supprime chaque occurrence du caractère spécifié:

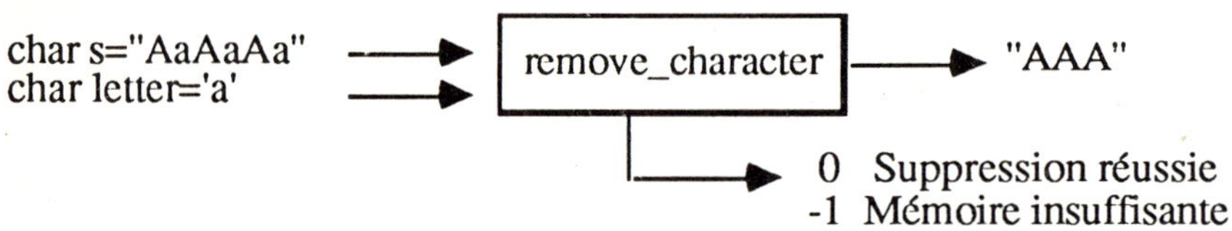


```
/*
 * remove_character (s, letter)
 *
 * Retire de s toutes les occurrences de la lettre spécifiée.
 *
 * s (in/out): chaîne à modifier.
 * letter (in): caractère à retirer.
 *
 * Retourne  -1  si la taille mémoire est insuffisante
 *            0  si le retrait est correctement effectué.
 */

int remove_character (char s[], char letter)
   {
    int i, j;
    char *temp;
    void *calloc(unsigned, unsigned);
    for (i = 0; s[i]; i++)
        ;
    if  ((temp = (char *) calloc (1, i)) == '\0')
        return (-1);
    for (i = 0, j = 0; s[i]; i++)
        if (s[i] != letter)
```

```
            temp[j++] = s[i];
     for (temp[j] = '\0', i = 0; s[i] = temp[i]; i++)
          ;
     free (temp);
     return (0);
    }
```

La fonction char_index retourne la position de la première occurrence d'un caractère dans une chaîne. Si ce caractère ne se trouve pas dans la chaîne, la valeur retournée est -1.

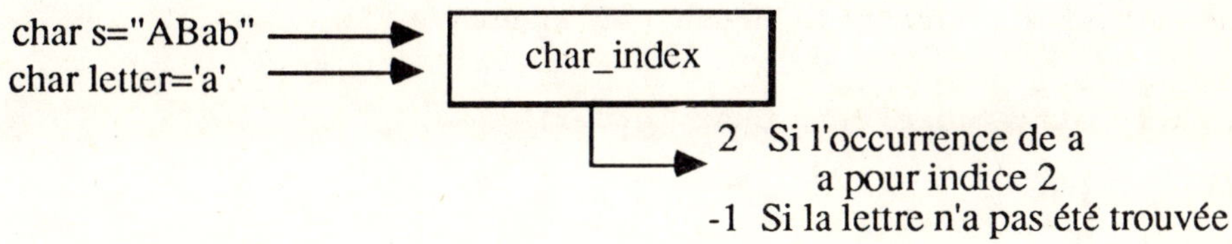


```
/*
 * char_index (s, letter)
 *
 * Retourne la position dans s de la première occurrence de letter
 *
 *
 * s (in): chaîne à analyser
 * letter (in):  lettre à rechercher
 *
 * index =  char_index (s, letter);
 *
 * retourne la valeur -1 si le caractère n'a pas été trouvé, sinon
 * la position de sa première occurrence.
 */

int char_index (char s[], char letter)
    {
     int i, location = -1;
     for (i = 0; s[i] && (location == -1); i++)
          if (s[i] == letter)
               location = i;
     return (location);        /*  -1  si le caractère n'a pas été trouvé
*/
    }
```

Symétriquement, right_char_index retourne la dernière position d'un caractère dans une chaîne, ou -1 si celui-ci n'a pas été trouvé.

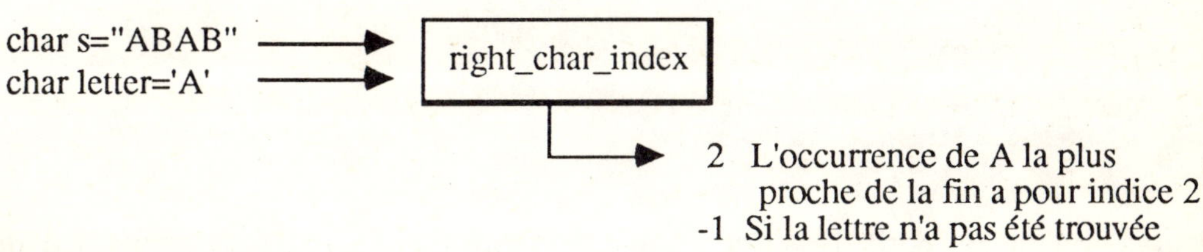

```
/*
 * right_char_index (s, letter)
 *
 * Retourne la position de l'occurrence de letter la plus proche de
 * la fin de la chaîne.
 *
 * s (in): chaîne à analyser.
 * letter (in): caractère à rechercher.
 *
 * exemple d'appel : result = right_char_index (s, 'A');
 *
 * retourne  -1 si le caractère n'est pas trouvé.
 */

int right_char_index (char s[], char letter)
   {
    int i, location = -1;
    for (i = 0; s[i]; i++)
        if (s[i] == letter)
           location = i;
    return (location);     /* -1 si le caractère n'a pas été trouvé */
   }
```

La routine char_replace remplace dans une chaîne chaque occurrence du premier caractère spécifié, par le second:

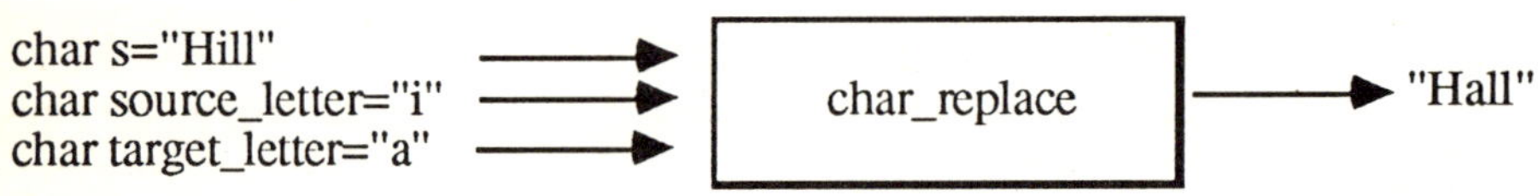


```
/*
 * void char_replace (s, source_letter, target_letter)
 *
 * Remplace chaque occurrence de source_letter par target_letter
 * dans la chaîne s.
 *
 * s (in/out): chaîne à modifier.
 * source_letter (in): caractère à remplacer.
 * target_letter (in): caractère de substitution.
 *
 * exemple d'appel : char_replace (s, 'A', 'a');
 */

void char_replace (s, source_letter, target_letter)
      char s[];
      int source_letter, target_letter;
   {
    int i;
    if (source_letter != target_letter)
       for (i = 0; s[i]; i++)
          if (s[i] == source_letter)
             s[i] = target_letter;
   }
```

La routine fill_string écrit dans une chaîne le nombre souhaité d'occurrences d'un caractère donné. Elle effectue un contrôle de longueur afin d'éviter les débordements de tableaux. La valeur retournée est 0 si l'écriture est correctement effectuée, 1 dans le cas contraire.

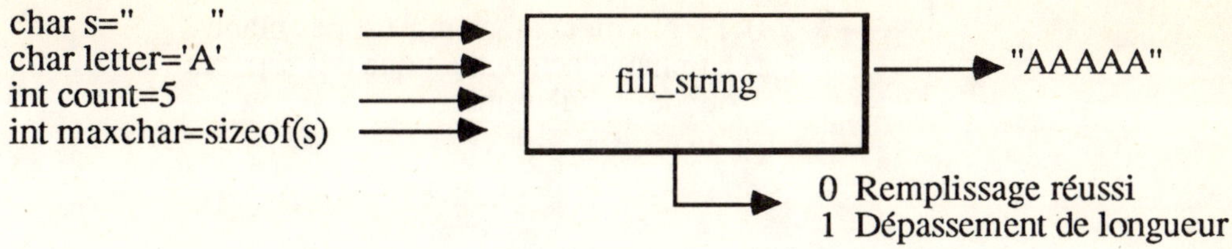


```
/*
 * fill_string (s, letter, count, maxchar)
 *
 * Ecrit dans s le nombre spécifié par count d'occurrences de letter.
 *
 * s (in/out): chaîne à remplir.
 * letter (in): caractère à écrire dans la chaîne.
 * count (in): nombre d'occurrences du caractère letter à écrire.
 * maxchar (in): nombre maximum de caractères dans s.
 *
 * exemple :  status = fill_string (s, 'A', 10, sizeof(s));
 *
 * fill_string retourne 1 si le remplissage a échoué
 *                      0 si le remplissage est intégralement effectué.
 */

int fill_string (char s[], int letter, int count, int maxchar)
   {
    int i;
    if (count+1 > maxchar)
             /* on ajoute 1 pour tenir compte du caractère nul */
       return (1);                    /*  mémoire insuffisante  */
    for (i = 0; i < count; ++i)      /* remplissage de la chaîne */
        s[i] = letter;
    s[i] = '\0';
    return (0);
    }
```

## Les caractères d'espacement

Lorsqu'on programme en C, il est fréquent de définir des zones à blanc au moyen d'espaces (ASCII 32), ou de caractères de tabulation (ASCII 9). Il est utile de pouvoir les insérer ou les retirer des chaînes de caractères. Les routines suivantes vous permettront de localiser le premier (resp. dernier) caractère différent de ces caractères "blancs" dans la chaîne. En premier lieu, first_nonwhite retourne la position du premier caractère non blanc, ou -1 si la chaîne ne contient que des espaces ou des tabulations.

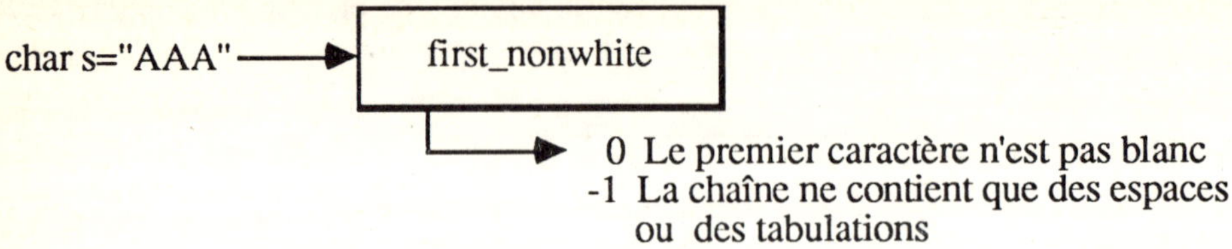


```
/*
 * first_nonwhite (s)
 *
 * Retourne la position du premier caractère de la chaîne qui ne soit
 * ni un espace ni une tabulation.
 *
 * s (in): chaîne à analyser.
 *
 * exemple d'appel : status = first_nonwhite (name);
 */

int first_nonwhite (char s[])
   {
    int i, location = -1;
    for (i = 0; s[i] && (location = -1); ++i)
        if ((s[i] != ' ') && (s[i] != '\t'))
             location = i;
     return (location); /* -1 si tous les caractères sont ESP ou TAB */
   }
```

De même, last_nonwhite retourne la position du dernier caractère qui ne soit ni un espace ni un caractère de tabulation, ou -1 si la chaîne ne contient que des caractères blancs.

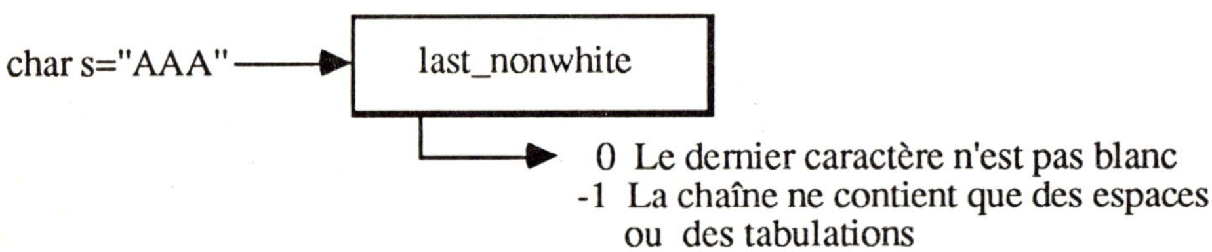


```
/*
 * last_nonwhite (s)
 *
 * Retourne la position du dernier caractère qui ne soit ni un espace ni
 * une tabulation.
 *
 * s (in): chaîne à analyser.
 *
 * exemple d'appel: status = last_nonwhite (name);
 *
 * Si la chaîne ne contient que des caractères blancs, la valeur
 * retournée est -1.
 */
```

```
int last_nonwhite (char s[])
   {
    int i, location = -1;
    for (i = 0; s[i]; ++i)
       if ((s[i] != ' ') && (s[i] != '\t'))
          location = i;
    return (location);    /* -1 si la chaîne ne contient qu'une zone
                                                        d'espacement */
    }
```

## Comparaison de chaînes

La comparaison de chaînes se retrouve dans la plupart des applications manipulant des chaînes alphanumériques. Plusieurs routines prédéfinies permettent de savoir si deux chaînes sont égales. Considérons par exemple la boucle suivante:

```
for (i = 0; s1[i] == s2[i]; ++i)
    if (s1[i] == '\0')
      {
       printf ("Equal strings\n");
       break;
      }
```

La routine inspecte les deux chaînes à partir du début, et les compare tant que les caractères de même rang sont différents.

Observons les exemples suivants:

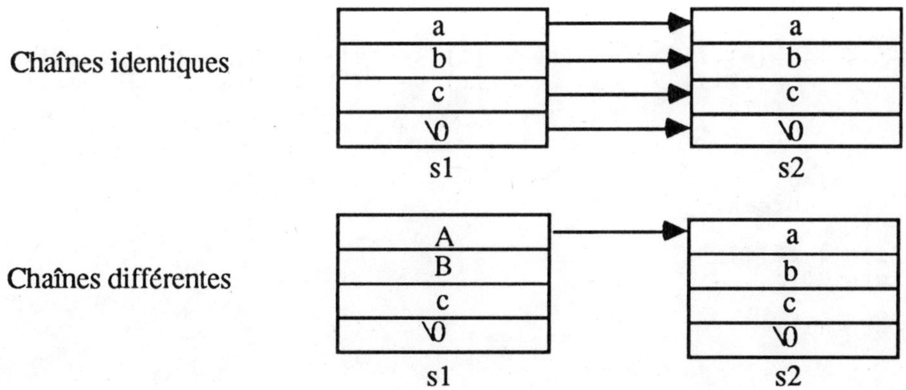


Bien que cette routine soit exacte, on peut avoir à considérer que ces deux chaînes sont équivalentes. Dans ce cas, la routine devra comprendre un troisième paramètre pour être utilisable:

```
equal_strings (s1, s2, ignore_case);
```

Ainsi, selon le choix de l'utilisateur on peut tenir compte ou non des majuscules et des minuscules.

La routine retourne la valeur 1 si les deux chaînes sont égales, 0 dans le cas contraire.

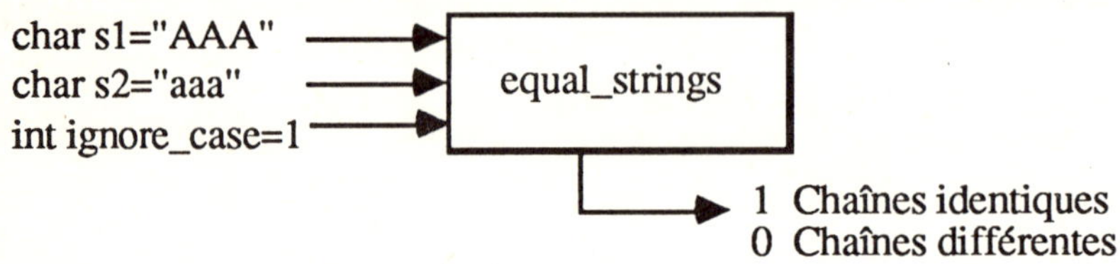


```
/*
 * equal_strings (s1, s2, ignore_case)
 *
 * Retourne 1 si s1 et s2 sont égales, et sinon 0;
 * distingue majuscules et minuscules si nécessaire.
 *
 * s1 (in): première des chaînes à comparer.
 * s2 (in): deuxième des chaînes à comparer.
 * ignore_case (in): choix de traitement des majuscules et minuscules.
 *                   (0 pour les distinguer)
 *
 * exemple d'appel :  if (equal_strings ("THIS", "this", 1))
 */

int equal_strings (char s1[], char s2[], int ignore_case)
   {
    int i;
    char a,b;
    for (i = 0; s1[i] && s2[i]; i++)
        if (s1[i] != s2[i])
           {
             if (ignore_case)
               {
                 a=(s1[i] >= 'a' && s1[i] <= 'z') ? s1[i] & ~32: s1[i];
                 b=(s2[i] >= 'a' && s2[i] <= 'z') ? s2[i] & ~32: s2[i];
                 if (a != b)
                     break;
               }
             else
                 break;
           }
    if (s1[i] || s2[i])
        return (0);
    else
        return (1);
   }
```

De même, la routine suivante retourne la position du premier caractère différent dans deux chaînes, ou -1 si elles sont strictement identiques, en distinguant sur option les majuscules et minuscules.

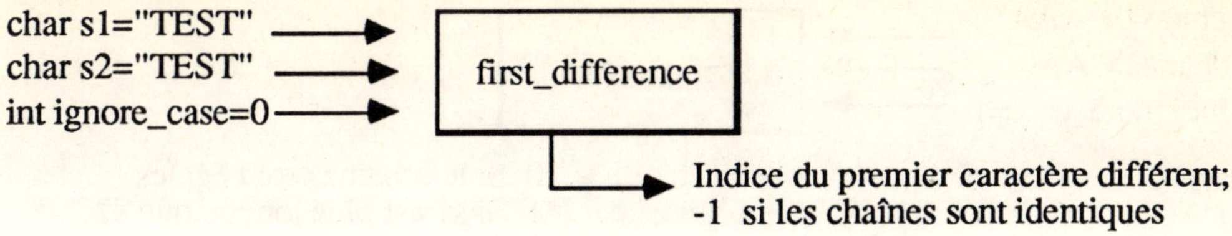


```
/*
 * first_difference (s1, s2, ignore_case)
 *
 * Retourne  la position du premier différent dans s1 et s2,
 *           -1 si les chaînes sont identiques.
 *
 * s1 (in): première chaîne à comparer.
 * s2 (in): deuxième chaîne à comparer.
 * ignore_case (in):  0  pour distinguer majuscules et minuscules.
 *
 * exemple d'appel : if (first_difference ("This", "THIS", 1));
 */

int first_difference (char s1[i], char s2[i], int ignore_case)
   {
    int i;
    char a, b;
    for (i = 0; s1[i] && s2[i]; i++)
       if (s1[i] != s2[i])
           {
             if (ignore_case)
               {
                 a=(s1[i] >= 'a' && s1[i] <= 'z') ? s1[i] & ~32: s1[i];
                 b=(s2[i] >= 'a' && s2[i] <= 'z') ? s2[i] & ~32: s2[i];
                 if (a != b)
                     break;
               }
             else
                 break;
           }
    if (s1[i] || s2[i])
        return (i);
    else
        return (-1);
   }
```

La routine string_comp analyse la longueur de deux chaînes et retourne les valeurs suivantes:

0 si les chaînes sont identiques,
1 si la première chaîne est plus longue,
2 si la deuxième chaîne est plus longue.

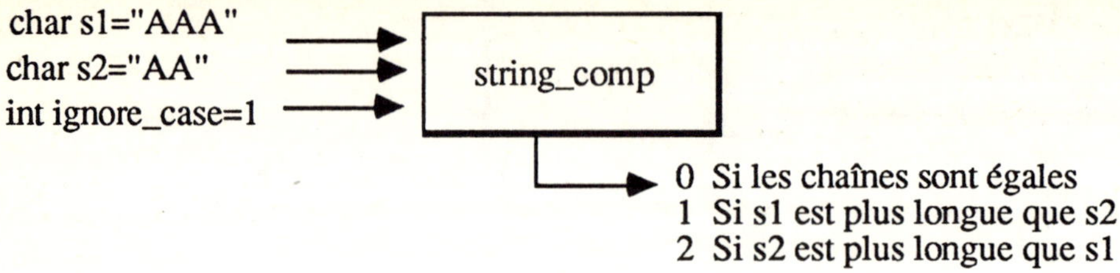


```
/*
 * string_comp (s1, s2, ignore_case)
 *
 * Compare les deux chaînes et renvoie 1 si s1 est plus longue que s2,
 *                                     2 si s2 est plus longue que s1
 *                                     0 si les chaînes sont égales.
 * Effectue sur option la distinction entre majuscules et minuscules.
 *
 * s1 (in): première chaîne à comparer.
 * s2 (in): deuxième chaîne à comparer.
 * ignore_case (in):  0  pour distinguer majuscules et minuscules.
 *
 * exemple d'appel : if (string_comp ("THIS", "this", 1) == 1)
 *
 */

int string_comp (char s1[], char s2[], int ignore_case)
   {
    int i;
    char a, b;
    int result = 0;   /* 0 ch.identiques, 1 s1 > s2, 2 s2 > s1 */
    for (i = 0; s1[i] && s2[i]; i++)
       if (s1[i] != s2[i])
         {
          if (ignore_case)
           {
            a = (s1[i] >= 'a' && s1[i] <= 'z') ? s1[i] & ~32: s1[i];
            b = (s2[i] >= 'a' && s2[i] <= 'z') ? s2[i] & ~32: s2[i];
            if (a != b)
             {
              if (a > b)
                result = 1;
              else
                result = 2;
              break;
             }
           }
          else
            {
             if (s1[i] > s2[i])
               result == 1;
             else
               result == 2;
             break;
            }
         }
    if (result == 0)
     {
      if (s1[i] == s2[i])
         result == 0;
      else if (s1[i])
         result == 1;
```

```
        else
           result == 2;
      }
    return (result);
   }
```

## *Manipulation de sous-chaînes*

Une sous-chaîne est une suite de caractères, faisant partie d'une chaîne de caractères préalablement définie.

Les routines suivantes vous permettront de localiser, remplacer une sous-chaîne dans une chaîne, ou d'en compter les occurrences. En premier lieu, *index* retourne la position de départ d'une sous-chaîne dans la chaîne analysée, ou -1 si la sous-chaîne n'est pas trouvée.

Considérons la chaîne "McGraw-Hill" et la sous-chaîne "Hill", la routine procède de la façon suivante:

1. Parcours de la première chaîne jusqu'à trouver le premier caractère de la sous-chaîne, à défaut jusqu'à la fin de la chaîne analysée (voir Figure 2-5).

2. Parcours simultané de la chaîne et de la sous-chaîne tant que les caractères sont égaux, ou jusqu'à la fin de l'une des deux (voir Figure 2-6).

3. Si la sous-chaîne a été intégralement trouvée dans la chaîne, son index de départ dans la chaîne est retourné à l'utilisateur, sinon retour à l'étape 1.

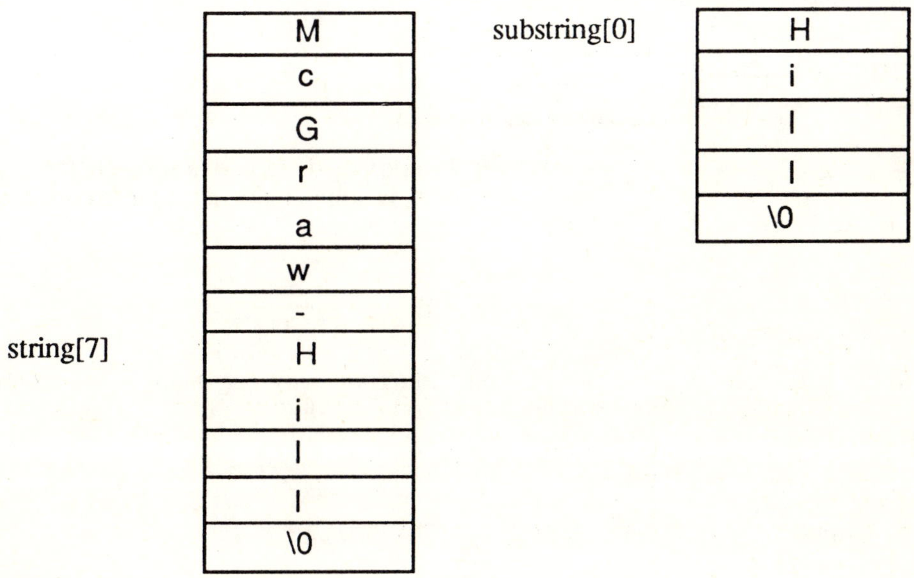


***Figure 2-5.*** *Incrémentation de l'index*

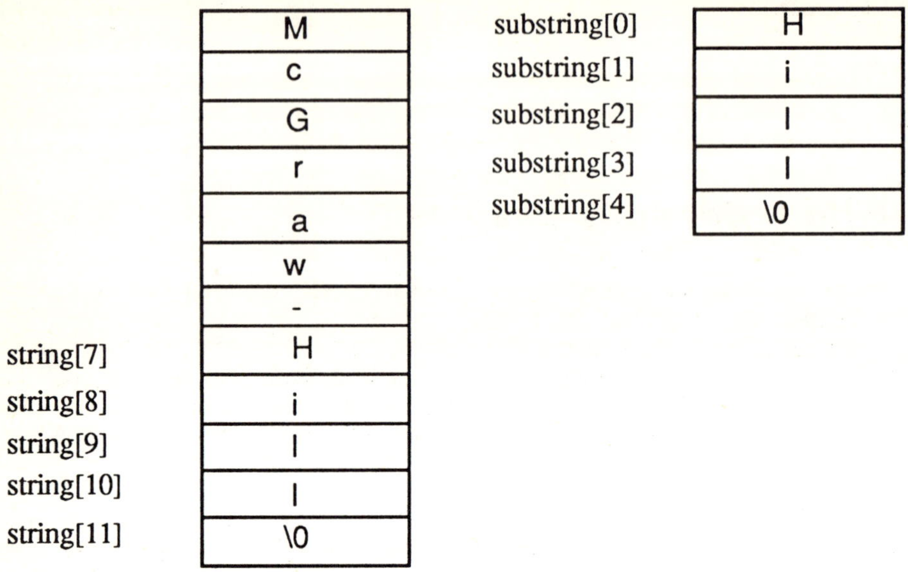


***Figure 2-6.*** *Incrémentation de l'index jusqu'à égalité des sous-chaînes ou fin de la chaîne de référence*

Ceci se traduit par la routine:

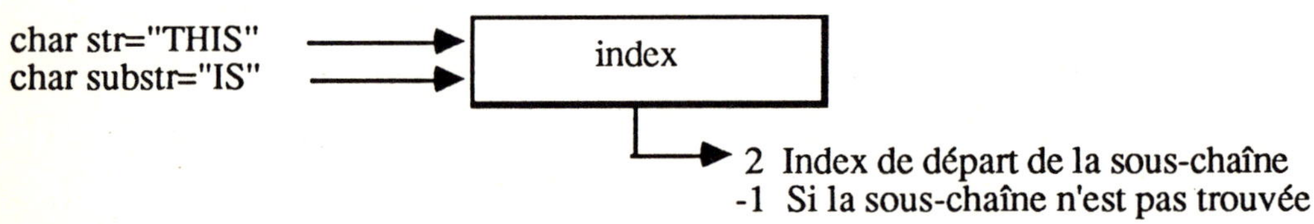


```
/*
 * index (substring, string)
 *
 * Retourne l'index de départ de la sous-chaîne dans la chaîne analysée,
 *          ou -1 si la sous-chaîne n'est pas trouvée.
 *
 * substr (in): sous-chaîne à rechercher.
 * str (in): chaîne à analyser.
 *
 * exemple d'appel : if (index ("PATH", *ENV[1]) != -1)
 */

int index (char substr[], char str[])
  {
    int i, j, k;
```

```
    for (i = 0; str[i]; i++)
        for (j = i, k = 0; str[j] == substr[k]; j++, k++)
            if (! substr[k+1])               /*  fin de la sous-chaîne  */
                return (i);
    return (-1);                               /* sous-chaîne non trouvée */
}
```

De même, str_count compte le nombre d'occurrences d'une sous-chaîne dans une chaîne:

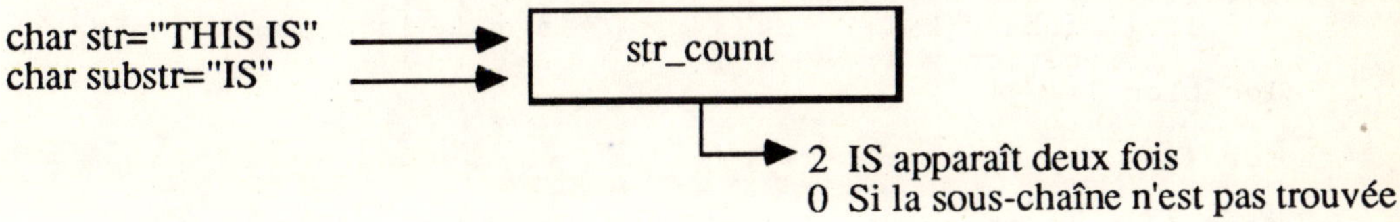


```
/*
 * str_count (substring, string)
 *
 * Retourne le nombre d'occurrences de la sous-chaîne dans la chaîne
 * analysée.
 *
 * substr (in): sous-chaîne à rechercher.
 * str (in): chaîne à analyser.
 *
 * exemple d'appel : count = str_count ("is", "This is a test");
 */

int str_count (char substr[], char str[])
   {
    int i, j, k, count = 0;
    for (i = 0; str[i]; i++)
        for (j = i, k = 0; str[j] == substr[k]; j++, k++)
            if (! substr[k+1])              /*  fin de la sous-chaîne  */
                count++;
    return (count);        /* 0 si la sous-chaîne n'est pas trouvée */
   }
```

La routine remove_substring supprime une sous-chaîne donnée dans une chaîne:

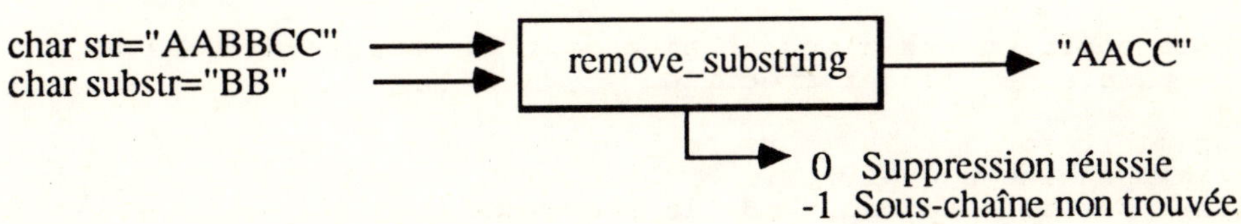


```
/*
 * remove_substring (substring, string)
 *
 * Supprime de la chaîne la première occurrence de la sous-chaîne.
 *
 * substring (in): sous-chaîne à retirer.
 * string (in/out): chaîne à modifier.
 *
```

```
 * exemple d'appel : status = remove_substring ("is", strvar);
 *
 * Retourne  0 si la suppression a été effectuée
 *          -1 si la sous-chaîne n'a pas été trouvée.
 */

int remove_substring (char substr[], char str[])
   {
   int i, j, k, location= -1;
     for (i = 0; str[i] && (location == -1); i++)
         for (j = i, k = 0; str[j] == substr[k]; j++; k++)
             if (! substr[k+1])              /* fin de la sous-chaîne */
                 location = i;
     if (location != -1)
       {
         for (k = 0; substr[k]; k++)
             ;
          for (j = location, i = location + k; str[i]; j++; k++)
               str[j] = str[i];
          str[j] = '\0';
          return (0);
        }
      else
          return (-1);                   /*  sous-chaîne non trouvée   */
        }
```

La routine next_str_occurrence retourne la position de départ d'une sous-chaîne donnée à partir d'un index donné dans une chaîne. Si on ne trouve pas la sous-chaîne, on retourne la valeur -1.

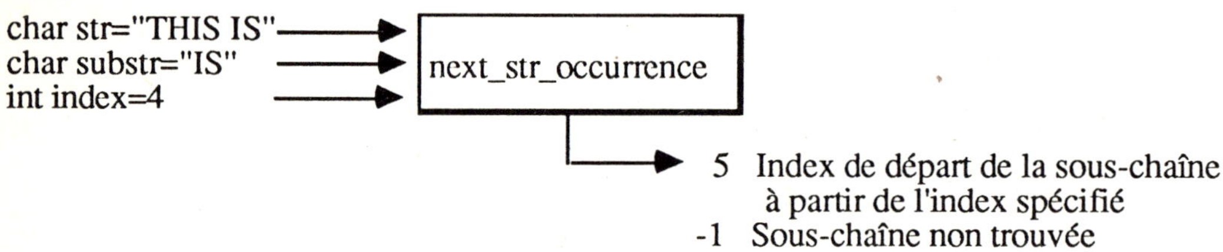


```
/*
 * next_str_occurrence (substring, string, start_index)
 *
 * Retourne la position de la sous-chaîne dans la chaîne analysée à
 *           partir de l'index spécifié.
 *
 * substring (in): sous-chaîne à rechercher.
 * string (in): chaîne à analyser.
 * index (in): position de départ de la recherche.
 *
 * location = next_str_occurrence ("un","Voici un test", 4);
 *
 * la valeur retournée est  -1  si la sous-chaîne n'est pas trouvée.
 */

int next_str_occurrence (char substr[], char str[], int index)
   {
    int i, j, k;
    for (i = index; str[i]; i++)
```

```
        for (j = i, k = 0; str[j] == substr[k]; j++, k++)
            if (! substr[k+1])           /*  fin de la sous-chaîne  */
               return (i);
    return (-1);                         /* sous-chaîne non trouvée */
   }
```

## Caractères de remplacement

Le dernier élément nécessaire à votre bibliothèque de routines de traitement des chaînes de caractères est la possibilité d'employer des caractères génériques de remplacement (*wildcard*), qui permettent de rechercher des ensembles de chaînes ou sous-chaînes en ne donnant explicitement qu'une partie de leur contenu. Par exemple, la recherche de chaînes du type ABC???FGH, où les "?" peuvent être n'importe quel caractère. La routine suivante vous permettra de simplifier vos boucles de recherche:

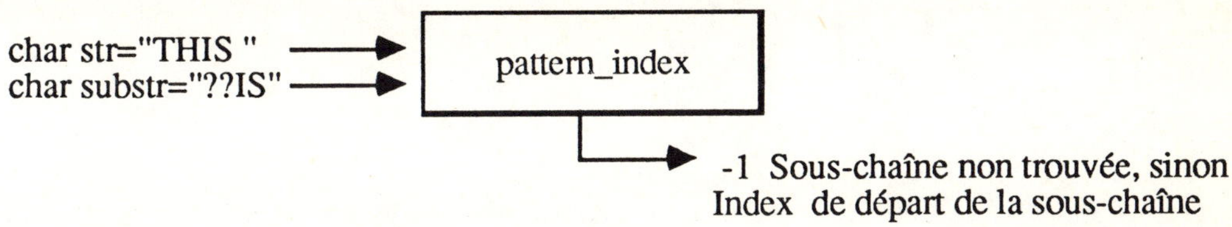


```
/*
 * pattern_index (substring, string)
 *
 * Retourne la position de départ de la sous-chaîne dans la chaîne,
 * la sous-chaîne pouvant contenir des caractères de remplacement.
 *
 * exemple : if (pattern_index ("this ???", "this bbb a test") == -1);
 *
 * retourne la valeur  -1  si la sous-chaîne n'est pas trouvée;
 */

int pattern_index (substr, str)
    char substr[], str[];
   {
    int i, j, k;
    for (i = 0; str[i]; i++)
        for (j = i, k = 0; (str[i] == substr[k])
                           || (substr[k] == '?'); j++; k++)
             if (! substr[k+1])      /*  fin de la sous-chaîne */
                return (i);
     return (-1);               /* sous-chaîne non trouvée  */
   }
```

# 3 Pointeurs

Le chapitre 2 a permis de constituer une librairie de routines de manipulation de chaînes, ces dernières étant traitées sous forme de tableaux de caractères. Bien que ces structures de tableaux soient efficaces, on peut dans la plupart des cas réduire significativement la longueur des programmes en utilisant des pointeurs.

De nombreux programmes en C en font un large usage, il est donc essentiel d'assimiler leur rôle et leur utilisation.

## Premiers pas

Toutes les variables utilisées dans les programmes sont stockées en mémoire à une adresse unique (Figure 3-1) grâce à laquelle C les localise et les identifie, comme l'illustre la Figure 3-2.

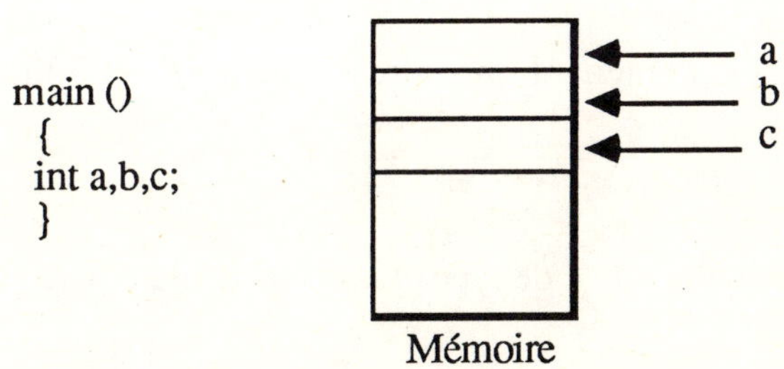


*Figure 3-1. Déclaration de variables*

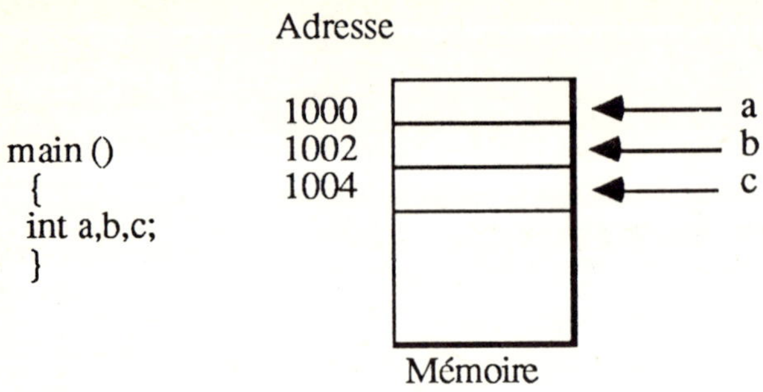


***Figure 3-2.*** *Assignation d'une adresse unique aux variables*

L'opérateur unaire & renvoie l'adresse d'une variable. Ainsi, le programme suivant affiche non pas la valeur, mais l'adresse des variables a et b :

```
main ()
   {
    int a = 5, b = 10;
    printf ("Address  of a %u -- Address of b %u\n",
                &a, &b);
   }
```

Une légère modification permet d'afficher valeur et adresse des deux variables:

```
main ()
   {
    int a = 5, b = 10;
    printf ("Address of a %u Value %d\n, &a, a);
    printf ("Address of b %u Value %d\n, &b, b);
   }
```

Un *pointeur* est une variable contenant une adresse mémoire. Il doit être déclaré de la façon suivante:

```
type_de_variable  *nom_variable;
```

Par exemple, un pointeur sur une variable de type entier sera déclaré par:

```
int *int_pointer;
```

L'astérisque signifie que la variable est un pointeur sur une adresse mémoire qui contient une valeur (ici de type entier). Pour assigner une adresse à un pointeur, on utilise l'opérateur &, de la façon suivante:

```
int_pointer = &integer_variable;
```

Notez bien l'absence de l'astérisque ici: Lorsque celle-ci n'est pas mentionnée, l'instruction fait référence à l'adresse mémoire et non à la valeur. Considérons l'exemple suivant:

```
main ()
  {
   int i, *int_pointer;
   int_pointer = &i;
   *int_pointer = 5;
   }
```

Dans un premier temps, ce programme affecte au pointeur *int_pointer* l'adresse de *i* :

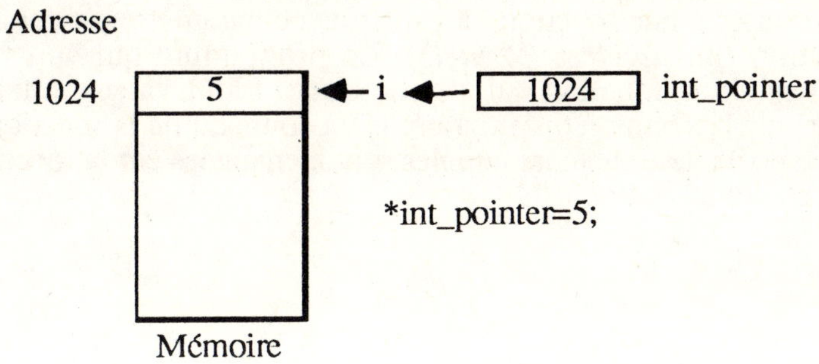


En ajoutant l'instruction suivante on peut vérifier cette opération:

```
printf ("Address of i %u Value of int_pointer%d\n",
            &i, int_pointer);
```

Dans un deuxième temps, le programme place la valeur 5 à l'adresse mémoire référencée par *int_pointer*.

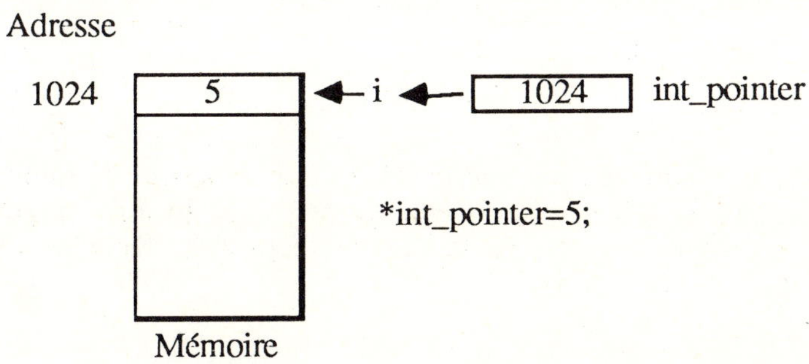


Ce faisant, la variable *i* (qui correspond à la même adresse mémoire) se voit affecter la valeur 5.

## Pointeurs et fonctions

Certaines des fonctions présentées dans le chapitre 2 retournaient des valeurs traduisant le niveau de succès de leur exécution. Lorsqu'une seule valeur peut être retournée, il n'est pas nécessaire d'apporter de modifications. Par exemple, la fonction qui retourne la somme de deux entiers:

```
sum (int a, int b)
  {
   return (a + b);
  }
```

ne peut modifier les paramètres avec lesquels elle est appelée.

C utilise en effet un mode de passage des paramètres appelé *passage par valeur*. Chaque fois qu'un paramètre est passé à une fonction, la valeur de ce paramètre est copiée dans les paramètres de la fonction (*paramètres formels*). Le programme qui suit passe deux paramètres de type entier à une fonction qui affiche d'abord leur valeur initiale puis les modifie. Cependant, lorsque l'exécution du programme en cours quitte la fonction et revient au corps du programme appelant, les valeurs initiales sont inchangées car la fonction appelée n'a modifié qu'une copie de leur contenu.

```
main ()
   {
    int a = 5, b = 10;
    some_function (a,b);
    printf ("In main a = %d b = %d\n, a, b);
   }

some_function (int a, int b)
   {
    printf ("In some_function a = %d b = %d\n, a, b);
    a += 4; b++;
    printf ("In some_function a = %d b = %d\n, a, b);
   }
```

Une fois lancé, ce programme affiche:

```
In some_function a = 5 b =10
In some_function a = 9 b = 11
In main a = 5 b = 10
```

Pour modifier intrinsèquement les paramètres dans une fonction, il faut utiliser des pointeurs. Si l'on traite deux variables qu'on souhaite initialiser au moyen d'une certaine fonction, il faut indiquer à celle-ci l'adresse de chaque paramètre de la façon suivante:

```
main ()
   {
    int a, b;
    initialize (&a, &b);
    printf ("a = %d b = %d\n", a, b);
   }
```

Dans le corps de la fonction appelée on doit spécifier qu'on manipule des pointeurs de la façon suivante:

```
initialize (int *a, *b)
   {
    *a = 1;
    *b = 2;
   }
```

Le programme affichera:

```
a = 1 b = 2
```

du fait que les variables de la fonction désignent les mêmes adresses mémoire que les paramètres qui lui sont passés (voir Figure 3-3).

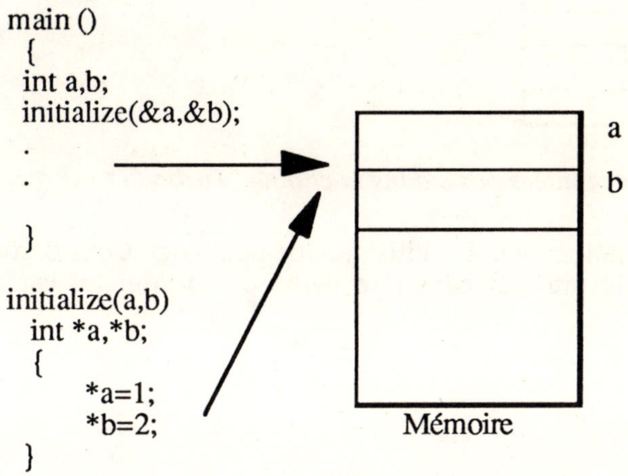


***Figure 3-3.*** *Variables et pointeurs désignant les mêmes adresses mémoire*

De la même façon, la fonction suivante incrémente la valeur de chacun de ses trois paramètres:

```
increment (int *a, int *b, int *c)
   {
    (*a)++;
    (*b)++;
    (*c)++;
   }
```

On appelle la fonction par:

```
increment (&valeur1, &valeur2, &valeur3);
```

## Pointeurs et chaînes de caractères

Il s'agit certainement de l'utilisation la plus importante des pointeurs. Comme on l'a vu précédemment, C traite les chaînes sous forme de tableaux; lors du passage d'un paramètre de type chaîne à une fonction, C indique à celle-ci l'adresse du premier élément de ce tableau.

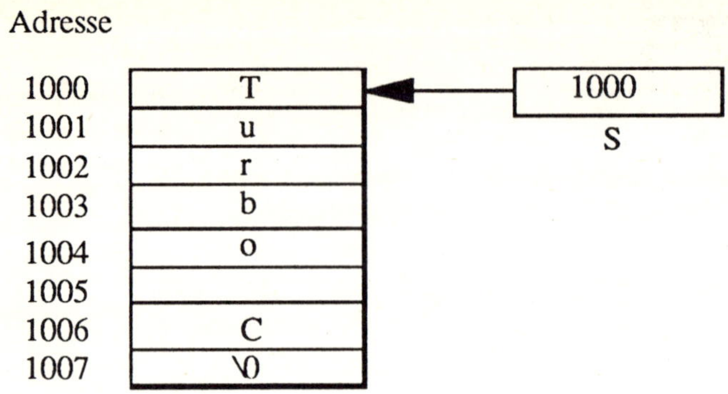


***Figure 3-4.*** *Adresses pointées par s dans la chaîne "Turbo C"*

Ceci se prête donc particulièrement à l'utilisation de pointeurs. Considérons par exemple une fonction qui affiche le premier caractère d'une chaîne qui lui est passée comme paramètre:

```
show_first (char *s)
   {
    printf ("%c\n", *s);
   }
```

Lorsque show_first est appelée, *s* pointe sur le premier caractère de la chaîne, par exemple le "T" de "Turbo C" , comme le montre la figure 3-4. Si l'on ajoute 1 à la valeur de l'adresse mémoire, on pointe alors sur le deuxième caractère de la chaîne:

```
show_second (char *s)
   {
    s++;      /* on pointe sur le deuxième caractère */
    printf ("%c\", *s);
   }
```

La routine suivante affiche le contenu de la chaîne qui lui est passée:

```
show_string (char *s)
   {
    while (*s != '\0')
       {
         printf ("%c", *s);
         s++;
       }
   }
```

A chaque itération, on additionne 1 à la valeur du pointeur (autrement dit, on incrémente l'adresse). On peut alors réduire significativement l'écriture en utilisant la notation condensée:

```
*s++
```

Ici, le compilateur C utilise d'abord la valeur contenue à l'adresse mémoire référencée par *s* puis incrémente cette adresse. Ainsi la séquence d'instructions:

```
a = *s;
s++;
```

est strictement équivalente à:

```
a = *s++;
```

On peut donc condenser l'écriture de show_string:

```
show_string (char *s)
   {
    while (*s != '\0')
        printf ("%c", *s++);
   }
```

Les routines qui suivent feront un large usage des pointeurs, il est donc important que le lecteur en ait assimilé le fonctionnement.

## Routines de traitement des chaînes de caractères

La première d'entre elles, string_length, renvoie le nombre de caractères contenus dans une chaîne:

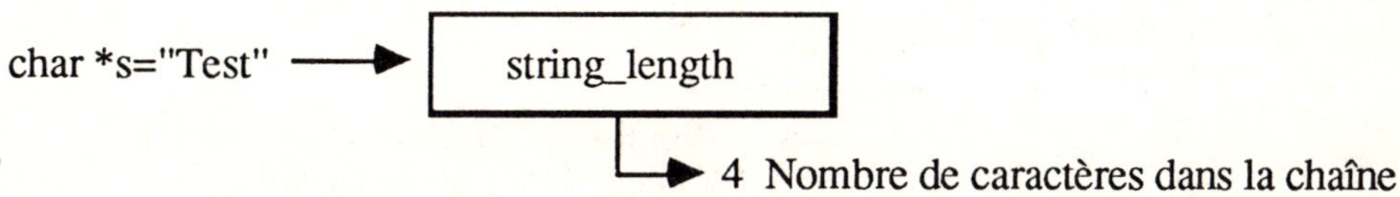


```
/*
 * string_length (s)
 *
 * renvoie le nombre de caractères d'une chaîne.
 *
 * s (in): chaîne à analyser.
 *
 * exemple d'appel : length = string_length ("This is a test");
 */

string_length (char *s)
  {
    int len = 0;
    while (*s++)
        len++;
    return (len);
  }
```

La routine char_index renvoie la position de la première occurrence d'une lettre donnée; elle renvoie -1 si cette lettre n'a pas été trouvée.

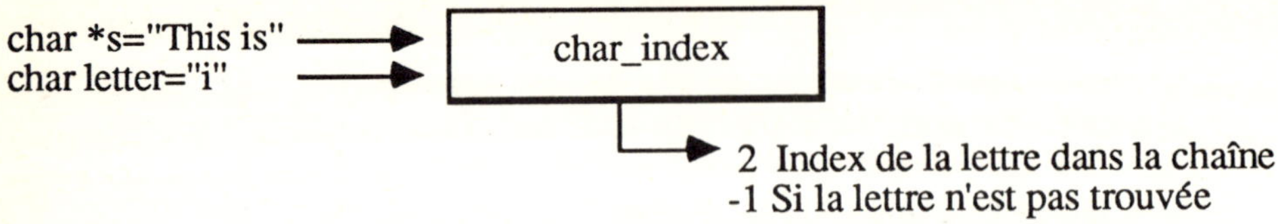


```
/*
 * char_index (s, letter)
 *
 * Retourne la position de la première occurrence d'un caractère donné
 * dans une chaîne.
 *
 * s (in): chaîne à analyser.
 * letter (in): lettre à rechercher dans la chaîne.
 */

char_index (char *s, char letter)
   {
    int count, location = -1;
    for (count = 0; *s && (location == -1); count++)
       if (*s++ == letter)
          location = count;
    return (location);
   }
```

La routine char_count retourne le nombre d'occurrences d'une lettre dans une chaîne. Si la lettre n'est pas trouvée, elle retourne 0.

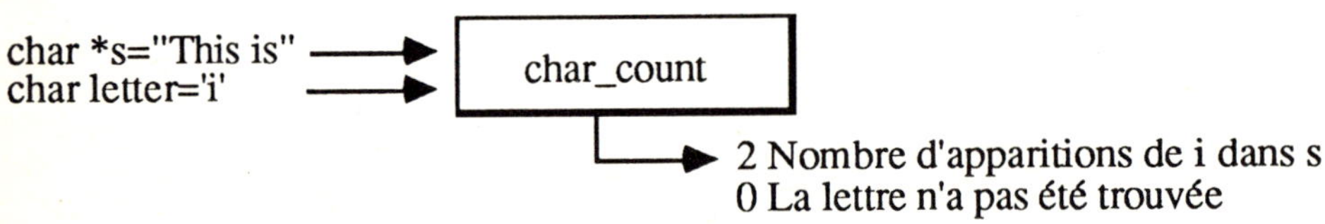


```
/*
 * char_count (s, letter)
 *
 * Retourne le nombre d'occurrences d'un caractère dans une chaîne.
 *
 * s (in): chaîne à analyser.
 * letter (in): lettre à rechercher dans la chaîne.
 */

char_count (char *s, char letter)
   {
    int count=0;
    while (*s)
       if (*s++ == letter)
          count++;
    return (count);
   }
```

La fonction replace_character remplace chaque occurrence de la première lettre spécifiée par le deuxième caractère.

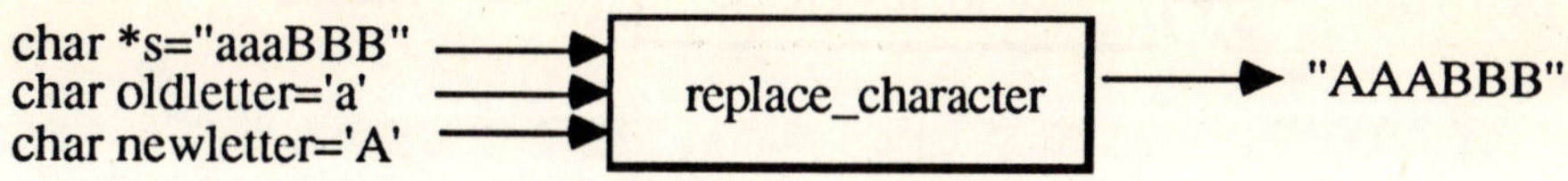


```
/*
 * void replace_character (s, oldletter, newletter)
 *
 * Remplace chaque occurrence de oldletter par newletter dans s.
 *
 *
 * s (in/out): chaîne à modifier.
 * oldletter (in): caractère à remplacer
 * newletter (in): caractère de substitution.
 *
 * exemple d'appel : replace_character (some_string, 'a', 'A');
 */

void replace_character (char *s, char oldletter, char newletter)
   {
    while (*s)
    if (*s == oldletter)
       *s++ = newletter);
    else
       s++;
   }
```

De façon analogue à celles présentées dans le chapitre 2, les routines suivantes utilisent les opérateurs de manipulation de bits pour traiter des conversions en majuscules ou minuscules:

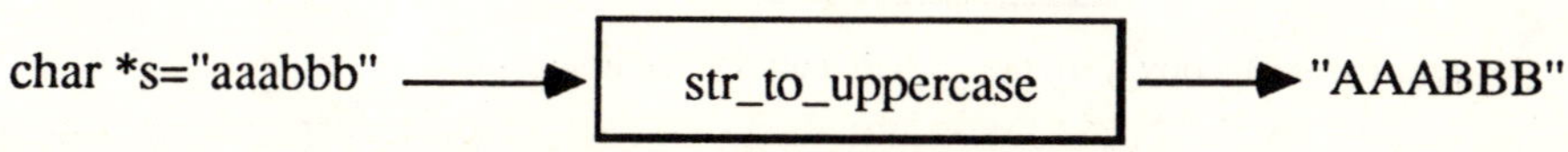


```
/*
 * void str_to_uppercase (s)
 *
 * Convertit une chaîne en MAJUSCULES.
 * s (in/out): chaîne à convertir en majuscules.
 *
 * exemple d'appel : str_to_uppercase (filename);
 *
 * str_to_uppercase utilise les opérateurs de manipulation de bits.
 */

void str_to_uppercase (char *s)
   {
    while (*s)
       if (*s >= 'a' && *s <= 'z')
          *s++ &= ~32;
       else
          s++;
       }
```

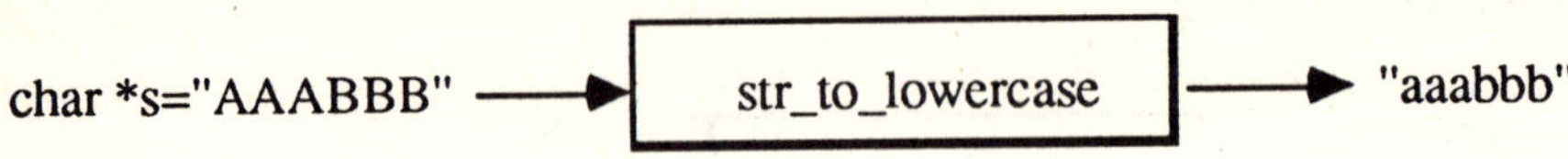


```
/*
 * void str_to_lowercase (s)
 *
 * Convertit une chaîne en MINUSCULES.
 * s (in/out): chaîne à convertir en minuscules.
 *
 * exemple d'appel : str_to_lowercase (filename);
 *
 * str_to_lowercase utilise les opérateurs de manipulation de bits.
 */

void str_to_lowercase (s)
      char *s;
   {
    while (*s)
      if (*s >= 'A' && *s <= 'Z')
         *s++ |= 32;
      else
         s++;
      }
```

La routine suivante copie le contenu de la première chaîne dans la seconde, sans opérer de contrôle de longueur:

*Remarque :* fast_copy n'effectue pas de contrôle de longueur

```
/*
 * void fast_copy (s1, s2)
 *
 * Copie le contenu de la chaîne source dans la chaîne cible.
 *
 * s1 (in): chaîne source.
 * s2 (out): chaîne recevant les caractères à copier.
 *
 * exemple d'appel : fast_copy ("This is a test", stringvar);
 *
 * fast_copy n'effectue pas de contrôle de longueur.
 *
 */

void fast_copy (s1, s2)
     char *s1, char *s2;
    {
     while (*s2++ = *s1++)
            ;
     }
```

Il est très facile d'ajouter le contrôle de longueur en passant le paramètre maxchar:

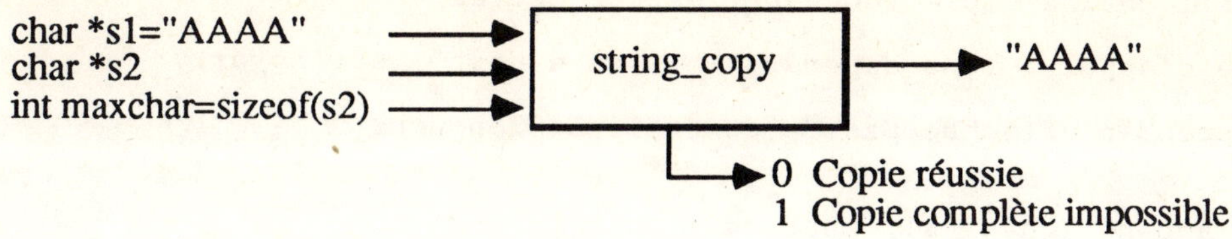


```
/*
 * int string_copy (s1, s2, maxchar)
 *
 * Copie la chaîne source dans la variable de la chaîne cible.
 *
 * s1 (in): contient les caractères à copier.
 * s2 (out): reçoit les caractères copiés.
 * maxchar (in): détermine le nombre maximum de caractères que
 *              peut recevoir s2.
 *
 * exemple d'appel :
 * status = copy_string ("This is", stringvar, sizeof (stringvar));
 * Retourne 1 si la longueur autorisée de la chaîne cible est dépassée
 *          0  dans le cas contraire.
 *
 */

int string_copy (char s*1, char *s2, int maxchar)
   {
    int i;
    maxchar--;
                /* on décrémente pour prévoir le caractère nul */
    for (i = 0; (*s2++ = *s1++) && (i < maxchar); i++)
       ;
    if ((i == maxchar) && *s1)
               /* on regarde s'il reste des caractères dans s1*/
       {
        *s2 = '\0';
        return (1);
       }
     else
        return (0);
    }
```

La routine fast_append concatène le contenu d'une chaîne à celui d'une deuxième, sans contrôle de longueur:

*Remarque :* fast_append n'effectue pas de contrôle de longueur

```
/*
 * void fast_append (source, target)
 *
 * Concatène le contenu de la chaîne source à la
 * chaîne cible.
```

```
 *
 * s1 (in): chaîne source contenant les caractères à concaténer.
 * s2 (out): chaîne cible recevant les caractères.
 *
 * exemple d'appel : fast_append ("This is a test", stringvar);
 *
 * fast_append n'effectue pas de contrôle de longueur.
 */

void fast_append (char *s1, char *s2)
    {
     while (*s2) /* détecte la fin de la chaîne s2  */
           s2++;
     while (*s2++ = *s1++)    /* concaténation de s1 */
           ;
     }
```

Les routines suivantes effectuent des comparaisons en distinguant majuscules et minuscules. La première, equal_strings, retourne 1 si deux chaînes sont identiques, et 0 dans le cas contraire:

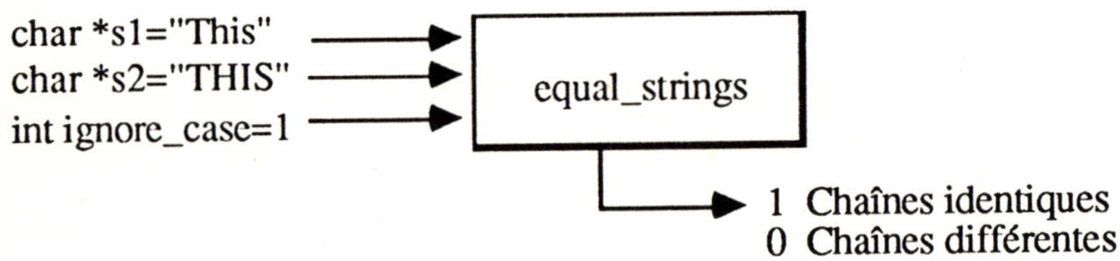


```
/*
 * equal_strings (s1, s2, ignore_case)
 *
 * Retourne 1 si s1 et s2 sont égales, et sinon 0;
 * distingue majuscules et minuscules si nécessaire.
 *
 * s1 (in): première des chaînes à comparer.
 * s2 (in): deuxième des chaînes à comparer.
 * ignore_case (in): choix de traitement des majuscules
 *                   et des minuscules (0 pour les distinguer)
 *
 * exemple d'appel :  if (equal_strings ("THIS", "this", 1))
 *
 */

int equal_strings (char *s1, char *s2, int ignore_case)
    {
     char a,b;
     for (; *s1 && *s2; s1++, s2++)
          if (*s1 != *s2)
             {
               if (ignore_case)
                  {
                    a = (*s1 >= 'a' && *s1 <= 'z') ? *s1 & ~32: *s1;
                    b = (*s2 >= 'a' && *s2 <= 'z') ? *s2 & ~32: *s2;
                    if (a != b)
                        break;
```

```
                }
              else
                 break;
            }
     if (*s1 || *s2)
        return (0);
     else
          return (1);
    }
```

La routine string_comp analyse la longueur de deux chaînes et renvoie les valeurs:

0 si les chaînes sont identiques,
1 si chaîne 1 > chaîne 2,
2 si chaîne 1 < chaîne 2.

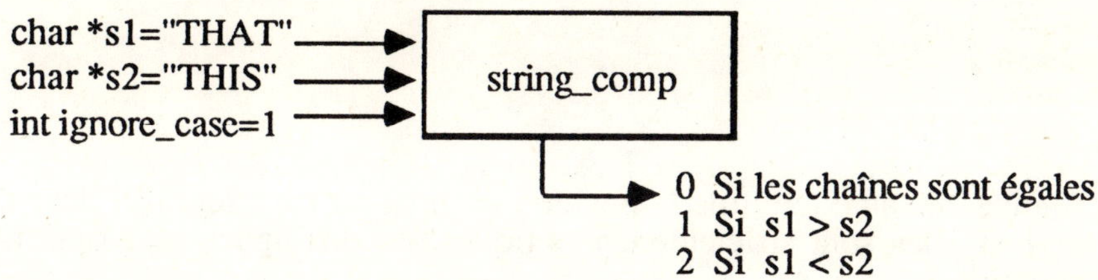


```
/*
 * string_comp (s1, s2, ignore_case)
 *
 * Compare les deux chaînes et renvoie
 *                  1 si s1 > s2,
 *                  2 si s2 < s1
 *                  0 si s1 = s2.
 * Effectue sur option la distinction entre majuscules et
 * minuscules.
 *
 * s1 (in): première chaîne à comparer.
 * s2 (in): deuxième chaîne à comparer.
 *
 * exemple d'appel : if (string_comp ("THIS", "this", 1) == 1)
 *
 */

int string_comp (char *s1, char *s2, int ignore_case)
   {
    char a, b;
    int result = 0;    /* 0 ch.identiques, 1 s1 > s2, 2 s2 > s1 */
    for (; *s1 && *s2; s1++, s2++)
        if (*s1 != *s2)
           {
            if (ignore_case)
              {
               a = (*s1 >= 'a' && *s1 <= 'z') ? *s1 & ~32: *s1;
               b = (*s2 >= 'a' && *s2 <= 'z') ? *s2 & ~32: *s2;
               if (a != b)
                 {
                  if (a > b)
                    result = 1;
                  else
                    result = 2;
                  break;
```

```
              }
            }
          else
            {
             if (*s1 > *s2)
                result == 1;
             else
                result == 2;
             break;
            }
       }
    if (result == 0)
     {
      if (*s1 == *s2)
         result == 0;
      else if (*s1)
         result == 1;
      else
         result == 2;
     }
    return (result);
   }
```

De même, la routine suivante retourne la position du premier caractère différent dans deux chaînes, ou -1 si elles sont strictement identiques, en distinguant sur option les majuscules et minuscules.

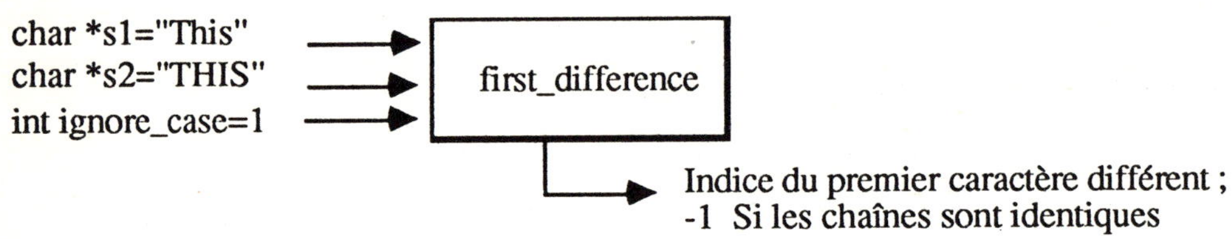


```
/*
 * first_difference (s1, s2, ignore_case)
 *
 * Retourne la position du premier caractère différent dans s1 et s2,
 * ou -1 si les chaînes sont identiques.
 *
 * s1 (in): première chaîne à comparer.
 * s2 (in): deuxième chaîne à comparer.
 * ignore_case (in):  0  pour distinguer majuscules et minuscules
 *
 * exemple : status = first_difference ("TURBO C", "turbo c", 1);
 *
 */

int first_difference (char *s1, char *s2, int ignore_case)
    {
     int i;
     char a, b;
     for (i = 0; *s1 && *s2; s1++, s2++, i++)
        if (*s1 != *s2)
             {
              if (ignore_case)
                 {
                  a = (*s1 >= 'a' && *s1 <= 'z') ? *s1 & ~32: *s1;
                  b = (*s2 >= 'a' && *s2 <= 'z') ? *s2 & ~32: *s2;
```

```
                if (a != b)
                    break;
                }
             else
                break;
           }
    if (*s1 || *s2)
        return (i);
    else
         return (-1);
   }
```

La routine index renvoie l'index de début d'une sous-chaîne de caractères dans une chaîne donnée, ou -1 si la sous-chaîne n'apparaît pas.

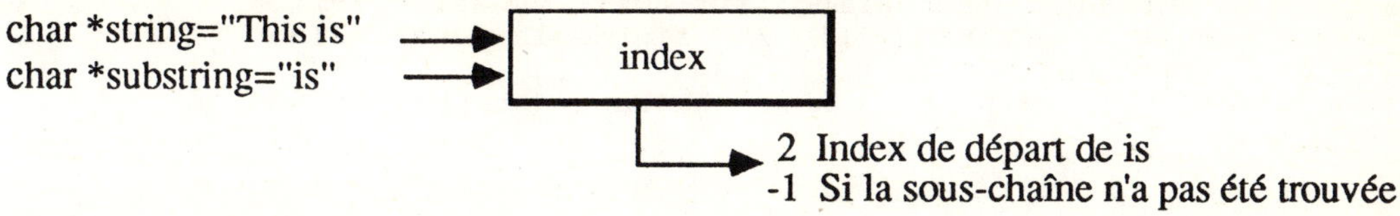


```
/*
 * index (substring, string)
 *
 * Renvoie  l'index de départ de la sous-chaîne dans la chaîne
 * analysée,ou  -1 si la sous-chaîne n'est pas trouvée.
 *
 * substring (in): sous-chaîne à rechercher.
 * string (in): chaîne à analyser.
 *
 * exemple d'appel : if (index ("PATH", *ENV[1]) != -1)
 */

int index (char *substr, char *str)
  {
    char *substring, *string, *start = str;
    for (string = str++, substring = substr;
          *string == *substring; string++, substring++)
           if (! (*substring+1))  /*  fin de la sous-chaîne   */
              return (str-start-1);
    return (-1);                   /* sous-chaîne non trouvée */
  }
```

De même, str_count compte le nombre d'occurrences d'une sous-chaîne dans une chaîne.

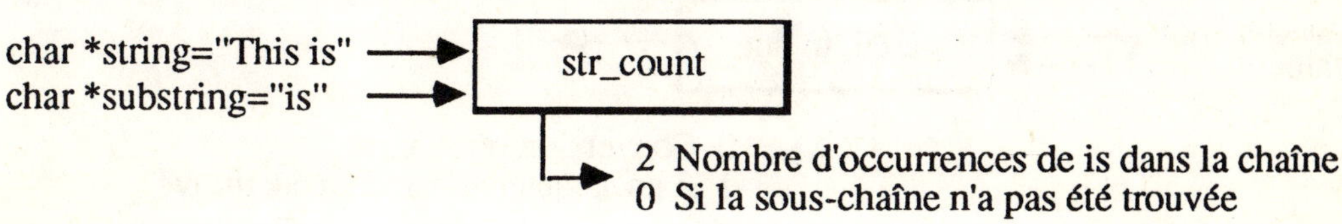

```
/*
 * str_count (substring, string)
 *
 * Renvoie le nombre d'occurrences de la sous-chaîne
 * dans la chaîne analysée.
 *
 * substring (in): sous-chaîne à rechercher.
 * string (in): chaîne à analyser.
 *
 * exemple d'appel : count = str_count ("is", "This is a test");
 */

int str_count (char *substr, char *str)
   {
    char *substring, *string;
    int count = 0;
    while (*str)
        for (string = str++, substring = substr;
             *string == *substring; string++, substring++)
            if (! *(substring+1))  /*  fin de la sous-chaîne  */
               ++count;
    return (count);  /* 0 si la sous-chaîne n'est pas trouvée */
   }
```

## Routines de conversion

Il est fréquent dans un programme de convertir des chaînes de caractères en leur équivalent numérique. Considérons l'exemple suivant:

```
main ()
   {
    char agestr[5];
    int age;
    printf ("Enter your age\n");
    gets (agestr);
    if (ascii_to_int (agestr, &age) != -1)
        printf ("%d\n", age);
    else
        printf ("Invalid age entered\n");
   }
```

Ce programme appelle la routine ascii_to_int, qui convertit une valeur entière représentée sous forme alphanumérique en une variable de type numérique. Si par exemple la chaîne contient "1223", la routine renvoie le nombre 1223; si elle contient un caractère invalide (par exemple "122d3"), la routine renvoie un code erreur.

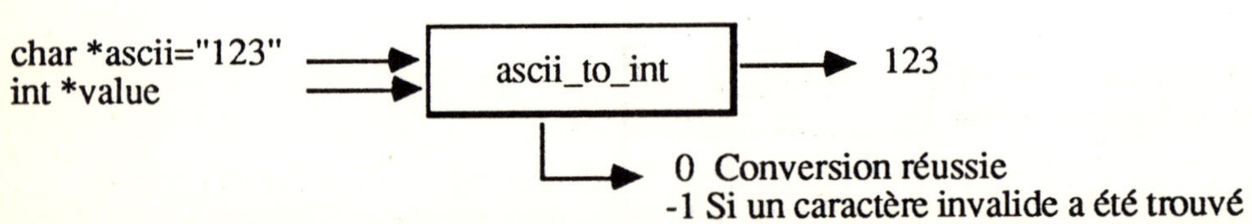

```
/*
 * ascii_to_int (str, value)
 *
 * Convertit l'expression alphanumérique d'une valeur
 * numérique en une variable de type numérique.
 *
 * str (in): chaîne contenant la valeur à convertir.
 * value (out): variable numérique convertie.
 *
 * exemple d'appel : if (ascii_to_int ("1112", &value) != -1)
 *
 * Si la chaîne en entrée contient des caractères autres que des
 * chiffres, la valeur retournée est -1.
 */

ascii_to_int (char *str, int *value)
  {
    int sign = 1; /*  -1 si le nombre à convertir est négatif  */
   *value = 0;
    while (*str == ' ')
              /*  on élimine les espaces en début de chaîne  */
        str++;
    if (*str == '-' || *str == '+')
        sign = (*str++ == '-') ? -1:1;
    while (*str)
        if ((*str >= '0') && (*str <= '9'))
            *value = (*value * 10) + (*str++ -48);
        else
            return (-1) ;
                  /* la chaîne contient un caractère invalide  */
    *value *= sign;
     return (0);
  }
```

La routine int_to_ascii opère la conversion inverse:

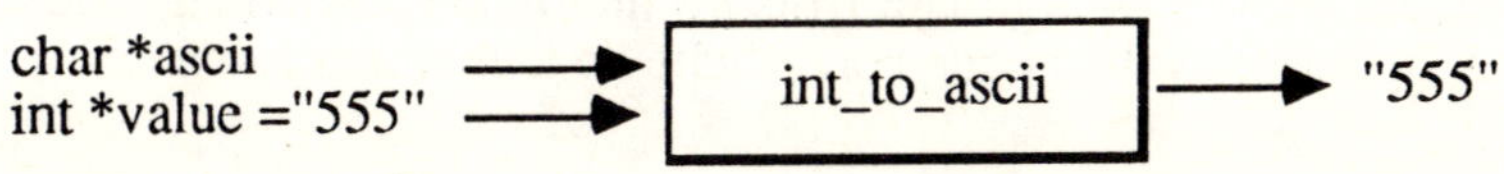


```
/*
 * int_to_ascii (value, str)
 *
 * Convertit une variable numérique en variable de
 * type caractère.
 *
 * str (out): chaîne représentant le nombre.
 * value (in): variable entière à convertir.
 *
 * exemple d'appel : int_to_ascii (22, str)
 *
 */

int_to_ascii (int value, char *str)
   {
    int sign = value;
    char temp, *savestr = str;
    if (value < 0)
        value *= -1;
    do
       {
```

```
        *str++ = (value % 10) + 48;
        value = value /10;
      }
    while (value > 0);
       if (sign < 0)
           *str++ = '-';
    *str-- = '\0';
    while (savestr < str)
        {
         temp = *str;
         *str -- = *savestr;
         *savestr++ = temp;
        }
    }
```

Cet exemple démontre l'efficacité d'une utilisation intensive des pointeurs, avec lesquels on doit se sentir à l'aise avant de poursuivre la lecture de ce chapitre.

## Tableaux de pointeurs

De la même façon que pour les tableaux de caractères, C offre la possibilité de manipuler des tableaux de pointeurs. Considérons par exemple la déclaration suivante:

```
char *summer [3];
```

C crée un tableau indexé de 0 à 2 contenant trois pointeurs sur des chaînes de caractères, auxquelles on peut assigner des valeurs que l'on affiche de la manière suivante:

```
main ()
  {
    char *summer[3];
    int i;
    summer [0] = "June";
    summer [1] = "July":
    summer [2] = "August";
    for (i = 0; i < 3; i++)
         printf ("%s\n", summer [i]);
   }
```

Ce concept de tableau de pointeurs a de nombreuses applications utiles, par exemple:

```
char *DAYS[7] = {"Sunday", "Monday", "Tuesday",
                "Wednesday", "Thursday", "Friday",
                "Saturday"};
```

Le programme suivant établit une table de correspondance des caractères en code décimal, octal, hexadécimal, ASCII:

```
char *ascii[] = {"NUL", "SOH", "STX", "EXT", "EOT",
                 "ENQ", "ACK", "BEL", "BS ", "HT ",
                 "LF ", "VT ", "FF ", "CR ", "SO ",
                 "SI ", "DLE", "DC1", "DC2", "DC3",
                 "DC4", "NAK", "SYN", "ETB", "CAN",
                 "EM ", "SUB", "ESC", "FS ", "GS ",
                 "RS ", "US ", SACE"};
main ()
   {
    int i;
    for (i = 0; i < 33; i++)
        printf ("%03d %03o %03x %s\n", i, i, i, ascii[i]);
    for (; i < 128; i++)
        printf ("%03d %03o %03x %03c\n", i, i, i, i);
   }
```

## *Appel de lignes de commande*

Une ligne de commande est constituée d'un ordre DOS et de ses paramètres. Elle est exécutée au niveau du prompt DOS, comme par exemple:

```
A > COPY SOURCE TARGET
```

L'une des grandes forces de C est de permettre d'accéder à des lignes de commandes DOS durant l'exécution d'un programme. Il faut pour celà la déclarer dans l'en-tête du programme:

```
main (int argc, char *argv[])
   {
   ...
   }
```

Ces deux paramètres définissent respectivement le nombre d'arguments puis le tableau des pointeurs sur la liste des arguments de la commande.

Avant d'être exécuté, tout programme est précédé d'un microprogramme interne qui assigne assigne leurs valeurs respectives à *argc* et *argv*, puis appelle main. Par exemple, dans

```
A > COPY SOURCE TARGET
```

argc contient la valeur 3 et argv est un tableau de 3 valeurs pointant :

```
argv[0] sur COPY
argv[1] sur SOURCE
argv[2] sur TARGET
```

On peut le vérifier très simplement: le programme qui suit affiche le contenu de ses paramètres de ligne de commande:

```
main (int argc, char *argv[])
  {
   int i;
```

```
    for (i = 0; i < argc; i++)
       printf ("%s\n", argv[i]);
  }
```

Les programmes suivants, notamment ceux manipulant des fichiers démontreront la puissance que confère l'appel de lignes de commande. Le premier permet par l'exécution d'une ligne de commande de visualiser le contenu d'un fichier:

```
    A > SHOW FILENAME.EXT
```

```
#include <stdio.h>
main (int argc, char *argv[])
   {
    FILE *fopen (), *fp;
    char str[255];
    if (argc > 1)
        if (! (fp = fopen (argv[1], "r")))
             printf ("Invalid file %s\", argv[1]);
        else
            {
              while (fgets (str, 255, fp))
                  printf ("%s", str);
              fclose (fp);
            }
    }
```

## Utilisation de variables d'environnement

On peut avoir besoin d'utiliser des variables d'environnement DOS, si l'on est familiarisé avec cette zone mémoire particulière que réserve le DOS. L'appel se fait par la commande SET. Exécutée sans argument, SET affiche l'état des variables d'environnement qui ont été définies:

```
A > SET
```

donne par exemple:

```
COMSPEC=C:\COMMAND.COM
PATH=C:\DOS;C:\TURBOC
```

L'affectation d'une valeur à une telle variable se fait par:

```
A > SET FILENAME=TEST
```

On peut vérifier cette opération:

```
A > SET
COMSPEC=C:\COMMAND.COM
PATH=C:\DOS;C:\TURBOC
FILENAME=TEST
```

De nombreux programmes font appel à ces variables d'environnement. Turbo C permet de les manipuler de la même manière que pour l'accès aux lignes de commande DOS:

```
main (int argc, char *argv[], char *env[])
   {
   ...
   }
```

Tout comme argv, env est un tableau de pointeurs sur des variables d'environnement. Le programme suivant affiche l'état courant des variables d'environnement :

```
main (int argc, char *argv[], char *env[])
   {
     while (*env)
        printf ("%s\n", *env++);
   }
```

Le suivant combine appel d'une ligne de commande et affichage d'une variable d'environnement:

```
  A > SHOWENV PATH=
```

Le programme affiche l'état en cours du chemin d'accès aux commandes (paramètre PATH):

```
main (int argc, char *argv[], char *env)
   {
     void str_to_uppercase();
   if (argc > 1)
     {
      str_to_uppercase (argv[1]);
      while (*env)
         if (index (argv[1], *env) == 0)
             printf ("%s\n", *env++);
         else
             env++;
     }
  }
```

Ainsi, si l'on veut simplifier l'accès à un fichier situé dans un répertoire autre que le répertoire courant, il est possible de stocker son chemin d'accès dans une variable d'environnement:

```
    A > SET DATAFILE=C:\SOMEDIR\DATA.DAT
```

Un programme peut ainsi utiliser la variable DATAFILE pour ouvrir directement ce fichier.

## Pointeurs longs

Les pointeurs utilisés jusqu'ici adressaient sur 16 bits, ils sont dénommés pointeurs courts (*near pointers* ) car ils ne permettent d'adresser qu'à l'intérieur d'un segment de données de 64 Ko, ce qui suffit à la plupart des programmes C.

Cependant, des programmes évolués font occasionnellement appel à des zones mémoire au-delà de cette limite. Dans de tels cas, ils doivent utiliser des pointeurs longs (*far pointers*) qui adressent sur 32 bits, soit un pointeur de 16 bits (pointeur sur un autre segment) suivi d'un *offset* sur 16 bits (déplacement à l'intérieur d'un segment) (voir figure 3-5).

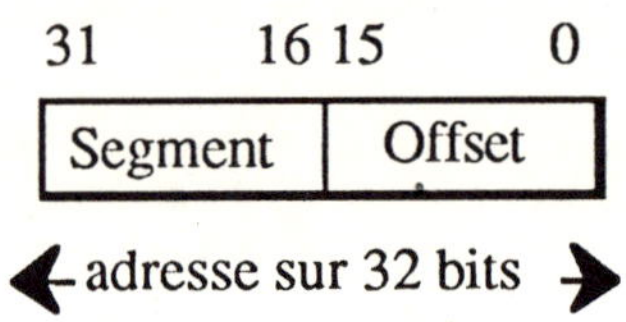


***Figure 3-5 :*** *Adresse complète d'un pointeur long*

Observez par exemple l'image de la mémoire DOS sur la figure 3-6. Le micro-ordinateur dispose de la mémoire vidéo à l'adresse B800:0000. On peut donc utiliser un pointeur long pour adresser cette zone mémoire.

Le micro-ordinateur affiche les caractères en plaçant leur code ASCII dans cette zone mémoire, suivi des attributs d'affichage (couleur, gras, etc), comme l'illustre la figure 3-7. Ainsi, on peut par exemple placer la lettre "A" dans le coin supérieur gauche de l'écran:

```
main ()
    {
     char far *letter = 0xB8000000;
     char far *attr = 0xB8000001;
     *letter = 65;
     *attr = 7;
    }
```

L'ouvrage *Dos Power User's Guide* (Kris Jamsa, Osborne/McGraw-Hill, 1988) fournit plusieurs exemples de routines utilisant des pointeurs longs. Il comporte notamment un chapitre consacré au balayage-mémoire (memory mapping). Bien qu'ils soient d'un usage assez rare, le fonctionnement des pointeurs longs doit être bien assimilé.

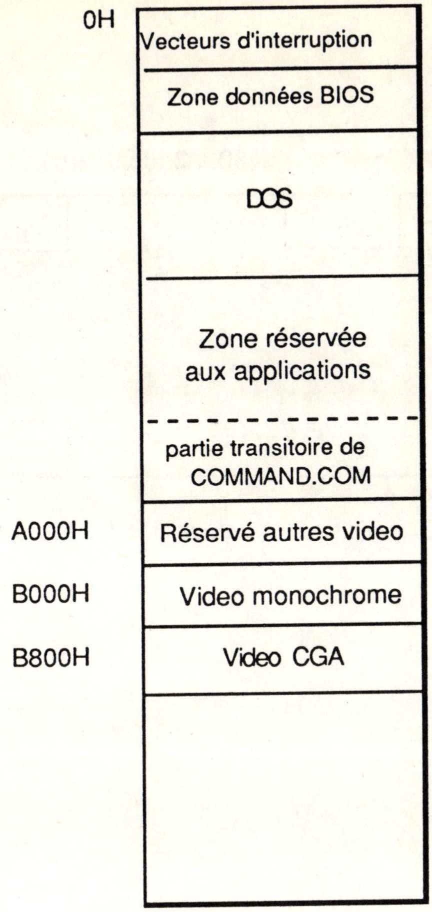


***Figure 3-6.*** *Adresse mémoire des données vidéo couleur*

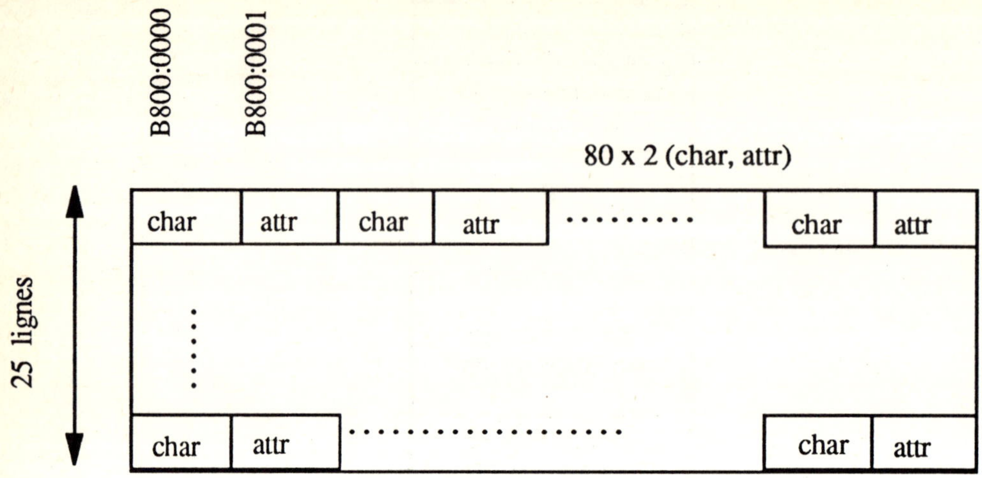


***Figure 3-7.*** *Affichage d'un caractère par son code ASCII et ses attributs vidéo*

# 4 *Récursion*

Les chapitres précédents portaient sur les fonctions et leur appel par des programmes, mais Turbo C autorise également l'appel d'une fonction ou d'un programme par lui-même pour exécuter une tâche spécifique. Ceci porte le nom de *récursion*. De nombreux programmes y ont recours, ce qui permet ainsi de réduire considérablement leur longueur.

Dans les chapitres à venir, vous aurez à manipuler des variables dynamiques pour l'exécution de certaines tâches. La plupart des algorithmes utilisés pour ces programmes seront récursifs. Bien qu'il soit parfois plus efficace d'utiliser des algorithmes non récursifs (ce chapitre vous aidera à en comprendre la raison), la récursion est une notion très importante qu'il est nécessaire d'assimiler.

## *Premières notions sur la récursion*

L'affichage suivant est obtenu à partir d'un programme showdgt qui appelle la routine show_digit avec le paramètre 5. Celle-ci affiche le paramètre au moyen de l'instruction printf, puis s'appelle elle-même après avoir décrémenté ce paramètre, en s'arrêtant lorsqu'il est nul:

```
A > SHOWDGT
5
4
3
2
1
A >
```

La routine show_digit s'écrit de la façon suivante:

```
/*
 * void show_digit (digit)
 *
 * Affiche récursivement les chiffres depuis digit jusqu'à 1.
 *
 * digit (in): nombre de départ du décompte à afficher.
 *
 * exemple d'appel : show_digit (5);
 */

void show_digit (int digit)
    {
     if (digit != 0)
         {
          printf ("%d\n", digit);
          show_digit (--digit);
         }
    }
```

Au premier appel de show_digit, le paramètre contient la valeur 5, la fonction affiche ce nombre puis s'appelle avec la valeur 4:

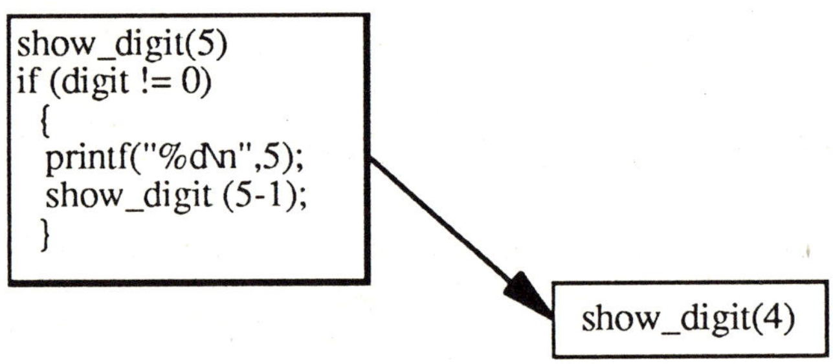


Au deuxième appel, elle affiche la valeur 4 puis s'appelle avec la valeur 3:

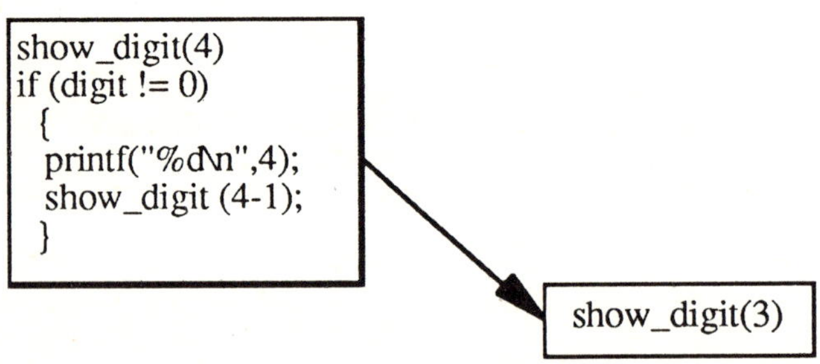

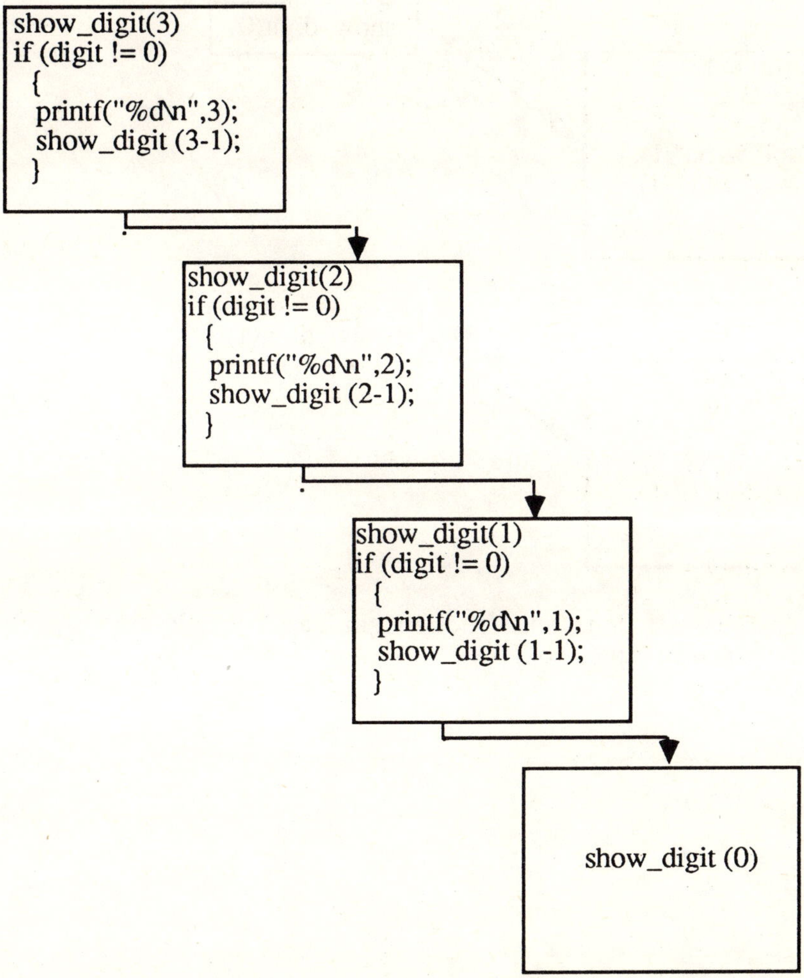


***Figure 4-1.*** *Processus invoqué par le programme show_digit jusqu'à ce que la variable digit prenne la valeur 0*

Ce processus est répété jusqu'à ce que digit prenne la valeur 0, comme le montre la figure 4-1. La routine show_digit cesse alors de s'appeler, et rend le contrôle au programme appelant.

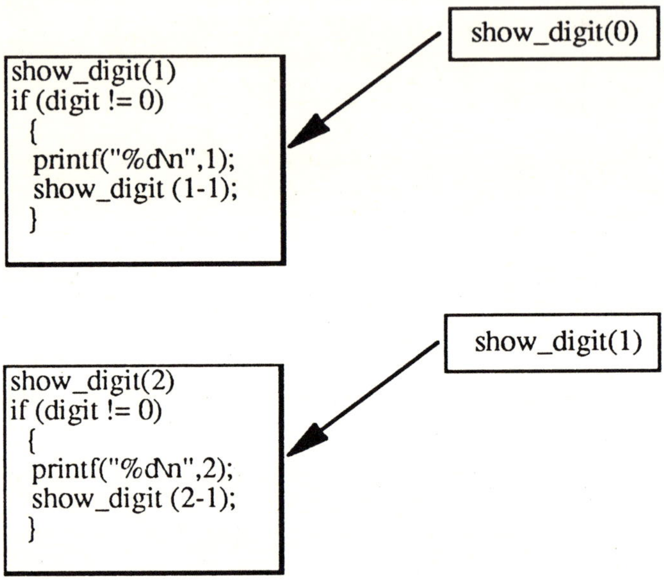


Une fonction récursive est donc une fonction qui s'appelle elle-même jusqu'à la réalisation d'une condition d'arrêt préétablie.

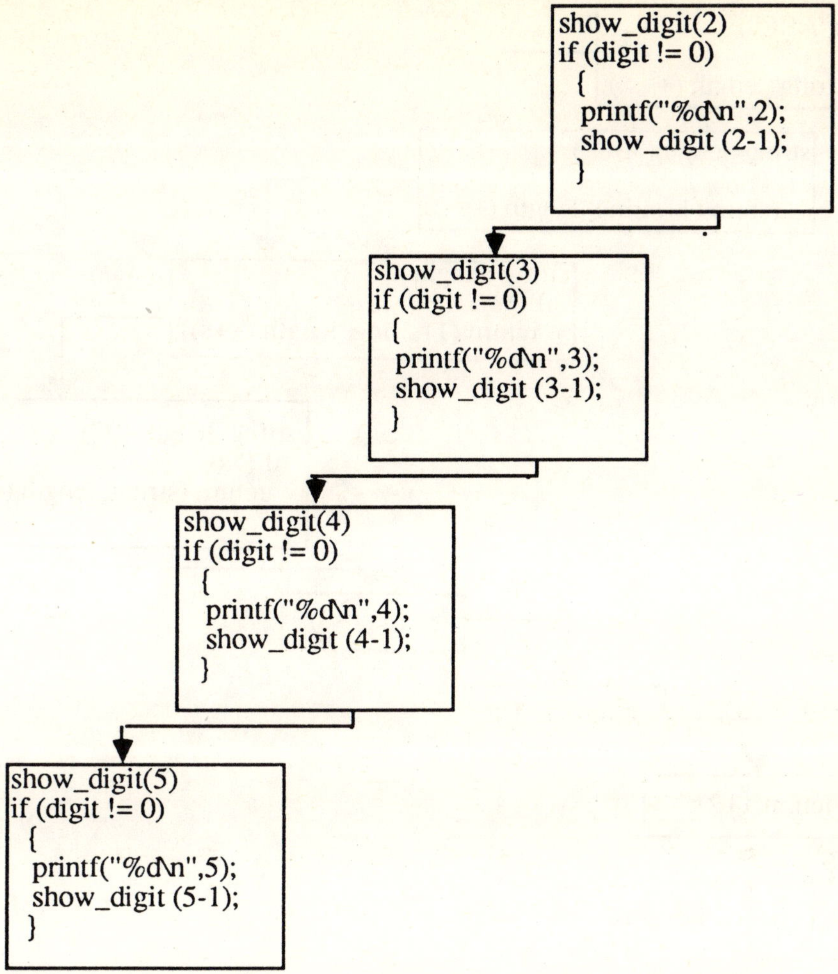


***Figure 4-2.*** *Processus invoqué par le programme show_digit jusqu'à obtention du résultat*

Par exemple, comme on l'a vu au chapitre 2, une chaîne de caractères se termine par le caractère nul: on peut donc écrire une fonction récursive comptant le nombre de caractères d'une chaîne, en la parcourant depuis le début, comme le montre la figure 4-3.

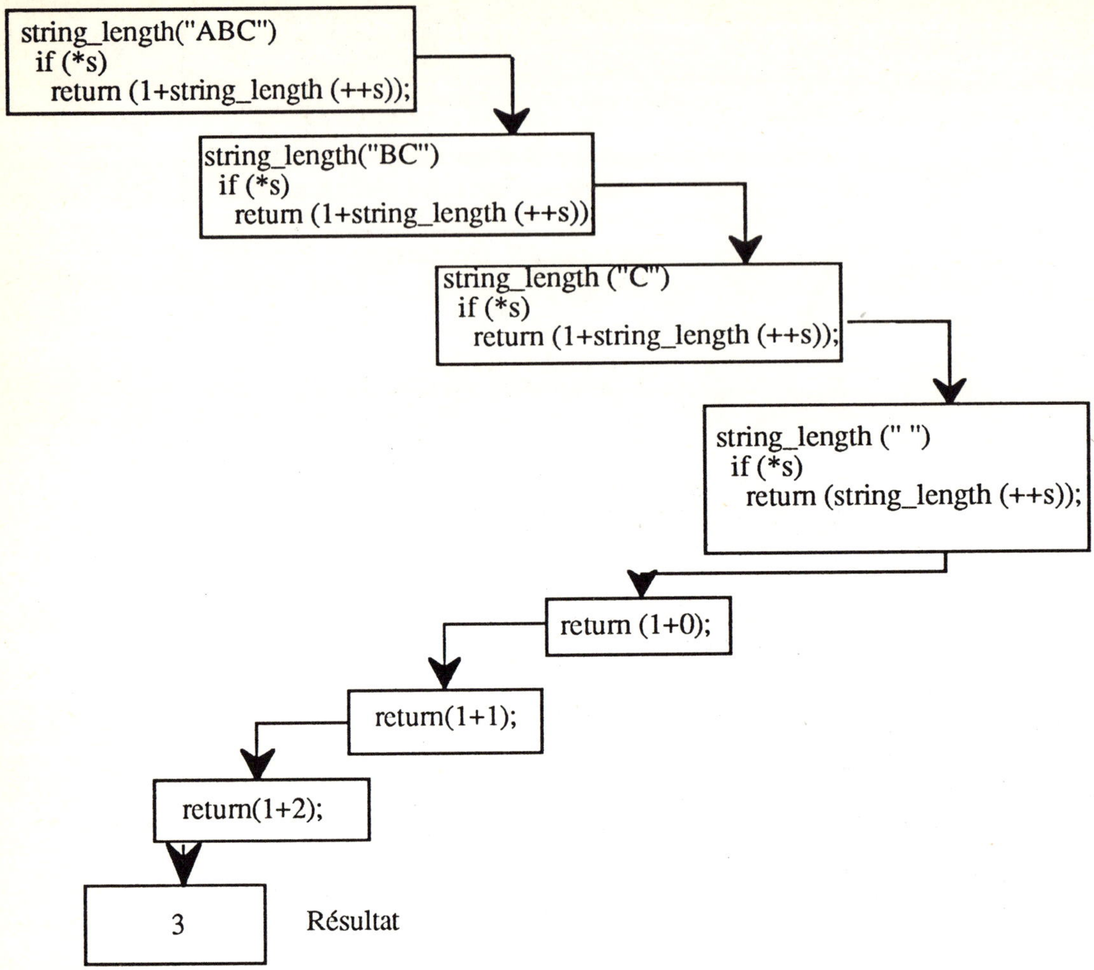


**Figure 4-3.** *Processus invoqué par le programme string_length*

Une fois le caractère nul trouvé, la routine rend successivement le contrôle aux différents processus appelants, à savoir elle-même et le programme l'ayant initialement appelée. La routine string_length s'écrira:

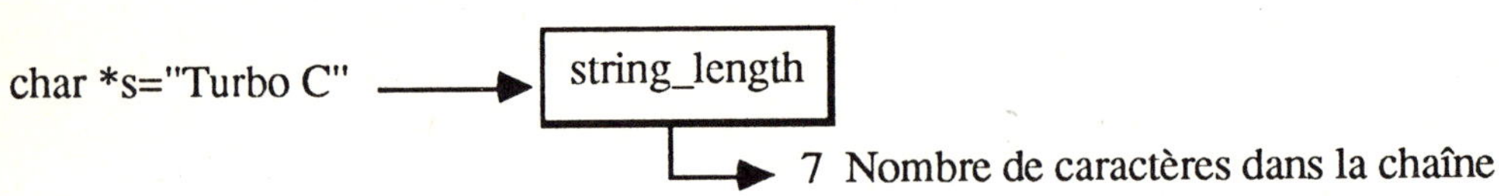


```
/*
 * string_length (s)
 *
 * Renvoie le nombre de caractères de la chaîne.
 *
 * s (in): Chaîne à analyser.
 *
```

```
 * exemple d'appel : nombre = string_length (string);
 */

int string_length (s)
   char *s;
   {
     return ((*s) ? 1 + string_length (++s) : 0);
   }
```

De la même manière, display_string affiche récursivement chaque caractère d'une chaîne jusqu'à trouver le caractère nul. La figure 4-4 illustre l'exemple de l'affichage de la chaîne "ABC":

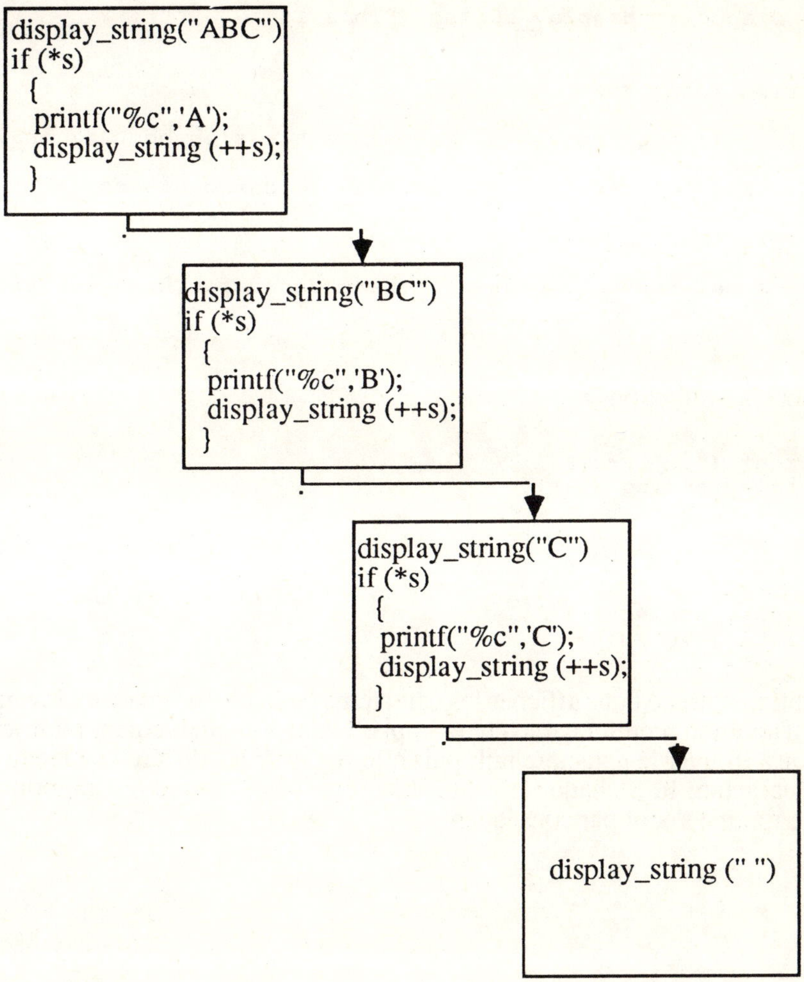


***Figure 4-4.*** *Processus invoqué par le programme display_string*

Dans un premier temps, considérons la routine qui parcourt la chaîne puis rend le contrôle au programme appelant:

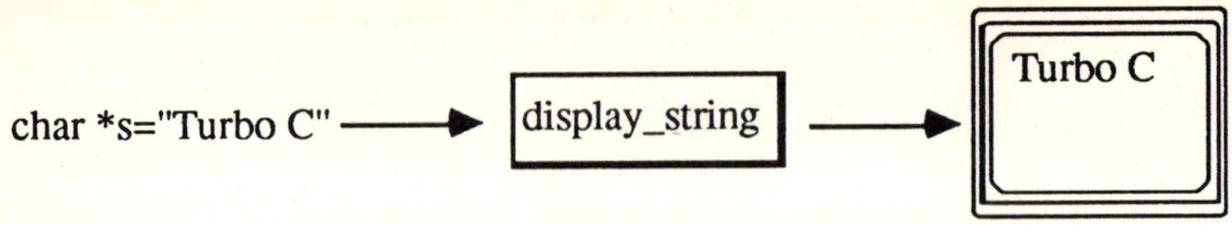


```
/*
 * display_string (string)
 *
 * Affiche le contenu d'une chaîne de caractères.
 *
 * string (in): chaîne à analyser.
 *
 * exemple d'appel : display_string ("This is a test");
 */

display_string (char *s)
  {
    if (*s)    /* recherche tant qu'on n'est pas en bout de chaîne */
      {
        printf ("%c", *s);    /*  affiche le caractère courant     */

        display_string (++s);

        /*  appel récursif pour affichage des caractères suivants  */

  }
```

En remplaçant les instructions :

```
        printf ("%c", *s);
        display_string (++s);
```

par :

```
        display_string (s+1);
        printf ("%c", *s++);
```

la routine est transformée pour afficher les caractères de la chaîne en ordre inverse. En effet, elle analyse d'abord le premier caractère et s'appelle alors récursivement pour les caractères suivants jusqu'à trouver le caractère nul; puis elle remonte les différents niveaux d'appel en affichant le caractère lu à chaque niveau, donc en ordre inverse par rapport à la chaîne initiale. Cette routine s'écrit par conséquent:

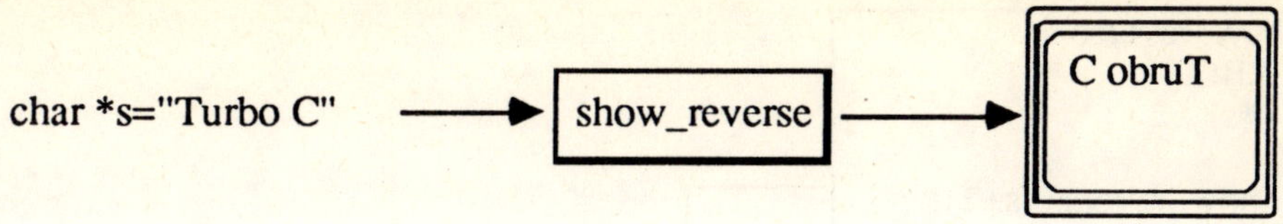


```
/*
 * show_reverse (string)
 *
 * Affiche en ordre inverse le contenu d'une chaîne.
 *
 * string (in): chaîne à afficher.
 *
 * exemple d'appel : ("This is a test");
 */

show_reverse (char *s)
   {
     if (*s)          /*  on continue jusqu'à la fin de la chaîne */
       {
         show_reverse (s+1); /*  parcours récursif des car. suivants */
         printf ("%c", s);      /*  affichage du caractère courant   */
       }
   }
```

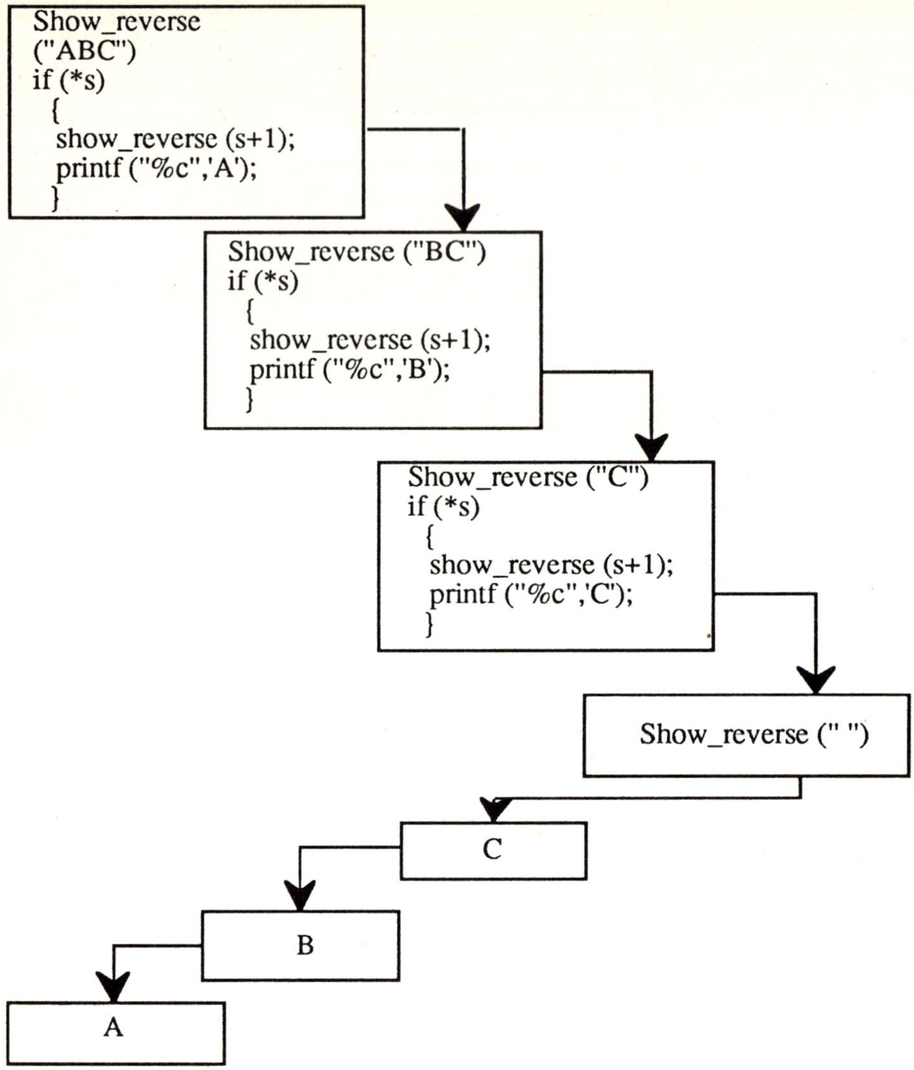


**Figure 4-5.** *Processus invoqué par le programme show_reverse*

L'illustration la plus classique de la récursion est le calcul de la factorielle d'un nombre. Le tableau 4-1 illustre le calcul de !5 . Rappelons que par définition la factorielle de 1 est 1.

| Valeur | Expression | Factorielle |
|---|---|---|
| 1 | 1 | 1 |
| 2 | 1*2 | 2 |
| 3 | 1*2*3 | 6 |
| 4 | 1*2*3*4 | 24 |
| 5 | 1*2*3*4*5 | 120 |

***Tableau 4-1.*** *factorielles des valeurs 1 à 5*

La routine de calcul d'une factorielle s'écrira:

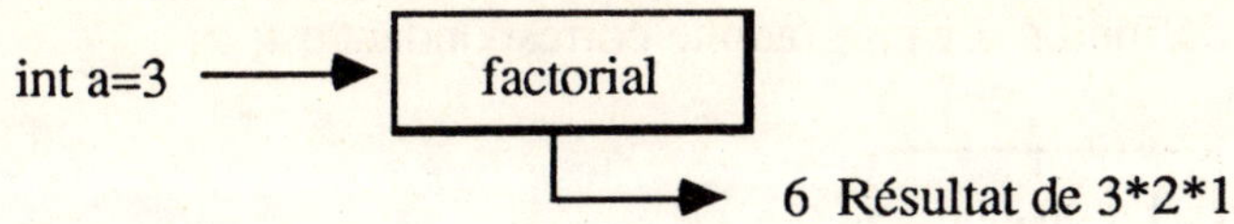


```
/*
 * factorial (value)
 *
 * Calcule la factorielle du nombre spécifié.
 * value (in): nombre dont on calcule la factorielle.
 * exemple d'appel : fact = factorial (3);
 */

factorial (int value)
   {
     return ((value <= 1) ? 1:value * factorial (value-1));
   }
```

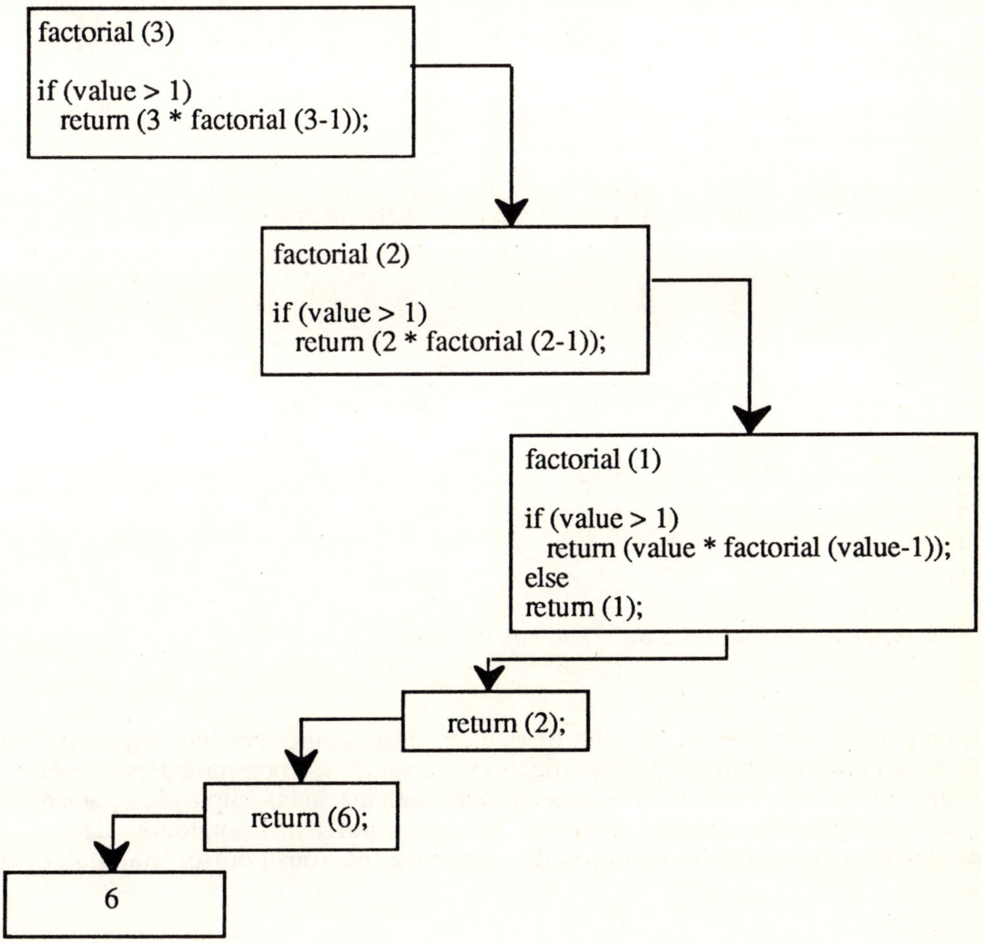


***Figure 4-6.*** *Calcul de la valeur Factorielle 3*

Un autre exemple classique est le calcul des termes de la suite de Fibonacci, dont le Tableau 4-2 rappelle la définition. Le programme correspondant est:

```
/*
 * fibonacci (value)
 *
 * Calcule le terme du rang spécifié de la suite de Fibonacci.
 *
 * value (in):  rang du terme de la suite à calculer.
 *
 * exemple d'appel : fibon = fibonacci (10);
 *
 * Le terme de rang n de la suite de Fibonacci est la somme des deux
 * termes précédents.
 */

fibonacci (int value)
    {
     return ((value == 1 || value == 2) ? 1:
                    fibonacci (value - 1) + fibonacci (value - 2));
    }
```

| Valeur | Nombre de Fibonacci | |
|---|---|---|
| | Expression | Valeur |
| 1 | 1 | 1 |
| 2 | 1 | 1 |
| 3 | 1+1 | 2 |
| 4 | 2+1 | 3 |
| 5 | 3+2 | 5 |

***Tableau 4-2.*** *Termes 1 à 5 de la suite de Fibonacci*

C est un langage *portable*, ce qui signifie que vos programmes peuvent être compilés et exécutés sur d'autres machines sans modification des sources, sinon mineures. Cependant, il faut tenir compte de certaines modifications propres aux machines employées, par exemple la longueur du type int, qui est de 16 ou 32 bits selon les ordinateurs. Ceci a une répercussion sur l'intervalle de définition des nombres que vous pourrez manipuler (voir Tableau 4-3).

| Nombre de bits | Minimum | Maximum |
|---|---|---|
| 16 | -32768 | 32767 |
| 32 | -2147483648 | 2147483647 |

***Tableau 4-3.*** *Domaine de définition des nombres entiers selon la longueur du mot-machine*

Dans les deux cas, C utilise le bit de poids le plus fort (i.e. le plus à gauche) pour le signe du nombre: 1 pour les valeurs négatives, 0 pour les valeurs positives.

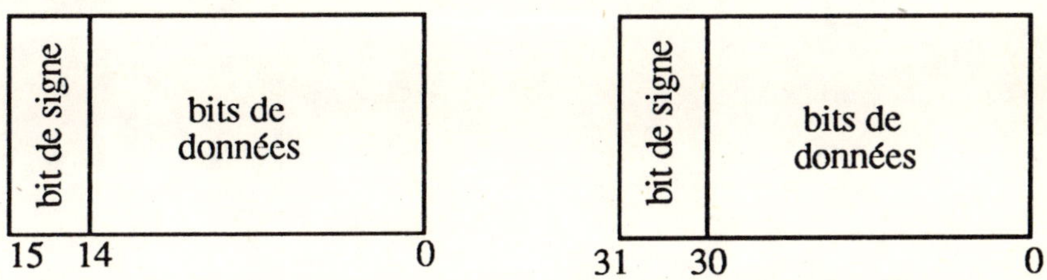


***Figure 4-7.*** *Exemple d'utilisation du bit de poids fort en Turbo C*

On peut notamment appliquer cette convention pour calculer la longueur sur laquelle Turbo C stocke les entiers. On stocke le chiffre 1 dans une variable, puis on le décale d'une position dans la variable jusqu'à ce que le signe devienne négatif, traduisant que l'on a atteint le bit de poids le plus fort; le nombre d'itérations donne la longueur maximum d'une variable de type int (Figure 4-8).

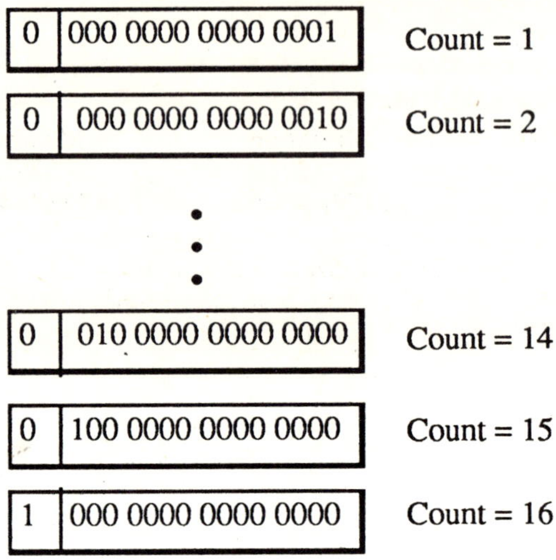


***Figure 4-8.*** *Déplacement bit par bit pour marquer le signe d'une valeur*

La routine word_count s'écrit:

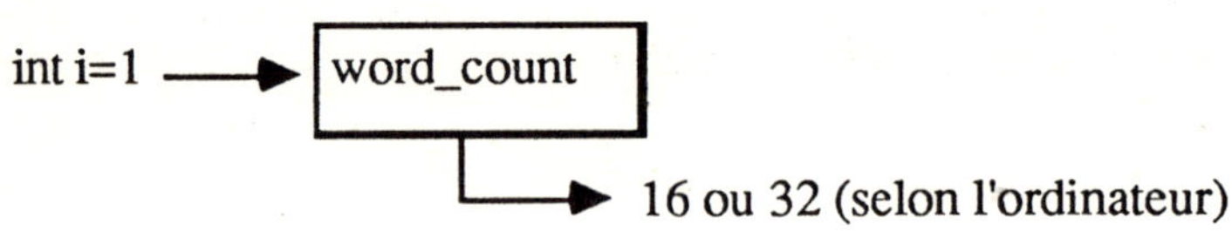

```
/*
 * word_count (value)
 *
 * Renvoie la longueur du type int.
 *
 * value (in): chiffre à décaler jusqu'au bit de poids fort.
 *
 * exemple d'appel : num_bits = word_count (1);
 */

word_count (int a)
    {
     return ((a > 0) ? 1 + word_count (a << 1) : 1);
    }
```

La routine suivante est une récriture récursive de fast_copy, dont le fonctionnement est décrit par la Figure 4-9. Cette version n'effectue pas de contrôle de longueur.

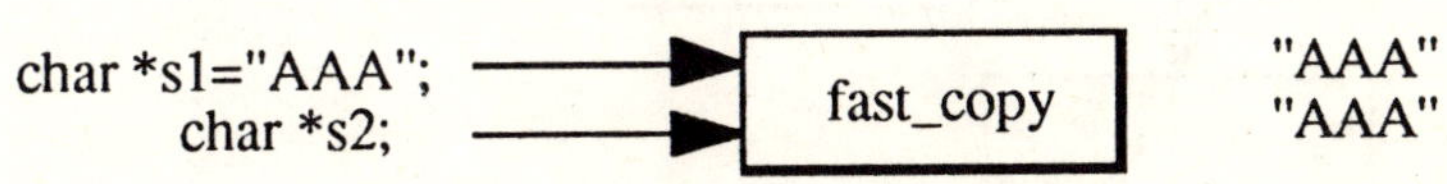


Attention : fast_copy n'effectue pas de contrôle de longueur

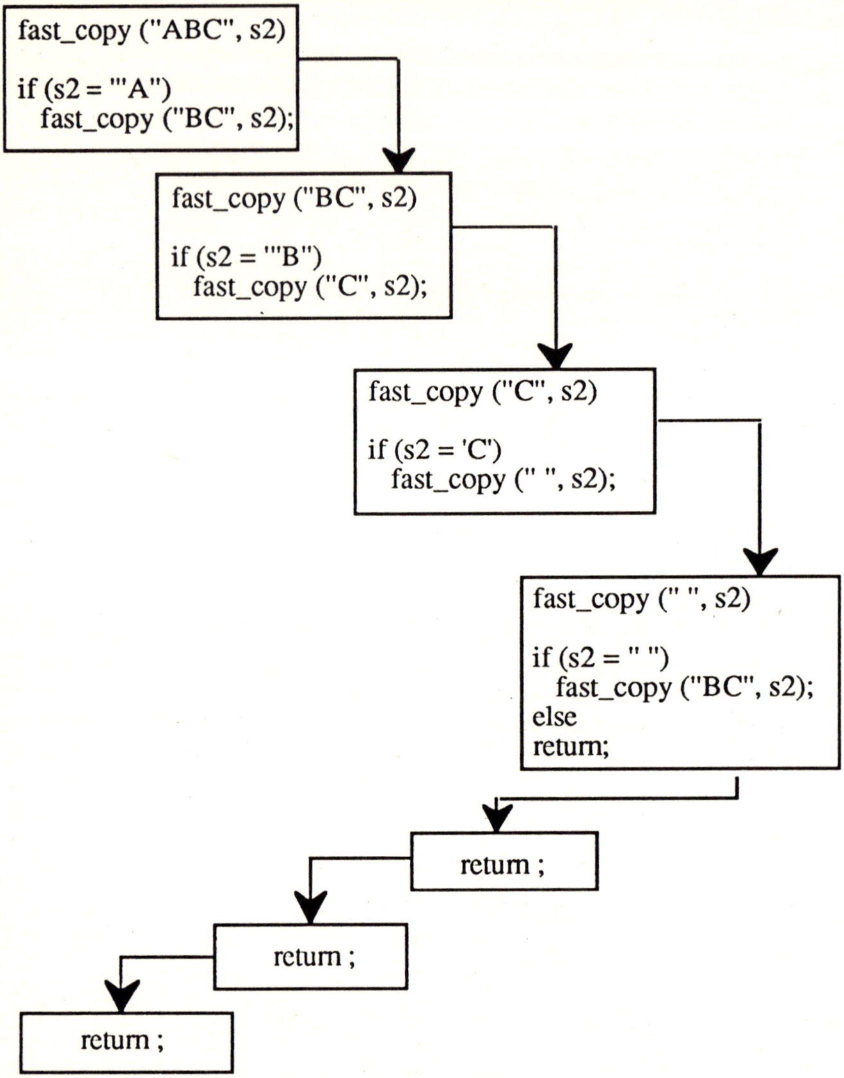


***Figure 4-9.*** *Processus invoqué par le programme fast_copy*

```
/*
 * void fast_copy (source, target)
 *
 * Copie le contenu d'une chaîne dans une chaîne cible.
 *
 * s1 (in): chaîne source contenant les caractères à copier.
 * s2 (in): chaîne recevant les caractères copiés.
 *
 * exemple d'appel : fast_copy ("This is a test ", stringvar)
 *
 * fast_copy n'effectue pas de contrôle de longueur.
 */

void fast_copy (s1, s2)
     char (*s1, *s2);
   {
    if (*s2 = *s1)
      fast_copy (++s1, ++s2);
    }
```

Le programme qui suit affiche un petit texte en sens inverse; le principe est analogue à celui qui guidait le chapitre 2, ici la condition d'arrêt n'est plus la détection du caractère de fin de chaîne mais un caractère de fin de fichier. Prenons l'exemple du fichier contenant le texte:

AAA
BBB
CCC

Le programme utilise file_reverse pour afficher le contenu d'un fichier spécifié dans argv[1], selon le processus illustré par la figure 4-10.

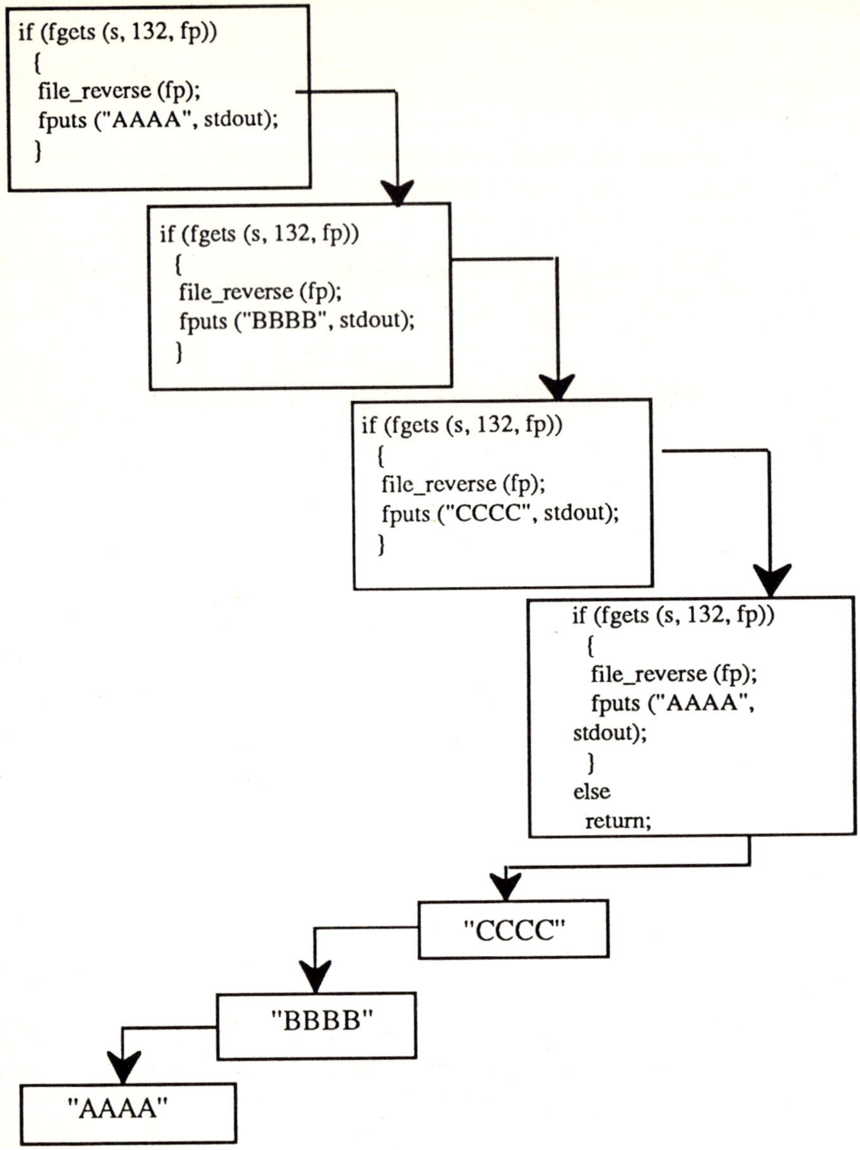


***Figure 4-10.*** *Processus invoqué par le programme file_reverse*

```
#include <stdio.h>
main (int argc, char *argv[])
   {
    FILE *fp, *fopen();
    void file_reverse (FILE *fp);
    if (argc < 2)
       printf ("Invalid usage : FILEREV FILENAME.EXT\n");
    else if (! (fp = fopen (argv[1], "wt")))
       printf ("Could not open %s\n", argv[1]);
    else
       {
         file_reverse (fp);
```

```
        fclose (fp);
      }
  }


/*
 * void file—reverse (file_pointer)
 *
 * Affiche le contenu d'un fichier depuis le dernier enregistrement
 * jusqu'au premier.
 *
 * file_pointer (in): pointeur sur le fichier recherché.
 *
 * exemple d'appel : file_reverse (fp);
 *
 * file_reverse n'opère que sur de petits fichiers.
 */

void file_reverse (FILE *fp)
  {
   char string[132];
   if (fgets (string, 132, fp))
      {
       file_reverse (fp);
       fputs (string, stdout);
      }
  }
```

Le programme file_pointer procède de façon analogue pour afficher les dix dernières lignes d'un fichier à l'appel de la commande:

```
    A > LAST FILENAME.EXT
```

```
#include <stdio.h>
main (int argc, char *argv[])
  {
   FILE *fp, *fopen();
   char *lines[10], *malloc();
   int index;
   int last (FILE *, char *[], int);
   if (argc < 2)
       printf ("Invalid usage: LAST FILENAME.EXT\n");
   else if (! (fp = fopen (argv[1], "wt")))
       printf ("Could not open %s\n", argv[1]);
   else
       {
        /*  allocation d'espace pour un buffer circulaire */
        for (index = 0; index < 10; index++)
           if (! (lines [index] = malloc (132)))
             {
               printf ("Unable to allocate necessary memory\n");
               exit (1);
             }
        last (fp, lines, 0);
        fclose (fp);
       }
  }
```

```
/*
 * last (file_pointer, lines, index)
 *
 * Affiche les 10 dernières lignes du fichier spécifié.
 *
 * file_pointer (in): pointeur sur le fichier spécifié.
 * lines (in/out): buffer circulaire de 10 lignes.
 * index (in): index sur la ligne courante.
 *
 * exemple d'appel : last (fp, lines, 0);
 */

last (FILE *fp, char *lines[], int index)
  {
    if (fgets (lines[index], 132, fp))
       last (fp, lines, (index + 1) % 10);
    else
       {
        int i;
        i = (index + 1) % 10;
        while (i != index)
            {
             fputs (lines[i], stdout);
             i = (i + 1) % 10;
            }
       }
   }
```

Le programme main lui-même est considéré par Turbo C comme une fonction et peut être récursif:

```
main (int argc, char *argv[])
   {
    if (*++argv)
      {
       printf ("%s\n", *argv);
       main (argc, argv);
      }
   }
```

Si le programme est exécuté avec les paramètres:

```
A > RECMAIN A B C
```

il affiche le premier paramètre de la ligne de commande, puis s'appelle lui-même pour afficher le second, et ainsi de suite. En modifiant le corps de la façon suivante:

```
main (int argc, char *argv[])
   {
    if (*++argv)
      {
       main (argc, argv);
       printf ("%s\n", *argv);
      }
   }
```

le programme affiche dorénavant les paramètres en ordre inverse.

## *Remarques sur les fonctions récursives*

La récursion est un bon moyen de réduire la longueur des programmes. Intrinsèquement, la plupart des routines qui vous ont été proposées jusqu'ici peuvent être écrites de façon récursive; cependant ce choix n'a pas été fait, pour des raisons d'efficacité (espace mémoire nécessaire et temps d'exécution).

A chaque appel d'une fonction Turbo C, le programme place en effet l'adresse de retour et les paramètres de la fonction dans une *pile*. Une fonction récursive entraîne donc l'écriture d'informations dans la pile à chaque appel, ce qui conduit à ralentir sensiblement son exécution.

Le second problème est la taille de cette pile. Celle-ci est en effet limitée en général à 64 Ko. Si votre fonction récursive manipule des variables locales nombreuses ou longues, on arrive très vite à saturer l'espace disponible.

Dans les chapitres à venir, vous verrez que la récursivité est bien un outil puissant lorsque nous aborderons les variables dynamiques; pour l'instant, attachez-vous à bien en comprendre le principe.

# 5 Les tubes et redirections d'E/S

Lorsqu'une commande DOS est exécutée, le système d'exploitation considère par défaut le clavier comme unité d'entrée, et l'écran comme unité de sortie, qu'il désigne par ses variables de fonctionnement *stdin* et *stdout* comme le montre la figure 5-1.

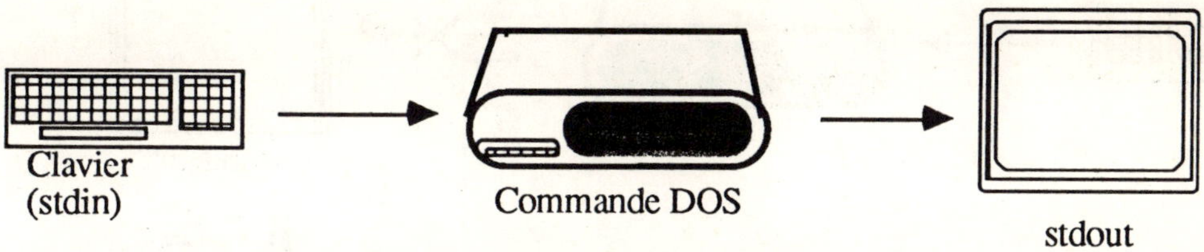


***Figure 5-1.*** *Unités d'entrée et de sortie standards*

La figure 5-2 illustre ce principe sur l'exemple de la commande DIR.

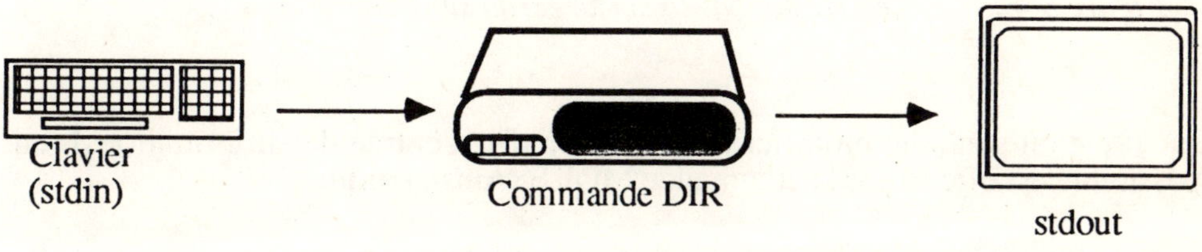


***Figure 5-2.*** *Affichage sur stdout du résultat d'une commande*

DOS possède lui-même quelques ordres de redirection des entrées-sorties, modifiant stdin et stdout, par exemple:

```
A > DIR > DIR.LST
```

signifie que le résultat de la commande doit être dirigé vers un fichier sur disque nommé DIR.LST.

De la même façon, la sortie peut être redirigée vers l'imprimante si celle-ci est en fonctionnement; les figures 5-3 et 5-4 illustrent respectivement ces deux opérations:

```
A > DIR > PRN:
```

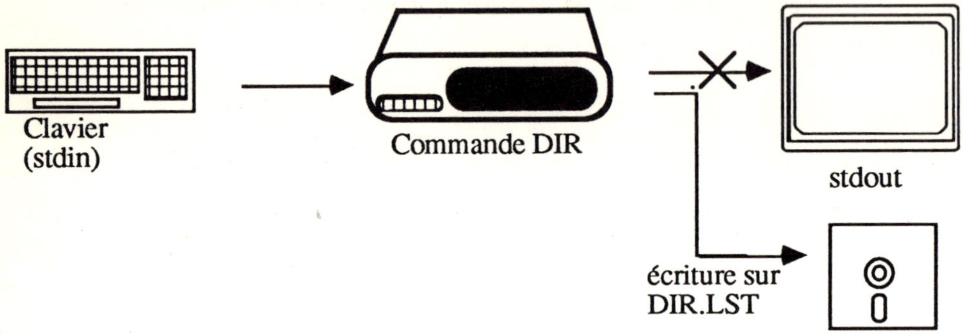


*Figure 5-3. Redirection de la sortie de DIR sur DIR.LST*

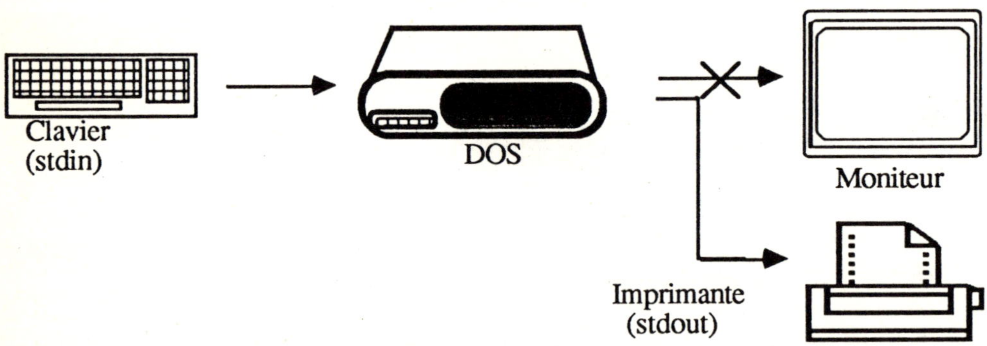


*Figure 5-4 . Redirection de la sortie écran sur l'imprimante*

Inversement, si on souhaite modifier stdin (c'est-à-dire l'entrée des informations), une première possibilité est offerte par la commande MORE. Ainsi, l'ordre:

```
A > MORE < FILENAME.EXT
```

signifie à DOS de conserver stdout inchangé (affichage sur l'écran), mais de changer stdin, le clavier étant remplacé par le fichier FILENAME.EXT (figure 5-5). MORE est une commande permettant d'afficher un texte en faisant une pause à chaque page d'écran.

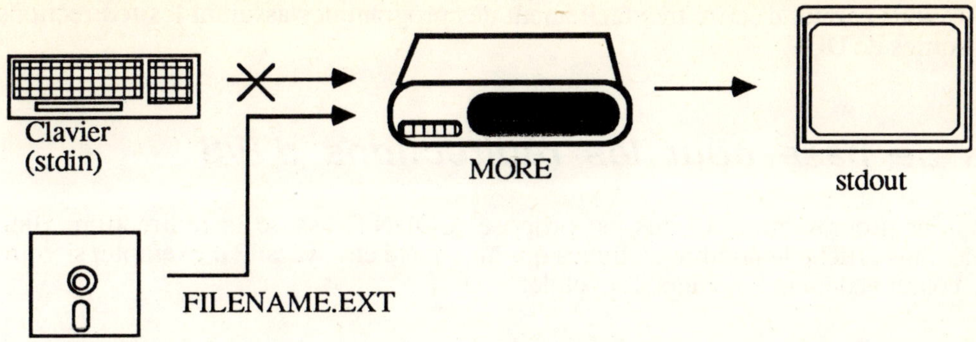


***Figure 5-5.*** *Redirection de stdin pour la commande MORE*

DOS possède également un opérateur particulier, le tube («pipe»), qui lui permet de chaîner deux commandes. Par exemple, dans:

```
A > DIR | SORT
```

SORT est une commande permettant de trier le résultat de la commande associée (ici DIR): le tube cache en fait une double redirection réalisée en deux étapes et illustrée par la figure 5-6. La sortie de la commande DIR est redirigée vers la commande SORT (en fait, vers un buffer recevant le fichier à trier par la commande SORT, ce fichier étant alors le stdin de SORT).

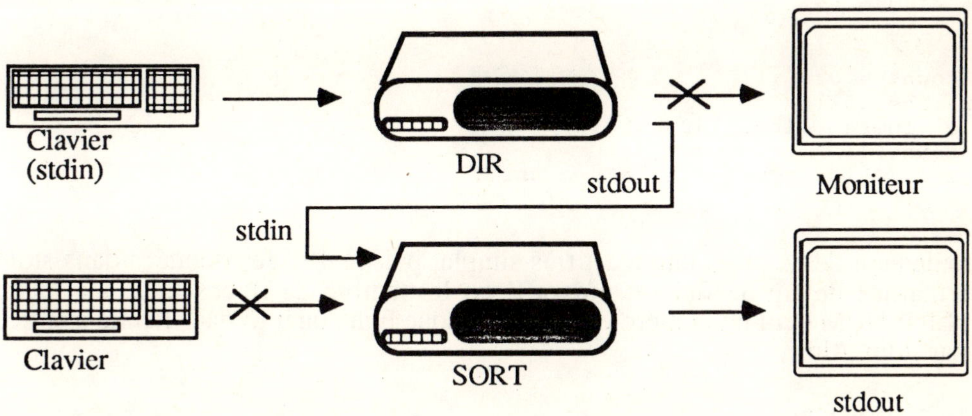


***Figure 5-6.*** *Remplacement de stdin de SORT par le résultat (stdout redirigé) de la commande DIR*

Il est possible de combiner ces deux opérateurs (tube et redirection) sur une même ligne de commande, par exemple dans:

```
A > SORT < FILENAME.EXT | MORE
```

qui affiche page par page à l'écran le fichier FILENAME.EXT trié.

Turbo C vous permet d'écrire très facilement des programmes assurant les redirections d'entrées-sorties de DOS.

## Outils de base pour les redirections d'E/S

Le premier programme qui vous est proposé, COUNT, assure la redirection d'une commande, puis affiche le nombre de lignes qui lui ont été envoyées. Par exemple, si votre répertoire courant contient 9 fichiers, l'appel de:

```
A > DIR | COUNT
```

donnera:

```
Line count = 14
```

ou encore, si stdin est un fichier:

```
A > COUNT < FILENAME.EXT
```

donnera le nombre de lignes du fichier FILENAME.EXT. Le programme COUNT est le suivant:

```
#include <stdio.h>
main ()
   {
    int count = 0;
    char line[132];
    while (fgets (line, 132, stdin))
        count++;
     printf ("Line count = %d\n", count);
   }
```

Le déroulement de ce programme est très simple, puisqu'il lit les données dans stdin jusqu'à la marque de fin de fichier, puis affiche le nombre de lignes lues. De façon analogue, LINENUM écrit un numéro en tête de chaque ligne qu'il lit dans l'unité d'entrée désignée par stdin. Ainsi,

```
A > DIR | LINENUM
```

affiche:

```
1
2  Volume in drive A is Turbo_C
3  Directory of A:\
4
5 TEST     C      155   2-05-88   10:46a
6 MAIN     C     1050   6-03-87    1:00a
7 SHOW     C      351   1-26-88   12:19a
8 TEE      C      498   2-06-88    6:01p
9 FACT     C      402   2-05-88    5:27p
10 LAST    C     1241   2-05-88    6:59p
11 TAB     C      543   2-06-88    1:44p
```

```
12 F2       C       927   2-06-88    5:20p
13 MORE     C       362   2-06-88    5:56p
14   9 file(s)         351232  bytes free
```

```
#include <stdio.h>
main ()
   {
    int line_number = 0;
    char line[132];
    while (fgets (line, 132, stdin))
          printf ("%d %s", ++line_number, line);
   }
```

Sachant que l'instruction printf écrit dans l'unité désignée par stdout, on peut rediriger la sortie de LINENUM:

```
A > DIR | LINENUM | MORE
```

Le programme suivant est un utilitaire combinant ces divers services qui permet de connaître le nombre de lignes, de pages, de mots et de caractères d'un fichier (ou de la sortie, redirigée, d'une autre commande). Prenons le fichier d'essai suivant:

```
Ceci est un fichier de test
N'oubliez pas le
retour-chariot
à la fin de chaque
ligne.
```

La commande :

```
A > STAT < FILENAME.TXT
```

affiche:

```
Pages = 0
Lines = 5
Words = 18
Characters = 86
```

Le fichier source STAT.C sera:

```
#include <stdio.h>
#define lines_per_page 23
main ()
   {
    int lines = 0, words = 0, characters = 0;
    int in_blanks, i;
    char str[132];
    while (fgets (str, 132, stdin))
       {
        i = 0;    /* index dans la chaîne /*
        in_blanks = 1;
            /* on suppose qu'une ligne commence par un espace   */
        while (str[i])
           {
            characters++;   /* on lit le caractère suivant */
```

```
            if (str[i] == ' ')
               {
                if (! in_blanks)
                     {
                      words++;/* un séparateur de mots trouvé */
                       in_blanks = 1;
                           /* 2 espaces ne forment pas un mot */
                     }
               }
            else if (str[i] != '\n')
                 in_blanks = 0;
            else if (! in_blanks)
                          /* mot se terminant en fin de ligne */
                 words++;
            i++;
          }
        lines++;           /* on va à la ligne suivante */
      }
    printf ("Pages = %d\nLines = %d\nWords = %d\n
           Characters = %d\n",
             lines / lines_per_page, lines, words, characters);
  }
```

Le programme FIRST affiche les n premières lignes (10 par défaut si le paramètre est omis) du contenu de l'unité d'entrée désignée par stdin (éventuellement une sortie redirigée):

```
A > FIRST 15 < FILENAME.EXT
```

FIRST affiche ici les 15 premières lignes du fichier, tandis que dans le cas suivant, il affiche les 10 premières lignes du résultat de la commande DIR.

```
A > DIR | FIRST
```

```
#include <stdio.h>
main (int argc, char *argv[])
  {
   int stop_line = 10;  /* nombre de lignes à afficher   */
   int count = 0;      /* numéro de la ligne courante   */
   char line[132];
   int ascii_to_int (chat *, int *);
   if (argc > 1)   /*  on teste la validité du paramètre   */
      if (ascii_to_int (argv[1], &stop_line) == -1)
           stop_line = 10;
   while (fgets (line, 132, stdin) && (++count <= stop_line))
       fputs (line, stdout);
  }
```

Le programme suivant utilise la routine LAST présentée dans le chapitre 4 pour afficher les 10 dernières du contenu de l'unité d'entrée:

```
A > DIR | LAST
```

```
#include <stdio.h>
main ()
   {
    char *lines[10], *malloc();
    /*  allocation mémoire pour un buffer circulaire */
    int index;
```

```
    for (index = 0; index < 10; index++)
      if (! (lines [index] = malloc (132)))
          {
           printf ("Unable to allocate necessary memory\n");
           exit (1);
          }
    last (stdin, lines, 0);
  }
```

Le programme TAB permet de décaler de n caractères (7 par défaut) vers la droite le résultat d'une sortie redirigée (de façon analogue à FIRST):

On peut par exemple utiliser TAB ainsi:

```
  A > DIR | TAB 5
```

ou :

```
  A > TAB < FILENAME.EXT
```

TAB fait appel à des routines qui ont été détaillées dans les chapitres précédents:

```
#include <stdio.h>
main (int argc, char *argv[])
   {
    int spaces = 7;  /* nombre d'espaces à insérer par défaut */
    char line [132];
    int ascii_to_int (char *, int *);
    int pad_string (char *, int, int);
    if (argc > 1)  /* on vérifie la validité du paramètre */
       {
        if (ascii_to_int (argv[1], &spaces) == -1)
           spaces = 7;
       }
    while (fgets (line, 132, stdin))
       {
         if (pad_string (line, spaces, sizeof (line)) == 1)
             {
              printf ("%c Line exceeds ==%d characters\n", 7,
                       sizeof (line));
              break;
              }
         fputs (line, stdout);
       }
   }
```

Le programme FINDWORD affiche toutes les lignes de l'unité d'entrée contenant un mot donné:

```
  A > TYPE STATES.LST | FINDWORD ARIZONA
```

Le principe est ici encore très simple:

```
#include <stdio.h>
main (int argc, char*argv[])
   {
    char line[132];
    int index (char *, char *);
    if (argc < 2)
       printf ("Invalid usage : FINDWORD WORD\n");
    else
       {
         while (fgets (line, sizeof(line),stdin))
            if (index (argv[1], line) != -1)
               fputs (line, stdout);
       }
   }
```

Afin de peaufiner ce programme, vous pouvez ajouter les paramètres suivants:

/C Affiche le nombre d'occurrences du mot trouvées
/V Affiche les lignes qui ne contiennent pas le mot

Le programme devient:

```
#include <stdio.h>
main (int argc, char*argv[])
   {
    char line[132];
    int count_only = 0, contain_word = 1, count = 0;
    int index (char *, char *);
    if (argc < 2)
       printf ("Invalid usage : FINDWORD WORD [/C] [/V]\n");
    else
       {
         for (i = 1; i < argc; i++)
            if (index ("/C",argv[i]) != -1)
               {
                count_only = 1;
                break;
               }
         for (i = 1; i < argc; i++)
            if (index ("/V",argv[i]) != -1)
               {
                contain_word = 0;
                break;
               }
         while (fgets (line, 132,stdin))
            if (index (argv[1], line) != -1)
               {
                if (count_only)
                   count++;
                else if (! contain_word)
                   fputs (line, stdout);
               }
            else if (! contain_word)
                   fputs (line, stdout);
       }
    if (count_only)
       printf ("%s occurs %d times\n", argv[1], coun   ;
   }
```

Le programme REPLACE procède de la même manière que FINDWORD mais il substitue toutes les occurrences du premier mot spécifié, par un deuxième:

```
A > REPLACE  begin  BEGIN  TEST.PAS  NEW.PAS
```

```
#include <stdio.h>
main (int argc, *char argv[])
   {
    char line[132];
    int location, len;
    FILE *fopen (), *infile, *outfile;
    int remove_substring (char *, char *);
    int insert_string (char *, char*, int, int);
    int next_str_occurrence (char *, char *, int);
    if (argc < 3)
    printf ("Invalid usage:
            REPLACE TARGET NEW_WORD OLDFILE NEWFILE\n");
    else if (argc == 3)
       {
        infile = stdin;
        outfile = stdout;
       }
    else if (argc == 4)
       {
        if (! (infile = fopen (argv[3], "r")))
          {
           printf ("REPLACE error opening %s\n", argv[3]);
           exit (1);
          }
        outfile = stdout;
       }
    else if (argc == 5)
       {
        if (! (infile = fopen (argv[3], "r")))
          {
           printf ("REPLACE error opening %s\n", argv[3]);
           exit (1);
          }
        if (! (outfile = fopen (argv[4], "w")))
          {
           printf ("REPLACE error opening %s\n", argv[4]);
           exit (1);
          }
       }
    len = string_length (argv[2]);
    while (fgets (line, 132, infile))
       {
       if ((location = index (argv[1], line)) != -1)
          do
           {
            remove_substring (argv[1], &line[location]);
            insert_string (argv[2], line, location, sizeof(line));
           }
       while ((location = next_str_occurrence (argv[1], line, location)
              & (sizeof(line) <= 132));
           fputs (line, outfile);
        }
   }
```

Le programme MORE implémente la commande MORE de DOS, permettant de placer une pause après affichage de chaque page d'écran. A chaque pause, l'affichage est du type:

```
Volume in drive A is TURBO_C
  Directory of C:\TURBOC

.   <DIR>  11-28-87  8:05p
..  <DIR>  11-28-87  8:05p
ALLOC     H    896   6-03-87     1:00a
ASSERT    H    275   6-03-87     1:00a
BIOS      H    527   6-03-87     1:00a
CONIO     H    517   6-03-87     1:00a
CTYPE     H   1345   6-03-87     1:00a
DIR       H   1222   6-03-87     1:00a
DOS       H   7316   6-03-87     1:00a
ERRNO     H   2648   6-03-87     1:00a
FCNTL     H    991   6-03-87     1:00a
FLOAT     H   2094   6-03-87     1:00a
IO        H   2407   6-03-87     1:00a
LIMITS    H    757   6-03-87     1:00a
MATH      H   2984   6-03-87     1:00a
MEM       H    906   6-03-87     1:00a
PROCESS   H   1782   6-03-87     1:00a
SETJMP    H    542   6-03-87     1:00a
SHARE     H    434   6-03-87     1:00a
--MORE--
```

Le programme MORE.C s'écrit:

```
#include <stdio.h>
#define lines_per_page 24
main ()
   {
    int line_number = 0;
    char line[132];
    while (fgets(line, 132, stdin))
        if (++line_number % lines_per_page)
           fputs (line, stdout);
        else
           {
            fflush (stdout);
            fputs ("--MORE--\n", stdout);
            fflush (stdout);
            bioskey (0);
           }
   }
```

Le programme TEE vous permet d'insérer une redirection temporaire sur un fichier, et de rétablir l'unité de sortie initiale:

```
A > TYPE FILENAME.EXT | SORT | TEE SORTFILE.EXT | MORE
```

La figure 5-7 illustre l'exécution de cette commande:

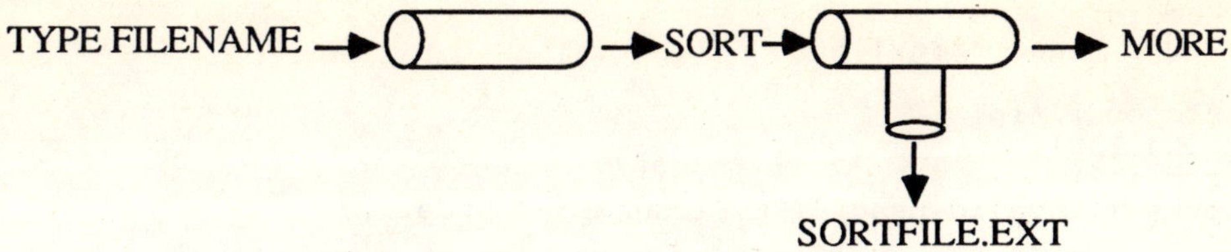


***Figure 5-7.*** *Fonctionnement de TEE*

TEE permet notamment de diriger les résultats à la fois sur un fichier et sur l'unité de sortie par défaut:

```
#include <stdio.h>
main (int argc, char *argv[])
    {
     FILE *fopen(), *fp;
     char line[132];
     if (argc < 2)
        fputs ("Invalid usage: TEE FILENAME\n", stdout);
     else
        {
         if (! (fp = fopen(argv[1], "w")))
             fputs ("TEE: unable to open output file\n", stdout);
         else
            {
             while (fgets (line, 132, stdin))
                {
                 fputs (line, stdout);
                 fputs (line, fp);
                }
             fclose (fp);
            }
        }
    }
```

## Filtrage des messages d'erreur par stderr

Il arrive assez fréquemment que les programmes renvoient en cours d'exécution, des messages d'erreur. Si l'on n'y prend pas garde, la redirection des E/S concernera aussi le message d'erreur. Par exemple, si l'on écrit dans stdout :

```
printf ("invalid usage : TEE FILENAME");
```

Il est possible pour éviter cela d'utiliser une ressource du DOS appelée stderr qui n'est pas redirigée, afin de conserver l'affichage à l'écran des messages d'erreur, selon la syntaxe suivante:

```
fputs ("invalid usage : TEE FILENAME", stderr);
```

Le programme suivant transforme TEE.C dans ce sens:

```
#include <stdio.h>
main (int argc, char *argv[])
   {
    FILE *fopen(),*fp;
    char line[132];
    if (argc < 2)
        fputs ("invalid usage TEE FILENAME\n" stderr);
    else
       {
         if (!  (fp = fopen(argv[1], "w")))
            fputs ("TEE: unable to open output file\n"), stderr);
         else
            {
              while (fgets (line, 132, stdin))
                  {
                    fputs (line, stdout);
                    fputs (line, fp);
                  }
               fclose (fp);
            }
       }
    }
```

La redirection des E/S est un outil extrêmement puissant, que les programmes présentés dans les chapitres suivants vous aideront à employer.

# 6 L'interface DOS

Le lecteur, même familier de DOS, ignore probablement que celui-ci a été écrit en C. Comme pour tout système d'exploitation, les développeurs du DOS se sont trouvés devant une tâche monumentale, qu'ils ont simplifiée en décomposant le système en unités fonctionnelles élémentaires indépendantes, assurant notamment:

* la manipulation de fichiers (ouverture, fermeture, lecture, écriture)
* la gestion du clavier
* le lancement et l'arrêt des programmes
* la création ou la destruction de fichiers, le changement des noms de fichier
* la gestion de la mémoire (allocation, libération, écriture)
* le contrôle des lecteurs de disquettes
* la gestion des répertoires

DOS faisant continuellement appel à ces services durant le fonctionnement de l'ordinateur, ceux-ci doivent en permanence être accessibles immédiatement. On peut par conséquent accéder à ces services au sein de programmes en langage évolué. En effet, le DOS utilise les registres du 8088 comme interface avec ses propres services système.

Un bon nombre de ces routines interfaces existent dans la bibliothèque standard de Turbo C, avec un nom ou des paramètres qui peuvent être différents de ceux employés ici, bien que leurs fonctions soient identiques. Le lecteur choisira celles qui s'adaptent le mieux à ses besoins, mais il aura néanmoins intérêt à étudier les routines détaillées dans ce chapitre, car elles apportent de précieuses connaissances sur le DOS.

## *Les registres du 8088*

L'IBM PC et les micro-ordinateurs compatibles sont bâtis autour d'un microprocesseur baptisé 8088. Au cœur de celui-ci se trouve un jeu d'adresses mémoire formant les *registres*, situés dans l'unité de contrôle (UC, ou CPU pour Central Processing Unit) et donc très rapidement accessibles. Ces registres sont au nombre de 14, chacun contenant des données sur 16 bits, comme l'illustre la figure suivante:

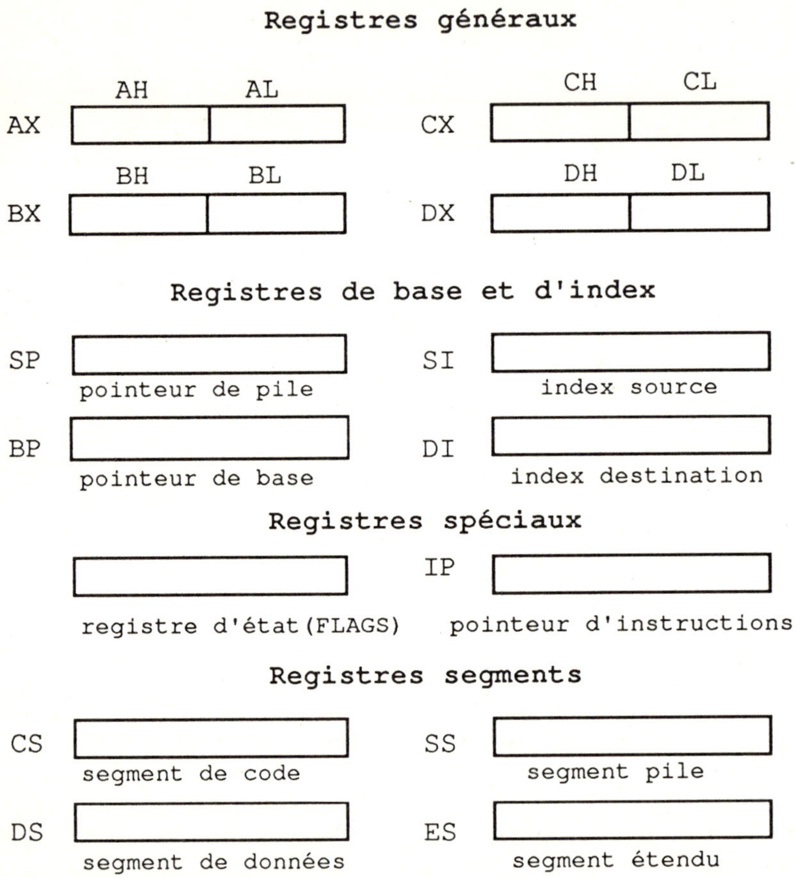


Les échanges entre les programmes et les services DOS se font au moyen de ces registres. Si, par exemple, on veut connaître le numéro de version du DOS utilisé, on doit placer la valeur suivante dans le registre AH puis appeler l'interruption INT 21H:

AH  30H (accès au numéro de version du DOS)

A l'exécution, ce service place dans le registre AX les deux composantes du numéro de version de DOS (ex: 3 et 21 pour la version "3.21") :

AH  Contient le numéro complémentaire de version
AL  Contient le numéro principal de version

Les instructions suivantes illustrent un exemple d'appel du service DOS «Accès au numéro de version du DOS» au sein d'un programme.

```
MOV AH, 30H
INT 21H
```

l'interruption 21H étant le moyen d'appeler les services système du DOS.

## *L'interruption INT 21H*

Une interruption est un signal envoyé à l'UC par un programme ou un équipement rattaché à l'ordinateur, et commandant à celle-ci de suspendre l'instruction en cours afin d'exécuter à sa place une autre tâche. Par exemple, lorsqu'on presse simultanément les touches SHIFT et PRINT SCREEN, le DOS suspend temporairement l'opération en cours pour imprimer le contenu à cet instant de l'écran. L'interruption 21H sert ainsi d'interface avec les services système du DOS. Ceci signifie qu'à chaque fois que DOS rencontre une instruction INT 21H, il consulte les registres du 8088 afin de déterminer le service précis à appeler, ainsi que les paramètres associés. La plupart du temps, c'est dans AH que DOS trouve la référence du service système à appeler.

Dans l'exemple ci-dessus, DOS a lu 30H dans le registre AH, indiquant d'exécuter le service «Accès à la version du DOS». L'exemple suivant illustre l'appel du service 02H qui ordonne à DOS d'afficher le caractère contenu dans le registre DL. Pour appeler cette routine, on doit saisir les valeurs appropriées des registres du 8088 puis invoquer l'interruption 21H:

```
MOV AH, 2    ; service d'affichage de caractère
MOV DL, 65   ; caractère à afficher

INT 21H      ; appel du service DOS
```

L'un des objectifs du développement d'applications est de réduire la part de programmation en langage d'assemblage au profit de langages de haut niveau tels que C. Il faut cependant pouvoir appeler les services du DOS avec de tels langages. Dans le cas de Turbo C, une routine baptisée *intdos* fournit cette interface. Pour l'utiliser, il faut inclure le fichier *dos.h* en ajoutant la directive suivante:

```
#include <dos.h>
```

Ce fichier *dos.h* contient une définition de structure qui permet à vos programmes de reproduire les registres du 8088 de la façon suivante:

```
struct WORDREGS
         {
         unsigned int      ax, bx cx, dx, si, di, cflag, flags;
         };
struct BYTEREGS
         {
         unsigned char     al, ah, bl, bh, cl, ch, dl, dh;
         };
union REGS    {
         struct    WORDREGS x;
         struct    BYTEREGS h;
         };
```

```
struct SREGS  {
        unsigned int        es;
        unsigned int        cs;
        unsigned int        ss;
        unsigned int        ds;
        };
struct REGPACK
        {
        unsigned            r_ax, r_bx, r_cx, r_dx;
        unsigned            r_bp, r_si, r_di, r_ds, r_es, r_flags;
        };
```

Il faut affecter les valeurs appropriées à chaque registre défini par cette structure. Lorsque par la suite on appelle *intdos*, celle-ci transfère le contenu des valeurs de la structure dans les registres adéquats, comme le montre la figure 6-1.

Quand le service système se termine, *intdos* lit les valeurs courantes des registres du 8088 et les replace dans les variables associées de l'interface, ainsi que le montre la figure 6-2. L'exemple ci-après est un programme retournant le numéro de version du DOS utilisé:

```
#include <dos.h>
main ()
   {
    union REGS inregs, outregs;
    inregs.h.ah = 0x30;
    intdos (&inregs, &outregs);
    printf ("Dos Version %d.%d\n", outregs.h.al, outregs.h.ah);
   }
```

## Les services système du DOS

Très puissants, les services système du DOS constituent en fait la panoplie d'outils utilisés par les concepteurs du DOS. Leur utilisation permet de développer rapidement des routines d'excellente qualité. Dans les pages qui suivent, on trouvera une implémentation en Turbo C des principaux services système; la plupart sont d'un usage très aisé, et tous pourront être utiles pour accroître les possibilités des applications développées.

Notez bien que la plupart des ces routines utilisent le modèle de mémoire *petit* du compilateur Turbo C (small memory). Elles ne passent de paramètres à *intdos* qu'à l'intérieur du segment de données courant. Toutes les routines présentées ici sont assurées de fonctionner dès lors qu'on a retenu l'option de *petit* modèle de mémoire. S'il est nécessaire d'utiliser un autre modèle de mémoire, on se reportera à l'ouvrage DOS Power User's Guide de Kris Jamsa (Osborne/McGraw-Hill, Berkeley 1988) pour les particularités de chaque service système quant à cette option.

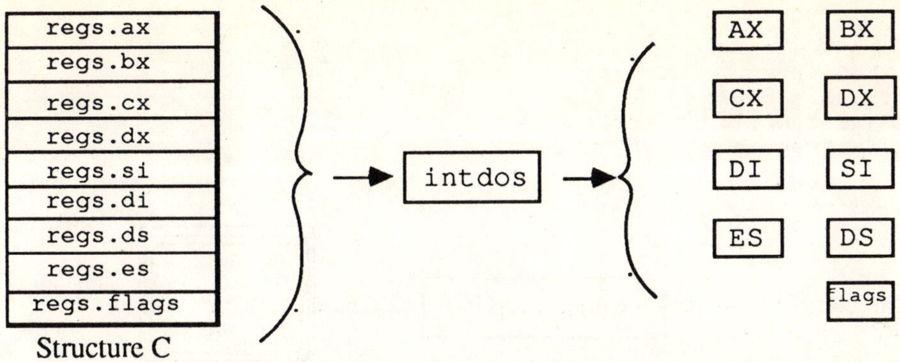


***Figure 6-1.*** *Lecture des valeurs d'une structure par intdos*

Un certain nombre de ces routines sont également disponibles dans la bibliothèque standard de Turbo C. Elles sont pourtant détaillées ici à titre pédagogique, étant donné l'importance des services système du DOS. A ce titre, leur étude apportera beaucoup et en démontrera l'utilité.

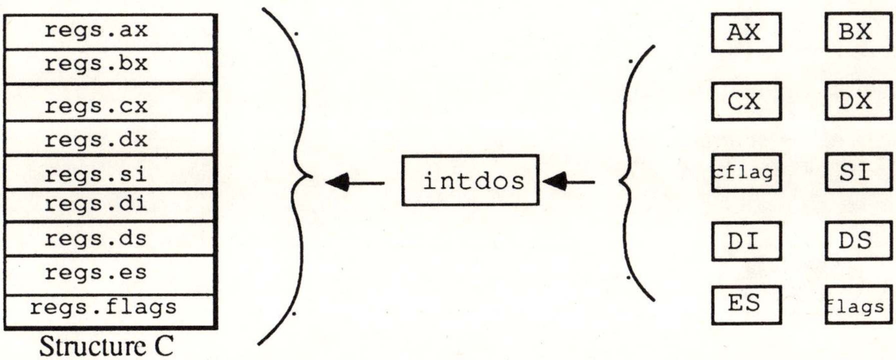


***Figure 6-2.*** *Lecture des registres par intdos*

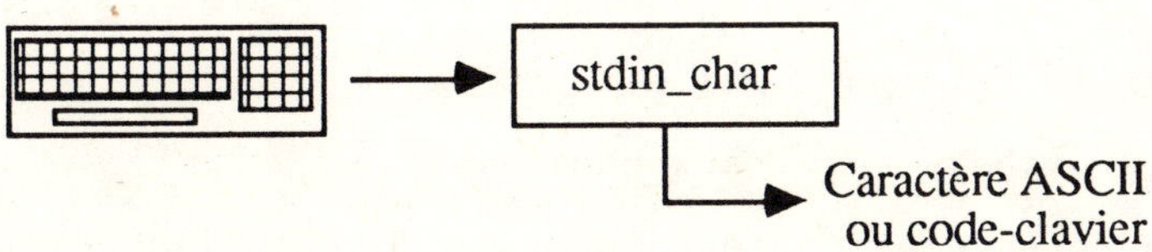


```
#include <dos.h>
/*
 * stdin_char ()
 *
 * Lit un caractère sur l'unité d'entrée par défaut.
 * exemple d'appel : character = stdin_char ();
 *
 * Si on frappe une touche de fonction, stdin_char retourne la valeur
 * nulle dans un premier temps. Il faut rappeler stdin_char pour
 * qu'elle retourne le code-clavier de la touche pressée. Un caractère
 * entré par l'utilisateur est simultanément affiché à l'écran.
 */
```

```
int stdin_char ()
   {
    union REGS inregs, outregs;
    inregs.h.ah = 0x01;
    intdos (&inregs, &outregs);
    return (outregs.h.al);
   }
```

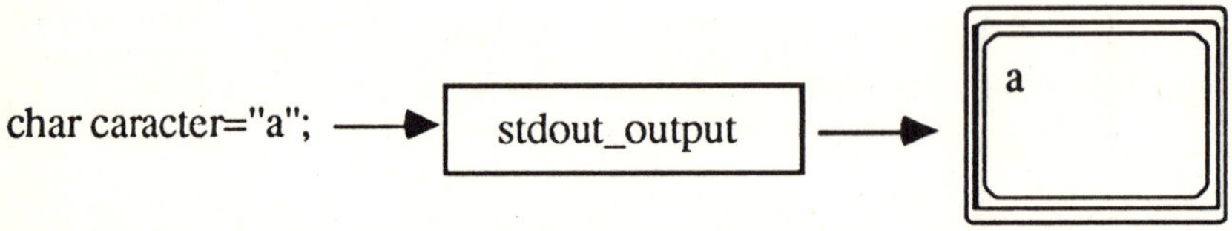


```
#include <dos.h>
/*
 * void stdout_output (character)
 *
 * Ecrit un caractère sur l'unité de sortie par défaut.
 *
 * character (in): caractère à écrire
 *
 * exemple d'appel : stdout_output (97);
 */

void stdout_output (char character)
   {
    union REGS inregs, outregs;
    inregs.h.ah = 0x02;
    inregs.h.dl = character;
    intdos (&inregs, &outregs);
   }
```

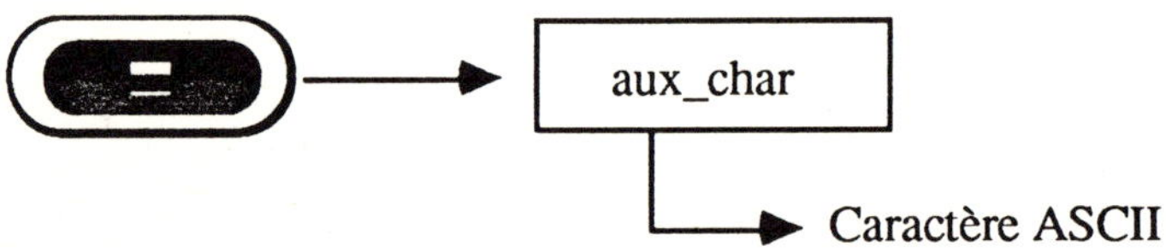


```
#include <dos.h>
/*
 * aux_char ()
 *
 * Lit un caractère sur le port par défaut.
 *
 * exemple d'appel : character = aux_char ();
 *
 * aux_char reste en attente de lecture jusqu'à ce qu'il y ait
 * effectivement un caractère à lire sur l'unité auxiliaire
 */

int aux_char ()
   {
    union REGS inregs, outregs;
    inregs.h.ah = 0x03;
    intdos (&inregs, &outregs);
    return (outregs.h.al);
   }
```

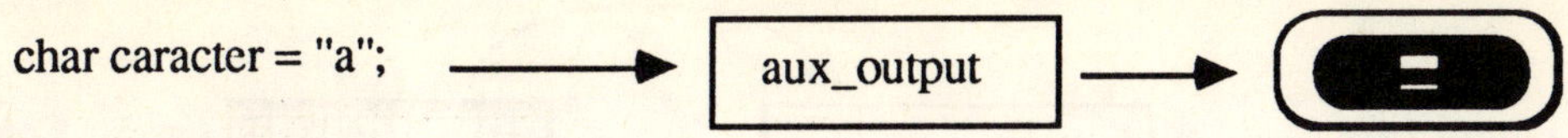


```
#include <dos.h>
/*
 * void aux_output
 *
 * Ecrit un caractère sur le port par défaut.
 *
 * exemple d'appel : aux_output (65);
 *
 * par défaut, DOS utilise une sortie 2400 bauds, sans parité,
 *  avec 1 bit de stop et 8 bits de données.
 */

void aux_output (char character)
   {
    union REGS inregs, outregs;
    inregs.h.ah = 0x04;
    inregs.h.dl = character;
    intdos (&inregs, &outregs);
   }
```

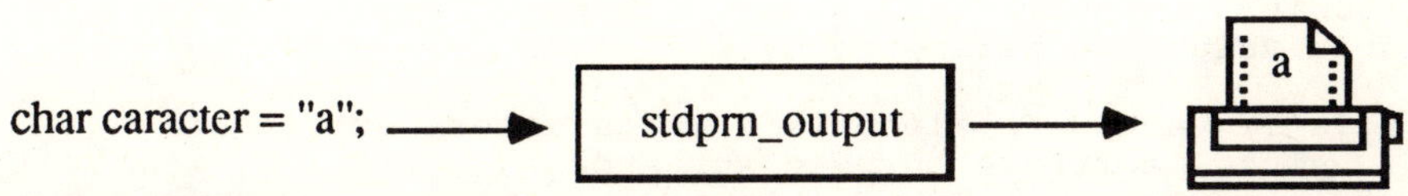


```
#include <dos.h>
/*
 * void stdprn_output (char character)
 *
 * Ecrit un caractère sur l'imprimante par défaut.
 *
 * character (in): caractère à imprimer.
 *
 * exemple d'appel : stdprn_output (97);
 */

void stdprn_output (char character)
   {
    union REGS inregs, outregs;
    inregs.h.ah = 0x05;
    inregs.h.dl = character;
    intdos (&inregs, &outregs);
   }
```

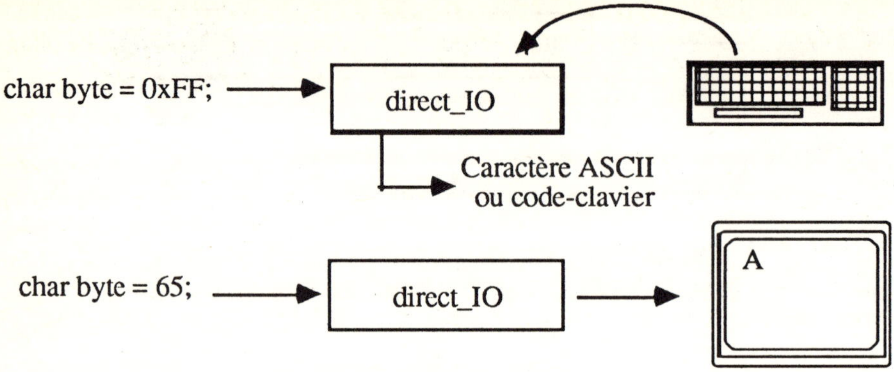


Si byte vaut 255 (0xFF), direct_IO effectue une lecture;
Sinon, ce caractère est affiché à l'écran

```
#include <dos.h>
/*
 * direct_IO (byte)
 *
 * Lit (sur stdin ) ou écrit (sur stdout) un caractère.
 *    (selon la valeur du paramètre byte)
 *
 * byte (in): s'il vaut 0xFF, lecture d'un caractère sur stdin
 *            sinon, écriture de byte sur stdout.
 *
 * exemples d'appel : direct_IO (65);
 *                    character == direct_IO (0xFF);
 */

int direct_IO (char byte)
    {
     union REGS inregs, outregs;
     inregs.h.ah = 0x06;
     inregs.h.dl = byte;
     intdos (&inregs, &outregs);
     return (outregs.h.al);
    }
```

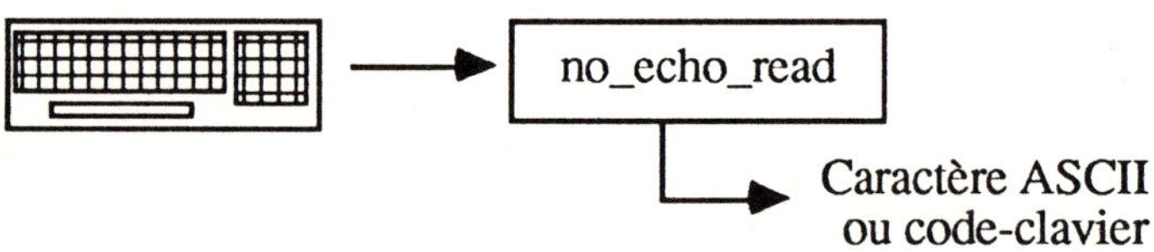


```
#include <dos.h>
/*
 * no_echo_read ()
 *
 * Lit un caractère sur stdin en supprimant l'écho sur écran.
 *
 * exemple d'appel : character = no_echo_read ();
 *
 * Si le buffer de clavier ne contient aucun caractère, la routine
 * se met en attente de frappe d'un caractère.
 */
```

```
int no_echo_read ()
   {
    union REGS inregs, outregs;
    inregs.h.ah = 0x07;
    intdos (&inregs, &outregs);
    return (outregs.h.al);
   }
```

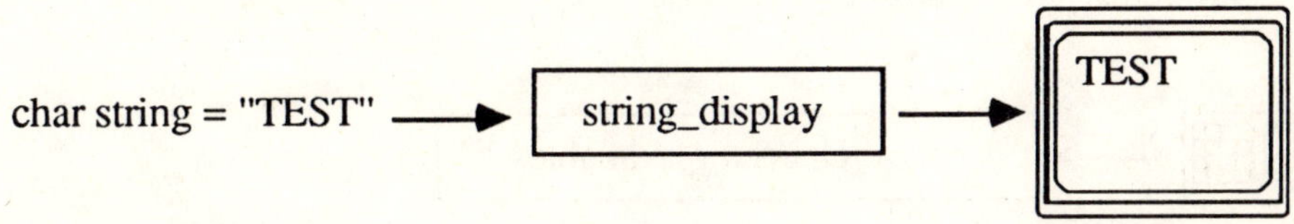


```
#include <dos.h>
/*
 * void string_display (string)
 *
 * Affiche une chaîne de caractères sur l'unité de sortie par défaut.
 *
 * string (out): chaîne à afficher
 *
 * exemple d'appel : string_display ("Turbo C Programmer's Library");
 */

void string_display
   {
    union REGS inregs, outregs;
    int i;
    for (i = 0; string[i]; i++)
      ;
    string[i] = '$';  /* signal après le dernier caractère affiché */
    inregs.h.ah = 9;
    inregs.x.dx = string;
    intdos (&inregs, &outregs);
    string[i] = '\0';
   }
```

```
#include <dos.h>
/*
 * void buffered_input (buffer, size)
 *
 * Lit sur l'unité d'entrée par défaut un flot de caractères
 * qui sont envoyés dans une mémoire-tampon dont on fixe la taille.
 *
 * buffer (in/out): mémoire-tampon recevant les caractères.
 * size (in): taille maximum de la mémoire-tampon.
 *
 * exemple d'appel : buffered_input (array, sizeof (array));
 *
 * Le buffer doit être défini ainsi:
 *      buffer[0] : taille maximum du buffer
 *      buffer[1] : nombre de caractères lus
 *      buffer[2] : premier caractère lu.
 */
```

```
void buffered_input (char buffer[], int size)
    {
     union REGS inregs, outregs;
     buffer[0] = size;       /*  taille maximum du buffer */
     inregs.h.ah = 0xA;
     inregs.x.dx = buffer; /* valeur du déplacement pour le buffer */
     intdos (&inregs, &outregs);
    }
```

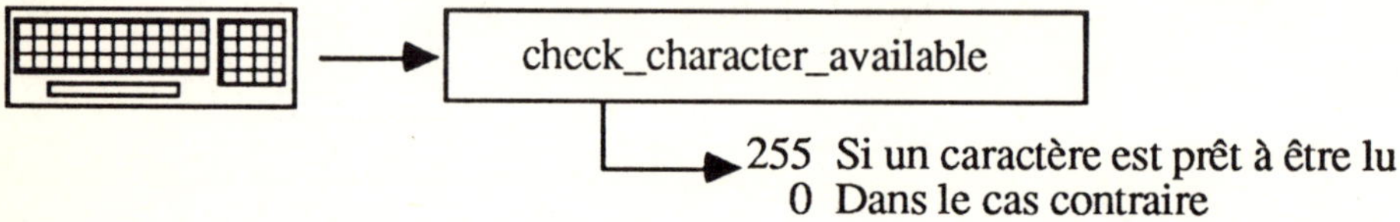


```
#include <dos.h>
/*
 * check_character_available ()
 *
 * Retourne 255 s'il y a un caractère dans l'unité d'entrée par défaut,
 * sinon 0.
 *
 * exemple d'appel : status = check_character_available ();
*/

int check_character_available ()
    {
     union REGS inregs, outregs;
     inregs.h.ah = 0x0B;
     intdos (&inregs, &outregs);
     return (outregs.h.al);
    }
```

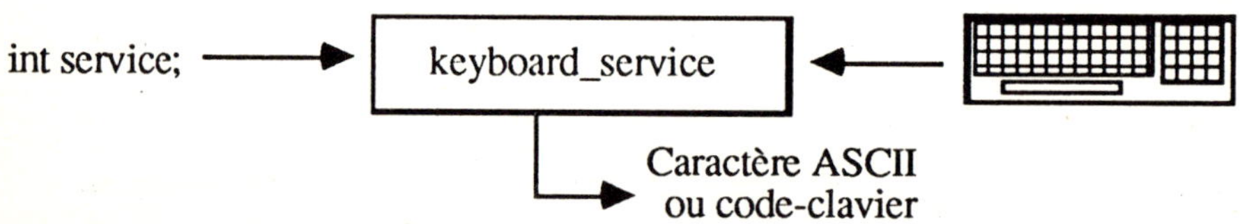


```
#include <dos.h>
/*
 * keyboard_service (service)
 *
 * Vide le buffer de clavier et effectue un service système spécifié.
 *
 * service (in): service système DOS à effectuer.
 *
 * exemple d'appel : character = keyboard_service (7);
 *
 * Cette routine permet de s'assurer que ce qui a été frappé
 * avant l'appel du service système n'en perturbera pas l'exécution.
 */

int keyboard_service (int service)
    {
     union REGS inregs, outregs;
     inregs.h.ah = 0x0C;
     inregs.h.al = service;
     intdos (&inregs, &outregs);
```

```
   return (&outregs.h.al);
   }
```

int drive = 2; → set_drive

```
#include <dos.h>
/*
 * void set_drive (drive)
 *
 * Déclare unité par défaut l'unité spécifiée
 *
 * drive (in): disque à rendre unité par défaut
 *
 * exemple d'appel : set_drive (2);
 *
 * Valeurs logiques de drive:
 *        A =0,  B = 1,  C = 2;
 */

void set_drive (int drive)
   {
    union REGS inregs, outregs;
    inregs.h.ah = 0x0E;
    inregs.h.dl = drive;
    intdos (&inregs, &outregs);
   }
```

char buffer[128]; → set_disk_transfer_address

```
#include <dos.h>
/*
 * void set_disk_transfer_address (buffer)
 *
 * Définit un nouveau buffer pour l'espace de transfert disque (DTA)
 * de DOS.
 *
 * buffer (in): taille du buffer de DTA à utiliser.
 *
 * exemple d'appel set_disk_transfer_address (char_array);
 *
 * Par défaut, la DTA se trouve à l'adresse 80H du PSP (Program Segment
 * Prefix). Dans les chapitres suivants, cette zone sera utilisée
 * pour exécuter des lignes de commandes DOS.
 * Modifier la DTA permet d'éviter que DOS sature la zone de la ligne
 * de commandes.
*/

void set_disk_transfer_address (char buffer[])
   {
    union REGS inregs, outregs;
    inregs.h.ah = 0x1A;
    inregs.x.dx = buffer;    /*  minimum 128 octets */
    intdos (&inregs, &outregs);
   }
```

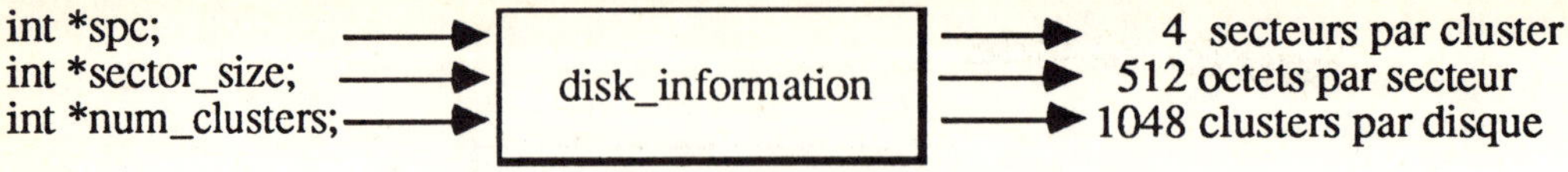


```
#include <dos.h>
/*
 * void disk_information (spc, sector_size, num_clusters)
 *
 * Retourne le nombre de secteurs par cluster, la taille d'un secteur,
 * et le nombre de clusters de l'unité de disque courante.
 *
 * spc (out): nombre de secteurs par cluster.
 * sector_size (out): nombre d'octets par secteur.
 * num_clusters (out): nombre de clusters par disque.
 * exemple d'appel:
 * void disk_information (&spc, &sector_size, &num_clusters);
 */

void disk_information (int *spc, int *sector_size, int *num_clusters)
   {
    union REGS inregs, outregs;
    inregs.h.ah = 0x1B;
    intdos (&inregs, &outregs);
    *spc = outregs.h.al;     /* secteurs par cluster  */
    *sector_size = outregs.x.cx;
    *num_clusters = outregs.x.dx;
   }
```

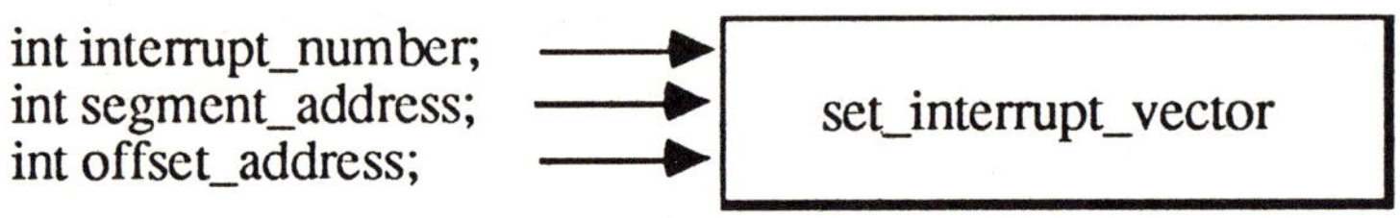


```
#include <dos.h>
/*
 * void set_interrupt_vector (interrupt_number, segment, offset)
 *
 * Définit un nouveau vecteur de contrôle d'interruption pour une
 * valeur donnée d'interruption.
 *
 *
 * interrupt (in): numéro de l'interruption à modifier
 * segment (in): adresse de segment de la nouvelle routine
 * offset (in): déplacement dans le segment
 *
 * set_interrupt_vector (5,segment_address, offset_address);
 */

void set_interrupt_vector (int interrupt_number, int segment,
                           int offset)
   {
    union REGS inregs, outregs;
    struct SREGS segregs;
    inregs.h.ah = 0x25;
    inregs.h.al = interrupt_number;
    segregs.x.ds = segment;
    segregs.x.dx = offset;
    intdosx (&inregs, &outregs, &segregs);
   }
```

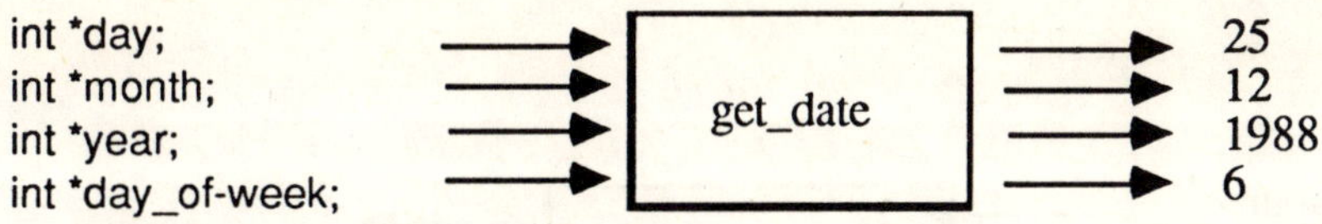


```
#include <dos.h>
/*
 * void get_date (day, month, year, day_of_week)
 *
 * Retourne la date système.
 *
 * day (out): quantième du mois (1-31)
 * month (out): mois (1-12)
 * year (out): année (19xx)
 * day_of_week (out): jour de la semaine (0=dimanche, ...6=samedi)
 *
 * exemple d'appel : get_date (&day, &month, &year, &day_of_week);
 */

void get_date (int *day, int *month,int *year, int *day_of_week)
   {
    union REGS inregs, outregs;
    inregs.h.ah = 0x2A;
    intdos (&inregs, &outregs);
    *day = outregs.h.dl;
    *day_of_week = outregs.h.al;
    *month = outregs.h.dh;
    *year = outregs.x.cx;
   }
```

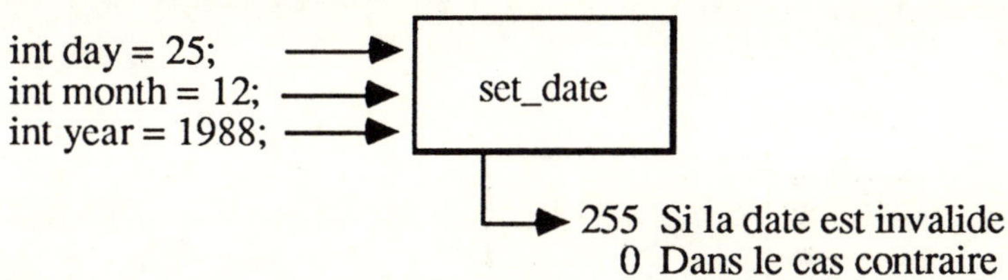


```
#include <dos.h>
/*
 * set_date (day, month, year)
 *
 * Met à jour la date système.
 *
 * day (in): quantième du mois (1-31)
 * month (in): mois (1-12)
 * year (in): année (19xx)
 *
 * exemple d'appel : set_date (&day, &month, &year);
 *
 * Si la date spécifiée est invalide, set_date retourne la valeur 255.
 */

int set_date (int day, int month, int year)
   {
    union REGS inregs, outregs;

    inregs.h.ah = 0x2B;
```

```
    inregs.h.dh = month;
    inregs.x.dl = day;
    inregs.x.cx = year;
    intdos (&inregs, &outregs);
    return (outregs.h.al);
   }
```

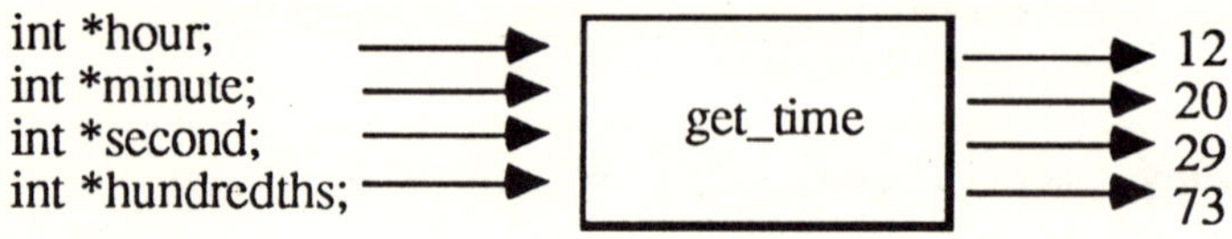


```
#include <dos.h>
/*
 * void get_time (hours, minutes, seconds, hundredths)
 *
 * Lit l'heure système.
 *
 * hours (out): heure courante
 * minutes (out): minutes
 * seconds (out): secondes
 * hundredths (out): centièmes de secondes
 *
 * exemple d'appel : get_time (&hours, &minutes, &seconds, &hundredths)
 */

void get_time (int *hours, int *minutes, int *seconds, int *hundredths)
   {
    union REGS inregs, outregs;
    inregs.h.ah = 0x2C;
    intdos (&inregs, &outregs);
    *hours = outregs.h.ch.
    *minutes = outregs.h.cl;
    *seconds = outregs.h.dh;
    *hundredths = outregs.h.dl;
   }
```

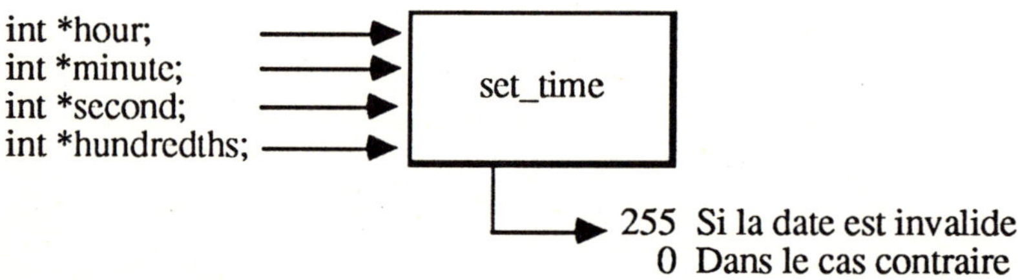


```
#include <dos.h>
/*
 * set_time (hours, minutes, seconds, hundredths)
 *
 * Met à jour l'heure système.
 *
 * hours (in): heure courante
 * minutes (in): minutes
 * seconds (in): secondes
 * hundredths (in): centièmes de secondes
 *
 * Si l'heure spécifiée est invalide, set_time retourne la valeur 255.
 *
 * exemple d'appel : status = set_time (10, 30, 0, 0);
*/
```

```
int set_time (int hours, int minutes, int seconds, int hundredths)
    {
     union REGS inregs, outregs;
     inregs.h.ah = 0x2D;
     inregs.h.ch = hours;
     inregs.h.cl = minutes;
     inregs.h.dl = hundredths;
     inregs.h.dh = seconds;
     intdos (&inregs, &outregs);
     return (outregs.h.al);
    }
```

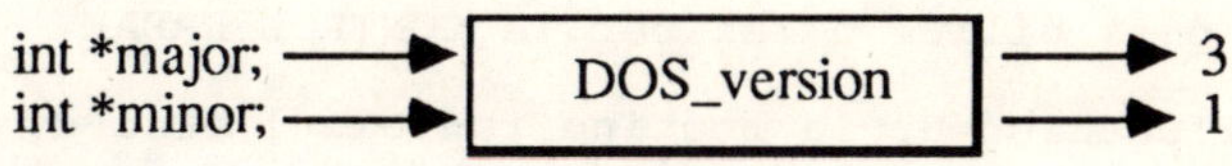


```
#include <dos.h>
/*
 * int DOS_version (major, minor)
 *
 * Retourne le numéro de version du DOS.
 *
 * major (out): numéro principal de version (ex: 3 pour DOS 3.1).
 * minor (out): numéro complémentaire de version (ex: 1 pour DOS 3.1).
 *
 * exemple d'appel : DOS_version (&major, &minor).
*/

void DOS_version (int *major, int *minor)
    {
     union REGS inregs, outregs;
     inregs.h.ah = 0x30;
     intdos (&inregs, &outregs);
     *major = outregs.h.al;
     *minor = outregs.h.ah;
    }
```

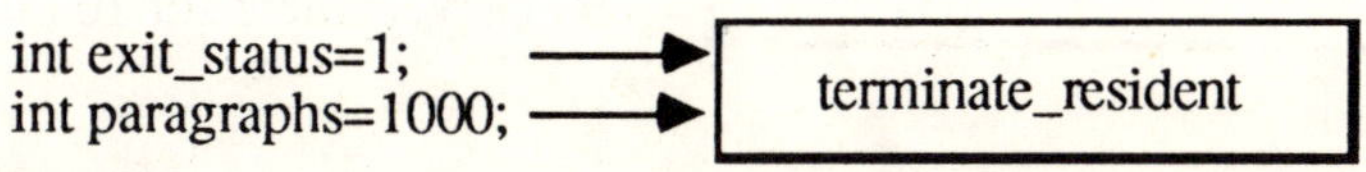


```
#include <dos.h>
/*
 * void terminate_resident (status, paragraphs)
 *
 * status (in): code retour du programme;
 * paragraphs (in): nombre de paragraphes de 16 octets à réserver
 * en mémoire pour la fin de programme.
 *
 * exemple d'appel : terminate_resident (1, 500);
*/

terminate_resident (int status, int paragraph)
    {
     union REGS inregs, outregs;
     inregs.h.ah = 0x31;
     inregs.h.al = status;
     inregs.x.dx = paragraphs;
     intdos (&inregs, &outregs);
    }
```

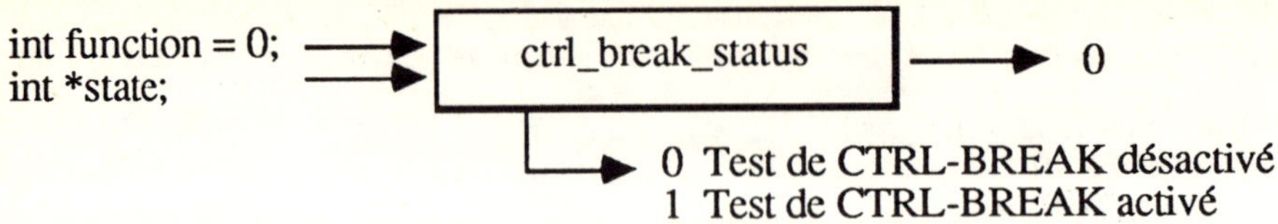


Si function vaut 0, la routine retourne le statut courant
Si function vaut 1, la routine modifie le statut courant

```
#include <dos.h>
/*
 * ctrl_break_status (function, state)
 *
 * Lit ou modifie la possibilité d'inhiber le CONTROL BREAK.
 *
 * function (in): si function=0, la routine renvoie l'état du CTRL BREAK
 *                               (activé/désactivé).
 *                si function=1, active ou désactive le CTRL BREAK en
 *                               fonction de la valeur de state.
 * state (in): si state=0, la routine autorise l'emploi du CTRL BREAK
 *             si state=1, désactive le CTRL BREAK.
 *
 * exemple d'appel : status = ctrl_break_status (0, 0);
*/

int ctrl_break_status (int function, int state)
   {
    union REGS inregs, outregs;
    inregs.h.ah = 0x33;
    inregs.h.al = function;
    inregs.h.dl = state;
    intdos (&inregs, &outregs);
    return (outregs.h.dl);
   }
```

```
#include <dos.h>
/*
 * void get_disk_transfer_address (segment, offset)
 *
 * segment (out): adresse du segment de la DTA.
 * offset (out): déplacement.
 *
 * Retourne l'adresse complète de l'espace de transfert disque.
 *
 * exemple d'appel : get_dis_transfer_address (&segment, &offset);
 *
 * Par défaut, la DTA se trouve à l'adresse 80H du préfixe de segment de
 * programme (PSP)
 */

void get_disk_transfer_address (segment, offset)
    int *segment, *offset;
   {
    union REGS inregs, outregs;
    struct SREGS segregs;
    inregs.h.ah = 0x2F;
    intdosx (&inregs, &outregs, &segregs);
```

```
     *segment = segregs.es;
     *offset = outregs.x.bx;
    }
```

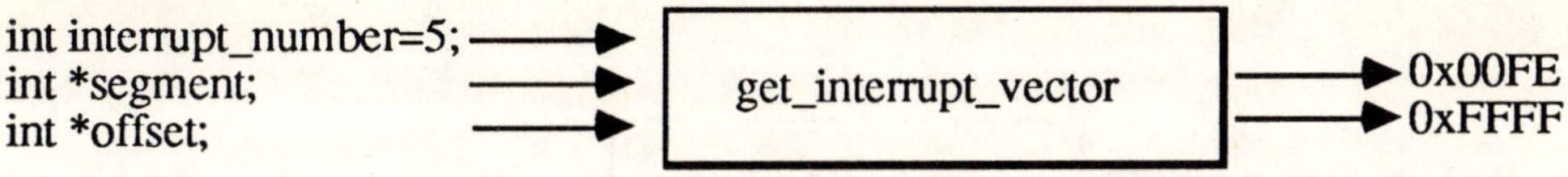


```
#include <dos.h>
/*
 * void get_interrupt_vector (interrupt_number, segment, offset)
 *
 * Retourne l'adresse de la routine de contrôle d'interruption pour
 * une interruption donnée
 *
 * interrupt_number (in): interruption recherchée.
 * segment (out): adresse du segment de la routine.
 * offset (out): déplacement.
 *
 * exemple d'appel:
 * get_interrupt_vector(5, &segment_address, &offset_address);
 */

void get_interrupt_vector (int interrupt_number, int *segment,
                           int *offset)
    {
     union REGS inregs, outregs;
     struct SREGS segregs;
     inregs.h.ah = 0x35;
     inregs.h.al = interrupt_number;
     *segment = segregs.es;
     *offset = outregs.x.bx;
     intdos (&inregs, &outregs);
    }
```

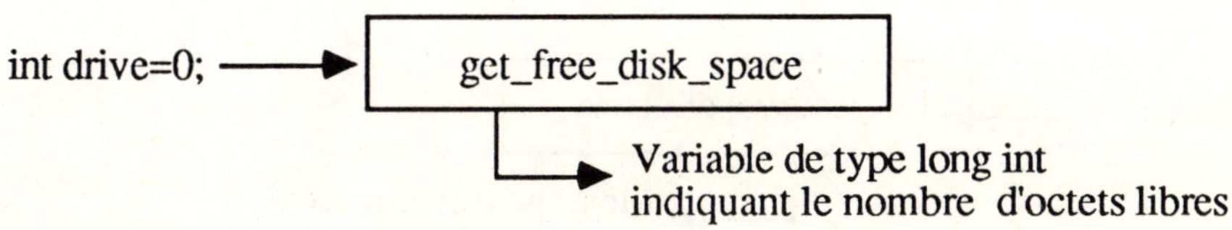


```
#include <dos.h>
/*
 * long get_free_disk_space (drive)
 *
 * Retourne le nombre d'octets disponibles sur le lecteur spécifié.
 *
 * drive (in): numéro du disque souhaité.
 *
 * les valeurs de drive sont :
 *       0 = disque courant, 1 = A, 2 = B, 3 = C
 *
 * exemple d'appel : disk_drive = get_free_disk_space (0);
*/

long get_free_disk_space (int drive)
    {
     union REGS inregs, outregs;
     inregs.h.ah = 0x36;
```

```
    inregs.h.dl = drive;
    intdos (&inregs, &outregs);
    return ((long) outregs.x.ax * (long) outregs.x.bx
                                * (long) outregs.x.cx);
   }
```

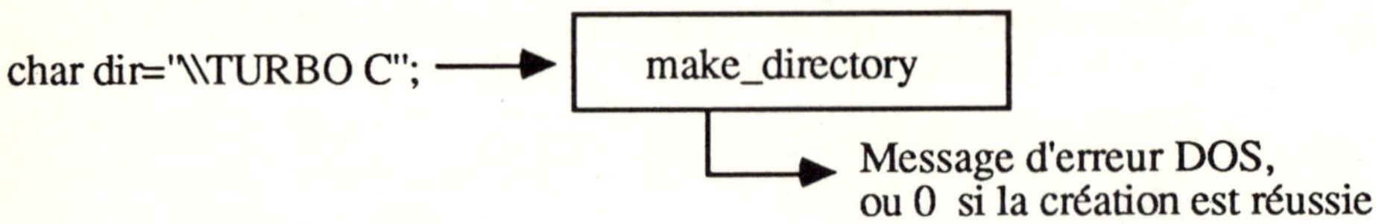


```
#include <dos.h>
/*
 * make_directory (directory)
 *
 * Crée un sous-répertoire DOS ayant le nom spécifié.
 *
 * directory (in): nom du sous-répertoire à créer.
 *
 * Si la routine ne peut créer le répertoire, elle renvoie un
 * code d'erreur DOS; sinon elle renvoie 0.
 *
 * exemple d'appel : status = make_directory ("\\TURBOC");
 */

make_directory (char directory[])
   {
    union REGS inregs, outregs;
    inregs.h.ah = 0x39;
    inregs.x.dx = directory;
    intdos (&inregs, &outregs);
    return ((outregs.x.cflag) ? outregs.x.ax: 0);
   }
```

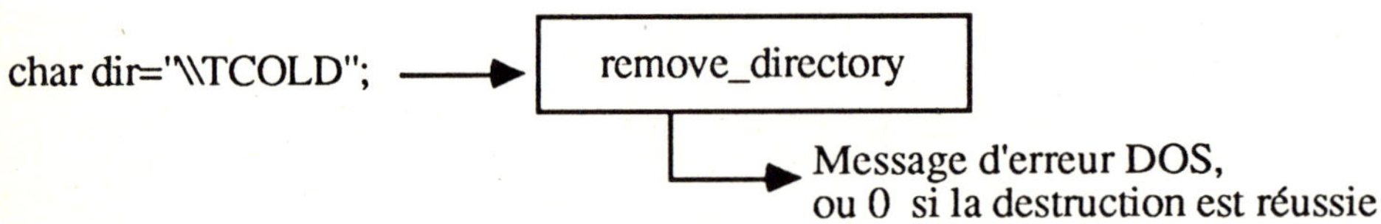


```
#include <dos.h>
/*
 * remove_directory (directory)
 *
 * Supprime le sous-répertoire DOS ayant le nom spécifié.
 *
 * directory (in): nom du sous-répertoire à supprimer.
 *
 * Si la routine ne peut supprimer le répertoire, elle renvoie un
 * code d'erreur DOS; sinon elle renvoie 0.
 *
 * exemple d'appel : status = remove_directory ("\\TCOLD");
 */
```

```
remove_directory (char directory[])
   {
    union REGS inregs, outregs;
    inregs.h.ah = 0x3A;
    inregs.x.dx = directory;
    intdos (&inregs, &outregs);
    return ((outregs.x.cflag) ? outregs.x.ax: 0);
   }
```

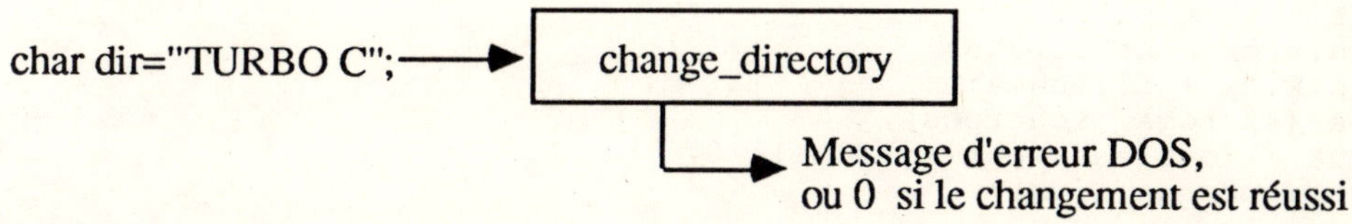


```
#include <dos.h>
/*
 * change_directory (directory)
 *
 * Change le répertoire courant.
 *
 * directory (in): nom du sous-répertoire à créer.
 *
 * Si la routine ne peut sélectionner le répertoire, elle renvoie un
 * code d'erreur DOS; sinon elle renvoie 0.
 *
 * exemple d'appel : status = change_directory ("\\TURBOC");
 */

change_directory (char directory[])
   {
    union REGS inregs, outregs;
    inregs.h.ah = 0x3B;
    inregs.x.dx = directory;
    intdos (&inregs, &outregs);
    return ((outregs.x.cflag) ? outregs.x.ax: 0);
   }
```

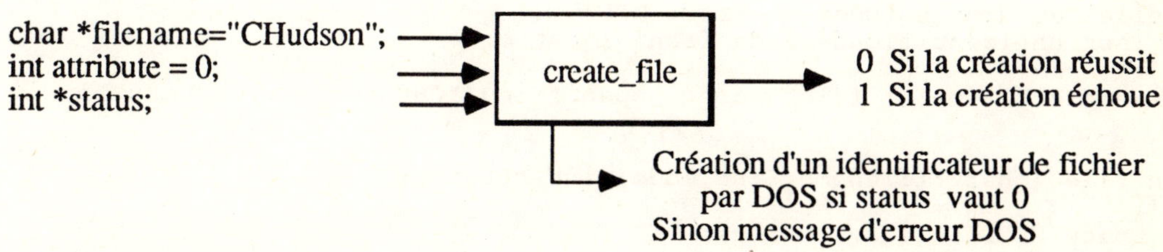


```
#include <dos.h>
/*
 * create_file (filename, attribute, status)
 *
 * Crée un fichier DOS et retourne le statut de ce fichier.
 *
 * filename (in): nom du fichier à créer.
 * attribute (in): attribut du fichier.
 * status (out): -1 si une erreur se produit, sinon 0.
 *
 * Si la routine ne peut créer le fichier avec l'attribut souhaité,
```

```
 * elle retourne un code d'erreur DOS;
 * sinon un identificateur de fichier est créé.
 *
 * exemple d'appel : create_file ("CHudson", 0, &status);
 */

create_file (char *filename, int attribute, int *status)
   {
    union REGS inregs, outregs;
    inregs.h.ah = 0x3C;
    inregs.x.cx = attribute;
    inregs.x.dx = filename;
    intdos (&inregs, &outregs);
    *status = (outregs.x.cflag) ? -1: 0;
    return (outregs.x.ax);
   }
```

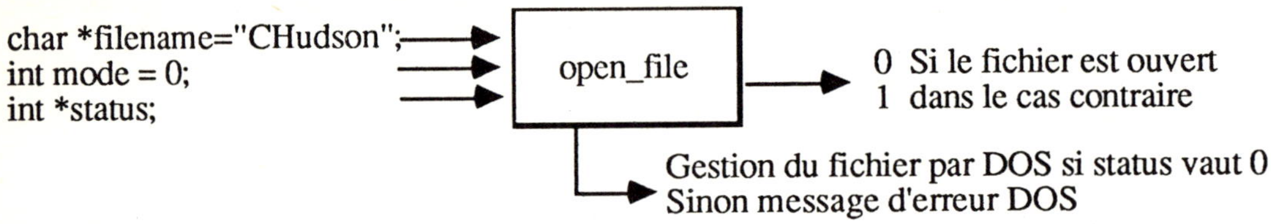


```
#include <dos.h>
/*
 * open_file (filename, mode, status)
 *
 * Ouvre un fichier DOS selon le mode souhaité
 * et crée l'identificateur de fichier associé.
 *
 * filename (in): nom du fichier à créer.
 * mode (in): mode d'ouverture du fichier:
 * 0= lecture seulement, 1= écriture seulement, 2= lecture/écriture
 * status (out): -1 si une erreur se produit, sinon 0.
 *
 * Si la routine ne peut ouvrir le fichier selon le mode souhaité,
 * elle retourne un code d'erreur DOS;
 * sinon un identificateur de fichier est créé.
 *
 * exemple d'appel : filehandle = open_file ("CHudson", 0, &status);
 */

open_file (char *filename, int mode, int *status)
   {
    union REGS inregs, outregs;
    inregs.h.ah = 0x3D;
    inregs.h.al = mode;
    inregs.x.dx = filename;
    intdos (&inregs, &outregs);
    *status = (outregs.x.cflag) ? -1: 0;
    return (outregs.x.ax);
   }
```

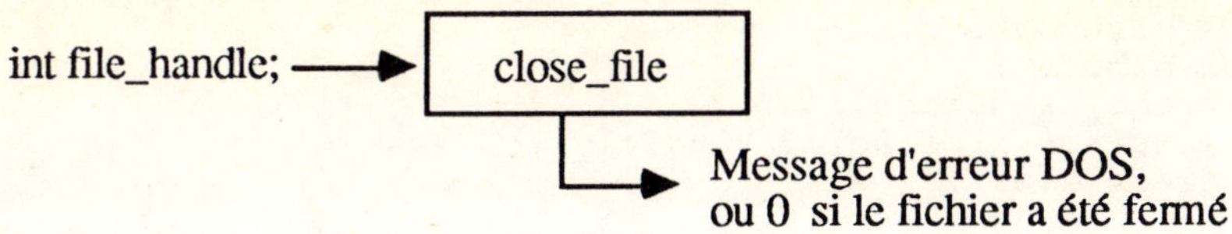


```
#include <dos.h>
/*
 * close_file (filehandle)
 *
 * Ferme le fichier DOS correspond à l'identifiant de fichier spécifié.
 *
 * filehandle (in): identifiant du fichier à fermer.
 *
 * Si la routine ne peut fermer le fichier, elle retourne un code
 * d'erreur DOS;
 * dans le cas contraire elle retourne 0
 */

close_file (int filehandle)
   {
    union REGS inregs, outregs;
    inregs.h.ah = 0x3E;
    inregs.x.bx = filehandle;
    intdos (&inregs, &outregs);
    return ((outregs.x.cflag) ? outregs.x.ax: 0);
   }
```

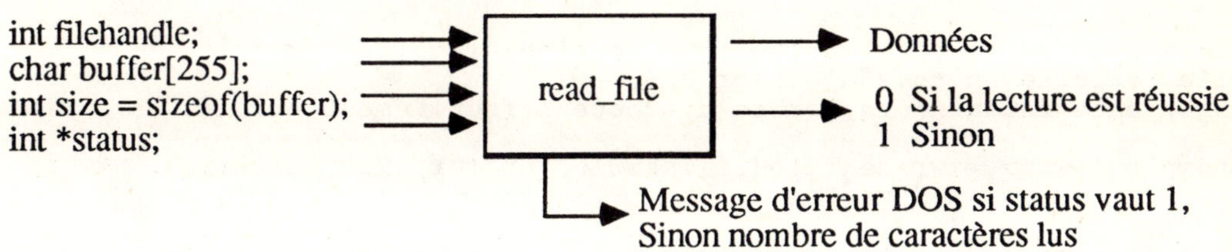


```
#include <dos.h>
/*
 * read_file (filehandle, buffer, numbytes, status)
 *
 * Lit le nombre souhaité d'octets du fichier spécifié
 * dans le buffer indiqué.
 *
 * filehandle (in): identifiant du fichier à lire.
 * buffer (out): buffer recevant les caractères lus.
 * numbytes (in): nombre d'octets à lire.
 * status (out): 1 si une erreur se produit, sinon 0.
 *
 * Si la routine ne peut lire le fichier correctement,
 * elle retourne un code d'erreur DOS;
 * sinon elle retourne le nombre d'octets effectivement lus.
 *
 * exemple : word = read_file (filehandle, buffer, 255, &status);
 */

read_file (int filehandle, char *buffer, int numbytes, int *status)
   {
    union REGS inregs, outregs;
    inregs.h.ah = 0x3F;
    inregs.x.bx = filehandle;
```

```
    inregs.x.cx = numbytes;
    inregs.x.dx = buffer;
    intdos (&inregs, &outregs);
    *status = (outregs.x.cflag) ? -1: 0;
    return (outregs.x.ax);
   }
```

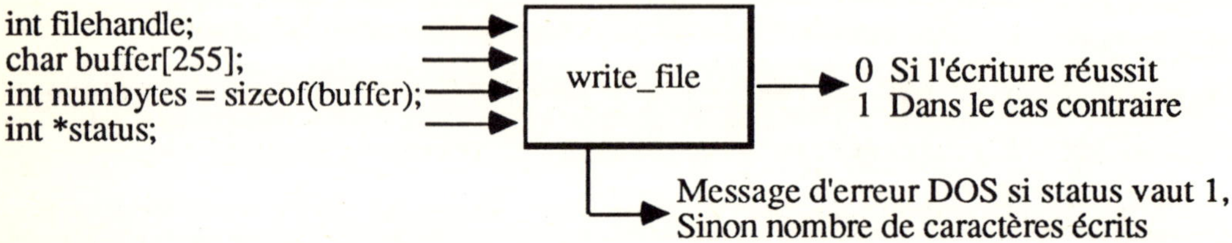


```
#include <dos.h>
/*
 * write_file (filehandle, buffer, numbytes, status)
 *
 * Ecrit le nombre souhaité d'octets dans le fichier spécifié
 * depuis le buffer indiqué
 *
 * filehandle (in): identifiant du fichier à modifier.
 * buffer (out): buffer contenant les caractères à écrire.
 * numbytes (in): nombre d'octets à écrire.
 * status (out): 1 si une erreur se produit, sinon 0.
 *
 * Si la routine ne peut écrire dans le fichier correctement,
 * elle retourne un code d'erreur DOS;
 * sinon elle retourne le nombre d'octets effectivement écrits.
 *
 * exemple : word = write_file(filehandle, buffer, 255, &status);
 */

write_file (int filehandle, char *buffer, int numbytes, int *status)
   {
    union REGS inregs, outregs;
    inregs.h.ah = 0x40;
    inregs.x.bx = filehandle;
    inregs.x.cx = numbytes;
    inregs.x.dx = buffer;
    intdos (&inregs, &outregs);
    *status = (outregs.x.cflag) ? -1: 0;
    return ((outregs.x.cflag) ? outregs.x.ax: 0);
   }
```

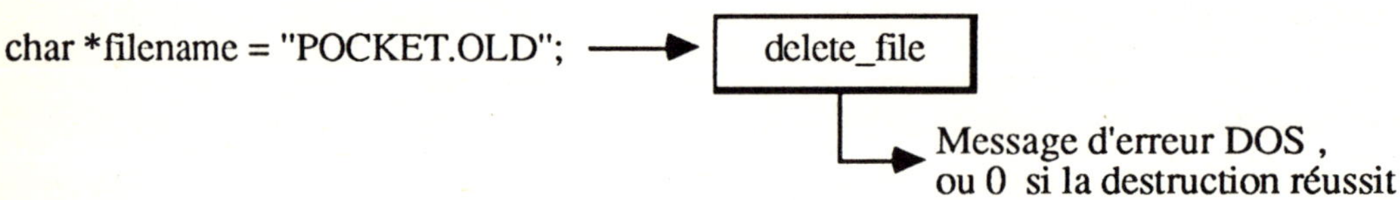


```
#include <dos.h>
/*
 * delete_file (filehandle, buffer, numbytes, status)
 *
 * Supprime le fichier spécifié.
 *
```

```
 * filename (in): nom du fichier à supprimer.
 *
 * Si la routine ne peut supprimer le fichier correctement,
 * elle retourne un code d'erreur DOS;
 * sinon elle retourne 0.
 *
 * exemple d'appel : status = delete_file ("POCKET.OLD");
 */

delete_file (char *filename)
    {
     union REGS inregs, outregs;
     inregs.h.ah = 0x41;
     inregs.x.dx = filename;
     intdos (&inregs, &outregs);
     return ((outregs.x.cflag) ? outregs.x.ax: 0);
    }
```

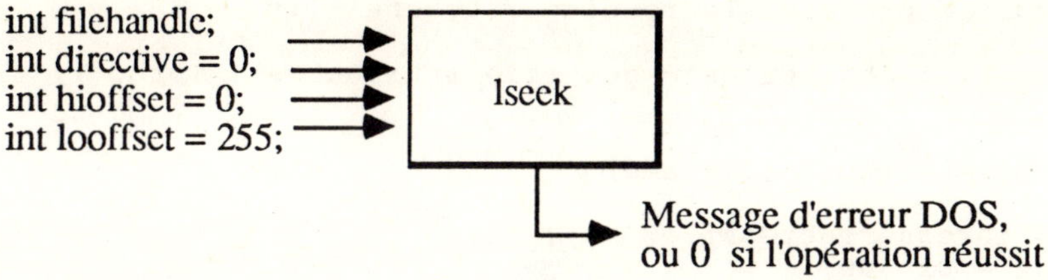


```
#include <dos.h>
/*
 * lseek (filehandle, directive, hioffset, looffset)
 *
 * Déplace le pointeur associé au fichier correspondant
 * à l'identifiant spécifié.
 *
 * filehandle (in): identifiant du fichier utilisé
 * directive (in): indique le point de départ du pointeur:
 * 0: début de fichier, 1: enregistrement courant,
 * 2: fin de fichier.
 * hioffset (in): partie haute de l'adresse.
 * looffset (in): partie basse de l'adresse.
 *
 * Le déplacement est traité sur 32 bits,
 * d'où le découpage en parties haute et basse de 16 bits chacune.
 *
 * exemple d'appel : status = lseek (filehandle, 0, 0, 512);
*/

lseek (int filehandle, int directive, int hioffset, int looffset)
    {
     union REGS inregs, outregs;
     inregs.h.ah = 0x42;
     inregs.h.al = directive;
     inregs.x.bx = filehandle;
     inregs.x.cx = hioffset;
     inregs.x.dx = looffset;
     intdos (&inregs, &outregs);
     return ((outregs.x.cflag) ? outregs.x.ax: 0);
    }
```

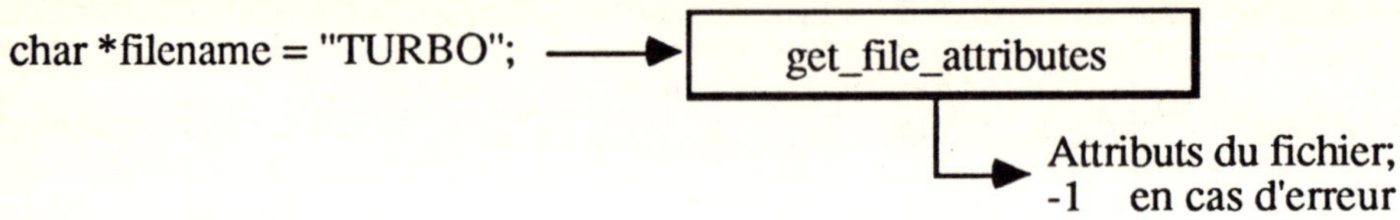


```
#include <dos.h>
/*
 * get_file_attributes (filename)
 *
 * Retourne les attributs du fichier spécifié.
 *
 * filename (in): nom du fichier.
 *
 * Valeurs d'attributs: 1 lecture seulement;  2 caché;
 *                      4 fichier système;    8 nom_volume
 *                     16 sous-répertoire;   32 fichier archive.
 *
 * Si une erreur se produit, la routine retourne -1.
 *
 * exemple d'appel : attributes = get_file_attributes ("Turbo");
 */

get_file_attributes (char *filename)
   {
    union REGS inregs, outregs;
    inregs.x.ax = 0x4300;
    inregs.x.dx = filename;
    intdos (&inregs, &outregs);
    return ((outregs.x.cflag) ? outregs.x.ax: 0);
   }
```

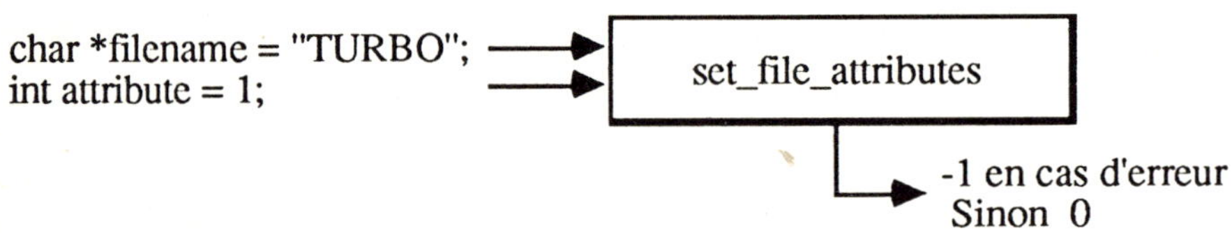


```
#include <dos.h>
/*
 * set_file_attributes (filename, attribute)
 *
 * Retourne les attributs du fichier spécifié.
 *
 * filename (in): nom du fichier.
 * attribute (in): valeur d'attribut à ajouter.
 *
 * Valeurs d'attributs:   1 lecture seulement;  2 caché;
 *                        4 fichier système;    8 nom_volume
 *                       16 sous-répertoire;   32 fichier archive.
 *
 * Si une erreur se produit, la routine retourne -1.
 *
 * exemple d'appel : status = set_file_attributes ("Turbo", 32);
 */

set_file_attributes (char *filename, int attribute)
   {
    union REGS inregs, outregs;
    inregs.x.ax = 0x4301;
    inregs.x.cx = attribute;
```

```
    inregs.x.dx = filename;
    intdos (&inregs, &outregs);
    return ((outregs.x.cflag) ? -1: 0);
   }
```

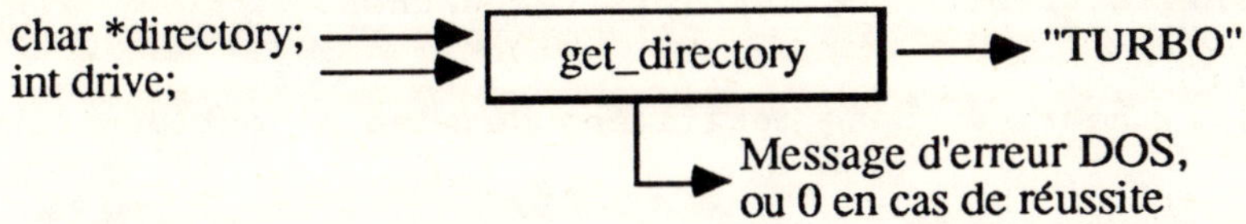


```
#include <dos.h>
/*
 * get_directory (directory, drive)
 *
 * Retourne le nom du répertoire courant.
 *
 * directory (out): nom du fichier.
 * drive (in): valeur d'attribut à ajouter.
 *
 * Valeurs de drive:0 = lecteur courant, 1 = A, 2 = B, 3 = C.
 *
 * Si une erreur se produit, la routine retourne -1.
 *
 * exemple d'appel : status = set_file_attributes ("Turbo", 32);
 */

get_directory (char *directory, int drive)
   {
    union REGS inregs, outregs;
    inregs.h.ah = 0x47;
    inregs.h.dl = drive;
    inregs.x.si = directory;
    intdos (&inregs, &outregs);
    return ((outregs.x.cflag) ? outregs.x.ax: 0);
   }
```

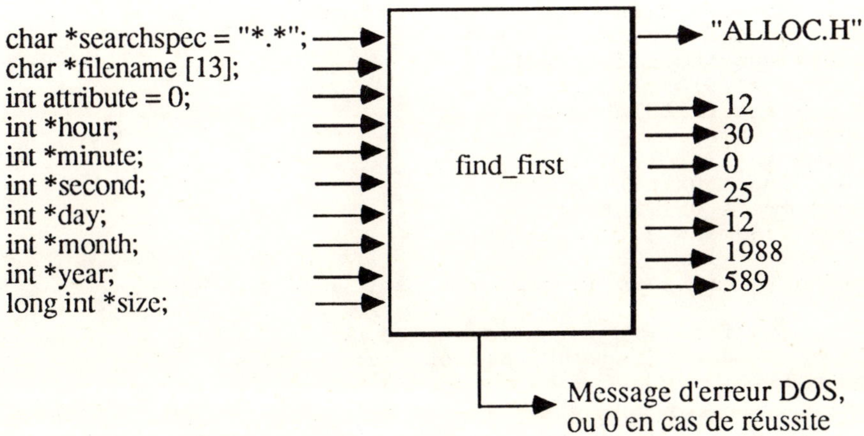


```
#include <dos.h>
/*
 * find_first (searchspec, filename, attribute, hour, minute, second,
 *             day, month, year, size)
 *
```

```
 * Retourne toutes les informations relatives au premier fichier
 *          correspondant au critère de recherche indiqué.

 * searchspec (in): masque de sélection de fichiers.
 * filename (out): nom du premier fichier trouvé.
 * attribute (in): attributs des fichiers recherchés.
 * hour (out):    }
 * minute (out): }
 * second (out): } heure et date détaillées de mise à jour du fichier.
 * day (out):     }
 * month (out):  }
 * year (out):   }
 * size (out): taille du fichier en octets.
 *
 * exemple d'appel :
 * status = find_first("*.C", filename, 0, &hour, &minute,
 *                         &second, &day, &month, &year, &size);
 *
 * si une erreur se produit, la routine renvoie le code d'erreur
 * sinon elle renvoie 0.
 */

find_first (char *searchspec, char *filename, int attribute, int *hour,
            int *minute, int *second, int *day, int *month, int *year,
            long int *size)
   {
    union REGS inregs, outregs;
    int segment, offset, i;
    unsigned int time, date;
    void get_disk_transfer_address (int *, int *);

    inregs.h.ah = 0x4E;
    inregs.x.dx = searchspec;
    inregs.x.cx = attribute;
    intdos (&inregs, &outregs);

    if (outregs.x.cflag)
      return (outregs.x.ax);
    get_disk_transfer_address (&segment, &offset);
    time = peek(segment, offset+22);
    date = peek(segment, offset+24);
    *year = (date >> 9) + 1980;
    *month = (date & 0x1E0) >> 5;
    *day = date & 0x1F;
    *hour = time >> 11;
    *minute = (time & 0x7E0) >> 5;
    *second = (time & 0x1F) * 2;
    *size = peek(segment, offset + 28);
    *size = *size << 16;
    *size += (unsigned) peek (segment, offset + 26);

    for (i = 0; i < 13; i++)
      *filename++ = peekb(segment, offset + 30 + i);
    *filename = '\0';
    return (0);
   }
```

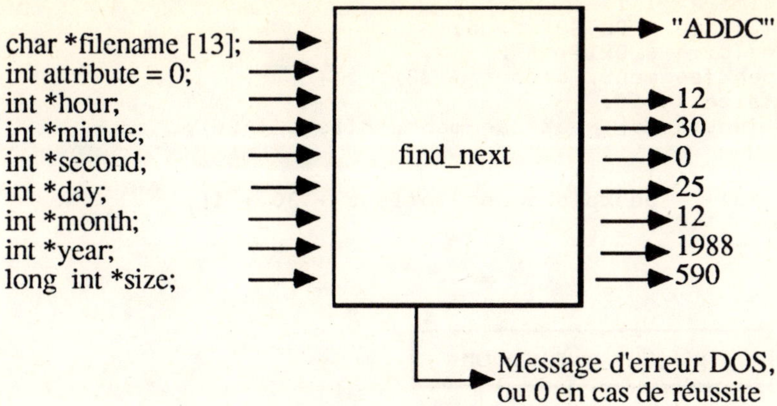


```
#include <dos.h>
/*
 * find_next (filename, attribute, hour, minute, second,
 *            day, month, year, size)
 *
 * Retourne toutes les informations relatives au premier fichier
 * correspondant au critère de recherche indiqué.
 *
 * filename (out): nom du premier fichier trouvé.
 * attribute (in): attributs des fichiers recherchés.
 * hour (out):    }
 * minute (out): }
 * second (out): } heure et date détaillées de mise à jour du fichier.
 * day (out):     }
 * month (out):   }
 * year (out):    }
 * size (out): taille en octets du fichier.
 *
 * exemple d'appel:
 * status = find_next (filename, 0, &hour, &minute,
 *                     &second, &day, &month, &year, &size);
 * si une erreur se produit, la routine renvoie le code d'erreur
 *          sinon elle renvoie 0
 */

find_next (char *filename, int attribute, int *hour,
           int *minute, int *second, int *day, int *month, int *year,
           long int *size)
   {
    union REGS inregs, outregs;
    int segment, offset, i;
    unsigned int time, date;
    void get_disk_transfer_address (int *, int *);

    inregs.h.ah = 0x4F;
    inregs.x.cx = attribute;
    intdos (&inregs, &outregs);

    if (outregs.x.cflag)
      return (outregs.x.ax);
    get_disk_transfer_address (&segment, &offset);
    time = peek(segment, offset+22);
    date = peek(segment, offset+24);
    *year = (date >> 9) + 1980;
    *month = (date & 0x1E0) >> 5;
    *day = date & 0x1F;
```

```
    *hour = time >> 11;
    *minute = (time & 0x7E0) >> 5;
    *second = (time & 0x1F) * 2;
    *size = peek(segment, offset + 28);
    *size = *size << 16;
    *size += (unsigned) peek (segment, offset + 26);

    for (i = 0; i < 13; i++)
      *filename++ = peekb(segment, offset + 30 + i);
    *filename = '\0';
    return (0);
   }
```

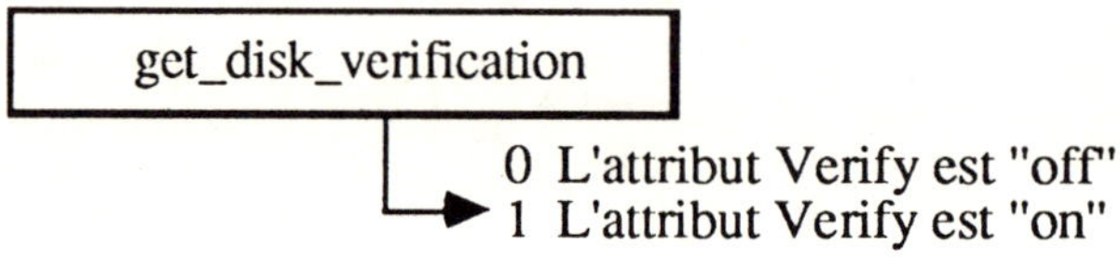


```
#include <dos.h>
/*
 * get_disk_verification ()
 *
 * Retourne l'état courant de la variable d'environnement VERIFY:
 * 1 = on,  2 = off.
 *
 * exemple d'appel : state = get_disk_verification ();
 */

int get_disk_verification ()
   {
    union REGS inregs, outregs;
    inregs.h.ah = 0x54;
    intdos (&inregs, &outregs);
    return (outregs.h.al);
   }
```

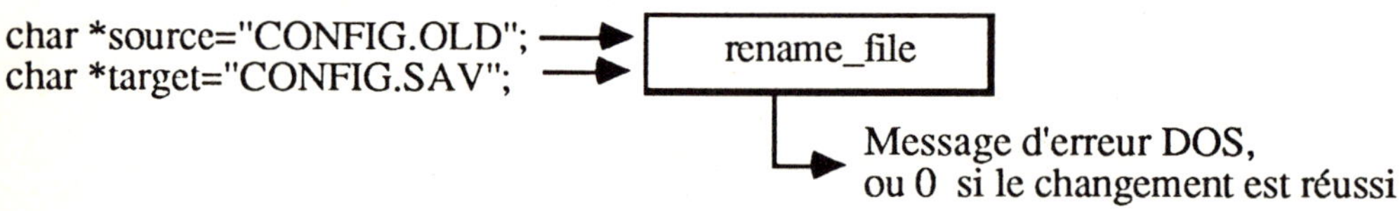


```
#include <dos.h>
/*
 * rename_file (source, target)
 *
 * Renomme le fichier spécifié.
 *
 * source (in): nom du fichier à renommer.
 * target (in): nouveau nom à attribuer.
 *
 * Si la routine ne peut renommer le fichier,
 * elle retourne un code d'erreur DOS;
 * sinon elle retourne 0.
 *
 * exemple : status = rename_file ("CONFIG.OLD", "CONFIG.SAV");
 */

rename_file (char *source, char *target)
   {
```

```
    union REGS inregs, outregs;
    inregs.h.ah = 0x56;
    inregs.x.dx = source;
    inregs.x.di = target;
    intdos (&inregs, &outregs);
    return ((outregs.x.cflag) ? outregs.x.ax: 0);
   }
```

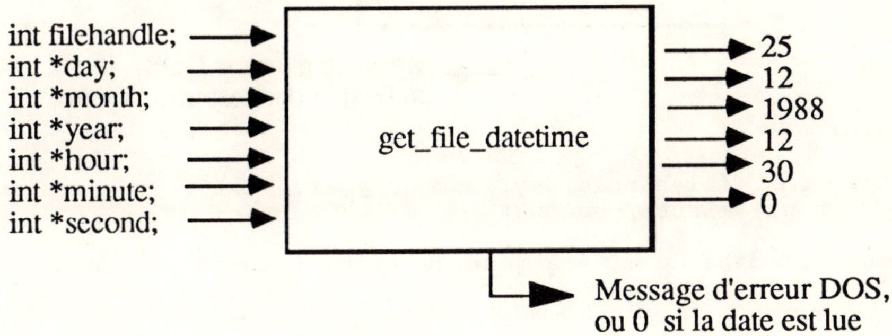


```
#include <dos.h>
/*
 * get_file_datetime (filehandle,day, month, year,
 *              hour, minute, second)
 *
 * Retourne heure et date de mise à jour du fichier correspondant
 *          à l'identifiant indiqué.
 *
 * filehandle (in): identifiant du fichier.
 * day (out):       jour du mois (1-31)
 * month (out):     mois (1-12)
 * year (out):      année (1980-2089)
 * hour (out):      heure (0-23)
 * minute (out):    minutes (0-59)
 * second (out):    secondes (0-59)
 *
 * exemple : status = get_file_datetime (filehandle, &day, &month,
 *                                &year,&hour, &minute, &second);
 *
 * si une erreur se produit, la routine renvoie le code d'erreur
 * sinon elle renvoie 0.
 */

get_file_datetime (int filehandle, int *day, int *month, int *year,
                                   int *hour,int *minute, int *second)
   {
    union REGS inregs, outregs;
    inregs.x.ax = 0x5700;
    inregs.x.bx = filehandle;
    intdos (&inregs, &outregs);
    *year = (outregs.x.dx >> 9) + 1980;
    *month = (outregs.x.dx & 0x1E0) >> 5;
    *day = outregs.x.dx & 0x1F;
    *hour = outregs.x.cx >> 11;
    *minute = (outregs.x.cx & 0x7E0) >> 5;
    *second = (outregs.x.cx & 0x1F) * 2;
    return ((outregs.x.cflag) ? outregs.x.ax: 0);
   }
```

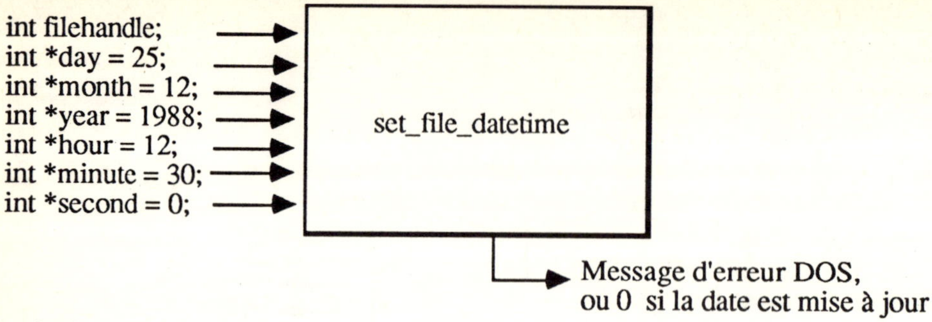


```
#include <dos.h>
/*
 * set_file_datetime (filehandle,day, month, year,
 *                  hour, minute, second)
 *
 * Modifie heure et date de mise à jour du fichier correspondant
 * à l'identifiant indiqué.
 *
 * filehandle (in): identifiant du fichier
 * day (in):       jour du mois (1-31)
 * month (in):     mois (1-12)
 * year (in):      année (1980-2089)
 * hour (in):      heure (0-23)
 * minute (in):    minutes (0-59)
 * second (in):    secondes (0-59)
 *
 * exemple : status = set_file_datetime(filehandle,25,12,1988,10,30,0);
 *
 * si une erreur se produit, la routine renvoie le code d'erreur
 * sinon elle renvoie 0.
 */

set_file_datetime (int filehandle, int day, int month, int year,
                                    int hour,int minute, int second)
   {
    union REGS inregs, outregs;
    inregs.x.ax = 0x5701;
    inregs.x.bx = filehandle;
    inregs.x.dx = (year - 1980) << 9;;
    inregs.x.dx += month << 5;
    inregs.x.dx += day;
    inregs.x.cx = hour << 11;
    inregs.x.cx += minute << 5;
    inregs.x.cx += second / 2;
    intdos (&inregs, &outregs);
    return ((outregs.x.cflag) ? outregs.x.ax: 0);
   }
```

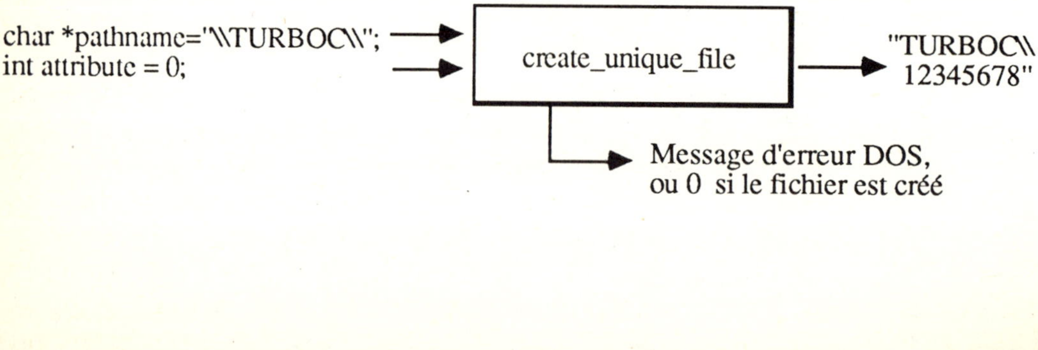

```
#include <dos.h>
/*
 * create_unique_file (pathname, attribute)
 *
 * crée un fichier unique avec le chemin d'accès spécifié.
 *
 * pathname (in): chemin d'accès du fichier à créer.
 * attribute (in): attribut à donner au fichier.
 *
 * Si la routine ne peut créer le fichier comme souhaité,
 * elle retourne un code d'erreur DOS;
 * sinon elle retourne 0.
 *
 * exemple : status = create_unique_file (path, attribute);
 *
 *    ex de chemins d'accès valides :char path [255] = "\\";
 *                  char path [255] = "\\TURBOC\\OLDFILES\\"
 */

create_unique_file (char *pathname, int attribute)
   {
    union REGS inregs, outregs;
    inregs.h.ah = 0x5A;
    inregs.x.cx = attribute;
    inregs.x.dx = pathname;
    intdos (&inregs, &outregs);
    return ((outregs.x.cflag) ? outregs.x.ax: 0);
   }
```

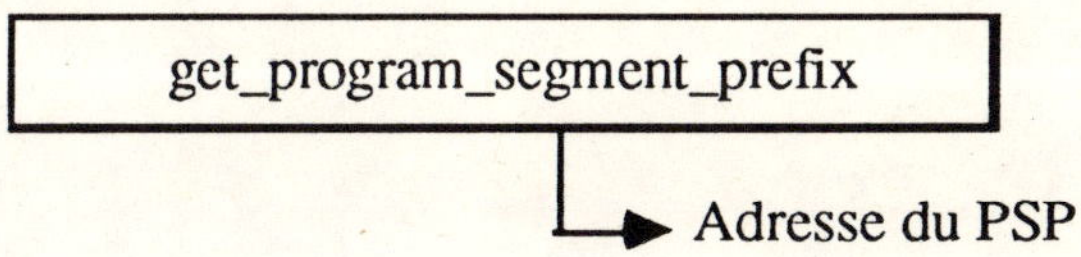


```
#include <dos.h>
/*
 * get_segment_program_prefix ()
 *
 * Retourne l'adresse du PSP (préfixe de segment de programme)
 *          du programme en cours d'exécution
*/

get_segment_program_prefix  ()
   {
    union REGS inregs, outregs;
    inregs.h.ah = 0x62;
    intdos (&inregs, &outregs);
    return (outregs.x.bx);
   }
```

## Utilisation des programmes

Comme on l'aura constaté, ce chapitre offre un large ensemble de routines qui seront d'une grande utilité dans vos programmes, y compris celles qui à première vue ne semblent effectuer que des fonctions élémentaires. La plupart des programmes exposés dans les chapitres suivants y font largement appel.

# 7 L'interface BIOS

Par analogie avec l'interfaçage avec le DOS décrit dans le chapitre 6, il existe un moyen d'accéder depuis des programmes en Turbo C aux services internes de l'IBM PC ou d'un micro-ordinateur compatible. Ce jeu de services du PC réside dans la mémoire morte (ROM) de l'ordinateur et est communément désignée par le terme de ROM BIOS, de l'anglais *Basic Input Output Services*..

Tout comme le précédent, ce chapitre n'a pas la prétention d'implémenter l'intégralité des services du BIOS, mais seulement un sous-ensemble qui sera très utile pour développer des applications, et principalement des routines faisant appel à des services de contrôle de l'affichage.

Ici encore, on fera usage des registres du 8088 comme interface entre les programmes et les services du BIOS. De ce fait, il faudra faire figurer la directive include:

```
#include <dos.h>
```

Mais à la différence des services du DOS, les services du BIOS utilisent la routine *int86* au lieu de *intdos*, selon la syntaxe suivante:

```
int86 (interrupt_number, &inregs, &outregs);
```

L'interruption 21H est réservée comme on l'a vu aux services système du DOS; ceux du BIOS utiliseront les suivantes:

```
Copie d'écran              INT 05H
Services vidéo             INT 10H
Services périphériques     INT 11H
Taille mémoire             INT 12H
Services disques           INT 13H
Services ports d'E/S       INT 14H
Services étendus AT        INT 15H
Services clavier           INT 16H
Services imprimante        INT 17H
ROM BASIC                  INT 18H
Redémarrage                INT 19H
Services date/heure        INT 1AH
```

On doit donc spécifier à la routine un paramètre supplémentaire renseignant le numéro d'interruption, par exemple:

```
int86 (0x10, &inregs, &outregs);
```

Comme pour le chapitre précédent, certaines des routines existent déjà dans la bibliothèque standard de Turbo C, mais on propose ici une implémentation qui permettra de mieux comprendre le fonctionnement du PC:

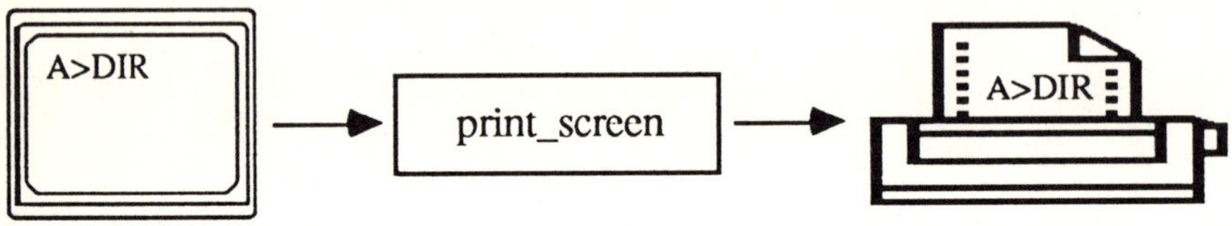


```
#include <dos.h>
/*
 * void print_screen ()
 *
 * Imprime le contenu de l'écran
 *
 * appel : print_screen ()
 */

void print_screen ()
   {
   union REGS inregs, outregs;
   int86 (5, &inregs, &outregs);
   }
```

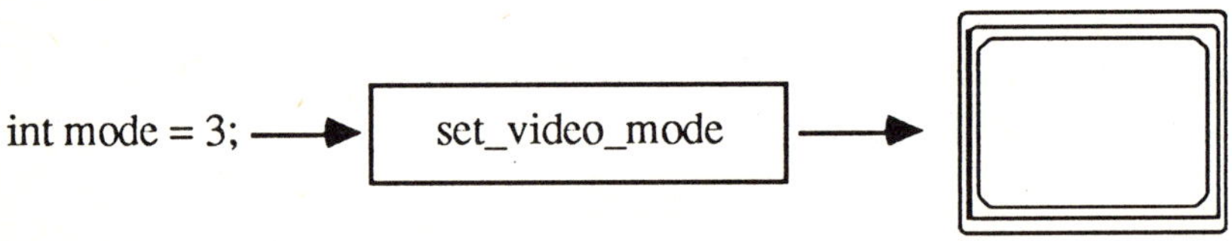


```
#include <dos.h>
/*
 * void set_video_mode (mode)
 *
 * Modifie le mode d'affichage vidéo.
 *
 * mode (in): détermine le mode d'affichage vidéo:
 *    0 = monochrome 40 x 25        1 = couleur 40 x 25
 *    2 = monochrome 80 x 25        3 = couleur 80 x 25
 *    4 = couleur 320 x 200         5 = monochrome 320 x 200
 *    6 = graphique 640 x 400       7 = texte 80 x 25
 *
 * exemple d'appel : set_video_mode (3);
 */

void set_video_mode (int mode)
   {
   union REGS inregs, outregs;
   inregs.h.ah = 0;
   inregs.h.al = mode;
   int86 (0x10, &inregs, &outregs);
   }
```

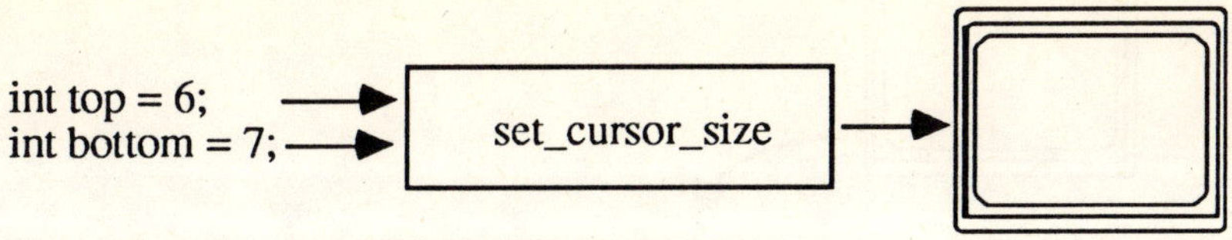


```
#include <stdio.h>
#include <dos.h>
/*
 * void set_cursor_size (start, stop)
 *
 * Modifie la taille du curseur.
 *
 * start (in): ligne de balayage supérieure.
 * stop (in): ligne de balayage inférieure.
 *
 * en mode CGA la taille varie entre 0 et 7.
 * en mode monochrome la taille varie entre 0 et 13.
 * Si la ligne supérieure est plus large que la ligne inférieure,
 * le curseur devient invisible
 *
 * exemple d'appel : set_cursor_size (6, 7);
 */

void set_cursor_size (int start, int stop)
   {
   union REGS inregs, outregs;
   inregs.h.ah = 1;
   inregs.h.ch = start;
   inregs.h.cl = stop;
   int86 (0x10, &inregs, &outregs);
   }
```

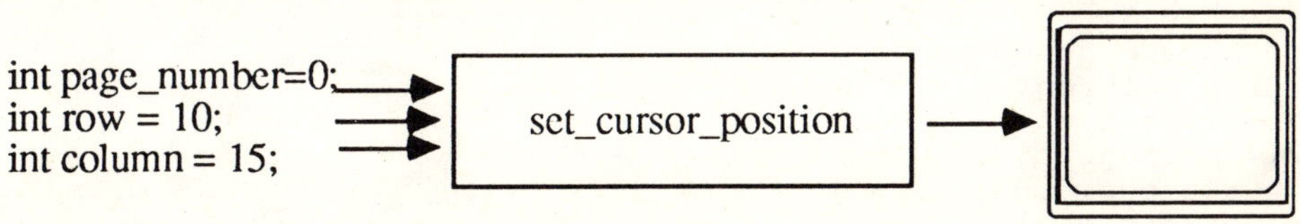


```
#include <dos.h>
/*
 * void set_cursor_position (page_number, row, column)
 *
 * Modifie la position du curseur, sur une page donnée.
 *
 * page_number (in): n° de la page souhaitée.
 * row (in): ligne souhaitée.
 * column (in): colonne souhaitée.
 *
 * exemple d'appel : set_cursor_position (0, 10, 15);
 */

void set_cursor_position (int page_number, int row, int column)
   {
   union REGS inregs, outregs;
   inregs.h.ah = 2;
   inregs.h.bh = page_number;
   inregs.h.dh = row;
   inregs.h.dl = column;
   int86 (0x10, &inregs, &outregs);
   }
```

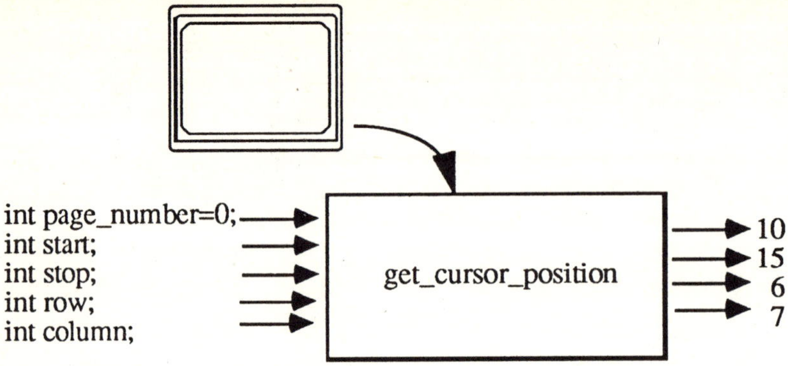


```
#include <dos.h>
/*
 * void get_cursor_position (page_number, row, column, start, stop)
 *
 * Renvoie la position du curseur, sur une page donnée.
 * page_number (in): n° de la page souhaitée.
 * row (out): ligne courante du curseur.
 * column (out): colonne courante du curseur.
 * start (out): ligne de balayage supérieure du curseur.
 * stop (out): ligne de balayage inférieure du curseur.
 *
 * exemple d'appel: get_cursor_position(0,&row,&column,&start,&stop);
 */

void get_cursor_position (int page_number, int *row, int *column
                          int *start, int *stop)
   {
   union REGS inregs, outregs;
   inregs.h.ah = 3;
   inregs.h.bh = page_number;
   int86 (0x10, &inregs, &outregs);
   *row = outregs.h.dh;
   *column = outregs.h.dl;
   *start = outregs.h.ch;
   *stop = outregs.h.cl;
   }
```

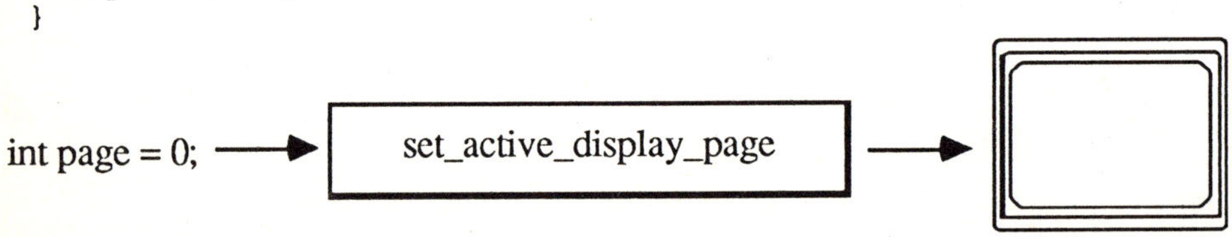


```
#include <dos.h>
/*
 * void set_active_display_page (page)
 *
 * Sélectionne la page d'écran à afficher.
 *
 * page (in): n° de la page souhaitée.
 *
 * exemple d'appel : set_active_display_page (0);
 * Une page inactive est par ailleurs automatiquement activée
 * lorsqu'on accède en écriture à son contenu.
 */
```

```
void set_active_display_page (int page)
    {
    union REGS inregs, outregs;
    inregs.h.ah = 5;
    inregs.h.al = page;
    int86 (0x10, &inregs, &outregs);
    }
```

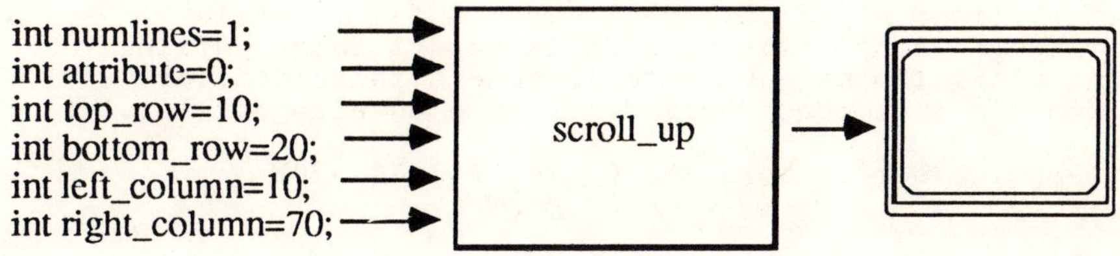


```
#include <dos.h>
/*
 * void scroll_up (numlines, attribute, top_row, bottom_row
 *                          left_column, right_column)
 *
 * Fait défiler une zone de l'écran vers le haut.
 * numlines (in): nombre de lignes à faire défiler.
 * attribute (in): attributs des lignes inchangées par le curseur.
 * top_row (in): ligne supérieure de la zone à faire défiler.
 * bottom_row (in): ligne inférieure de la zone à faire défiler.
 * left_column (in): limite gauche de la zone à faire défiler.
 * right_column (in): limite droite de la zone à faire défiler.
 *
 * exemple d'appel : scroll_up (1, 0, 10, 20, 10, 70);
 */

void scroll_up (int numlines, int attribute, int top_row, int bottom_row
                              int left_column, int right_column)
    {
    union REGS inregs, outregs;
    inregs.h.ah = 6;
    inregs.h.al = numlines;
    inregs.h.bh = attribute;
    inregs.h.ch = top_row;
    inregs.h.dh = bottom_row;
    inregs.h.cl = left_column;
    inregs.h.dl = right_column;
    int86 (0x10, &inregs, &outregs);
    }
```

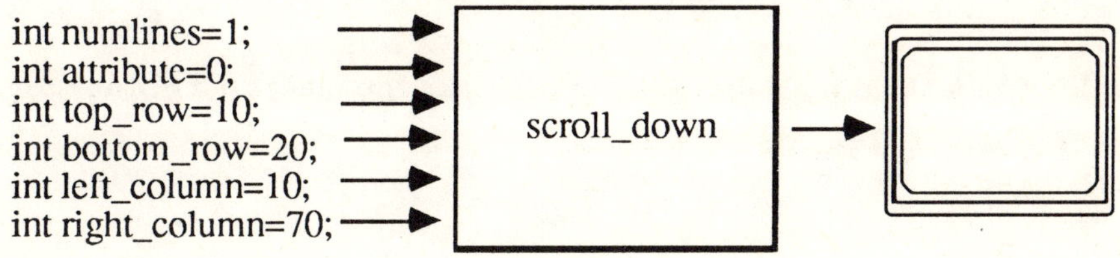

```
#include <dos.h>
/*
 * void scroll_down (numlines, attribute, top_row, bottom_row
 *                          left_column, right_column)
 *
 * Fait défiler une zone de l'écran vers le bas.
 *
 * numlines (in): nombre de lignes à faire défiler.
 * attribute (in): attributs des lignes inchangées par le curseur.
 * top_row (in): ligne supérieure de la zone à faire défiler.
 * bottom_row (in): ligne inférieure de la zone à faire défiler.
 * left_column (in): limite gauche de la zone à faire défiler.
 * right_column (in): limite droite de la zone à faire défiler.
 *
 * exemple d'appel : scroll_down (1, 0, 10, 20, 10, 70);
 */

void scroll_down (int numlines, int attribute, int top_row,
               int bottom_row, int left_column, int right_column)
   {
   union REGS inregs, outregs;
   inregs.h.ah = 7;
   inregs.h.al = numlines;
   inregs.h.bh = attribute;
   inregs.h.ch = top_row;
   inregs.h.dh = bottom_row;
   inregs.h.cl = left_column;
   inregs.h.dl = right_column;
   int86 (0x10, &inregs, &outregs);
   }
```

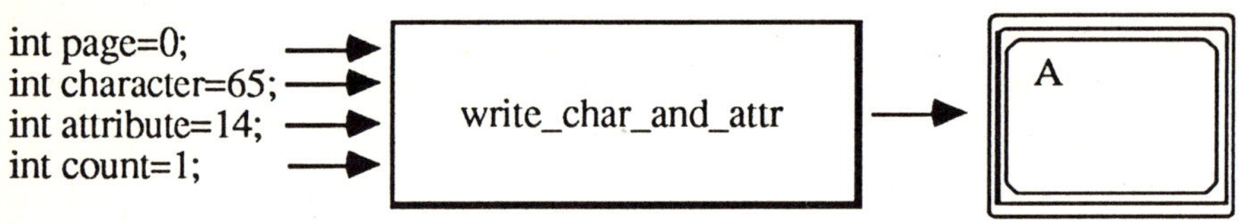


```
#include <dos.h>
/*
 * void write_char_and_attr (page, character, attribute, count)
 *
 * Ecrit un nombre donné d'occurrences d'un caractère avec son attribut.
 *
 * page (in): page sur laquelle écrire le caractère.
 * attribute (in): attribut du caractère.
 * character (in): code ASCII du caractère.
 * count (in): nombre d'occurrences.
 *
 * exemple d'appel : write_char_and_attr (0, 65, 14, 1);
 */

void write_char_and_attr(int page,int character,int attribute,int count)
   {
   union REGS inregs, outregs;
   inregs.h.ah = 9;
   inregs.h.al = character;
   inregs.h.bh = page;
   inregs.h.bl = attribute;
   inregs.x.cx = count;
   int86 (0x10, &inregs, &outregs);
   }
```

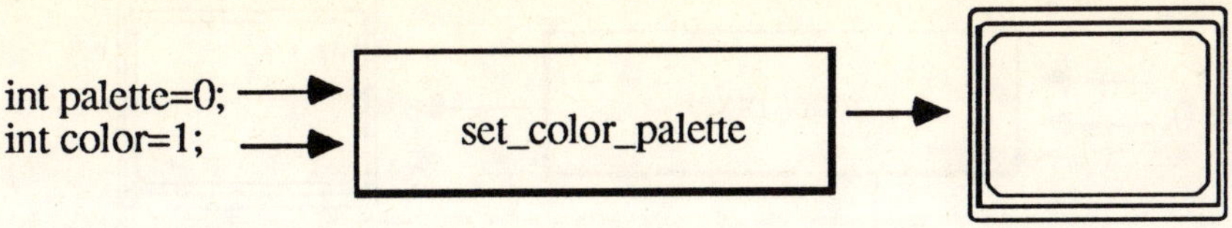


```
#include <dos.h>
/*
 * void set_color_palette (palette, color)
 *
 * Sélectionne une palette et une couleur pour l'adaptateur graphique.
 *
 * palette (in): palette sélectionnée.
 * color (in): couleur choisie dans la palette.
 *
 * exemple d'appel : set_color_palette (0, 1);
 */

void set_color_palette (int palette, int color)
   {
   union REGS inregs, outregs;
   inregs.h.ah = 0x0B;
   inregs.h.bh = palette;
   inregs.h.bl = color;
   int86 (0x10, &inregs, &outregs);
   }
```

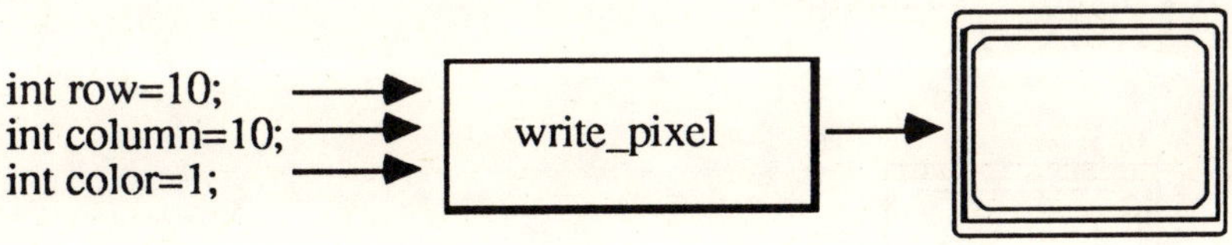


```
#include <dos.h>
/*
 * void write_pixel (row, column, color)
 *
 * Ecrit un pixel graphique sur la position indiquée.
 *
 * row (in): ligne du pixel.
 * column (in): colonne du pixel.
 * color (in): couleur du pixel.
 *
 * exemple d'appel : write_pixel (10, 10, 1);
*/

void write_pixel (int row, int column, int color)
   {
   union REGS inregs, outregs;
   inregs.h.ah = 0x0C;
   inregs.h.al = color;
   inregs.x.cx = column;
   inregs.x.dx = row;
   int86 (0x10, &inregs, &outregs);
   }
```

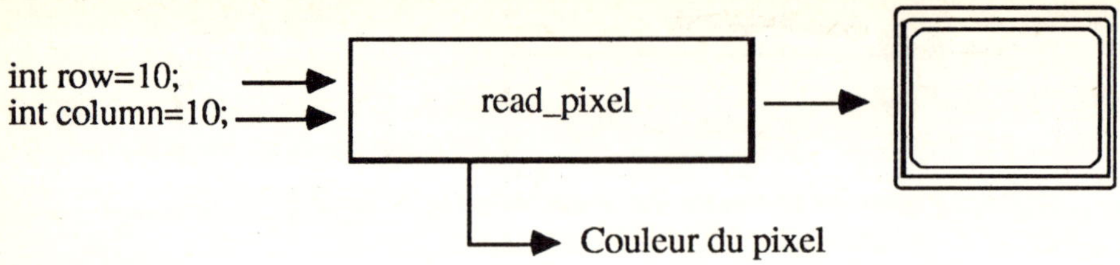


```
#include <dos.h>
/*
 * void read_pixel (row, column)
 *
 * Renvoie la couleur du pixel graphique correspondant
 * à la position indiquée.
 *
 * row (in): ligne du pixel.
 * column (in): colonne du pixel.
 *
 * exemple d'appel : pixel = read_pixel (10, 10);
 */

void read_pixel (int row, int column)
   {
   union REGS inregs, outregs;
   inregs.h.ah = 0x0D;
   inregs.x.cx = column;
   inregs.h.dl = row;
   int86 (0x10, &inregs, &outregs);
   return (outregs.h.al);
   }
```

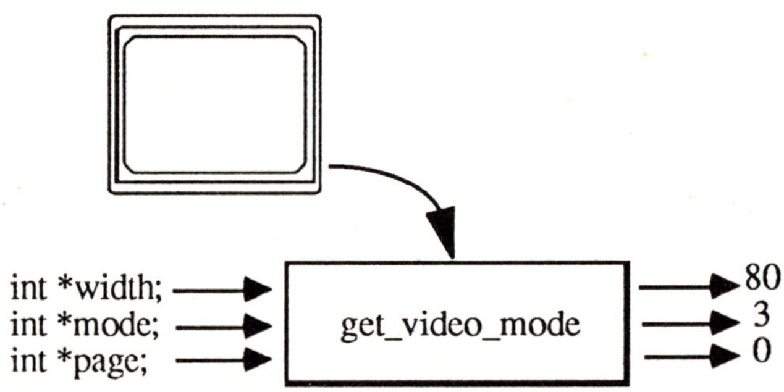


```
#include <dos.h>
/*
 * void get_video_mode (width, mode, page)
 *
 * Renvoie le mode d'affichage courant.
 *
 * width (out): nombre de colonnes affichables.
 * mode (out): mode d'affichage.
 * page (out): numéro de la page d'écran active.
 *
 * exemple d'appel : get_video_mode (10, 10);
 */
```

```
void get_video_mode (int &width, &mode, &page)
   {
   union REGS inregs, outregs;
   inregs.h.ah = 0x0F;
   int86 (0x10, &inregs, &outregs);
   *width= outregs.h.ah;
   *mode = outregs.h.al;
   *page = outregs.h.bh;
   }
```

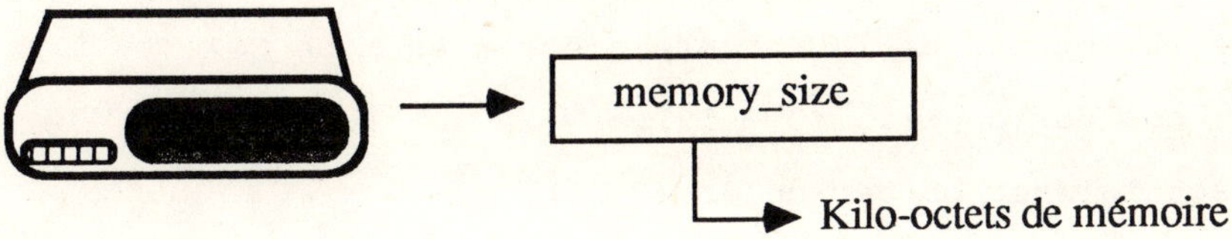


```
#include <dos.h>
/*
 * memory_size ()
 *
 * Renvoie l'espace mémoire disponible (en octets).
 *
 * appel : num_bytes = memory_size ();
 */

memory_size ()
   {
   union REGS inregs, outregs;
   int86 (0x12, &inregs, &outregs);
   return (outregs.x.ax);
   }
```

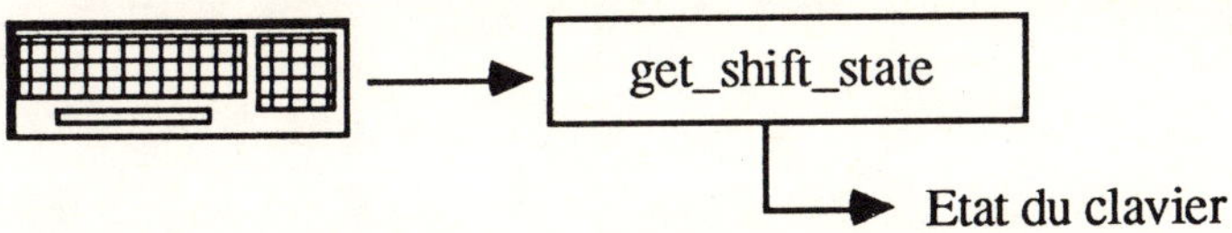


```
#include <dos.h>
/*
 * get_shifted_state ()
 *
 * Renvoie l'état du clavier, sous forme d'un octet signifiant:
 *  bit 0  touche MAJUS droite pressée; bit 1 t. MAJUS gauche pressée
 *  bit 2  touche CTRL pressée          bit 3 touche ALT pressée
 *  bit 4  SCROLL LOCK activée          bit 5 NUM LOCK activée
 *  bit 6 CAPS LOCK (verr MAJUS) activé bit 7 mode INSertion activé
 *
 * appel : state = get_shifted_state ();
 */

get_shifted_state ()
   {
   union REGS inregs, outregs;
   inregs.h.ah = 2;
   int86 (0x16, &inregs, &outregs);
   return (outregs.h.al);
   }
```

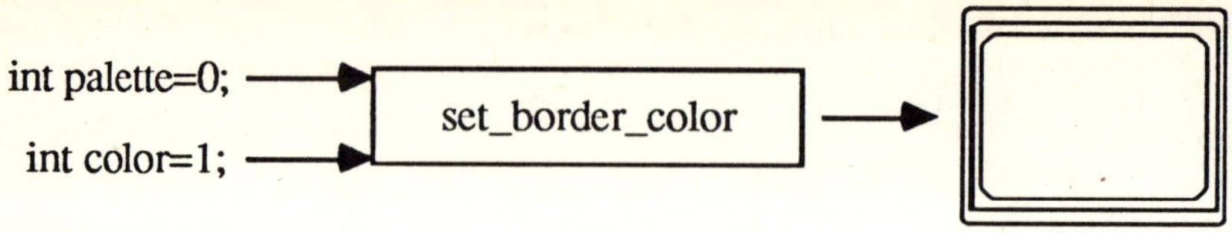


```
#include <dos.h>
/*
 * void set_border_color (palette, color)
 *
 * Sélectionne la couleur de la bordure d'écran en mode CGA.
 *
 * color (in): couleur choisie (0 - 15).
 *
 * exemple d'appel : set_border_color (0, 1);
*/

void set_border_color (int color)
   {
   union REGS inregs, outregs;
   inregs.h.ah = 0x0B;
   inregs.h.bh = palette;
   inregs.h.bl = color;
   int86 (0x10, &inregs, &outregs);
   }
```

# 8 Le pilote ANSI

La bibliothèque standard de Turbo C offre un certain nombre de fonctions d'entrées-sorties complétant les services du DOS et de la ROM-BIOS étudiés dans les deux chapitres précédents. C'est le rôle du pilote ANSI fourni par MS-DOS et PC-DOS, que détaille ce chapitre.

Cette unité logicielle intercepte les données entrées par le clavier et celles envoyées à l'écran afin de déterminer si elles correspondent à une commande ANSI (la figure 8-1 illustre ce rôle).

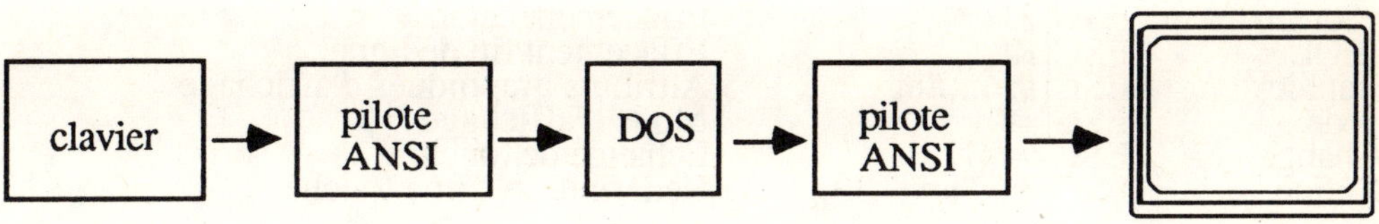


***Figure 8-1.*** *Fonctionnement du pilote ANSI*

Une commande ANSI est une suite de caractères commençant par le caractère d'échappement, couramment appelé ESC ou ESCAPE, ayant la représentation ASCII 27. Par exemple, la séquence suivante efface l'écran et positionne le curseur en haut à gauche de l'écran:

```
ESC[2J
```

Le programme suivant utilise cette séquence jointe à l'instruction printf pour effacer le contenu de l'écran:

```
main ()
    {
     printf ("\033[2J");
    }
```

Toutes les commandes ANSI sont d'une égale simplicité. Pour pouvoir utiliser le pilote ANSI, il faut que celui-ci ait été initialisé au chargement du système en plaçant dans le fichier CONFIG.SYS la ligne suivante:

```
DEVICE=ANSI.SYS
```

après s'être assuré de l'existence de ce fichier ANSI.SYS sur le disque. Le pilote ANSI est ainsi rechargé dès que l'on recharge le système.

La liste des commandes ANSI traitées dans ce chapitre constitue le tableau 8-1.

| Fonction | Commande ANSI | Rôle |
|---|---|---|
| Set Cursor | ESC[#;#H | Positionnement du curseur |
| Cursor Up | ESC[#A | Curseur une ligne plus haut |
| Cursor Down | ESC[#B | Curseur une ligne plus bas |
| Cursor Forward | ESC[#C | Curseur une colonne plus à droite |
| Cursor Back | ESC[#D | Curseur une colonne plus à gauche |
| Save Cursor | ESC[s | Enregistre position curseur |
| Restore Cursor | ESC[u | Rappel curseur sur pos. mémorisée |
| Clear Screen | ESC[2J | Effacement écran |
| Clear EOL | ESC[K | Effacement fin de ligne |
| Set Graphic | ESC[#; ...;#m | Attributs graphiques d'affichage |
| Set Mode | ESC[=#h | Mode d'affichage |
| Key Change | ESC[#;#p | Echange de touches |
| Key Define | ESC[#;#;"text";13p | Redéfinition d'une touche |

*Tableau 8-1. Commandes ANSI*

## *Routines de manipulation du curseur*

Les routines suivantes mettent à profit les services du pilote ANSI pour gérer le curseur à l'écran.

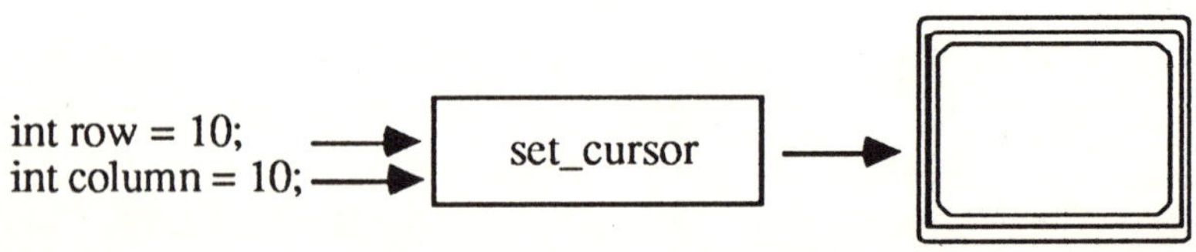

```
/*
 * void set_cursor (row, column)
 *
 * Positionne le curseur sur l'écran au moyen du pilote ANSI.
 *
 * row (in): ligne sur laquelle placer le curseur.
 * column (in): colonne sur laquelle placer le curseur.
 *
 * exemple d'appel : set_cursor (10, 10);
 */

void set_cursor (int row, int column)
   {
    printf ("\033[%d;%dH", row, column);
   }
```

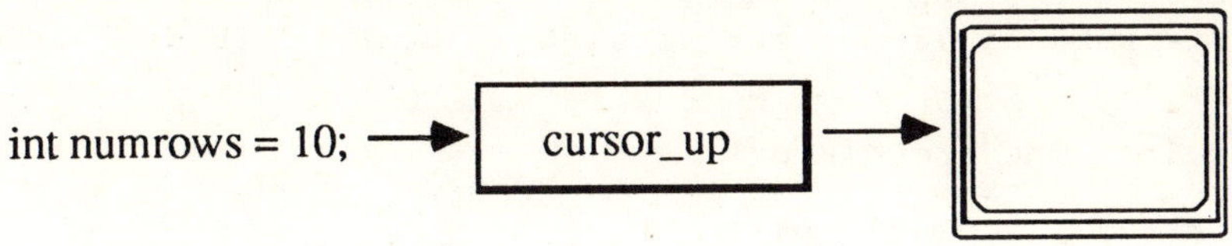


```
/*
 * void cursor_up (numrows)
 *
 * Remonte le curseur au moyen du pilote ANSI.
 *
 * numrows (in): Amplitude du déplacement vertical.
 *
 * exemple d'appel : cursor_up (10);
 *
 * La routine s'arrête si le curseur atteint le haut de l'écran.
 */

void cursor_up (int numrows)
   {
    printf ("\033[%dA", numrows);
   }
```

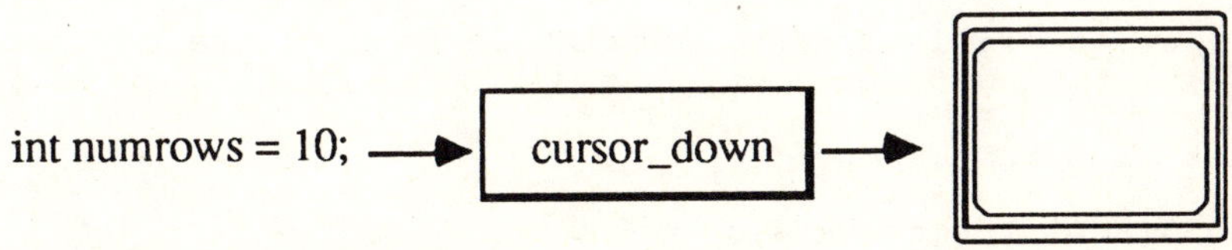


```
/*
 * void cursor_down (numrows)
 *
 * Descend le curseur au moyen du pilote ANSI.
 *
 * numrows (in): Amplitude du déplacement vertical.
 *
 * exemple d'appel : cursor_up (5);
 *
 * La routine s'arrête si le curseur atteint le bas de l'écran.
 */

void cursor_down (int numrows)
   {
    printf ("\033[%dB", numrows);
   }
```

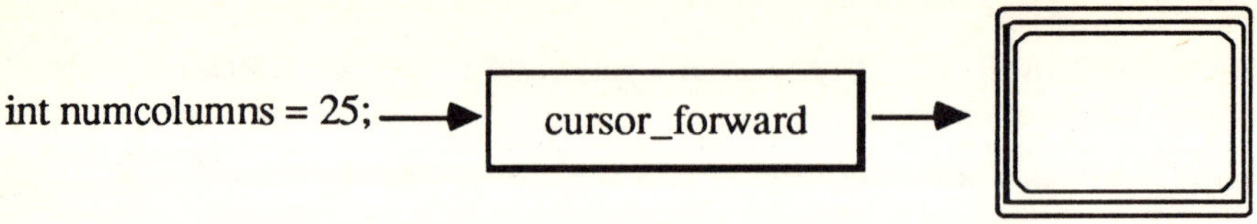


```
/*
 * void cursor_forward (numcolumns)
 *
 * Avance horizontalement le curseur au moyen du pilote ANSI.
 *
 * numcolumns (in): Amplitude du déplacement horizontal.
 *
 * exemple d'appel : cursor_forward (10);
 *
 * La routine s'arrête si le curseur atteint le bord droit de l'écran.
 */

void cursor_forward (int numcolumns)
   {
    printf ("\033[%dC", numcolumns);
   }
```

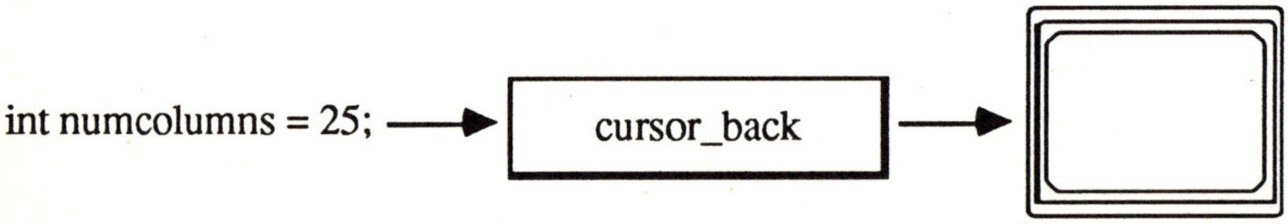


```
/*
 * void cursor_back (numcolumns)
 *
 * recule horizontalement le curseur au moyen du pilote ANSI.
 *
 * numcolumns (in): Amplitude du déplacement horizontal.
 *
 * exemple d'appel : cursor_back (10);
 *
 * La routine s'arrête si le curseur atteint le bord gauche de l'écran.
 */

void cursor_back (int numcolumns)
   {
    printf ("\033[%dD", numcolumns);
   }
```

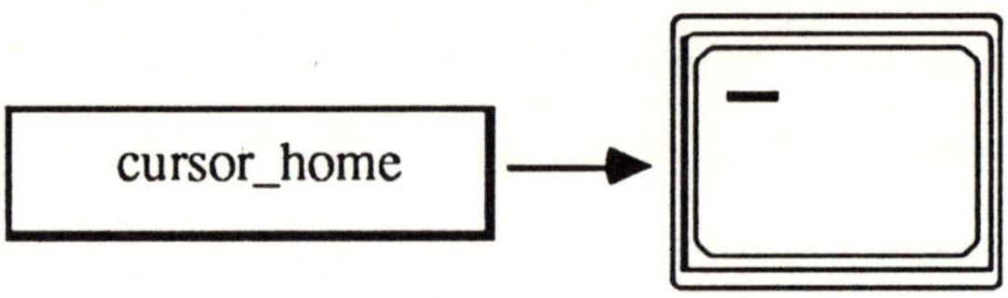


```
/*
 * void cursor_home ()
 *
 * Positionne le curseur dans le coin supérieur gauche.
 *
 * exemple d'appel : cursor_home ()
 */
```

```
void cursor_home ()
   {
    printf ("\033[%d;dH",0,0);
   }
```

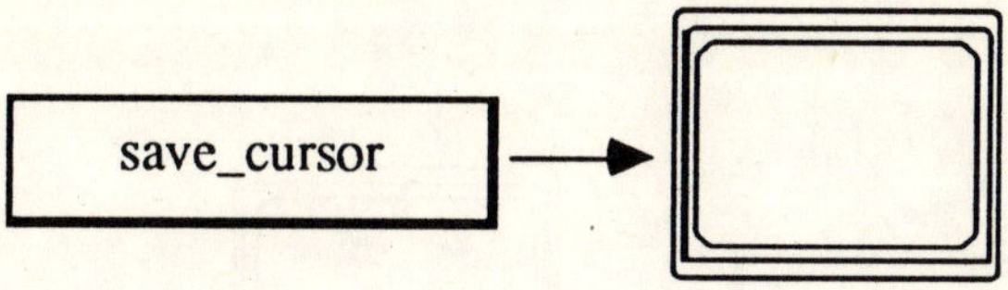


```
/*
 * void save_cursor ()
 *
 * Mémorise la position courante du curseur
 *
 * exemple d'appel : save_cursor ()
 */

void save_cursor ()
   {
    printf ("\033[s\n");
   }
```

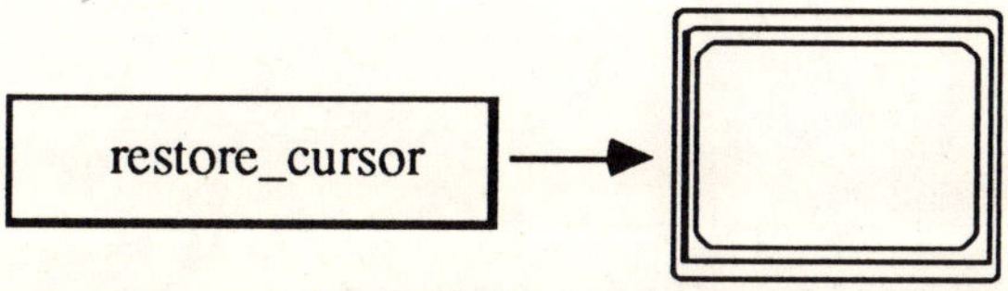


```
/*
 * void restore_cursor ()
 *
 * Replace le curseur sur une position antérieurement mémorisée
 *
 * exemple d'appel : restore_cursor ()
 */

void restore_cursor ()
   {
    printf ("\033[u\n");
   }
```

## *Effacement d'écran*

Il peut être nécessaire d'effacer tout l'écran ou seulement la fin de la ligne courante:

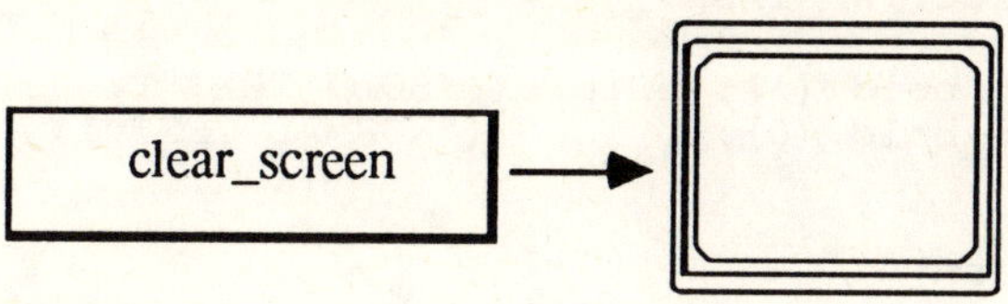


```
/*
 * void clear_screen ()
 *
```

```
 * Utilise le pilote ANSI pour effacer l'écran et repositionner
 * le curseur en haut à gauche.
 * exemple d'appel : clear_screen ()
 */

void clear_screen ()
   {
    printf ("\033[2J");
   }
```

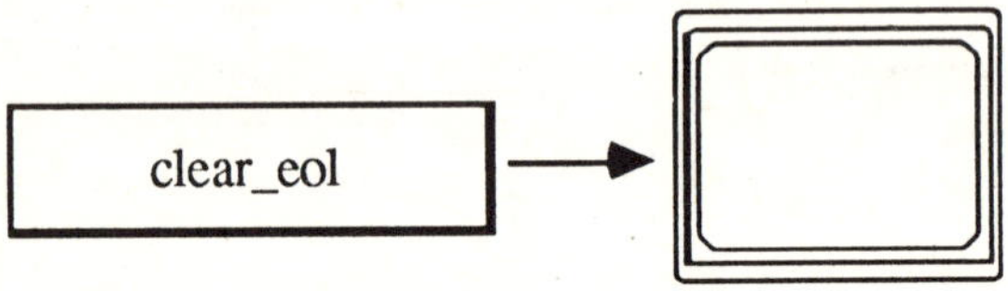


```
/*
 * void clear_eol ()
 *
 * Utilise le pilote ANSI pour effacer une ligne à partir
 * de la position courante du curseur.
 *
 * exemple d'appel : clear_eol ()
 */

void clear_eol ()
   {
    printf ("\033[K");
   }
```

## Contrôle des attributs d'affichage

Les routines suivantes permettent de contrôler le mode d'affichage de l'écran utilisé ainsi que les attributs des caractères qui lui sont dirigés.

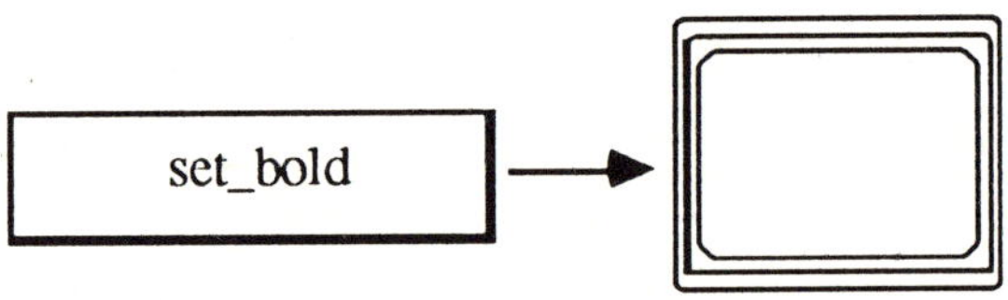


```
/*
 * void set_bold (command)
 *
 * Utilise le pilote ANSI pour activer/désactiver l'affichage
 * en caractères gras
 * command (in): active l'affichage en gras si command = 1
 *               le désactive sinon.
 *
 * exemple d'appel : set_bold (1); printf ("BOLD TEXT");
 *                   set_bold (0); printf ("NORMAL TEXT");
 */

void set_bold (int command)
   {
    printf ("\033[%dm", (command) ? 1: 0);
   }
```

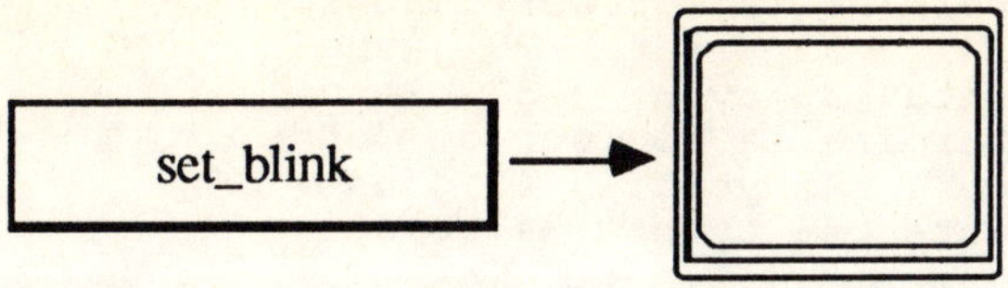


```
/*
 * void set_blink (command)
 *
 * Utilise le pilote ANSI pour activer/désactiver l'affichage
 * en italique
 *
 * command (in): active l'affichage en italique si command = 1
 *               le désactive sinon.
 *
 * exemple d'appel : set_blink (1); printf ("BLINK TEXT");
 *                   set_blink (0); printf ("NORMAL TEXT");
 */

void set_blink (int command)
   {
    printf ("\033[%dm", (command) ? 5: 0);
   }
```

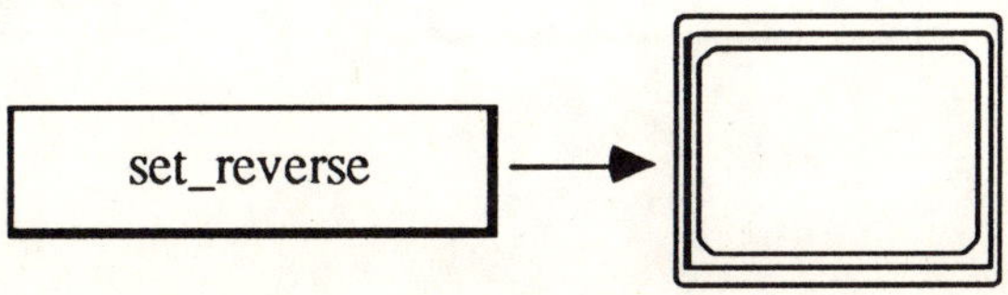


```
/*
 * void set_reverse (command)
 *
 * Utilise le pilote ANSI pour activer/désactiver l'affichage
 * en inverse vidéo
 *
 * command (in): active l'affichage en inverse vidéo si command = 1
 *               le désactive sinon.
 *
 * exemple d'appel : set_reverse (1); printf ("REVERSED TEXT");
 *                   set_reverse (0); printf ("NORMAL TEXT");
 */

void set_reverse (int command)
   {
    printf ("\033[%dm", (command) ? 7: 0);
   }
```

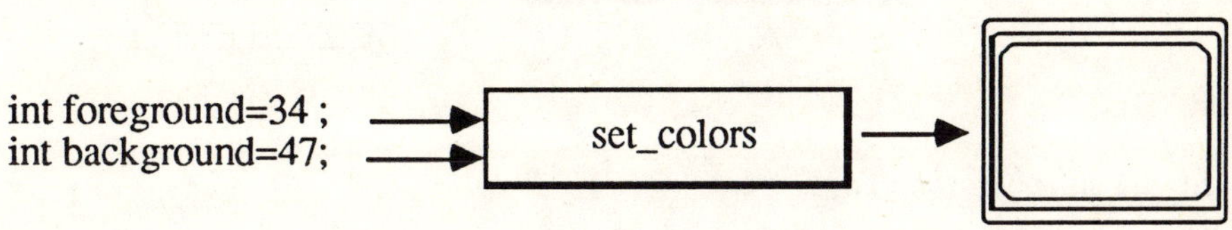


```
/*
 * void set_colors (foreground, background)
 *
 * Utilise le pilote ANSI pour déterminer la couleur du texte
 * et du fond d'écran.
 *
```

```
 * foreground (in): détermine la couleur du texte.
 *   30 noir     31 rouge     32 vert     33 jaune
 *   34 bleu     35 magenta   36 cyan     37 blanc
 * background (in): détermine la couleur du fond.
 *   40 noir     41 rouge     42 vert     43 jaune
 *   44 bleu     45 magenta   46 cyan     47 blanc
 *
 * exemple d'appel : set_colors (31, 47);
 */

void set_colors (int foreground, int background)
   {
    if ((foreground >= 30) && (foreground <= 37))
      if ((background >= 40) && (background <= 47))
        printf ("\033[%d;%dm", foreground, background);
   }
```

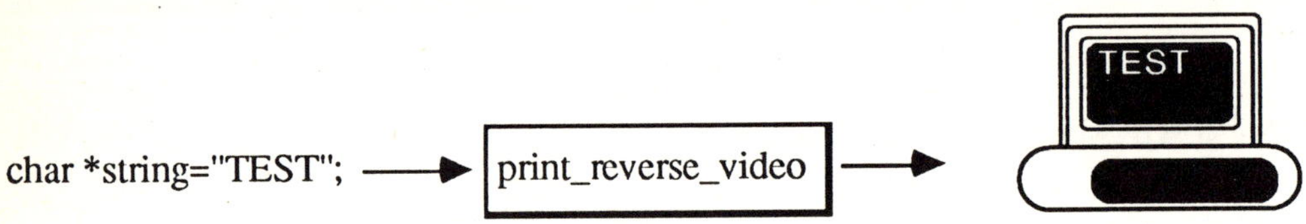


```
/*
 * void print_reverse_video (string)
 *
 * Utilise le pilote ANSI pour afficher la chaîne en inverse vidéo.
 *
 * string (in): chaîne à afficher.
 *
 * exemple d'appel : print_reverse_video ("TEXT STRING");
 */

void print_reverse_video (char *string)
   {
    printf ("\033[7m%s\033[0m", string);
   }
```

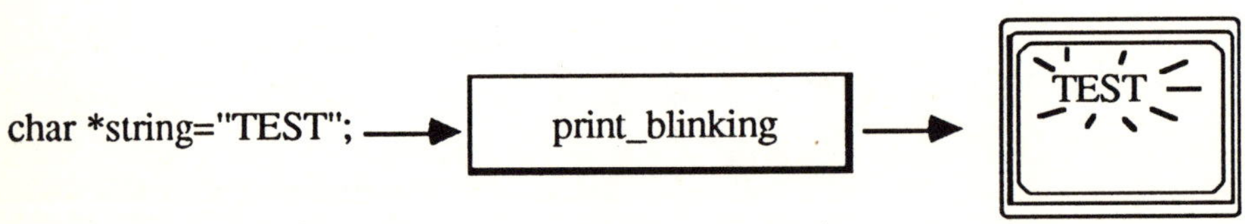


```
/*
 * void print_blinking (string)
 *
 * Utilise le pilote ANSI pour afficher la chaîne en texte clignotant.
 *
 * string (in): chaîne à afficher.
 *
 * exemple d'appel : print_blinking ("TEXT STRING");
 */
```

```
void print_blinking (char *string)
   {
    printf ("\033[5m%s\033[0m", string);
   }
```

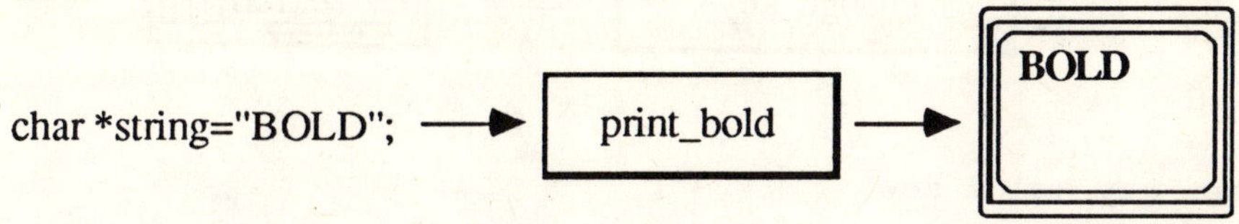


```
/*
 * void print_bold (string)
 *
 * Utilise le pilote ANSI pour afficher la chaîne en caractères gras.
 *
 * string (in): chaîne à afficher.
 *
 * exemple d'appel : print_bold ("TEXT STRING");
 */

void print_bold (char *string)
   {
    printf ("\033[1m%s\033[0m", string);
   }
```

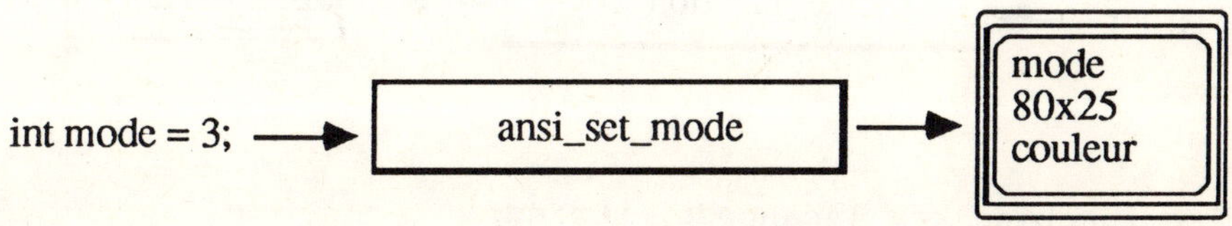


```
/*
 * void ansi_set_mode (mode)
 *
 * Utilise le pilote ANSI pour déterminer le mode d'affichage video.
 *
 * mode (in): détermine le mode d'affichage video:
 *    0 = monochrome 40 x 25        1 = couleur 40 x 25
 *    2 = monochrome 80 x 25        3 = couleur 80 x 25
 *    4 = couleur 320 x 200         5 = monochrome 320 x 200
 *    6 = monochrome 640 x 200      7 = mode CR LF
 *
 * exemple d'appel : ansi_set_mode (3);
 */

void ansi_set_mode (int mode)
   {
    if ((mode >= 0) && (mode <= 7))
       printf ("\033[=%dh", mode);
   }
```

## Redéfinition du clavier

Ce paragraphe propose un jeu de routines permettant d'intercepter les données émises par le clavier et d'en modifier le contenu. On peut ainsi redéfinir des touches de fonction et par exemple leur attribuer une commande DOS comme DIR, DIR/W, etc. A chaque pression d'une touche redéfinie, la commande est exécutée comme si elle était lancée depuis l'invite. Le domaine d'utilisation de la redéfinition de touches est en fait très vaste.

```
/*
 * void change_key (old, new)
 *
 * Utilise le pilote ANSI pour redéfinir le code ASCII d'une touche.
 *
 * old (in): code ASCII de la touche à redéfinir.
 * new (in): code ASCII de la nouvelle touche.
 *
 * exemple d'appel : change_key ('A', 'a');
 */

void change_key (int old, int new)
   {
    printf ("\033[%d;%dp", old, new);
   }
```

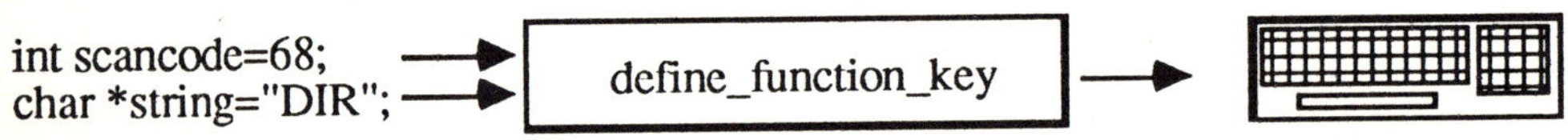


```
/*
 * void define_function_key (scancode, string)
 *
 * Utilise le pilote ANSI pour assigner une chaîne de caractères
 * à une touche.
 *
 * scancode (in): code clavier de la touche à redéfinir.
 * string (in): chaîne à assigner.
 *
 * exemple d'appel : define_function_key (68, "DIR");
 * (68 est le code clavier de la touche F10)
 */

void define_function_key (int scancode, char *string)
   {
    printf ("\033[0;%d;\"%s\";13p", scancode, string);
   }
```

Les services du pilote ANSI sont aussi puissants que faciles d'emploi. Cependant, s'ils sont utilisés dans une application, il faut s'assurer avant de la lancer de la présence du pilote ANSI sur le micro-ordinateur, au risque de constater un dysfonctionnement des programmes (affichage de caractères parasites à l'écran).

On retiendra également que la bibliothèque standard de Turbo C offre des routines permettant de se passer du pilote ANSI. Celui-ci rend cependant de grands services. On veillera par conséquent à bien vérifier sa présence avant d'utiliser les routines que nous proposons.

# 9 Manipulation de fichiers

Nous avons vu au chapitre 5 de nombreux programmes permettant d'utiliser les tubes (*pipes*) et la redirection des entrées-sorties du DOS. C'est sur ces programmes que nous allons maintenant nous appuyer pour disposer de possibilités telles qu'écrire, au niveau de la ligne de commande DOS:

```
A> DIR | FIRST
A> FIRST FILENAME.TST
```

Notons d'ailleurs, à propos de la deuxième commande DOS, que la plupart des programmes que nous allons présenter autorisent l'emploi de caractères génériques ("*"), grâce aux routines find_first et find_next que nous avons vues au chapitre 6.

```
A> FIRST *.*
```

Dans la mesure où ils acceptent à la fois des arguments sur la ligne de commande et la redirection des entrées-sorties, les programmes de ce chapitre sont des outils extrêmement souples d'utilisation.

## Comprendre find_first et find_next

Avant d'en venir vraiment à l'examen des routines de manipulation de fichiers texte, il convient de bien comprendre comment l'on va traiter le caractère "*", caractère générique de remplacement. Le programme LS.C effectue la liste du catalogue DOS. On peut l'appeler par:

```
A> LS                              (liste de tous les fichiers)
A> LS FILENAME.EXT
A> LS *.C                          (liste de tous les fichiers C)
```

Il affiche toutes les informations normalement affichées par l'appel de la commande DIR du DOS. Par exemple, si le catalogue contient:

```
 Volume in drive A is C_FILES
 Directory of A:\

APPENDIX  C       2688    11-04-87   11:55
ALPHA     C        320    15-02-88   10:23
ASCIIINT  C        562    15-02-88   10:23
AUXCHAR   C        446    15-02-88   10:23
AUXWRITE  C        596    15-02-88   10:23
ANSITEST  C         50    15-02-88   10:23
ASETCUR   C        431    15-02-88   10:23
        7 fichier(s)  353280 octets libres
```

la commande

```
A > LS
```

affichera

```
APPENDIX.C    11/04/87 11:55:44     2688 octets
ALPHA.C       15/02/88 10:23:00      320 octets
ASCIIINT.C    15/02/88 10:23:00      562 octets
AUXCHAR.C     15/02/88 10:23:00      446 octets
AUXWRITE.C    15/02/88 10:23:00      596 octets
ANSITEST.C    15/02/88 10:23:00       50 octets
ASETCUR.C     15/02/88 10:23:00      431 octets
```

Le programme commence son exécution en passant à la routine find_first la chaîne de caractères *.* ou le contenu de *argv*[1]. Si find_first trouve un fichier qui correspond à la description, le programme affiche les données qui lui correpondent, dans le cas contraire, le programme se termine. Voici le code de LS:

```
main (argc, argv)
  int argc;
  char *argv[];
 {
  int day, month, year, hour, minute, second, status;
  long size;
  char filename[13];

  int find_first (char *, char *, int, int *, int *, int *
                int *, int *, int *, long int *);
  int find_next (char *, int, int *, int *, int *,
               int *, int *, int *, long int *);

  if (argc < 2)
    status = find_first ("*.*", filename, 0, &hour, &minute,
          &second, &day, &month, &year, &size);
  else
    status = find_first (argv[1], filename, 0, &hour, &minute,
          &second, &day, &month, &year, &size);

  while (status == 0)
   {
    printf ("%-15s %02d/%02d/%d\t%02d:%02d:%02d %9ld bytes\n",
         filename, month, day, year, hour, minute, second, size);
    status = find_next (filename, 0, &hour, &minute, &second,
                       &day, &month, &year, &size);
   }
 }
```

Le programme ATTR.C ressemble à la commande DOS ATTRIB qui affiche ou modifie les attributs d'un fichier. Les attributs en cause sont les suivants:

| Attribut | Signification |
|---|---|
| 0 | Normal |
| 1 | Lecture seulement |
| 2 | Caché |
| 4 | System |
| 8 | Volume |
| 16 | Sous-répertoire |
| 32 | Archive |

On appelle le programme ATTR.C de la façon suivante:

```
A> ATTR *.*          (Affichage des attributs des fichiers)
A> ATTR 1 *.C        (Tous les fichiers C deviennent en lecture seulement)
A> ATTR 0 *.*        (Tous les fichiers sont des fichiers normaux)
```

Si l'on utilise le programme ATTR pour mettre un fichier en lecture seulement et que l'on tente ensuite de l'effacer ou de le modifier, DOS affichera:

```
Access Denied
```

Voici le code de ATTR.C:

```
main (int argc, char *argv[])
 {
  int status, attributes, day, month, year, hour, minute, second;
  long size;
  char filename[13];

  int ascii_to_int (char *, int *);
  int find_first (char *, char *, int, int *, int *, int *,
                  int *, int *, int *, long int *);
  int find_next (char *, int, int *, int *, int *,
                 int *, int *, int *, long int *);
  int set_file_attributes (char *, int);

  if (argc == 1)
   {
    printf ("ATTR invalid usage: ATTR [attribute] FILESPEC\n");
    exit (1);
   }
  else if (argc == 2)
    status = find_first (argv[1], filename, 0, &hour, &minute, &second,
                         &day, &month, &year, &size);
  else
   {
    if (ascii_to_int (argv[1], &attributes) == -1)
      {
       printf ("ATTR invalid attribute %s\n", argv[1]);
       exit (1);
      }
    status = find_first (argv[2], filename, 0, &hour, &minute, &second,
                         &day, &month, &year, &size);
   }
```

```
  while (status == 0)
     {
      if (argc == 2)
        printf ("%-15s %d\n", filename, get_file_attributes (filename));
      else if (set_file_attributes (filename, attributes) == -1)
          printf ("ATTR Error modifying %s\n", filename);
      status = find_next (filename, 0, &hour, &minute, &second,
                          &day, &month, &year, &size);
     }
 }
```

Le programme STAMP.C vous permet de donner à un fichier (ou à des fichiers) la date et l'heure système. On appelle le programme par:

```
A> STAMP FILENAME.EXT
A> STAMP *.C
A> STAMP *.*
```

Voici le code de STAMP.C:

```
main (int argc, char *argv[])
 {
  int file, status, fday, fmonth, fyear, fhour, fminute, fsecond;
  int sys_dow, sys_day, sys_month, sys_year, sys_hour,
      sys_minute, sys_second, sys_hundredths;

  long int size;

  char filename[13];

  int find_first (char *, char *, int, int *, int *, int *,
                  int *, int *, int *, long int *);
  int find_next (char *, int, int *, int *, int *,
                 int *, int *, int *, long int *);
  void get_date (int *, int *, int *, int *);
  void get_time (int *, int *, int *, int *);
  int open_file (char *, int, int *);
  int set_file_datetime (int, int, int, int, int, int, int);

  if (argc < 2)
     {
      printf ("STAMP invalid usage: STAMP FILESPEC\n");
      exit (1);
     }

  status = find_first (argv[1], filename, 0, &fday, &fmonth,
                    &fyear, &fhour, &fminute, &fsecond, &size);

  get_time (&sys_hour, &sys_minute, &sys_second, &sys_hundredths);
  get_date (&sys_day, &sys_month, &sys_year, &sys_dow);

  while (status == 0)
     {
      file = open_file (filename, 1, &status);
      if (status == -1)
        printf ("STAMP error modifying %s\n", filename);

      status = set_file_datetime (file, sys_day, sys_month, sys_year,
                              sys_hour, sys_minute, sys_second);
      if (status == -1)
        printf ("STAMP error modifying %s\n", filename);
```

```
      close (file);

      status = find_next (filename, 0, &fday, &fmonth, &fyear,
                          &fhour, &fminute, &fsecond, &size);
    }
  }
```

On voit ainsi que les routines find_first et find_next augmentent considérablement la souplesse des programmes. C'est ce qui explique que nous les utiliserons encore énormément dans la suite de ce chapitre.

## *Routines de manipulation de fichiers*

Les programmes que nous allons voir maintenant concernent exclusivement la manipulation des fichiers à partir d'arguments donnés au niveau des lignes de commande. Le premier programme DISPLAY.C améliore les fonctionnalités de la commande DOS TYPE car il est capable de traiter aussi bien le caractère générique de remplacement ("*") que des arguments multiples, comme dans:

```
A> DISPLAY *.*
A> DISPLAY TEST.C TEST.H DISPLAY.C
```

Voici le code de DISPLAY.C:

```
main (int argc, char *argv[])
 {
  int i, status, day, month, year, hour, minute, second;
  long size;
  char filename[13], buffer[132];

  FILE *fopen (), *fp;

  int find_first (char *, char *, int, int *, int *, int *,
                  int *, int *, int *, long int *);
  int find_next (char *, int, int *, int *, int *,
                 int *, int *, int *, long int *);
  i = 1;
  if (argc == 1)
    printf ("DISPLAY invalid usage: DISPLAY FILESPEC [...]\n");
  else
   do {
    status = find_first (argv[i++], filename, 0, &hour, &minute,
             &second, &day, &month, &year, &size);
    while (status == 0)
      {
       if (! (fp = fopen (filename, "r")))
          printf ("DISPLAY error opening %s\n", filename);
       else
          while (fgets (buffer, sizeof(buffer), fp))
            fputs (buffer, stdout);
       fclose (fp);

       status = find_next (filename, 0, &day, &month, &year,
                           &hour, &minute, &second, &size);
      }
    }
   while (i < argc);
 }
```

Le programme FILECOPY utilise les routines de manipulation de fichiers du niveau DOS, routines que nous avons vues au chapitre 6, pour copier le contenu d'un fichier dans un autre, comme dans:

```
A> FILECOPY SOURCE.EXT CIBLE.EXT
```

Ce programme ne permet pas l'utilisation du caractère "*". Son code est le suivant:

```
main (int argc, char *argv[])
 {
  int source_file, target_file, status, num_bytes;
  char buffer[255];
  int open_file (char *, int, int *);
  int create_file (char *, int, int *);
  int read_file (int, char *, int, int *);
  int write_file (int, char *, int, int *);
  int close_file (int);

  if (argc < 3)
   {
    printf ("FILECOPY invalid usage: FILECOPY SOURCE TARGET\n");
    exit (1);
   }
  else
   {
    source_file = open_file (argv[1], 0, &status);
    if (status == -1)
      {
       printf ("FILECOPY error opening %s\n", argv[1]);
       exit (1);
      }
   }
  target_file = create_file (argv[2], 0, &status);
  if (status == -1)
    {
     printf ("FILECOPY error opening %s\n", argv[2]);
     exit (1);
    }

  while (num_bytes = read_file (source_file, buffer,
                     sizeof(buffer), &status))
    {
     if (status == -1)
       {
        printf ("FILECOPY error reading %s\n", argv[1]);
        exit (1);
       }

     write_file (target_file, buffer, num_bytes, &status);
     if (status == -1)
       {
        printf ("FILECOPY error writing %s\n", argv[1]);
        exit (1);
       }
    }

   close_file (source_file);
   close_file (target_file);
 }
```

## *Programmes utilitaires*

Les programmes suivants permettent de compléter la bibliothèque de programmes de manipulation de fichiers du DOS. Tous les programmes présentés ici permettent d'utiliser la redirection des entrées-sorties et les arguments placés sur la ligne de commande. Ils sont ainsi d'un emploi très souple.

Le premier programme, MORE.C, améliore celui que nous avons vu au chapitre 5: MORE accepte maintenant la redirection des entrées-sorties et permet de traiter des arguments passés sur la ligne de commande comme dans:

```
A> MORE FILENAME.EXT
A> MORE *.*
A> DIR | MORE
```

Le programme commence par analyser les paramètres de la ligne de commande. S'il n'y en a pas, MORE suppose qu'on a redirigé l'entrée comme dans:

```
A> DIR | MORE
```

Si, au contraire, l'utilisateur a spécifié un nom de fichier, comme dans

```
A> MORE FILENAME.EXT
```

MORE utilise alors le fichier spécifié. Voici le code de MORE:

```
#include <stdio.h>

#define lines_per_page 24

main (int argc, char *argv[])
 {
  FILE *file, *fopen();

  int status, i = 1;
  int hour, minute, second, day, month, year;
  long int size;

  char filename[13];

  void show_file (FILE *);
  int find_first (char *, char *, int, int *, int *, int *,
                  int *, int *, int *, long int *);
  int find_next (char *, int, int *, int *, int *,
                 int *, int *, int *, long int *);

  if (argc == 1)
    show_file (stdin);
  else
    {
     do {
        status = find_first (argv[i], filename, 0, &hour, &minute,
                             &second, &day, &month, &year, &size);

        while (status == 0)
         {
          if (! (file = fopen (filename, "r")))
            printf ("MORE error opening %s\n", filename);
```

```
          else
            show_file (file);
          fclose (file);
          status = find_next (filename, 0, &hour, &minute,
                         &second, &day, &month, &year, &size);
        }
      }
    while (++i < argc);
  }
}
```

```
void show_file (FILE *file)
 {
  char line[132];

  int line_number = 0;

  while (fgets(line, sizeof(line), file))
    if (++line_number % lines_per_page)
      fputs (line, stdout);
    else
      {
       fflush (stdout);
       fputs ("--MORE--\n", stdout);
       fflush (stdout);
       bioskey (0);
      }
 }
```

De la même façon, le programme LAST.C affiche les dix dernières lignes du fichier spécifé ou de l'entrée redirigée comme dans:

```
A> LAST FILENAME.EXT
A> TYPE FILENAME.EXT | LAST
A> LAST *.*
```

Voici le code de LAST.C:

```
#include <stdio.h>

main (argc, argv)
  int argc;
  char *argv[];
 {
  FILE *file, *fopen();

  int i = 1, status, index, hour, minute, second, day, month, year;

  long int size;

  char *lines[10], filename[13], *malloc();

  int last (FILE *, char *[], int);
  int find_first (char *, char *, int, int *, int *, int *,
                  int *, int *, int *, long int *);
  int find_next (char *, int, int *, int *, int *,
                 int *, int *, int *, long int *);
```

```
/* allocation de mémoire pour tampon circulaire */
for (index = 0; index < 10; index++)
 if (! (lines [index] = malloc (132)))
  {
    printf ("Impossible d'allouer la mémoire nécessaire\n");
    exit (1);
  }
 else
   *lines[index] = '\0';

if (argc == 1)
  last (stdin, lines, 0);
else
  {
   do {
      status = find_first (argv[i], filename, 0, &hour, &minute,
                           &second, &day, &month, &year, &size);
      if (status != 0)
        printf ("LAST file not found\n");

      while (status == 0)
       {
        if (! (file = fopen (filename, "r")))
          printf ("LAST error opening %s\n", filename);
        else
           last (file, lines, 0);
        fclose (file);
        status = find_next (filename, 0, &hour, &minute,
                       &second, &day, &month, &year, &size);
       }
     }
    while (++i < argc);
  }
}
```

A la différence de LAST.C, le programme FIRST.C affiche les n premières lignes d'un fichiers ou de l'entrée redirigée, comme dans:

```
A> FIRST 100 FILENAME.EXT
A> FIRST *.*
A> TYPE FILENAME.EXT | FIRST
```

Voici le code de FIRST.C:

```
#include <stdio.h>

main (int argc, char *argv[])
 {
  int stop_line = 10;   /* nombre de lignes à afficher */

  int i = 2, done = 0, status, index, hour, minute, second,
      day, month, year;

  long int size;

  char filename[13];

  FILE *fopen(), *file;

  void first (FILE *, int);
  int find_first (char *, char *, int, int *, int *, int *,
```

```
                  int *, int *, int *, long int *);
  int find_next (char *, int, int *, int *, int *,
                 int *, int *, int *, long int *);
  int ascii_to_int (char *, int *);

  if (argc == 1)
   {
    first (stdin, stop_line);
    done = 1;
   }

  else if (argc == 2)
   {
    if (ascii_to_int (argv[1], &stop_line) == -1)
       {
        stop_line = 10;
        i = 1;
       }
    else
     {
      first (stdin, stop_line);
      done = 1;
     }
   }
  else if (argc > 2)
   {
    if (ascii_to_int (argv[1], &stop_line) == -1)
       {
        stop_line = 10;
        i = 1;
       }
   }

  if (! done)
    do {
        status = find_first (argv[i], filename, 0, &hour, &minute,
                             &second, &day, &month, &year, &size);
        if (status != 0)
          printf ("FIRST file not found\n");

        while (status == 0)
         {
          if (! (file = fopen (filename, "r")))
            printf ("FIRST error opening %s\n", filename);
          else
             first (file, stop_line);
          fclose (file);
          status = find_next (filename, 0, &hour, &minute,
                              &second, &day, &month, &year, &size);
         }
       }
     while (++i < argc);
}


void first (file, stop_line)
  FILE *file;
  int stop_line;
 {
  int count = 0;          /* numéro de ligne courant */

  char line[132];
```

```
  while (fgets (line, sizeof(line), file) && (++count <= stop_line))
     fputs (line, stdout);
 }
```

Le programme FINDSTR.C affiche chaque occurrence d'une chaîne figurant dans un (ou plusieurs) fichier(s) ou dans l'entrée redirigée comme dans:

```
A> FINDSTR PARIS VILLES.LST
A> FINDSTR DOS *.*
A> TYPE TEST.PAS | FINDSTR begin
```

Le programme REPLACE.C remplace chaque occurrence d'un mot par un autre mot. Ce remplacement est fait dans un fichier ou dans l'entrée redirigée, comme dans:

```
A> REPLACE BEGIN begin TEST.PAS NEWFILE.EXT
A> TYPE TEST.PAS | REPLACE BEGIN begin
```

Notez que REPLACE ne permet pas d'utiliser le caractère générique "*". Voici le code de REPLACE:

```
#include <stdio.h>

main (int argc, char *argv[])
 {
  char line[132];

  int location, len;

  FILE *fopen (), *infile, *outfile;

  int remove_substring (char *, char *);
  int insert_string (char *, char *, int, int);
  int next_str_occurrence (char *, char *, int);

  if (argc < 3)
    printf ("invalid usage: REPLACE TARGET NEW_WORD OLDFILE NEWFILE\n");

  else if (argc == 3)
   {
    infile = stdin;
    outfile = stdout;
   }

  else if (argc == 4)
   {
    if (! (infile = fopen (argv[3], "r")))
      {
       printf ("REPLACE error opening %s\n", argv[3]);
       exit (1);
      }
    outfile = stdout;
   }

  else if (argc == 5)
   {
    if (! (infile = fopen (argv[3], "r")))
      {
       printf ("REPLACE error opening %s\n", argv[3]);
       exit (1);
      }
```

```
    if (! (outfile = fopen (argv[4], "w")))
      {
       printf ("REPLACE error opening %s\n", argv[4]);
       exit (1);
      }
   }

   len = string_length (argv[2]);

   while (fgets (line, 132, infile))
     {
       if ((location = index (argv[1], line)) != -1)
         do
           {
             remove_substring (argv[1], &line[location]);
             insert_string (argv[2], line, location, sizeof(line));
           }
          while ((location = next_str_occurrence (argv[1], line,
                 location + len)) != -1);
         fputs (line, outfile);
     }
   fclose (outfile); fclose (infile);
 }
```

Le programme TAB.C permet de débuter chaque ligne d'un fichier par un certain nombre d'espaces. On l'appelle, par exemple, en tapant:

```
A> TAB FILENAME.EXT NEWFILE.EXT
A> TAB 25 FILENAME.EXT NEWFILE.EXT
A> DIR | TAB 7
```

Voici le code de TAB.C

```
#include <stdio.h>

main (int argc, char *argv[])
 {
  FILE *fopen (), *infile, *outfile;

  int spaces = 7;        /* nombre d'espaces à insérer */

  int i = 2;

  char line[132];

  int ascii_to_int (char *, int *);
  int pad_string (char *, int, int);

  infile = stdin;
  outfile = stdout;

  if (argc > 1)          /* le nombre spécifié est-il correct? */
   {
    if (ascii_to_int (argv[1], &spaces) == -1)
     {
      spaces = 7;
      i = 1;
     }

    if (*argv[i])
```

```
      if (! (infile = fopen (argv[i], "r")))
        {
         printf ("TAB error opening %s\n", argv[i]);
         exit (1);
        }

    if (*argv[i] && *argv[i+1])
      if (! (outfile = fopen (argv[i+1], "w")))
        {
         printf ("TAB error opening %s\n", argv[i+1]);
         exit (1);
        }
   }

  while (fgets (line, 132, infile))
   {
     if (pad_string (line, spaces, sizeof (line)) == 1)
       {
         printf ("%c Line exceeds %d characters\n", 7, sizeof (line));
         break ;
       }
     fputs (line, outfile);
   }
  fclose (outfile);
}
```

Les programmes EXTRACT.C et REMOVE.C permettent de sélectionner ou de supprimer certaines parties d'un fichier. EXTRACT.C écrit les lignes sélectionnées sur un second fichier ou les affiche à l'écran:

```
A> EXTRACT 0 50 TEST.C TEST.NEW
A> DIR | EXTRACT 0 25
```

Si l'on suppose que le fichier C.DAT contient:

```
 1  AAAA
 2  BBBB
 3  CCCC
 4  DDDD
 5  EEEE
 6  FFFF
 7  GGGG
 8  HHHH
 9  IIII
```

la commande:

A> EXTRACT 3 5 C.DAT

affiche:

```
 3  CCCC
 4  DDDD
 5  EEEE
```

Voici le code de EXTRACT.C:

```
#include <stdio.h>

main (int argc, char *argv[])
 {
  FILE *fopen (), *infile, *outfile;

  int start_line, stop_line, count;

  char line[132];

  int ascii_to_int (char *, int *);

  infile = stdin;
  outfile = stdout;

  if (argc < 3)
    {
     printf ("EXTRACT invalid usage: EXTRACT # # FILE FILE\n");
     exit (1);
    }

  if (ascii_to_int (argv[1], &start_line) == -1)
    printf ("EXTRACT invalid start line %d\n", argv[1]);

  if (ascii_to_int (argv[2], &stop_line) == -1)
    printf ("EXTRACT invalid stop line %d\n", argv[2]);

  if (argc >= 4)
    if (! (infile = fopen (argv[3], "r")))
      {
       printf ("EXTRACT error opening %s\n", argv[3]);
       exit (1);
      }

  if (argc == 5)
    if (! (outfile = fopen (argv[4], "w")))
      {
       printf ("EXTRACT error opening %s\n", argv[4]);
       exit (1);
      }
  for (count = 1; fgets (line, sizeof(line), infile); count++)
   {
     if (count >= start_line)
       fputs (line, outfile);

     if (count == stop_line)
       break ;
   }
  fclose (outfile);
 }
```

De la même façon, REMOVE.C supprime d'un fichier les lignes sélectionnées et affiche le résultat à l'écran ou l'écrit dans un autre fichier.

```
A> REMOVE 0 10 FILENAME.EXT NEWFILE.EXT
A> TYPE FILENAME.EXT | REMOVE 0 10 NEWFILE.EXT
```

Avec le fichier C.DAT vu plus haut, la commande

```
A> REMOVE 3 5 C.DAT
```

affiche:

```
1  AAAA
2  BBBB
6  FFFF
7  GGGG
8  HHHH
9  IIII
```

Voici le code de REMOVE.C:

```
#include <stdio.h>

main (int argc, char *argv[])
 {
  FILE *fopen (), *infile, *outfile;

  int start_line, stop_line, count;

  char line[132];

  int ascii_to_int (char *, int *);


  infile = stdin;
  outfile = stdout;

  if (argc < 3)
    {
      printf ("REMOVE invalid usage: REMOVE # # FILE FILE\n");
      exit (1);
    }

  if (ascii_to_int (argv[1], &start_line) == -1)
    printf ("REMOVE invalid start line %d\n", argv[1]);

  if (ascii_to_int (argv[2], &stop_line) == -1)
    printf ("REMOVE invalid stop line %d\n", argv[2]);

  if (argc >= 4)
    if (! (infile = fopen (argv[3], "r")))
      {
        printf ("REMOVE error opening %s\n", argv[3]);
        exit (1);
      }
  if (argc == 5)
    if (! (outfile = fopen (argv[4], "w")))
      {
        printf ("REMOVE error opening %s\n", argv[4]);
        exit (1);
      }

  for (count = 1; fgets (line, sizeof(line), infile); count++)
     if ((count < start_line) || (count > stop_line))
       fputs (line, outfile);
  fclose (infile); fclose (outfile);
 }
```

Avec Turbo C, on peut ainsi développer très facilement des programmes utilitaires. N'hésitez pas à modifier et à étendre ceux que nous venons de voir, cela vous permettra de constituer une bibliothèque de programmes que vous utiliserez très souvent.

# 10 Manipulation de tableaux

La plupart des programmeurs C connaissent bien la manipulation des tableaux, ne serait-ce que parce que les tableaux sont très utilisés pour le traitement des chaînes de caractères. Tous les programmes que nous allons présenter sont aussi génériques que possible, de façon à ce qu'ils puissent être utilisés sans modification notable dans des applications très différentes.

## Considérations sur les tableaux

S'agissant de tableaux, une des choses les plus difficiles à faire est d'écrire des routines qui ne soient pas liées à un type donné de tableaux. Par exemple, la routine suivante calcule la somme des valeurs contenues dans un tableau de type float:

```
float sum_array (float array[], int num_elements)
  {
    float result = 0.0

    int i;

    for (i = 0; i < num_elements;  i++)
      result += array[i];

    return (result);
  }
```

Le type du tableau et de la valeur retournée est float. Cette routine fonctionne correctement pour des valeurs en virgule flottante, mais on doit la récrire dès lors que l'on veut l'utiliser avec un tableau d'entiers. Plus encore, turbo C possède un grand nombre de types, par exemple:

| | | | |
|---|---|---|---|
| int | float | char | long int |
| unsigned int | double | short int | |

On peut ainsi très vite être amené à avoir un grand nombre de routines quasi-identiques, ou en tout cas qui effectuent la même tâche. On aurait, par exemple pour les entiers:

```
long int sum_array (int array[], int num_elements)
  {
    int result = 0;

    int i;

    for (i = 0; i < num_elements; i++)
      result += array[i];

    return (result);
  }
```

Un problème difficile à gérer survient bien vite, il s'agit de la prolifération de routines.

Il existe, heureusement, une autre façon de faire: elle consiste à développer une routine basée sur deux types définis par l'utilisateur:

```
typedef int array_type;
typedef int result_type;
```

Ce qui permet d'écrire:

```
result_type sum_array (array_type array[], int num_elements)
  {
    result_type result = 0;

    int i;

    for (i= 0; i < num_elements; i++)
      result += array[i];

    return (result);
  }
```

Pour utiliser cette routine avec un tableau d'éléments de type float, il suffit d'écrire:

```
typedef float array_type;
typedef float result_type;
```

Si ce procédé évite la duplication intempestive de code, il a ses limites: à chaque nouvelle application, on doit recompiler les routines de manipulation de tableaux pour être sûr que l'on utilise les bons types. De plus, on ne peut utiliser dans les applications qu'un seul type de tableau, ce qui peut parfois être gênant.

Il reste alors une troisième possibilité: que l'utilisateur passe le type du tableau en paramètre, comme dans:

```
sum_values (array, num_elements, type);
```

Dans ce cas, type est défini par:

| | |
|---|---|
| 0 | char |
| 1 | int |
| 2 | float |
| 3 | long int |
| 4 | unsigned int |
| 5 | double |
| 6 | short int |

Plutôt que de passer un tableau de type int, float ou double à la routine, l'utilisateur passe un tableau dont le type est défini par une union, comme dans:

```
union array_types {
  char cval;
  int ival;
  float fval;
  unsigned int uval;
  double dval;
  short int sval;
} ;
```

Dans la routine, on accèdera au type correct en se basant sur le type de la variable, comme dans:

```
double sum_array (union array_types array[],
     int num_elements, int type)
  {
   double result = 0.0;

   int i;

   for (i = 0; i < num_elements;  i++)
     switch (type) {
       case 0:  result += (double) array[i].cval;
                break;
       case 1:  result += (double) array[i].ival;
                break;
       case 2:  result += (double) array[i].fval;
                break;
       case 3:  result += (double) array[i].uval;
                break;
       case 4:  result += (double) array[i].dval;
                break;
       case 5:  result += (double) array[i].sval;
                break;
     }

   return (result);
  }
```

Le programme suivant utilise cette routine pour afficher la somme des valeurs de tableaux de différents types:

```
main ()
  {
   union array_types a[10], b[10], c[10];

   double sum_value (union array_types *, int, int);

   int i;

   for (i=0;  i < 10;  i++)
     {
       a[i].ival = 5;
       b[i].cval = 1;
       c[i].fval = 3.0;
     }
```

```
    printf ("int ARRAY %f\n", sum_array (a, 10, 1));
    printf ("char ARRAY %f\n", sum_array (b, 10, 0));
    printf ("float ARRAY %f\n", sum_array (c, 10, 2));
  }
```

Il faut cependant noter qu'il subsiste un point très délicat: la routine ne fonctionne correctement que si l'on fait correctement les affectations aux membres de l'union, c'est-à-dire ici:

```
for (i=0;  i < 10;  i++)
  {
    a[i].ival = 5;
    b[i].cval = 1;
    c[i].fval = 3.0;
  }
```

Il s'agit d'une contrainte généralement rédhibitoire.

On voit ainsi qu'il n'est pas simple de développer en C des routines qui permettent de traiter dans une même application des tableaux de types différents. On sera donc toujours amené à faire un compromis entre:

- la duplication du code pour chaque type
- la recompilation du code pour chaque application
- l'impact sur le code situé à l'extérieur des fonctions (les unions).

Les routines de ce chapitre sont en général basées sur les types définis par l'utilisateur array_type et return_type. Si par exemple vos tableaux sont du type int, il vous suffira de placer les définitions suivantes en début de programme:

```
typedef int array_type;
typedef int result_type;
```

alors que pour utiliser des tableaux de type float il faudra définir:

```
typedef float array_type;
typedef float result_type;
```

Les tableaux figurant dans les programmes sont définis par:

```
typedef float result_type;
typedef float array_type;

main ()
  {
    array_type salaire[50];
  }
```

Lorsqu'on se fabrique une bibliothèque de routines, on peut changer le nom de chaque routine de façon à ce que le nom reflète le type, comme dans:

```
somme_float, somme_int, somme_double, ...
```

## *Routines de manipulation de tableaux*

La première routine, sum_array, retourne la somme de toutes les valeurs contenues dans un tableau:

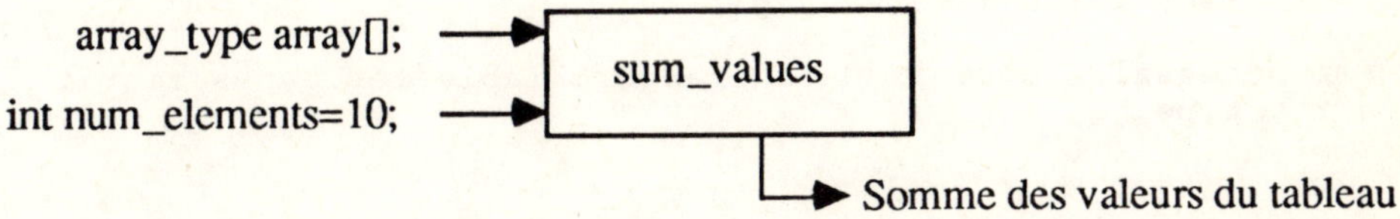


```
/*
 * result_type sum_array (array, num_elements);
 *
 * Retourne la somme des valeurs contenues dans un tableau.
 *
 * array (in): tableau contenant les valeurs dont on fait la somme.
 * num_elements (in): nombre d'éléments du tableau.
 *
 * sum = sum_array (scores, 10);
 *
 * Il est nécessaire d'avoir défini au préalable les types result_type
 * et array_type.
 *
 */


result_type sum_array (array_type array[], int num_elements)
 {
  int i;

  result_type result = 0;

  for (i = 0; i < num_elements; i++)
    result += array[i];

  return (result);
 }
```

La routine suivante, average_value, retourne la moyenne des valeurs contenues dans un tableau.

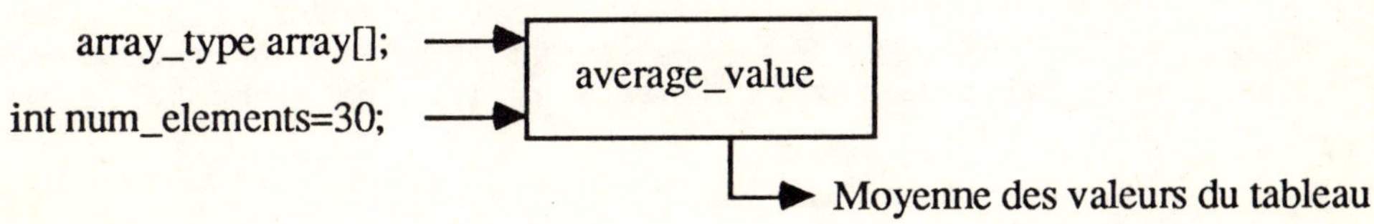

```
/*
 * result_type average_value (array, num_elements);
 *
 * Retourne la moyenne des valeurs contenues dans un tableau.
 *
 * array (in): tableau contenant les valeurs dont on fait la moyenne.
 * num_elements (in): nombre d'éléments du tableau.
 *
 * avg = average_value (scores, 10);
 *
 * Il est nécessaire d'avoir défini au préalable les types result_type
 * et array_type.
 *
 */

result_type average_value (array_type array[], int num_elements)
 {
  int i;

  result_type result = 0;

  for (i = 0; i < num_elements; i++)
    result += array[i];

  return (result / num_elements);
 }
```

La routine minimum_value, quant à elle, retourne la plus petite valeur contenue dans le tableau.

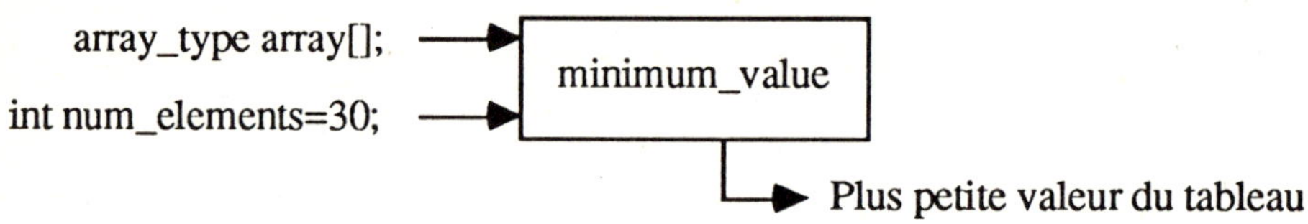


```
/*
 * result_type minimum_value (array, num_elements);
 *
 * Retourne la plus petite des valeurs contenues dans un tableau.
 *
 * array (in): tableau contenant les valeurs.
 * num_elements (in): nombre d'éléments du tableau.
 *
 * min = minimum_value (scores, 10);
 *
 * Il est nécessaire d'avoir défini au préalable les types result_type
 * et array_type.
 *
 */


result_type minimum_value (array_type array[], int num_elements)
 {
  int i;

  result_type minimum = array[0];
```

```
   for (i = 1; i < num_elements; i++)
     if (minimum > array[i])
       minimum = array[i];

   return (minimum);
  }
```

La routine maximum_value retourne la plus grande valeur d'un tableau:

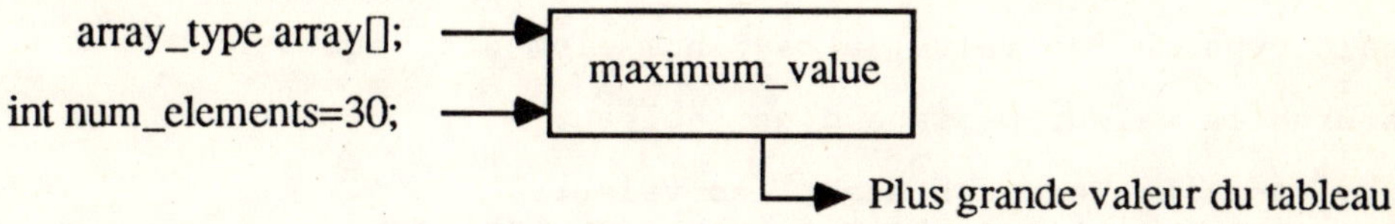


```
/*
 * result_type maximum_value (array, num_elements);
 *
 * Retourne la plus grande des valeurs contenues dans un tableau.
 *
 * array (in): tableau contenant les valeurs.
 * num_elements (in): nombre d'éléments du tableau.
 *
 * max = maximum_value (scores, 10);
 *
 * Il est nécessaire d'avoir défini au préalable les types result_type
 * et array_type.
 *
 */

result_type maximum_value (array_type array[], int num_elements)
 {
  int i;

  result_type maximum = array[0];

  for (i = 1; i < num_elements; i++)
    if (maximum < array[i])
      maximum = array[i];

  return (maximum);
 }
```

La routine median_value retourne la valeur médiane d'un tableau. Par exemple, avec le tableau:

10 20 30 40 50

la routine median_value retourne la valeur 30: le tableau contient autant de valeurs supérieures à 30 que de valeurs inférieures. Si le tableau contient un nombre pair d'éléments, comme dans:

0 10 20 30 40 50

la routine retourne alors 25, moyenne arithmétique des deux valeurs situées «au centre». Notons que les valeurs doivent être rangées en ordre croissant, faute de quoi median_value retourne la valeur -1.

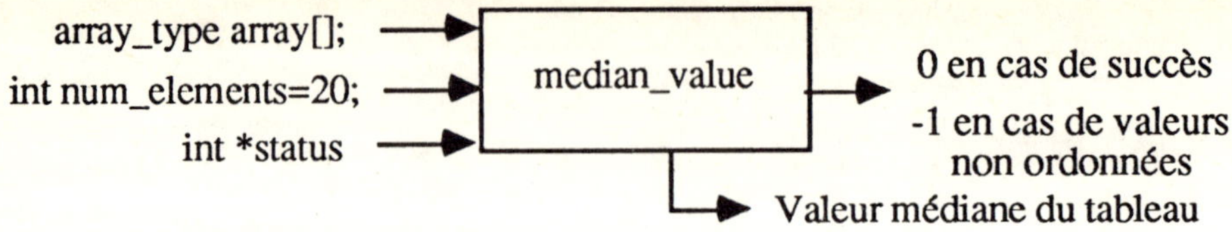


```
/*
 * result_type median_value (array, num_elements, status);
 *
 * Retourne la valeur médiane d'un tableau.
 *
 * array (in): tableau contenant les valeurs.
 * num_elements (in): nombre d'éléments du tableau.
 * status (out): 0 en cas de succès,
 *               -1 si les éléments ne sont pas en ordre croissant.
 *
 * median = median_value (scores, 10, &status);
 *
 * Il est nécessaire d'avoir défini au préalable le type array_type.
 *
 */

float median_value (array_type array[], int num_elements, int *status)
 {
  int i;

  result_type median;

  *status = 0;
  /* on vérifie qu'on est bien en ordre croissant */
  for (i = 0; i < num_elements-1; i++)
    if (array[i] > array[i+1])
      *status = -1;

  if (! *status)
    if (num_elements % 2)
      median = array[num_elements / 2];
    else
      median = (array[num_elements / 2] +
                array[num_elements - (num_elements / 2) - 1]) / 2;

  return (median);
 }
```

La routine modal_value retourne la valeur modale d'un tableau. Rappelons que la valeur modale est tout simplement la valeur que l'on rencontre le plus souvent dans le tableau. Par exemple avec le tableau:

0 1 1 2 2 2 3

la valeur modale est 2. Comme c'était déjà le cas avec median_value, la routine modal_value exige que les valeurs soient classées en ordre croissant. S'il y a plusieurs valeurs modales, comme dans:

0 10 10 20 20 30 40

la routine retourne la valeur 1.

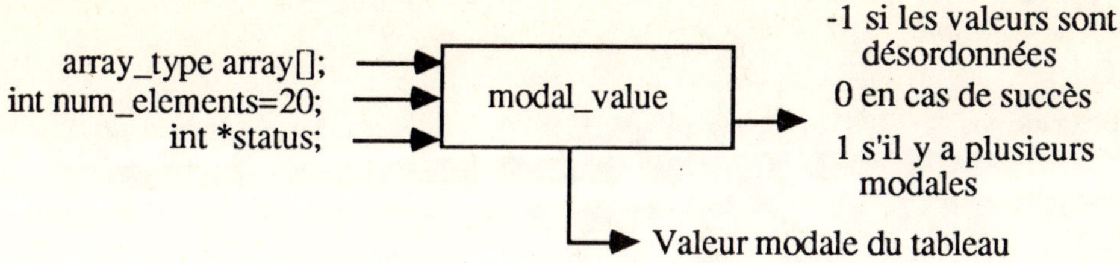


```
/*
 * result_type modal_value (array, num_elements, status);
 *
 * Retourne la valeur modale d'un tableau.
 *
 * array (in): tableau contenant les valeurs.
 * num_elements (in): nombre d'éléments du tableau.
 * status (out): 0 en cas de succès,
 *              -1 si les éléments ne sont pas en ordre croissant.
 *               1 si valeur multiple
 *
 * modal = modal_value (scores, 10, &status);
 *
 * Il est nécessaire d'avoir défini au préalable les types result_type
 * et array_type.
 *
 */


result_type modal_value (array_type array[], int num_elements,
                         int *status)
 {
  int i, current_count, max_count = -1;

  array_type current_value, max_value = 0.0;

  *status = 0;
  /* on vérifie que le tableau est en ordre croissant */
  for (i = 0; i < num_elements-1; i++)
    if (array[i] > array[i+1])
      *status = -1;

  if (*status != -1)
   {
    i = 0;

    while (i < num_elements)
     {
      current_value = array[i];
      current_count = 0;
      while ((array[i] == current_value) && (i < num_elements))
       {
        current_count++;
        i++;
       }
      if (current_count > max_count)
       {
        max_count = current_count;
        max_value = current_value;
        *status = 0;
       }
```

```
      else if (current_count == max_count)
        *status = 1;                        /* valeur multiple */
    }
  }

  return (max_value);
}
```

## *Variance et écart type*

Les deux outils les plus courants en statistiques sont sûrement la *variance* et *l'écart type*. Les statisticiens les utilisent pour analyser la *valeur estimée* ou la moyenne d'une population. Si, par exemple, on exécute sur deux ordinateurs différents, 100 programmes différents, on peut estimer la puissance d'un des ordinateurs par rapport à celle de l'autre. Les statisticiens utilisent la variance ou l'écart type pour déterminer la précision d'une valeur estimée. La variance est définie par l'équation:

$$V = \frac{1}{N} \sum_{i=1}^{N} (D_i - M)^2$$

L'écart type est la racine carrée de la variance:

$$sdt = \sqrt{\frac{V * N}{N - 1}}$$

Dans ces deux équations, N est le nombre d'éléments de l'échantillon, D est un des éléments de l'échantillon et M est la moyenne de l'échantillon.

L'écart-type est peut-être plus important que la variance car il est plus compréhensible: dans l'exemple donné plus haut, si l'ordinateur 1 met en moyenne trois secondes de moins que l'ordinateur 2, on pourrait avoir les valeurs:

| | |
|---|---|
| Valeur estimée: | 3 secondes |
| Variance: | 4 $(\text{secondes})^2$ |
| Ecart type: | 2 secondes |

Lors du calcul de la variance, on doit élever au carré chaque différence entre un élément et la moyenne de façon à n'avoir que des nombres positifs; dans le cas contraire, la somme serait toujours 0.

Voici la routine qui calcule la variance des valeurs d'un tableau:

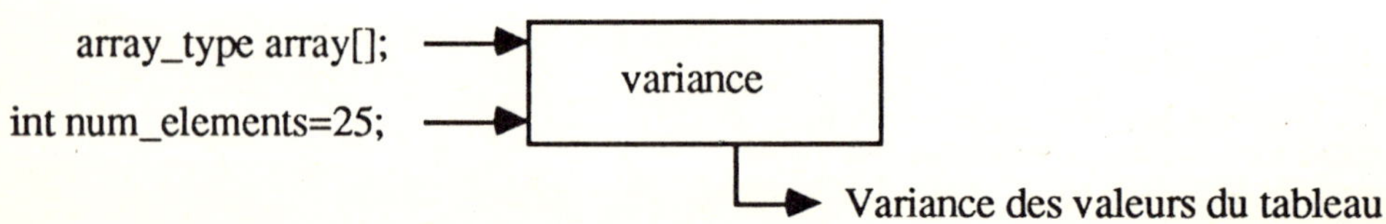

```
/*
 * float variance (array, num_elements)
 *
 * Retourne la variance des valeurs d'un tableau.
 *
 * array (in): tableau des valeurs
 * num_elements (in): nombre d'éléments du tableau.
 *
 * var = variance (scores, 10);
 *
 * Il est nécessaire d'avoir défini au préalable le type array_type.
 * Cette routine utilise la routine average_value.
 *
 *
 */

float variance (array_type array[], int num_elements)
 {
  int i;

  float sum = 0.0;

  array_type average, average_value (array_type *, int);

  average = average_value (array, num_elements);

  for (i = 0; i < num_elements; i++)
    sum += (array[i] - average) * (array[i] - average);

 return (sum / num_elements);
 }
```

La routine standard_deviation retourne l'écart-type des valeurs contenues dans un tableau.

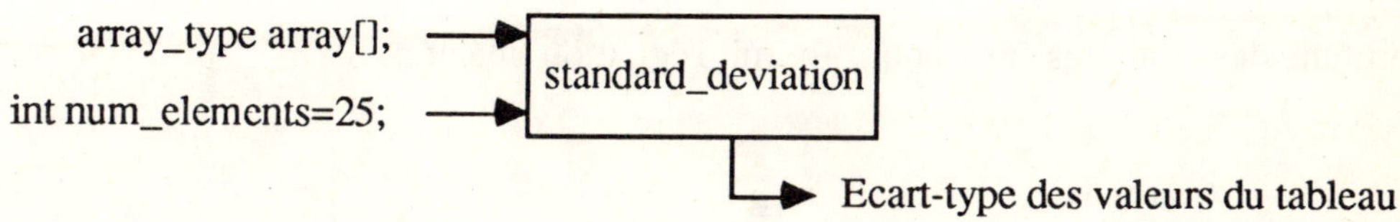


```
/*
 * float standard_deviation (array, num_elements)
 *
 * Retourne l'écart-type des valeurs contenues dans un tableau.
 *
 * array (in): tableau des valeurs.
 * num_elements (in): nombre d'éléments du tableau.
 *
 * stddev = standard_deviation (scores, 10);
 *
 * Il est nécessaire d'avoir défini au préalable le type array_type.
 * Cette routine utilise la routine variance.
 *
 *
 */
```

```
#include <math.h>

float standard_deviation (array_type array[], int num_elements)
 {
  float variance (array_type *, int);
  return (sqrt((variance (array, num_elements) * num_elements) /
              (num_elements - 1)));
 }
```

## Moindres carrés

L'ajustement par les moindres carrés est une des méthodes les plus simples de calcul de l'équation linéaire qui s'ajuste le mieux à un ensemble de valeurs. Supposons, par exemple, que nous ayons les valeurs:

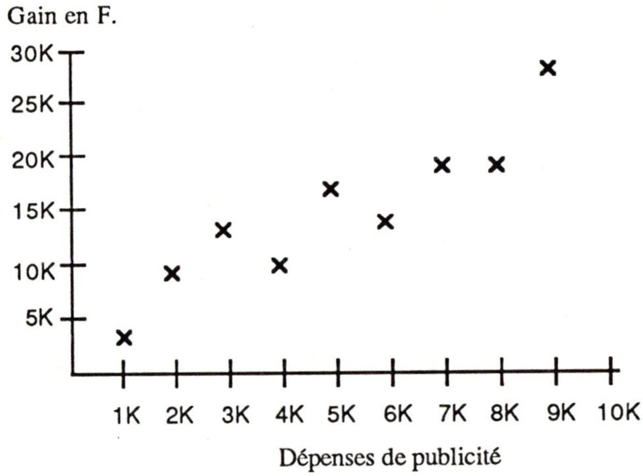


L'algorithme des moindres carrés nous fournit l'équation linéaire:

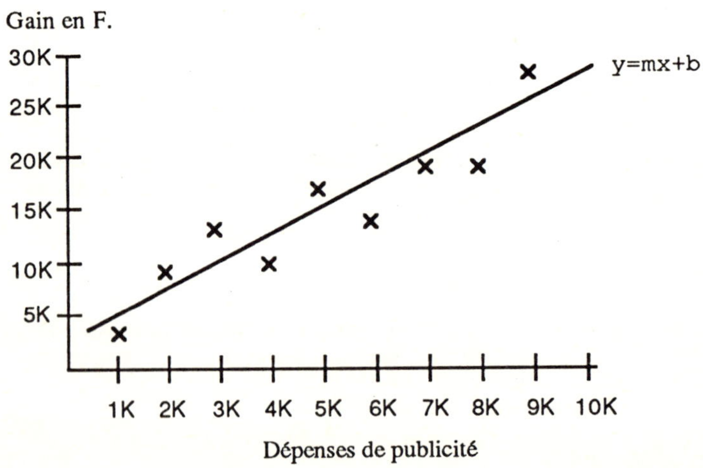

La ligne droite indiquée est la *droite de meilleur ajustement.* Il est important de noter, cependant, que cette routine nous fournit une équation linéaire pour tout ensemble de points, même si cet ensemble n'est pas vraiment linéaire.

Les équations linéaires sont exprimées en fonction de leur pente. La procédure least_square (moindres carrés) renvoie la pente et la valeur Y pour X=0 de la droite qui s'ajuste le mieux aux valeurs proposées.

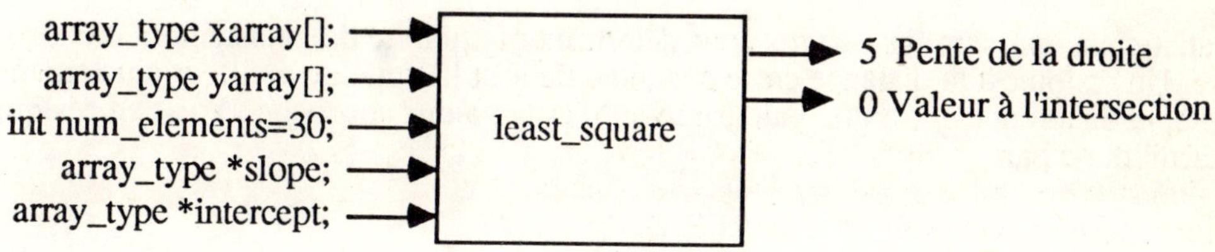


```
/*
 * void least_square (x, y, num_elements, slope, intercept)
 *
 * Retourne la pente et le point d'intersection de la droite qui
 * s'ajuste le mieux aux valeurs x et y données.
 *
 * x (in): tableau de coordonnées en x.
 * y (in): tableau de coordonnées en y.
 * num_elements (in): nombre d'éléments des tableaux.
 * slope (out): pente de la droite.
 * intercept (out): valeur en Y pour X=0 (point d'intersection).
 *
 * least_square (x, y, 10, &slope, &intercept);
 *
 * Il est nécessaire d'avoir défini au préalable le type array_type.
 *
 *
 */

void least_square (array_type x[], array_type y[], int num_elements,
                   float *slope, float *intercept)
 {
  float xsum = 0.0, ysum = 0.0, xsquared_sum = 0.0, xy_sum = 0.0;

  int i;

  for (i = 0; i < num_elements; i++)
    {
     xsum += x[i];
     ysum += y[i];
     xsquared_sum += x[i] * x[i];
     xy_sum += x[i] * y[i];
    }

  *slope = ((xsum * ysum) - (num_elements * xy_sum)) /
           ((xsum * xsum) - (num_elements * xsquared_sum));

  *intercept = (ysum - (*slope * xsum)) / num_elements;
 }
```

Lorsqu'on connaît la pente (*slope*) et la valeur en Y au point d'intersection avec l'axe (*intercept*), on peut s'en servir pour estimer la valeur de points manquants. Par exemple:

slope = 5 intercept = 1
x = 1.5
y = slope * x + intercept
y = 5 * 1.5 + 1
y = 8.5

Les statisticiens utilisent les *résidus* pour déterminer la qualité de l'ajustement de l'équation linéaire. Un résidu est la distance entre chaque valeur et la ligne de meilleur ajustement. Par exemple, la différence entre une valeur réelle Y et la valeur approchée ***Y*** est un résidu, que l'on définit donc par:

RESIDU = Y - ***Y***;

La somme des résidus du tableau tout entier caractérise la validité de l'équation linéaire. Si, par exemple, les données sont linéaires, comme ci-dessous:

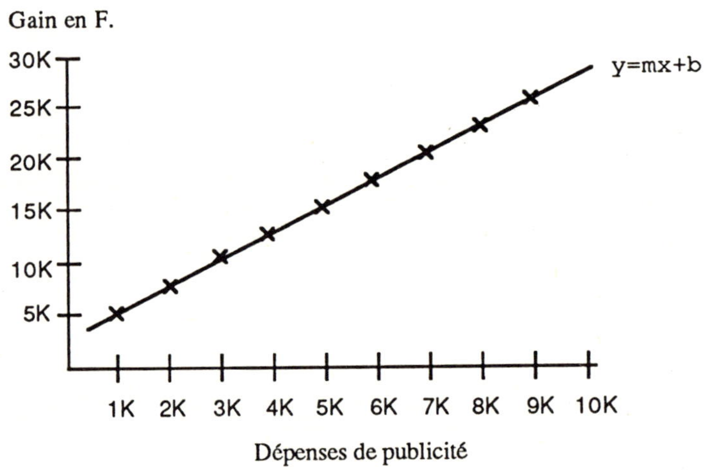


la somme des résidus sera égale à 0. Si, en revanche, la droite approche moins bien les données, la somme sera plus élevée.

## Utilisation des macros

La plupart des programmeurs C hésitent entre l'augmentation de la taille du code provoquée par l'utilisation des macros et le gain de souplesse qu'elles apportent. Nous avons vu qu'il n'était pas facile de développer des routines de manipulation de tableaux en C qui soient génériques. Il convient cependant de noter que l'utilisation de macros améliore considérablement la souplesse du code. Voici par exemple une macro qui retourne la somme des éléments d'un tableau:

```
#define sum_array (array, num_elements, rslt)          \
        {                                                \
          int index = 0;                                 \
          rslt = 0;                                      \
          while (index < (num_elements))                 \
            rslt = rslt + array[index++]                 \
        }
```

Notez bien la différence qu'il y a entre cette macro et la routine que nous avions vue précédemment. D'abord, ce code étant celui d'une macro et non d'une fonction, on ne retourne pas de valeur: on doit passer à la macro un paramètre dans lequel sera stocké le résultat:

```
#define sum_array(array, num_elements, rslt)          \
```

Mais ce n'est pas tout: puisque la macro ne définit pas un type tableau, elle fonctionnera avec un tableau de n'importe quel type. Par exemple, le programme suivant permet d'obtenir la somme de tableaux de type int et float en utilisant une macro unique:

```
#define sum_array(array, num_elements, rslt)          \
        {                                               \
          int index = 0;                                \
          rslt = 0;                                     \
          while (index < (num_elements))                \
            rslt = rslt + array[index++]                \
        }

main ()
  {
    int int_array[10], int_result;
    float float_array[10], float_result;

    int i;

    for (i = 0;  i < 10;  i++)
      {
        int_array[i] = i;
        float_array[i] = i;
      }

    sum_array(int_array, 10, int_result);
    sum_array(float_array, 10, float_result);

    printf ("Resultat de int_array sum %d\n", int_result);
    printf ("Resultat de float_array sum %d\n", float_result);
  }
```

On peut de cette façon implémenter sous forme de macros toutes les routines de ce chapitre. Dans de nombreux cas, d'ailleurs, le code s'exécutera plus rapidement puisque l'on n'aura pas à faire la gestion de la pile, gestion liée aux appels de fonctions. Le compromis doit être fait en tenant compte de l'augmentation de la taille du code induite par l'utilisation de macros.

## *Tableaux multidimensionnels*

Nous n'avons présenté jusqu'à présent que des tableaux monodimensionnels comme:

```
float scores[10];
int grades[5];
```

Pourtant, beaucoup d'applications ont besoin de tableaux multidimensionnels comme:

```
float matrice [5] [3];
int cube [5] [5] [5]
```

En raison même de la façon dont Turbo C range les tableaux, on peut normalement passer des tableaux monodimensionnels ou multidimensionnels aux fonctions sans avoir besoin de modifier leur code. Par exemple, supposons qu'un tableau contienne les valeurs:

int X[3] [3];

| | | |
|---|---|---|
| 1 | 2 | 3 |
| 4 | 5 | 6 |
| 7 | 8 | 9 |

Dans la plupart des cas, Turbo C stocke en réalité le tableau sous forme d'un tableau monodimensionnel:

| | | | | | | | | |
|---|---|---|---|---|---|---|---|---|
| 1 | 2 | 3 | 4 | 5 | 6 | 7 | 8 | 9 |

On peut donc passer un tableau à une routine de manipulation de tableaux sans se soucier de son nombre de dimensions. Il convient tout de même de ne pas faire d'erreur dans le nombre d'éléments du tableau:

matrice [3] [3] possède 3*3 éléments, soit 9 éléments

cube [5] [5] [5] possède 5*5*5 éléments soit 125 éléments

Dans la plupart des cas, et quel que soit le nombre de dimensions, les routines que nous avons vues fonctionneront sans modification. C'est en les utilisant que vous découvrirez à quel point elles sont souples. Attention cependant si vous utilisez des tableaux de pointeurs: Turbo C n'est pas obligé de les ranger de façon linéaire. L'ANSI n'exige seulement que array[i] soit directement équivalent à *((array)+(i)). Il vous faudra alors modifier les routines présentées.

Si ces routines sont aussi simples, c'est qu'elles n'ont pour but que de faciliter le développement de vos programmes. A vous maintenant de les utiliser comme des briques pour construire des blocs de programmes beaucoup plus importants.

# 11 Recherche et tri

Beaucoup d'applications utilisent des tableaux dans lesquels on va rechercher une valeur donnée ou dans lesquels les valeurs sont rangées en ordre croissant (ou décroissant). C'est dire que recherche et tri sont deux des plus importantes parties de la programmation. Choisir le bon algorithme de recherche ou de tri peut être crucial en termes de temps d'exécution. Les informaticiens ont énormément travaillé pour identifier les caractéristiques des principaux algorithmes de recherche et de tri. Ils ont ainsi pu trouver des algorithmes qui s'exécutent plus rapidement que d'autres, parce qu'ils nécessitent moins d'itérations pour trier un tableau ou pour y localiser une valeur.

Ce chapitre traite de la recherche —séquentielle et dichotomique— et du tri —tri par extraction, tri bulles, tri Shell et tri rapide. Les routines sont, comme au chapitre 10, écrites autant que possible de façon générique. Chaque routine est écrite pour les tableaux de type array_type défini par l'utilisateur. Pour éviter de dupliquer les routines de tri, le type de tri (croissant ou décroissant) est un paramètre de chaque routine.

## Recherche

On a très souvent besoin d'aller chercher dans une table une valeur donnée. Supposons, par exemple, que les tableaux suivants contiennent des informations sur des salariés:

| Indice | EMPLOYE | NUMERO | SALAIRE |
|---|---|---|---|
| 0 | Boy | 1111 | 30000 |
| 1 | Burnham | 2222 | 45000 |
| 2 | Byrd | 3700 | 38000 |
| 3 | Davis | 4201 | 25000 |
| 4 | Eubank | 5001 | 60000 |
| 5 | Grant | 5500 | 35000 |
| 6 | Jones | 6200 | 45000 |
| 7 | Kempf | 7777 | 50000 |
| 8 | Rosaschi | 8001 | 55000 |
| 9 | Watson | 8372 | 32000 |

Si l'on veut connaître le salaire de Jones, le programme peut explorer séquentiellement le tableau EMPLOYE jusqu'à ce qu'on trouve le nom cherché. Il suffit alors d'aller lire dans le tableau des salaires l'élément de même indice. Dans notre cas, l'indice est 6, ce qui nous donne un salaire de 45 000 Francs. Le but des routines de recherche que nous présentons est donc de localiser une certaine valeur et de retourner l'indice correspondant. Si l'on ne trouve pas la valeur cherchée, la routine devra retourner la valeur -1.

## La recherche séquentielle

La *recherche séquentielle* (ou recherche linéaire) est l'algorithme de recherche le plus simple. On a un certain nombre de valeurs stockées dans un tableau et, chaque fois que l'on doit trouver l'emplacement d'une valeur, on commence la recherche au premier élément du tableau. Si ce n'est pas le bon, on passe au suivant et ainsi de suite jusqu'à ce qu'on ait trouvé l'élément ou que l'on soit arrivé à la fin du tableau. Dans l'exemple vu plus haut, on commencerait par examiner l'élément Boy, puis on progresserait d'élément en élément jusqu'à atteindre l'élément Jones. Voici une routine qui réalise une recherche séquentielle:

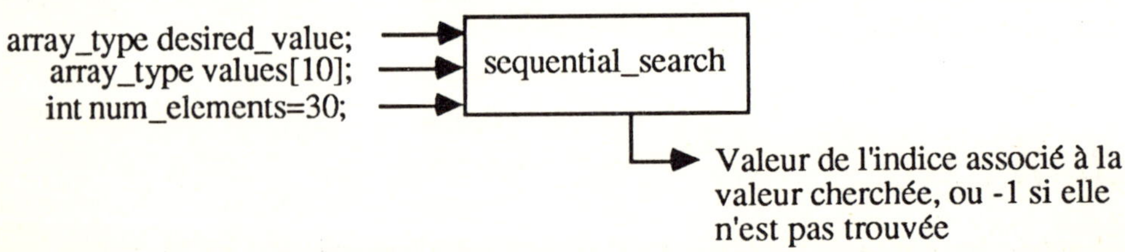

```
/*
 * sequential_search (value, array, num_elements)
 *
 * Recherche séquentielle dans le tableau de la valeur spécifiée.
 * Retourne l'indice de la valeur ou -1 si on ne l'a pas trouvée
 *
 * value (in): valeur à rechercher.
 * array (in): tableau des valeurs.
 * num_elements (in): nombre d'éléments du tableau.
 *
 * index = sequential_search (5, scores, 10);
 *
 * Si la valeur cherchée est présente plusieurs fois dans le tableau,
 * la routine retournera l'indice de la première occurrence trouvée.
 *
 */


int sequential_search (array_type value, array_type values[],
                       int num_elements)
 {
  int i, location = -1;

  for (i = 0; (i < num_elements) && location == -1; i++)
    if (value == values[i])
      location = i;

  return (location);
 }
```

On peut là encore utiliser les macros pour améliorer le caractère générique des routines. Voici, par exemple, le code d'une macro qui réalise une recherche séquentielle générique:

```
#define seq_search (value, values, num_elements, location)      \
 {
   int k;
   location = -1;

   for (k = 0;  (k < num_elements - 1) && location == -1; k++)
     if (value == values[k])
       location = k;
 }
```

Cette technique peut être utilisée pour chacune des routines présentées dans ce chapitre. Il faut cependant savoir que l'utilisation de macros a pour conséquence d'augmenter notablement la taille du code engendré.

## *La recherche dichotomique*

Dans l'exemple précédent, la recherche séquentielle nous menait bien au résultat désiré; nous allons voir cependant que l'on peut considérablement réduire le nombre d'itérations nécessaires pour parvenir au but fixé. Pour ce faire, nous allons utiliser un algorithme de *recherche dichotomique*, qui ne s'applique, notons le bien, qu'à des tableaux triés.

La recherche dichotomique est un des algorithmes de recherche les plus rapides employés couramment par les programmeurs. A la différence de la recherche séquentielle, dans laquelle on examinait les éléments successifs de tout le tableau, on va ici, à chaque itération, réduire d'un facteur 2 le nombre des éléments à examiner, jusqu'à ce qu'on ait trouvé celui que l'on cherche. Avec la recherche séquentielle, il faut sept itérations pour retrouver Jones dans notre tableau; avec la recherche dichotomique, il n'en faudra que quatre, ce qui réduit d'autant le temps d'exécution. Plus le tableau de recherche est grand, plus le gain de temps est grand.

Ce processus est tout à fait similaire à ce que l'on fait lorsqu'on cherche le numéro de téléphone de quelqu'un dans l'annuaire: on ouvre l'annuaire au milieu ce qui a pour effet de nous mettre sous les yeux des noms qui commencent, par exemple, par K. Suivant que le nom de la personne que l'on cherche commence par une lettre antérieure ou postérieure à K, on continuera la recherche dans le début ou la fin de l'annuaire.

Dans la première itération d'une recherche dichotomique, on traite le tableau tout entier (de la même façon qu'on examinait l'intégralité de l'annuaire). Reprenons notre exemple d'employés. Aux variables haut et bas, on affecte les valeurs 9 et 0. La variable mid_index représente alors l'indice de l'élément situé au milieu de l'intervalle de recherche. values[mid_index] contient la valeur que l'on doit comparer à celle qui est recherchée: desired_value. Pour calculer mid_index, il suffit de faire:

```
mid_index = (haut + bas) / 2;
```

Puisque l'opérateur / effectue une division entière, ceci revient à affecter à mid_index la valeur 4. On a alors:

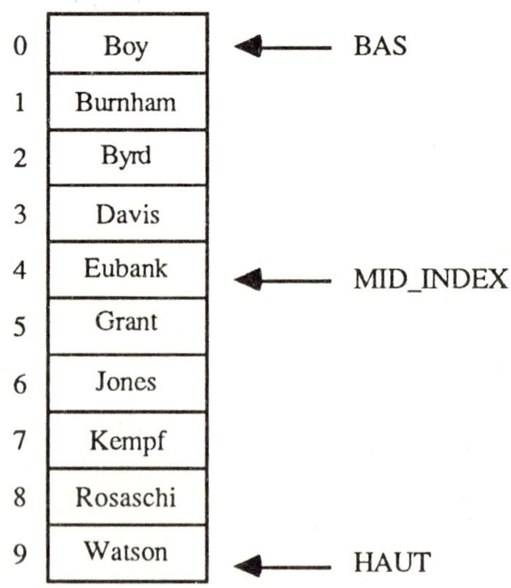

Si la valeur que contient values[mid_index] est celle que l'on voulait, la recherche est terminée et l'on positionne la variable found à true, pour indiquer que l'on a trouvé.

Si la valeur que contient values[mid_index] est plus grande que la valeur cherchée, l'algorithme modifie l'intervalle de recherche, parce qu'on sait alors qu'on ne trouvera pas ce qu'on cherche en explorant la partie haute du tableau. Imaginons, par exemple, que le tableau de recherche soit comme suit:

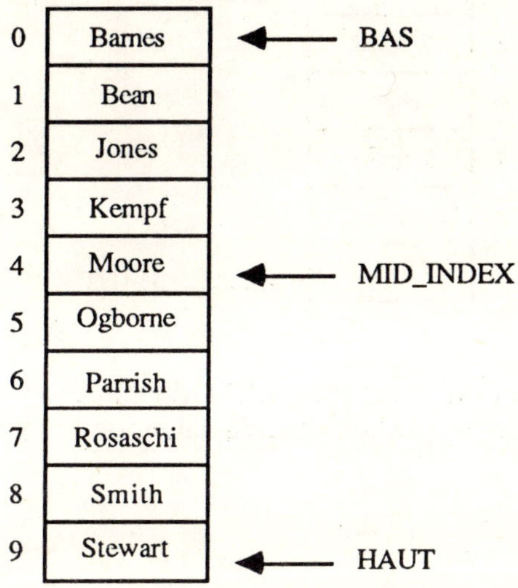


Puisque l'on cherche Jones, il n'y a aucune raison de chercher dans la partie du tableau qui se trouve après values[mid_index]. L'algorithme modifie donc la valeur de haut en faisant:

```
haut = mid_index -1 ;
```

Ceci a pour effet de créer un nouvel intervalle de valeurs à examiner. On modifie donc la valeur de mid_index en faisant:

```
mid_index = (haut + bas) div 2;
```

Le nouvel intervalle de noms contient alors:

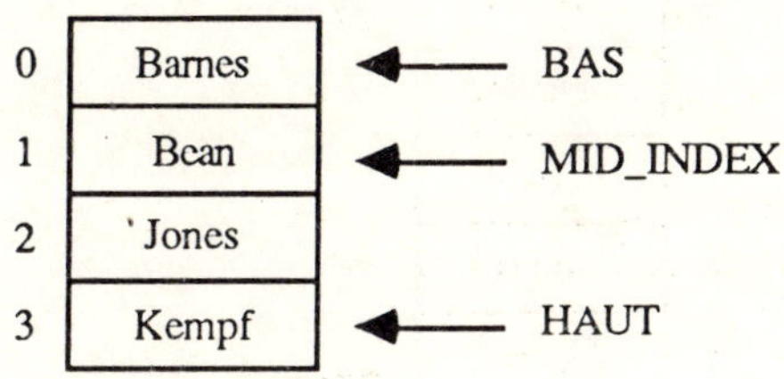


De la même façon, si le tableau initial contient:

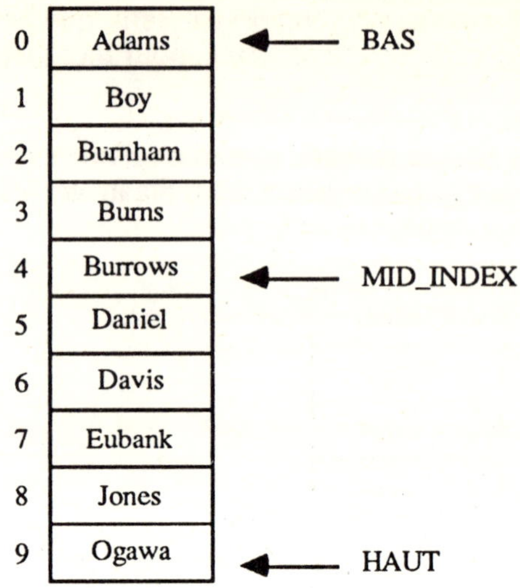


et que l'on cherche Jones, il n'est pas utile d'examiner les valeurs inférieures à values[mid_index]. L'algorithme modifie donc la valeur de bas en faisant:

```
bas = mid_index + 1;
```

ce qui a pour effet de définir le nouvel intervalle de recherche:

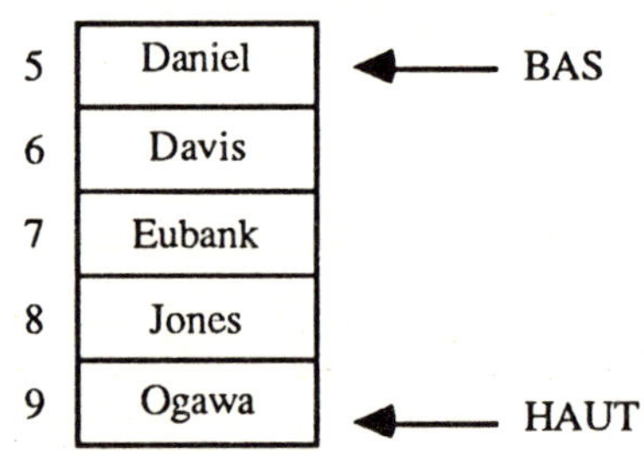


L'algorithme recalcule alors mid_index, ce qui donne:

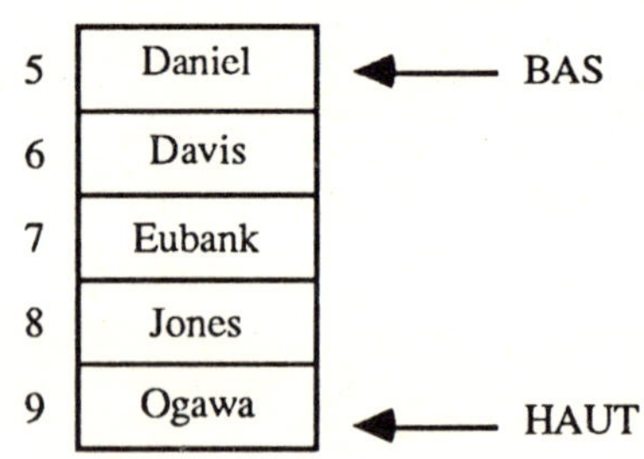

Lorsqu'on a trouvé la valeur recherchée, l'algorithme peut s'arrêter en testant tout simplement la variable found. En revanche, si la valeur recherchée ne figure pas dans le tableau, il est nécessaire de faire un test complémentaire, faute de quoi la recherche ne s'arrêterait jamais. Si le tableau est formé de

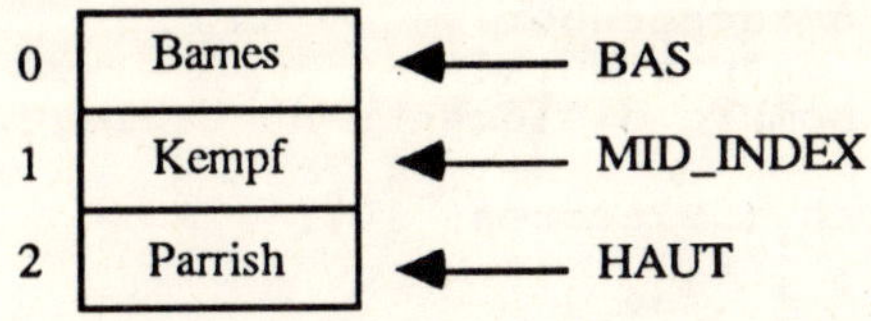


et que l'on cherche la valeur Jones, la première itération modifie haut et mid_index de la façon suivante:

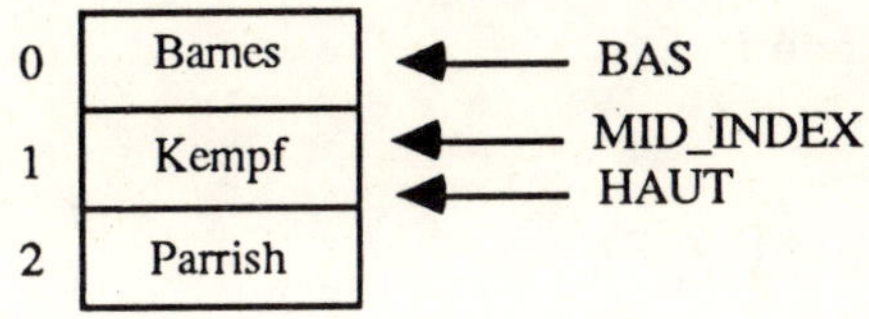


La deuxième itération conduit à:

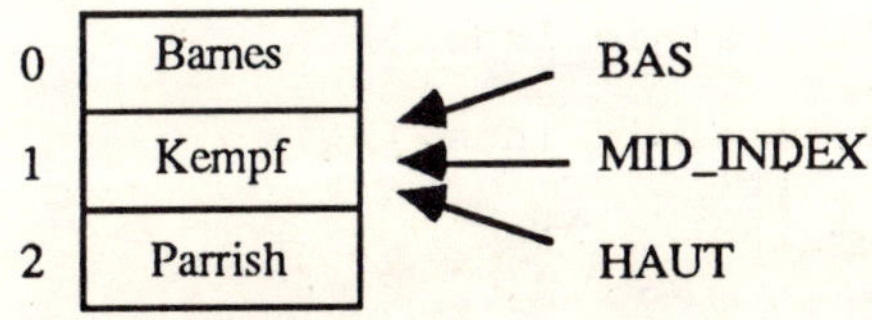


Lors de la troisième itération, on va avoir une erreur puisque la borne haut va devenir inférieure à bas.

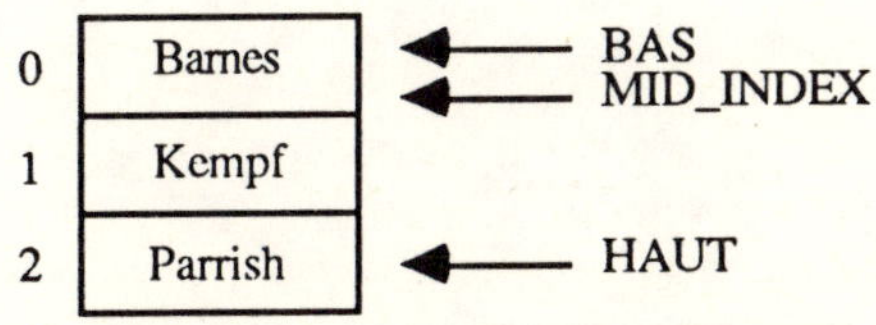


Le test d'arrêt du processus de recherche doit donc s'écrire:

```
while ((! found) && (haut >= bas))
```

Si l'on n'a pas trouvé la valeur recherchée, la variable found, qui doit être testée par le programme appelant, reste à false.

La procédure suivante réalise complètement une recherche dichotomique:

```
/*
 * binary_search (value, array, num_elements)
 *
 * Recherche dichotomique dans le tableau de la valeur spécifiée.
 * Retourne l'indice de la valeur ou -1 si on ne l'a pas trouvée
 *
 * value (in): valeur à rechercher.
 * array (in): tableau des valeurs.
 * num_elements (in): nombre d'éléments du tableau.
 *
 * index = binary_search (5, scores, 10);
 *
 */

int binary_search (array_type value, array_type values[],
                   int num_elements)
 {
  int found = 0;
  int high, low, mid_index;

  low = 0;
  high = num_elements;
  mid_index = (high + low) / 2;

  while ((! found) && (high >= low))
   {
    if (value == values[mid_index])
      found = 1;
    else if (value < values[mid_index])
      high = mid_index - 1;
    else if (value > values[mid_index])
      low = mid_index + 1;
    mid_index = (high + low) / 2;
   }

  return ((found) ? mid_index: -1);
 }
```

# *Tri*

On a très souvent besoin de traiter des données en ordre *croissant* (de la plus petite à la plus grande) ou en ordre *décroissant* (de la plus grande à la plus petite). Dans ce cas, et préalablement au traitement, on doit trier les données de telle façon qu'elles se présentent dans le bon ordre. Nous verrons ici quatre méthodes de tri: le tri bulles, le tri par extraction, le tri Shell et le tri rapide.

Toutes les routines de manipulation de tableaux du chapitre 10 ont été développées pour des tableaux du type array_type. On n'a donc pas besoin de dupliquer ces routines pour pouvoir les utiliser avec des tableaux de différents types. Si l'on veut faire, de la même façon, des routines de tri suffisamment génériques, elles doivent permettre de trier indifféremment de manière croissante ou décroissante. C'est pourquoi le type de tri sera toujours donné en paramètre selon la convention suivante:

| **Valeur** | **Sens du tri** |
|---|---|
| 0 | Croissant |
| 1 | Décroissant |

## *Tri bulles*

Le *tri bulles* est très connu parce qu'il est très simple. Il tient son nom du fait qu'à chaque itération une valeur se déplace, telle une bulle, vers le sommet du tableau. Le tri bulles est très pénalisant dès que le tableau est grand puisqu'il compare des éléments adjacents. En pratique, lorsqu'on a un tableau qui contient plus de 30 valeurs, il vaut mieux utiliser le tri Shell ou le tri rapide.

Imaginons que le tableau values contient

| | |
|---|---|
| 0 | 44 |
| 1 | 33 |
| 2 | 55 |
| 3 | 22 |
| 4 | 11 |

Si l'on effectue un tri bulles en ordre croissant, on aura à la première itération quatre évaluations:

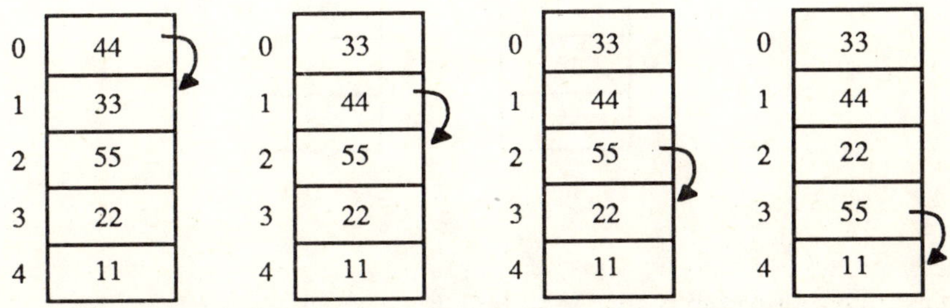


A l'issue de cette première itération, la plus grande des valeurs est à sa place. La deuxième itération n'examinera donc que les quatre premiers éléments du tableau:

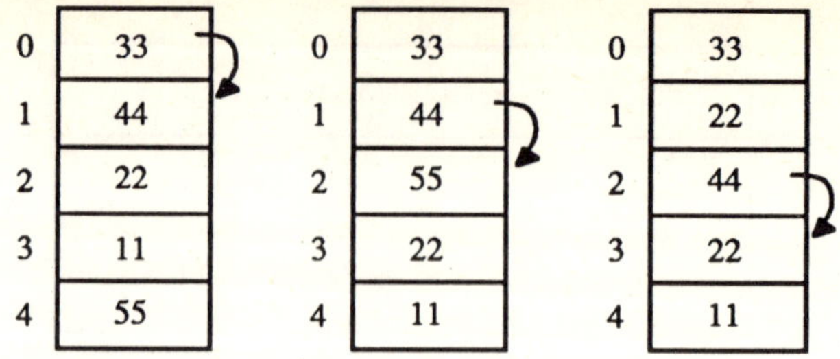


A la troisième itération, on n'examinera que deux éléments:

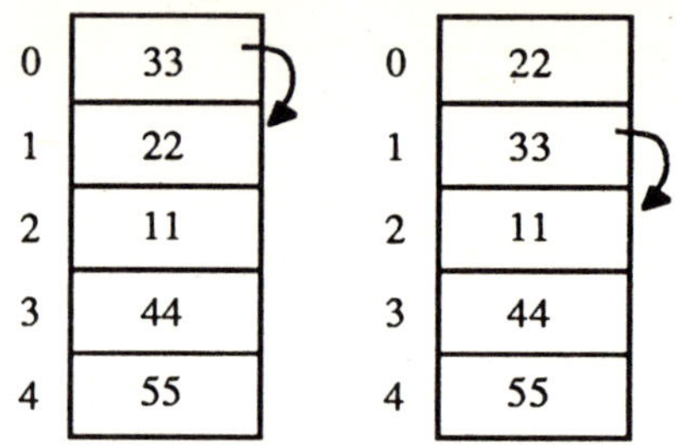


Une dernière itération permet de vérifier que les deux premiers éléments du tableau sont dans le bon ordre:

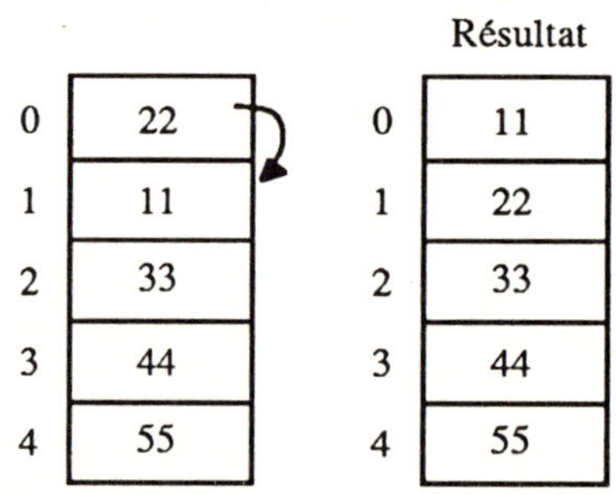


bubble_sort est une routine qui réalise le tri bulles:

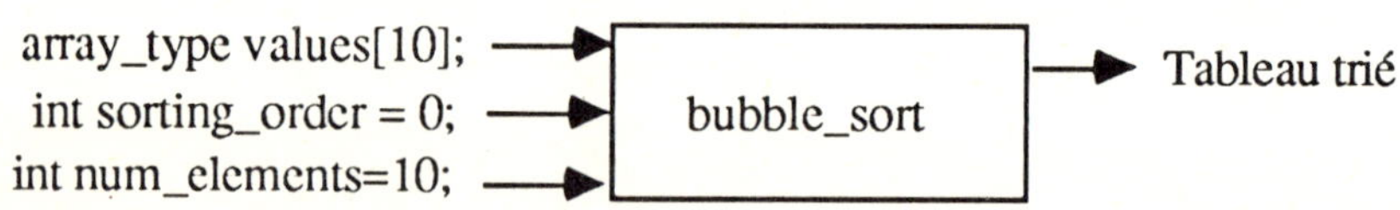

```
/*
 * void bubble_sort (values, num_elements, order)
 *
 * Tri du tableau values dans l'ordre spécifié.
 *
 * values (in/out): tableau à trier.
 * num_elements (in): nombre d'éléments du tableau.
 * order (in): ordre de tri souhaité:
 *   0 pour tri croissant
 *   1 pour tri décroissant.
 *
 * bubble_sort (values, 10, 1);
 *
 */

void bubble_sort (array_type values[],
                  int num_elements, int order)
 {
  array_type temp;

  int i, j;

  for (i = 0; i < num_elements - 1; i++)
    for (j = i + 1; j < num_elements; j++)
      if ((! order && (values[i] > values[j])) ||
          (order && (values[i] < values[j])))
        {
         temp = values[i];
         values[i] = values[j];
         values[j] = temp;
        }
 }
```

## Tri par extraction

Le *tri par extraction* (ou tri par sélection) est également un algorithme très simple. Bien qu'on enseigne plutôt le tri bulles, les programmeurs trouvent souvent que le tri par extraction est plus facile à comprendre et à utiliser .

Dans ce type de tri, les éléments sont triés par extraction de la valeur minimale (ou maximale, suivant le type de tri) à chaque itération.
Supposons que l'on veuille trier en ordre croissant le tableau suivant:

| | |
|---|---|
| 0 | 44 |
| 1 | 33 |
| 2 | 55 |
| 3 | 22 |
| 4 | 11 |

La première itération doit extraire la valeur minimale et la placer dans le premier élément. Pour ce faire, on sélectionne donc 1 comme index courant (current), puis on compare chacun des éléments du tableau à values[current]. Si un de ces éléments est inférieur, on permute les deux valeurs.

La première itération agit donc comme suit:

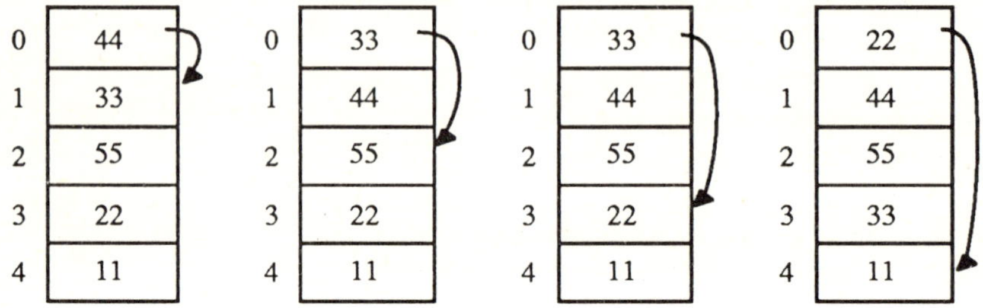


La deuxième itération place la valeur immédiatement supérieure à la plus petite dans le deuxième élément:

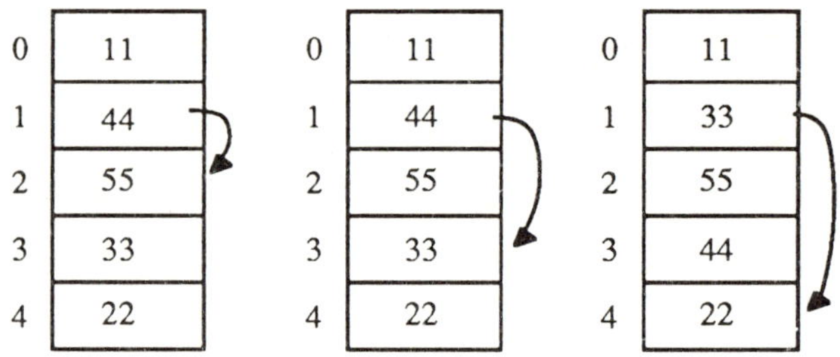


La troisième itération extrait la valeur minimale suivante:

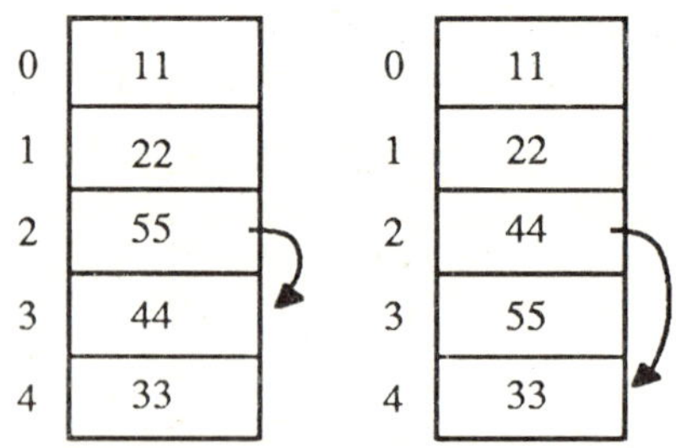

La quatrième itération fournit le tableau trié:

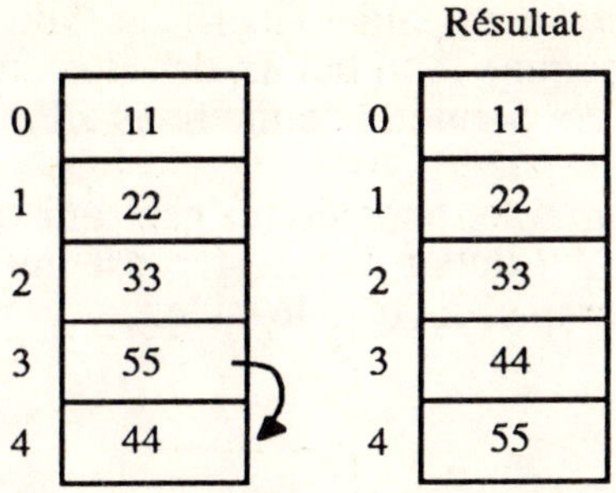


selection_sort est une routine de tri qui utilise cette méthode:

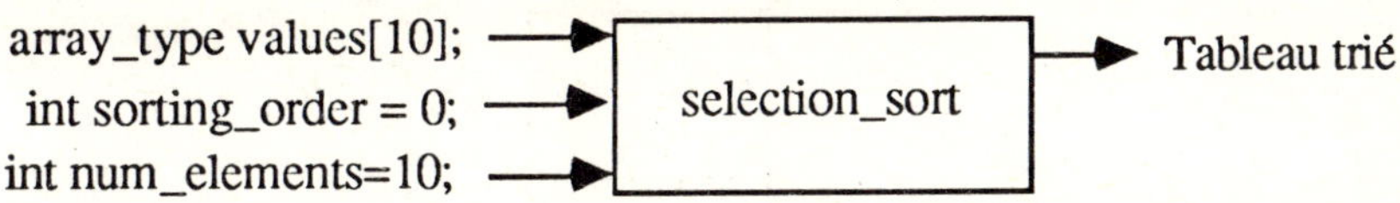


```
/*
 * void selection_sort (values, num_elements, order)
 *
 * Tri du tableau values dans l'ordre spécifié.
 *
 * values (in/out): tableau à trier.
 * num_elements (in): nombre d'éléments du tableau.
 * order (in): ordre de tri souhaité:
 *   0 pour tri croissant
 *   1 pour tri décroissant.
 *
 * selection_sort (values, 10, 1);
 *
 */

void selection_sort (array_type values[], int num_elements, int order)
 {
  array_type temp;

  int j, current;

  for (current = 0; current < num_elements - 1; current++)
   {
    for (j = current + 1; j < num_elements; j++)
      if ((! order && (values[current] > values[j])) ||
          (order && (values[current] < values[j])))
        {
         temp = values[current];
         values[current] = values[j];
         values[j] = temp;
        }
   }
 }
```

## *Le tri Shell*

Donald Shell a conçu le *tri Shell* pour pallier l'inefficacité du tri bulles dans le cas des grands tableaux. Il ne compare pas, comme le tri bulles, des éléments adjacents, mais des éléments distants les uns des autres. Ceci permet, comme nous allons le voir, d'ordonner le tableau beaucoup plus facilement.

Le tri Shell utilise une variable, appelée ici gap, qui représente la distance entre les éléments que l'on compare. Au début du tri, gap est initialisée à la moitié du nombre d'éléments du tableau. Par exemple, si l'on a le tableau:

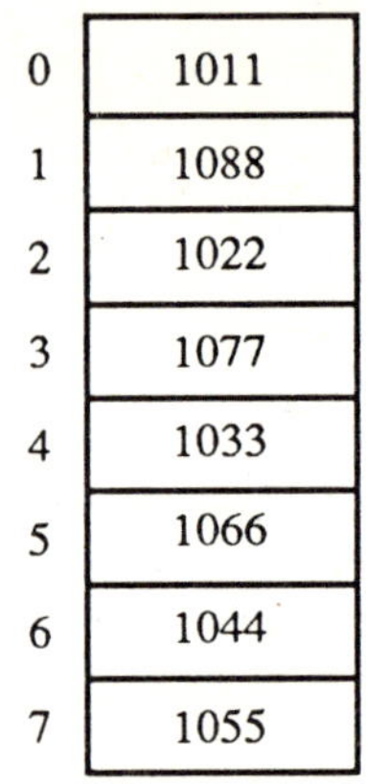


on comparera, dans la première itération, les éléments séparés par quatre positions. Le processus est ensuite répété jusqu'à ce qu'il n'y ait plus de permutation avec un pas de 4.

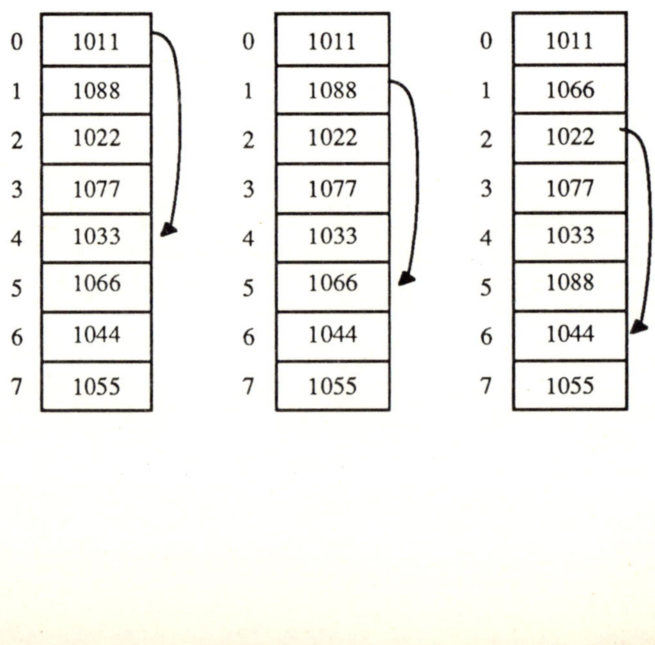

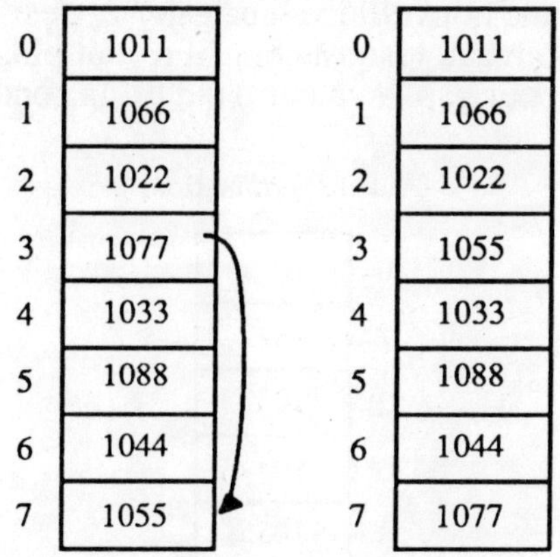

Lorsque ceci est fait, l'algorithme modifie gap en gap / 2. On compare alors les éléments séparés par deux positions, jusqu'à ce qu'il n'y ait plus de permutation.

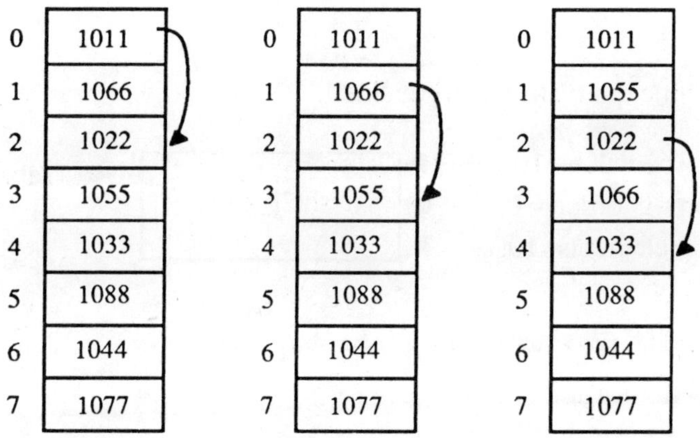

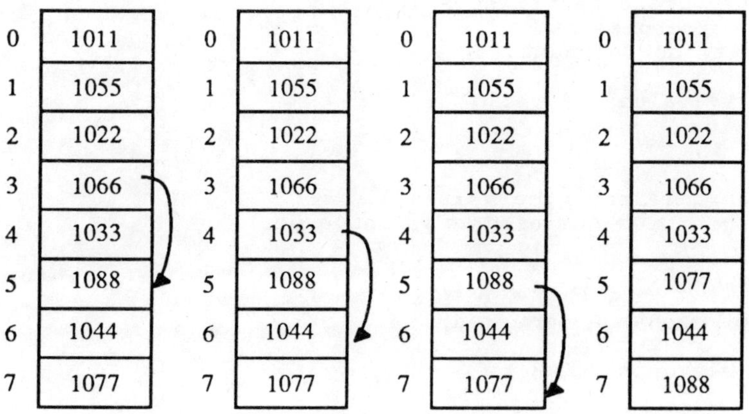

A ce moment là, gap prend une nouvellle valeur gap / 2, c'est-à-dire 1 dans notre exemple. Le processus se poursuit à nouveau jusqu'à ce qu'il n'y ait plus de permutation. En divisant encore gap par 2, on obtient pour gap la valeur 0 qui est la condition de fin de l'algorithme.

Plus de permutations

| | |
|---|---|
| 0 | 1011 |
| 1 | 1022 |
| 2 | 1033 |
| 3 | 1044 |
| 4 | 1055 |
| 5 | 1066 |
| 6 | 1077 |
| 7 | 1088 |

shell_sort est la routine qui réalise ce tri de Shell:

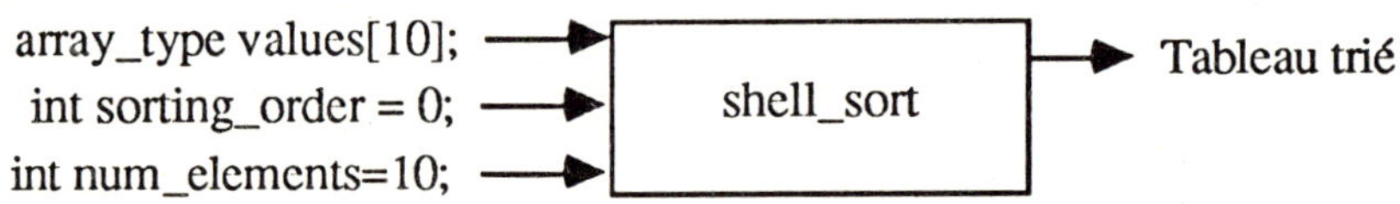


```
/*
 * void shell_sort (values, num_elements, order)
 *
 * Tri du tableau values dans l'ordre spécifié.
 *
 * values (in/out): tableau à trier.
 * num_elements (in): nombre d'éléments du tableau.
 * order (in): ordre de tri souhaité:
 *   0 pour tri croissant
 *   1 pour tri décroissant.
 *
 * shell_sort (values, 10, 1);
 *
 */

void shell_sort (array_type values[],
                 int num_elements, int order)
 {
  array_type temp;

  int i, gap, exchange_occurred;

  gap = num_elements / 2;

  do
    do {
      exchange_occurred = 0;
```

```
      for (i = 0; i < num_elements - gap; i++)
        if ((! order && (values[i] > values[i+gap])) ||
          (order && (values[i] < values[i+gap])))
         {
          temp = values[i];
          values[i] = values[i+gap];
          values[i+gap] = temp;
          exchange_occurred = 1;
         }
    }
    while (exchange_occurred);
  while (gap = gap / 2);
 }
```

## *Le tri rapide*

Bien que l'efficacité du tri de Shell augmente avec le nombre d'éléments du tableau, il a aussi ses limites. Le *tri rapide* (quicksort) est encore plus efficace dès lors que la taille du tableau est supérieure à 150 ou 200 éléments. En fait, c'est un des algorithmes de tri les plus efficaces que l'on connaisse.

Son principe consiste à segmenter une liste de valeurs en une série de listes plus petites. Si l'on a, par exemple, le tableau:

| | | |
|---|---|---|
| DEBUT | 0 | 60 |
| | 1 | 20 |
| | 2 | 10 |
| | 3 | 30 |
| | 4 | 40 |
| | 5 | 50 |
| | 6 | 80 |
| | 7 | 70 |
| FIN_LISTE | 8 | 0 |

l'algorithme de tri rapide va sélectionner une des valeurs comme séparateur; ce sera values[(debut + fin_liste) div 2], c'est-à-dire ici values[4]. Toutes les valeurs inférieures sont alors placées dans une première liste, et toutes les valeurs supérieures dans une seconde liste, ce qui nous donne:

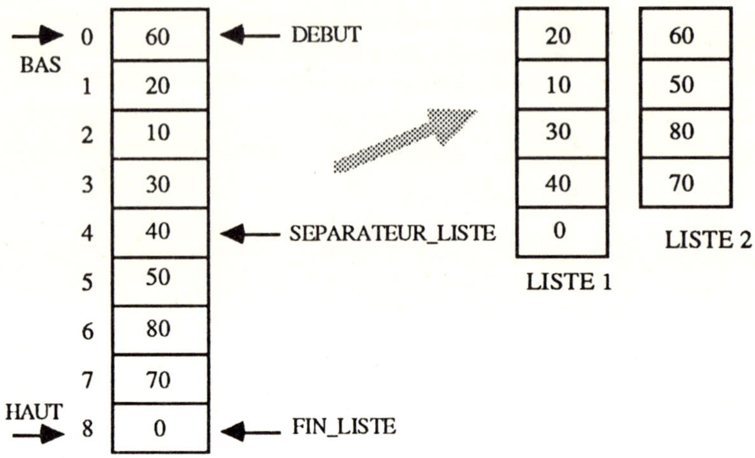


On continue le même processus sur chacune des listes ainsi formées, jusqu'à ce que chaque nouvelle liste ne contienne plus qu'un seul élément. Le tableau est alors trié.

La figure 11-1 montre comment on crée ces sous-listes. Le tri fractionne une liste en deux parties: les éléments les plus petits sont placés à gauche, tandis que les éléments les plus grands vont à droite. On répète le processus jusqu'à ce qu'il n'y ait plus qu'un seul élément par liste. Il suffit alors de lire les éléments de gauche à droite pour avoir le tableau trié.

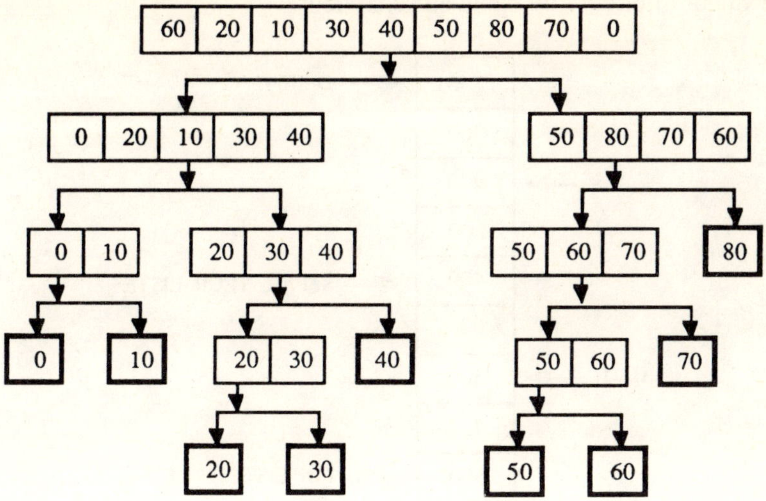


**Figure 11-1.** *Exemple de construction des sous-listes du tri rapide*

Prenons un autre exemple. Soit le tableau:

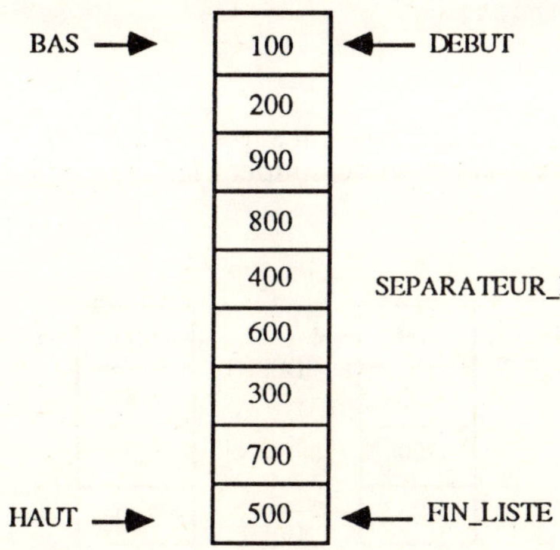


que l'on veut trier en ordre croissant. On le divise d'abord en deux listes. La variable bas désigne le premier élément de la liste, tandis que la variable haut désigne le dernier élément. On incrémente ensuite bas jusqu'à ce que values[bas] contienne une valeur supérieure ou égale à la valeur du séparateur (separateur_liste).

Lorsque values[bas] contient une valeur supérieure ou égale à celle du séparateur, la boucle while se termine. La valeur de haut est alors décrémentée jusqu'à ce que values[haut] contienne une valeur inférieure ou égale au séparateur:

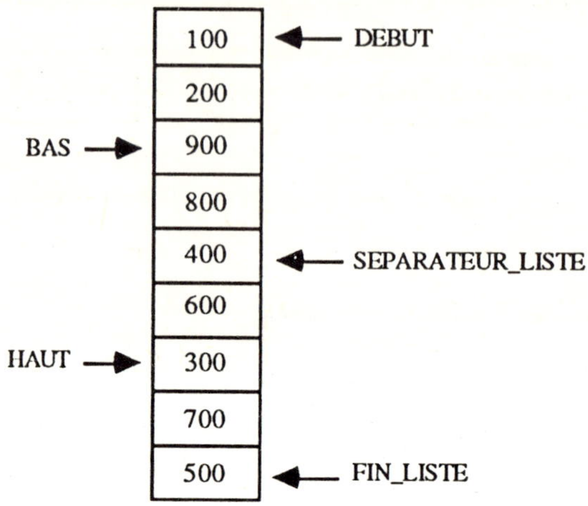


Lorsque values[haut] est inférieure ou égale à la valeur du séparateur, la boucle while se termine et l'on compare les valeurs correspondant à haut et bas. Si celle de bas est inférieure à celle de haut, on les permute; dans le cas contraire, on incrémente bas et on décrémente haut.

```
if (bas <= haut)
  {
   temp = values[bas];
   values[bas++] = values[haut];
   values[haut--] = temp;
  }
```

On répète ainsi le processus jusqu'à ce que bas soit supérieur à haut.

On dispose alors de deux listes: la première contient les éléments de debut à haut, et la seconde de bas à fin_liste:

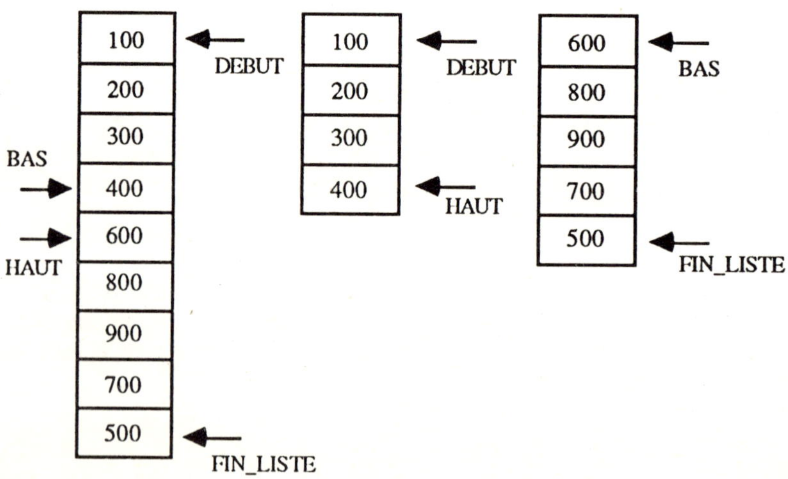

Chaque liste est passée récursivement à la procédure, qui va à nouveau la diviser en deux listes. Le processus continue ainsi jusqu'à ce que chaque liste ne contienne plus qu'un seul élément.

*quick_sort* est une routine qui réalise un tri en utilisant cet algorithme:

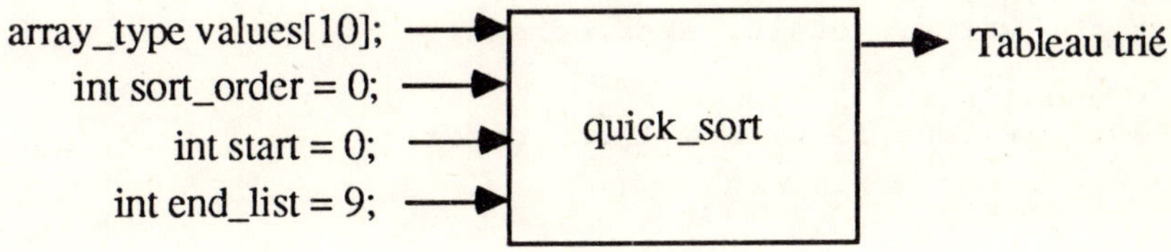


```
/*
 * void quick_sort (values, first, last, order)
 *
 * Tri du tableau values dans l'ordre spécifié.
 *
 * values (in/out): tableau à trier.
 * first (in): indice du premier élément du tableau à trier.
 * last (in) : indice du dernier élément du tableau à trier.
 * order (in): ordre de tri souhaité:
 *   0 pour tri croissant
 *   1 pour tri décroissant.
 *
 * quick_sort (values, 0, 9, 1);
 *
 */


void quick_sort (array_type values[], int start,
                 int end_list, int order)
 {
  array_type temp;
  int low = start;
  int high = end_list;
  int list_separator = values [(start+end_list) / 2];

  do {
   if (! order)    /* croissant */
     {
      while (values[low] < list_separator)
        low++;

      while (values[high] > list_separator)
        high--;
     }
   else         /* décroissant */
    {
      while (values[low] > list_separator)
        low++;

      while (values[high] < list_separator)
        high--;
     }
```

```
    if (low <= high)
      {
       temp = values[low];
       values[low++] = values[high];
       values[high--] = temp;
      }
    }
  while (low <= high);

  if (start < high)
    quick_sort (values, start, high, order);

  if (low < end_list)
    quick_sort (values, low, end_list, order);
}
```

## Tableaux de chaînes de caractères

Tous les tableaux que nous avons vus étaient des tableaux de type int, float, double, etc. Mais Turbo C permet de créer également des tableaux de chaînes de caractères (argv et env). De même que l'on parcourt un tableau de float à l'aide d'une valeur d'indice:

```
for (i = 0;  i < 10;  i++)
  printf ("%f\n", val_virgule_floottante [i]);
```

on peut également manipuler des tableaux de chaînes de caractères:

```
main (argc, argv)
  int argc;
  char *argv[];
 {
  int i;
  for (i = 0;  i < argc;  i++)
   printf (%s\n", argv[i]);
 }
```

On voit que, bien que les tableaux contiennent des chaînes de caractères, leur manipulation se fait à peu près de la même façon qu'avec les tableaux de float. Il en est ainsi des algorithmes de recherche et de tri. La seule différence concerne en effet le code utilisé pour faire la comparaison entre les éléments. Par exemple, le programme suivant utilise la routine equal_strings du chapitre 3 pour faire une recherche séquentielle:

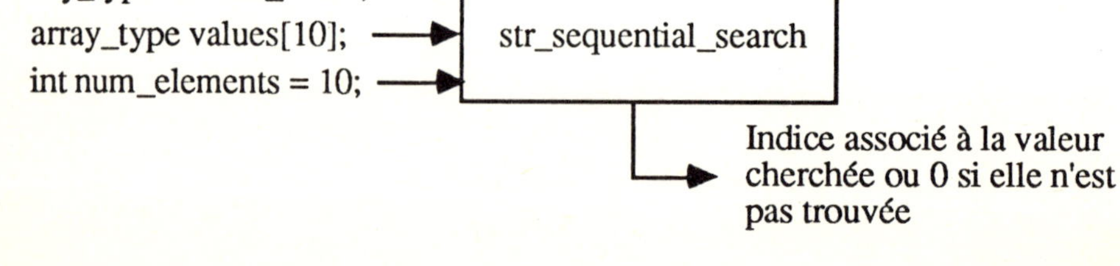

```
/*
 * str_sequential_search (value, array, num_elements)
 *
 * Recherche séquentielle dans un tableau pour trouver l'emplacement
 * d'une chaîne donnée. Retourne l'indice de l'emplacement de la chaîne
 * ou la valeur -1 si la chaîne n'est pas trouvée.
 *
 * value (in): chaîne à rechercher.
 * array (in): tableau des valeurs.
 * num_elements (in): nombre des éléments du tableau.
 *
 * index = str_sequential_search ("Lundi", jours, 10);
 *
 * S'il y a plusieurs occurrences de la même valeur recherchée, la
 * routine retourne l'emplacement de la première occurrence trouvée.
 *
 */

int str_sequential_search (array_type value, array_type values[],
                           int num_elements)
 {
  int i, location = -1;

  for (i = 0; (i < num_elements) && location == -1; i++)
    if (equal_strings (values[i], value, 0))
      location = i;

  return (location);
 }
```

Si l'on suppose qu'un tableau contient:

| | |
|---|---|
| 0 | Annie |
| 1 | Bruno |
| 2 | Christine |
| 3 | Jean-Alain |
| 4 | Michel |
| 5 | Natty |
| 6 | René |
| 7 | Suzanne |
| 8 | Sylvie |

**Noms**

l'appel de la fonction:

```
index = str_sequential_search ("Natty", Noms, 9);
```

retourne la valeur d'indice 5. De même, l'appel de:

```
index = str_sequential_search ("Kiki", Noms, 9);
```

retourne la valeur -1 puisque le tableau ne contient pas cette chaîne de caractères. La routine suivante utilise compare_strings (vue au chapitre 3) pour faire une recherche dichotomique:

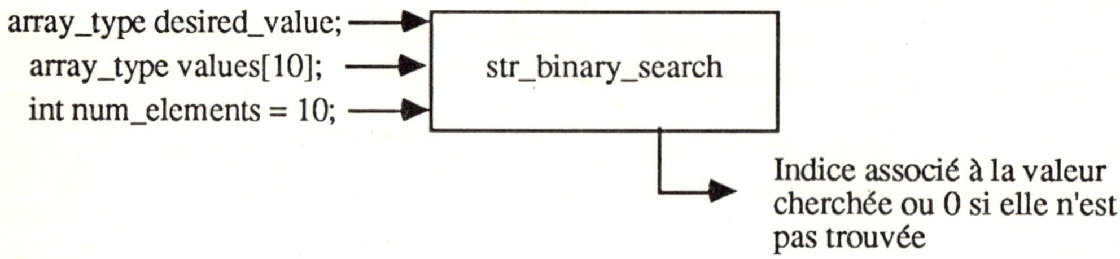


```
/*
 * str_binary_search (value, array, num_elements)
 *
 * Recherche dichotomique dans un tableau pour trouver l'emplacement
 * d'une chaîne donnée. Retourne l'indice de l'emplacement de la chaîne
 * ou la valeur -1 si la chaîne n'est pas trouvée.
 *
 * value (in): chaîne à rechercher.
 * array (in): tableau des valeurs.
 * num_elements (in): nombre des éléments du tableau.
 *
 * index = str_binary_search ("Lundi", jours, 10);
 *
 */


int str_binary_search (array_type value, array_type values[],
                       int num_elements)
 {
  int i, found = 0;
  int high, low, mid_index, result;

  low = 0;
  high = num_elements;
  mid_index = (high + low) / 2;

  while ((! found) && (high >= low))
   {
    result = string_comp (value, values[mid_index], 0);

    if (result == 0)
      found = 1;
    else if (result == 2)
      high = mid_index - 1;
    else if (result == 1)
      low = mid_index + 1;

    mid_index = (high + low) / 2;
   }

  return ((found) ? mid_index: -1);
 }
```

La seule différence réelle entre les routines de recherche de chaînes et celles que nous avons vues au début de ce chapitre est dans le code qui effectue la comparaison des éléments:

```
if (value == values[i])
```

versus

```
if (equal_strings (value, values[i]))
```

On peut, bien entendu, vouloir développer une seule routine pour traiter ces deux cas, on a alors le choix entre deux façons de faire.

La première façon consiste à passer en paramètre à la routine l'adresse de la fonction qui effectue la comparaison des éléments, comme dans:

```
generic_search (value, array, num_elements, routine_comp);
```

Pour un tableau de type float, la routine de comparaison serait définie par:

```
float_compare (float a, float b)
  {
   return ( a==b );
  }
```

Et dans un programme qui utilise ce tableau, il suffit de passer l'adresse de float_compare à la routine generic_search:

```
typedef float array_type;

main ()
  {
  float values[10];

  int generic_search (array_type, array_type [], int, int (*)());

  int i;

  for (i=0; i < 10; i++)
    values[i] = i * 1.0;

  printf ("Emplacement de %f dans le tableau: %d\n", 3.0,
          generic_search (3.0, values, 10, float_compare));
  }
```

Le code suivant réalise une recherche générique:

```
int generic_search (array_type value, array_type values[],
                    int num_elements,
                    int (*compare) (array_type, array_type))
{
  int i, location = -1;

  for (i=0; (i < num_elements) && (location == -1); i++)
    if ((*compare) (value, values[i]))
      location = i;

  return (location);
}
```

Remarquons la définition de la routine qui réalise effectivement la comparaison des éléments:

```
int (*compare) (array_type, array_type)
```

Si l'on examine le contenu de la première parenthèse, on s'aperçoit que compare est un pointeur, et en examinant la seconde parenthèse, qu'il s'agit d'un pointeur sur une fonction. Le type int définit donc le type de la valeur qui est retournée par la fonction. Voilà qui diffère notablement de la déclaration

int *compare (array_type, array_type)

dans laquelle on déclare compare comme une fonction qui retourne un pointeur à une valeur de type int.

Ceci étant dit, on peut ensuite passer un tableau de chaînes de caractères et la routine equal_strings à generic_search de la façon suivante:

```
index = generic_search ("LUNDI", jours, 10, equal_strings);
```

Il faut néanmoins se rappeler que, bien qu'on utilise la même routine pour chaque type, on doit la recompiler à chaque changement de définition du type type_array.

Cet algorithme semble très puissant puisqu'il utilise un pointeur sur une fonction. En fait, il présente de sérieux inconvénients: on peut, en effet, vouloir créer plusieurs fonctions additionnelles pour comparer les éléments:

```
float_compare (float a, float b)
  {
   return (a == b);
  }

int_compare (int a, int b)
  {
   return (a == b);
  }

double_compare (double a, double b)
  {
   return (a == b);
  }
```

On sait bien que les appels de fonctions augmentent les frais de gestion du système (*overhead*). Cette routine accroît notablement le nombre d'appels de fonctions nécessaires puisque chaque comparaison est maintenant un appel de fonction. Elle s'exécutera donc beaucoup plus lentement que les fonctions précédentes.

Une deuxième façon de faire une routine qui traite les tableaux de chaînes de caractères aussi bien que les autres consiste à passer un paramètre qui décrive le type du tableau, comme dans:

| Valeur | Type |
|---|---|
| 0 | Autre type |
| 1 | Chaîne de caractère |

Il suffit alors, dans la routine, d'effectuer une certaine comparaison en fonction du type:

```
int generic_search (array_type value, array_type values[],
                    int num_elements, int type)
 {
  int i, location = -1;

  for (i = 0; (i < num_element) && (location == -1); i++)
    if ((type == 0) && (value == values[i]))
      location = i;
    else if ((type == 1) && (equal_strings (value, values[i])))
      location = i;

  return (location);
 }
```

Cette routine implique elle aussi des appels de fonctions supplémentaires et doit également être recompilée à chaque changement de type de tableau. C'est pourquoi de nombreux programmeurs préfèrent encore avoir une bibliothèque de routines spécialisées pour le traitement des tableaux de chaînes de caractères, d'entiers ou de réels:

```
int_bubble_sort (values, num_elements, order);
float_bubble_sort (values, num_elements, order);
string_bubble_sort (values, num_elements, order);
```

Puisque nous avons déjà vu comment fonctionnaient les routines de tri, nous n'analyserons pas plus en détail les routines suivantes qui effectuent le tri bulles, le tri par extraction, le tri Shell et le tri rapide, mais sur des tableaux de chaînes de caractères.

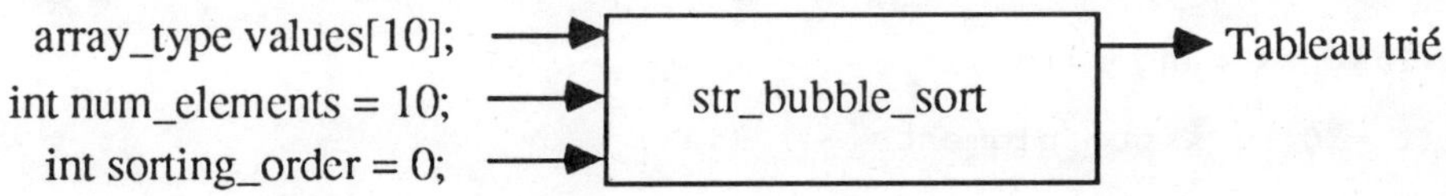


```
/*
 * void str_bubble_sort (values, num_elements, order)
 *
 * Tri dans l'ordre spécifié d'un tableau de chaînes de caractères.
 *
 * values (in/out): tableau des valeurs à trier.
 * num_elements (in): nombre d'éléments du tableau.
 * order (in): ordre de tri souhaité:
 *   0 pour tri croissant
 *   1 pour tri décroissant.
 *
 * str_bubble_sort (values, 10, 1);
 *
 */

void str_bubble_sort (array_type values[], int num_elements, int order)
 {
  array_type temp;

  void fast_exchange ();

  int i, j;

  for (i = 0; i < num_elements - 1; i++)
    for (j = i + 1; j < num_elements; j++)
      if ((! order && (string_comp (values[i], values[j]) ==1)) ||
```

```
          (order && (string_comp (values[i], values[j]) == 2)))
             fast_exchange (values[i], values[j]);
 }
```

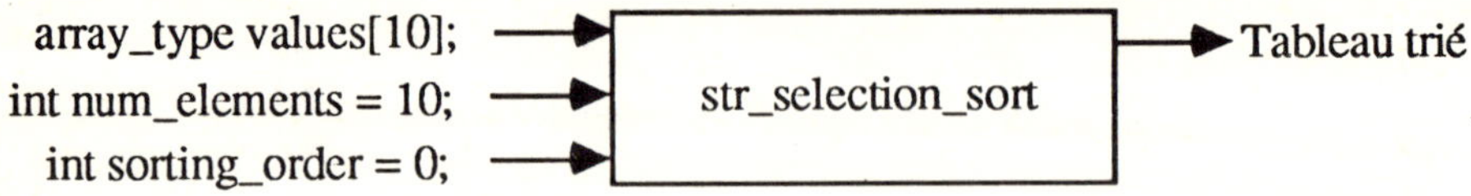


```
/*
 * void str_selection_sort (values, num_elements, order)
 *
 * Tri dans l'ordre spécifié d'un tableau de chaînes de caractères.
 *
 * values (in/out): tableau des valeurs à trier.
 * num_elements (in): nombre d'éléments du tableau.
 * order (in): ordre de tri souhaité:
 *   0 pour tri croissant
 *   1 pour tri décroissant.
 *
 * str_selection_sort (values, 10, 1);
 *
 */

void str_selection_sort (array_type values[],
                         int num_elements, int order)
 {
  int i, j, current;

  void fast_exchange ();

  for (i = 0; i < num_elements - 1; i++)
   {
    current = i;
    for (j = i + 1; j < num_elements; j++)
      if ((! order && (string_comp (values[current], values[j]) ==1)) ||
          (order && (string_comp (values[current], values[j]) == 2)))
             fast_exchange (values[current], values[j]);

   }
 }
```

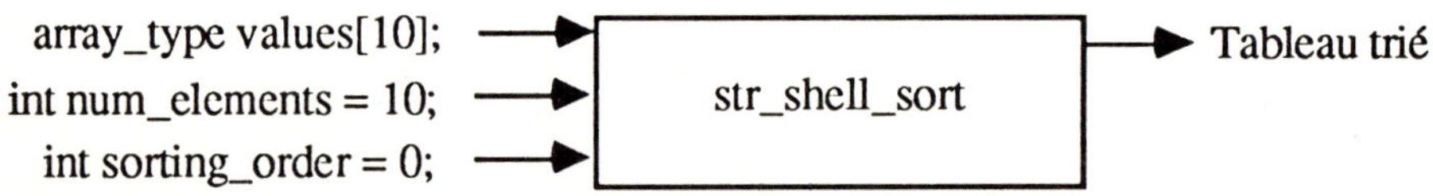


```
/*
 * void str_shell_sort (values, num_elements, order)
 *
 * Tri dans l'ordre spécifié d'un tableau de chaînes de caractères.
 *
 * values (in/out): tableau des valeurs à trier.
 * num_elements (in): nombre d'éléments du tableau.
 * order (in): ordre de tri souhaité:
 *   0 pour tri croissant
 *   1 pour tri décroissant.
```

```
 *
 * str_shell_sort (values, 10, 1);
 *
 */

void str_shell_sort (array_type values[],
                     int num_elements, int order)
 {
  array_type temp;

  int i, gap, exchange_occurred;

  gap = num_elements / 2;

  do
    do {
      exchange_occurred = 0;

      for (i = 0; i < num_elements - gap; i++)
        if ((! order && (string_comp(values[i],values[i+gap]) == 1)) ||
          (order && (string_comp (values[i], values[i+gap]) == 2)))
         {
          temp = values[i];
          values[i] = values[i+gap];
          values[i+gap] = temp;
          exchange_occurred = 1;
         }
     }
    while (exchange_occurred);
  while (gap = gap / 2);
 }
```

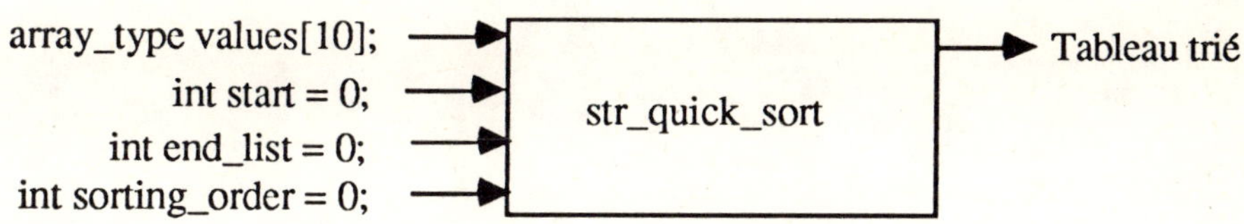


```
/*
 * void str_quick_sort (values, first, last, order)
 *
 * Tri dans l'ordre spécifié d'un tableau de chaînes de caractères.
 *
 * values (in/out): tableau des valeurs à trier.
 * first (in): indice du premier élément à trier du tableau.
 * last (in): indice du dernier élément à trier du tableau.
 * order (in): ordre de tri souhaité:
 *   0 pour tri croissant
 *   1 pour tri décroissant.
 *
 * str_quick_sort (values, 0, 9, 1);
 *
 */

void str_quick_sort (array_type values[], int start,
                     int end_list, int order)
 {
  array_type temp;
  int low = start;
  int high = end_list;
  int list_separator_index = (start+end_list) / 2;
```

```
void fast_exchange ();

char list_separator [128];

copy_string (values[list_separator_index], list_separator,
             sizeof(list_separator));

do {
 if (! order)    /* ascending */
   {
     while (string_comp (values[low], list_separator) == 2)
       low++;

     while (string_comp (values[high], list_separator) == 1)
       high--;
   }
 else         /* descending */
   {
     while (string_comp (values[low], list_separator) == 1)
       low++;

     while (string_comp (values[high], list_separator) == 2)
       high--;
   }

  if (low <= high)
    fast_exchange (values[low++], values[high--]);
  }
 while (low <= high);

 if (start < high)
   str_quick_sort (values, start, high, order);

 if (low < end_list)
   str_quick_sort (values, low, end_list, order);
}
```

En écrivant ce chapitre, nous poursuivions deux buts: d'abord vous présenter plusieurs routines très utiles et faciles à programmer; ensuite, et c'est le plus important, vous apprendre ce qu'il y a derrière les algorithmes de recherche et de tri les plus connus. Cependant, vous savez qu'il existe dans la bibliothèque de Turbo C les routines bsearch, qsort et lsearch qui réalisent des recherches et des tris complètement génériques.

On peut se demander comment Borland a pu faire des routines génériques, alors que nous n'y sommes pas arrivés. En réalité, nous aurions pu y arriver, mais cela aurait conduit à des routines très peu lisibles.

Analysons le cas de la recherche séquentielle. Comme précédemment, il convient de définir une fonction de comparaison de deux valeurs. Ici, nous allons faire des recherches dans des tableaux int et float.

```
int_cmp (int *x, int *y)
  {
   if (*x == *y)
     return (1);
   else
     return (0);
  }
```

```
flt_cmp (float *x, float *y)
  {
    if (*x == *y)
      return (1);
    else
      return (0);
  }
```

Il faut ensuite définir la routine qui effectue réellement la recherche:

```
int generic_seq_search (void *value, void *values,
                        int num_elements, int width,
                        int (*compare) (void *, void *))
 {
  int i, location = -1;

  for (i = 0; (i < num_elements - 1) && location == -1; i++)
    if ((*compare)(value,(void *)((char *) values + (i*width))))
      location = i;

  return (location);
 }
```

Remarquons la définition (pointeurs void) de la valeur cherchée et du tableau. C'est précisément là que se trouve la source du caractère générique de la routine.
L'instruction de comparaison:

```
    if ((*compare)(value,(void *)((char *) values + (i*width))))
```

ne vous semble sans doute pas très claire. Puisque l'on manipule des pointeurs, on ne doit pas avoir à tenir compte du type du tableau. On doit donc comparer l'adresse de la valeur cherchée à l'adresse de l'élément de tableau courant. La routine qui effectue la comparaison est la seule à être vraiment concernée par le type du tableau. Par exemple, la routine int_cmp considère tout simplement les adresses qu'elle reçoit comme des pointeurs sur le type int. C'est bien là le but cherché.

Le programme suivant passe des tableaux de type int et float à la routine de recherche. Notez que la valeur cherchée *doit* être passée par adresse:

```
main ()
  {
    int flt_cmp (float *, float *);
    int int_cmp (int *, int *);

    int int_values[10];
    float float_values[10];

    int int_value = 2;
    float float_value = 2.0;

    int i;

    for (i = 0;  i < 10;  i++)
      {
        int_values[i] = i * 1;
        float_values[i] = i * 1.0;
      }
```

```
    printf ("int resultat %d\n",
            generic_seq_search (&int_value, int_values, 10,
                                 sizeof(int), int_cmp));
    printf ("float resultat %d\n",
            generic_seq_search (&float_value, float_values, 10,
                                 sizeof(float), flt_cmp));
}
```

De toute évidence, ce code est générique, mais son grand défaut est qu'il n'est plus vraiment lisible. On peut appliquer les concepts présentés ici à toutes les routines de chapitre: c'est exactement comme cela qu'ont été écrites les routines de recherche et de tri de la bibliothèque standard de Turbo C.

Lorsqu'on programme une application, il est important de bien choisir son tri en raison même de l'impact que ce choix peut avoir sur les performances globales du système. Les compilateurs qui offrent une procédure de tri se basent en général sur le tri rapide. Mais essayez de trier avec ces diverses méthodes des tableaux de 30, 300 et 3 000 éléments: vous verrez que le temps de tri est à peu près le même pour 30 éléments, quelle que soit la méthode, que le tri bulles est plus lent que les autres pour 300 éléments et que le tri rapide est de loin le meilleur lorsqu'il s'agit de trier 3 000 éléments. On peut cependant penser que la nature récursive du tri rapide le rend inadapté au traitement de petits tableaux.

Chaque méthode a donc ses avantages et ses inconvénients, à vous de faire un choix judicieux en vous basant essentiellement sur le nombre d'éléments à trier qui vous apparaît comme le plus probable.

# 12 Routines d'entrées/sorties

Les applications et logiciels sont jugés en grande partie sur leur interface utilisateur. Combien de programmes méritants se trouvent sous-employés du fait d'une utilisation fastidieuse voire désagréable. Sans la facilité d'emploi, un programme perd une grande part de son utilité.

Dans le monde de l'informatique, chacun a sa définition de la "convivialité". Bien souvent, la convivialité se résume à prévoir l'emploi d'une souris dans les menus, sans s'interroger sur le type d'utilisateur final du produit. Or il se trouve par exemple de nombreux programmeurs préférant des dialogues intelligemment construits à partir de lignes de commande, qui repousseraient plus d'un utilisateur profane. Il faut donc pouvoir concevoir des dialogues *intelligents* tout autant que des dialogues *conviviaux*. Ainsi, un enchaînement de questions bien conçu doit rendre évident pour l'utilisateur l'enchaînement des réponses.

Prenons un exemple. On doit faire saisir les renseignements nécessaires à un publipostage, selon le schéma suivant:

```
Nom :
Adresse:
Code Postal:    Ville:                      Pays:
```

De nombreux programmes demandent les réponses une à une :

```
Donner le Nom:  Martin LANDAU
Donner l'adresse:
```

Afin de faciliter la tâche de l'utilisateur, il est préférable de faire figurer l'ensemble des renseignements à saisir et d'inviter celui-ci à remplir les différents champs:

```
Nom:____________________
Adresse:_____________________________________________________
Code Postal: _____  Ville:________________  Pays:_____________
```

Un tel écran permet d'avoir une vue globale des renseignements à apporter et de leur ordonnancement.

Les routines présentés dans les paragraphes qui suivent vous aideront à construire des dialogues cohérents, qui permettent de se consacrer au seul problème traité, sans être contraint à de longues phases de saisie de données.

## Améliorer l'affichage

Un premier ensemble de routines traitent de l'amélioration de l'affichage de chaînes, d'entiers, et de nombres décimaux. Notons au passage que l'on n'emploiera pas l'instruction printf dont l'exécution est trop lente et trop limitée.

Ces routines s'appuient sur une autre détaillée dans le chapitre 7, *write_char_and_attr* , et évitent donc les routines de la bibliothèque standard de Turbo C pour accéder directement aux services du BIOS. On peut par ce moyen contrôler entièrement l'affichage, caractère par caractère. Ici, toutes les routines contrôlent les attributs d'affichage de la page en cours (à savoir la page 0), mais certains programmes plus sophistiqués permettent de contrôler l'affichage *d'une page donnée* et de la rendre active au moyen de routines du chapitre 7. Les pages ainsi traitées apparaîtront simultanément à l'écran.

Les attributs de contrôle disponibles au niveau du caractère sont le gras, le clignotement, et la couleur. A chaque caractère affiché correspond un octet renseignant sur les attributs de ce caractère. Le tableau 12-1 établit la signification de chacun des bits qui composent l'octet-attribut.

| Bit | Attribut |
|---|---|
| 0 | Caractères bleus |
| 1 | Caractères verts |
| 2 | Caractères rouges |
| 3 | Caractères gras |
| 4 | Fond bleu |
| 5 | Fond vert |
| 6 | Fond rouge |
| 7 | Clignotement |

***Tableau 12-1.** Signification des bits de l'octet-attribut*

Le programme suivant illustre l'ensemble des combinaisons réalisables en jouant sur les huit types d'affichage. On peut par exemple l'utiliser au moment de choisir le type d'affichage souhaité pour une zone.

```
#include <stdio.h>
main ()
   {
    char str[4];
    int attr, i;
    for (i = 0; attr <= 255; attr++)
       {
        int_to_ascii (attr, str);
        for (i = 0; str[i]; i++)
           {
            set_cursor_position (0, 10, 39 + i);
            write_char_and_attr (0, str[i], attr, 1);
           }
        getchar ();
       }
   }
```

La routine put_string permet d'afficher une chaîne de caractères à une position donnée (ligne, colonne) avec un jeu d'attributs donné. Combinée à des routines personnelles, elle s'avère particulièrement utile:

```
main ()
   {
    int page = 0, row = 10, column = 10, attribute = 7;
    put_string ("User prompt:", page, row, column, attribute, 80);
   }
```

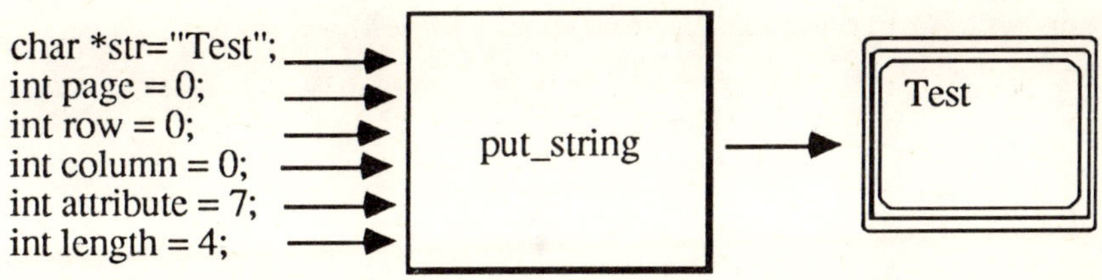


```
/*
 * void put_string (string, page, row, column, attribute, length)
 *
 * Place une chaîne de caractères sur la position spécifiée.
 *
 * string (in): chaîne à afficher.
 * page (in): page.souhaitée
 * row (in): ligne de l'écran où débute la chaîne.
 * column (in): colonne de l'écran où débute la chaîne.
 * attribute (in): attribut vidéo de la chaîne.
 * length (in): longueur maximum affichable.
 *
 * exemple d'appel : put_string ("User Prompt:", 0, 10, 10, 7, 11);
 */

void put_string (char *str, int page, int row,
                 int column, int attribute, int length)
 {
  int count = 0;
  void write_char_and_attr (int, int, int, int);
```

```
  void set_cursor_position (int, int, int);
  while ((*str) && (count < length))
    {
      set_cursor_position (page, row, column + count++);
      write_char_and_attr (page, *str++, attribute, 1);
    }
}
```

La routine put_centered_string est basée sur l'utilisation d'un écran de 80 colonnes; elle permet d'afficher une chaîne au milieu d'une ligne spécifiée:

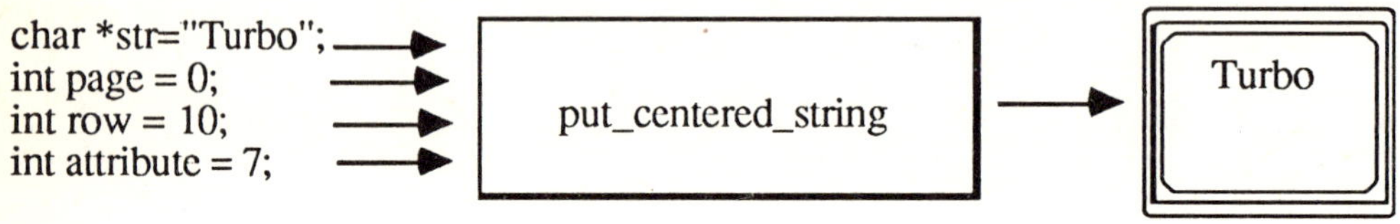


```
/*
 * void put_centered_string (string, page, row, attribute)
 *
 * Place une chaîne de caractères centrée sur une ligne donnée.
 *
 * string (in): chaîne à afficher.
 * page (in): page souhaitée.
 * row (in): ligne de l'écran où débute la chaîne.
 * attribute (in): attribut vidéo de la chaîne.
 *
 * ex: put_centered_string ("Turbo C Programmer's Library", 0, 5, 7);
 *
 * Cette routine est écrite pour un écran de 80 caractères.
 */

void put_centered_string (char *str, int page,
                          int row, int attribute)
 {
  int count = 0;
  int column;
  void write_char_and_attr (int, int, int, int);
  void set_cursor_position (int, int, int);
  while (*(str + count))
    count++;
  column = 39 - (count / 2);
  while (*str)
    {
      set_cursor_position (page, row, column++);
      write_char_and_attr (page, *str++, attribute, 1);
    }
 }
```

La routine put_int affiche une valeur entière à une position donnée de l'écran, sur la page spécifiée, et avec des attributs d'affichage appropriés:

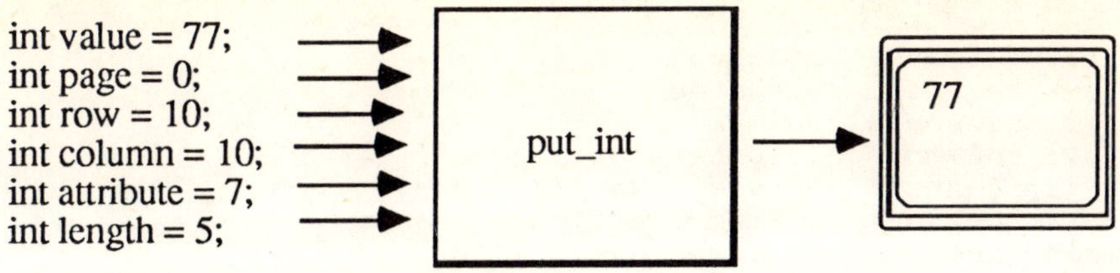


```
/*
 * void put_int (value, page, row, column, attribute, length)
 *
 * Place un entier sur la position spécifiée.
 *
 * string (in): entier à afficher.
 * page (in): page souhaitée.
 * row (in): ligne de l'écran où afficher l'entier
 * column (in): colonne de l'écran où débute l'entier.
 * attribute (in): attribut vidéo de l'entier.
 * length (in): longueur maximum du nombre affichable.
 *
 * exemple d'appel : put_int (12345, 0, 10, 10, 7, 11);
 */

void put_int (int value, int page, int row,
              int column, int attribute, int length)
 {
  int count = 0;
  void write_char_and_attr (int, int, int, int);
  void set_cursor_position (int, int, int);
  char str[132];
  int_to_ascii (value, str);
  while ((str[count]) && (count < length))
    {
      set_cursor_position (page, row, column + count);
      write_char_and_attr (page, str[count++], attribute, 1);
    }
 }
```

De façon analogue, put_float permet d'afficher un nombre décimal en un point de l'écran, avec la possibilité de supprimer les chiffres non significatifs (le type float ayant 7 chiffres significatifs).

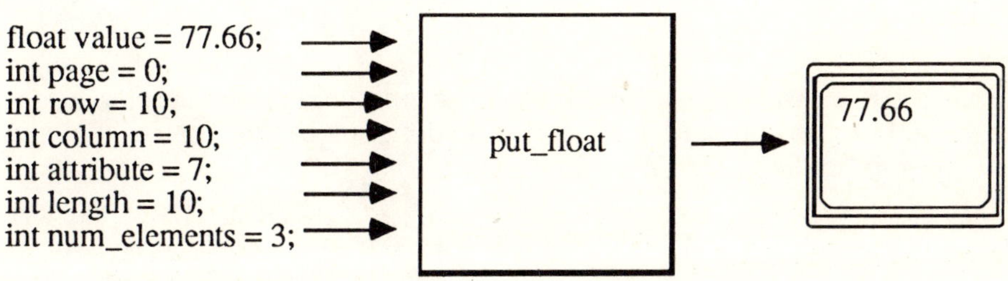


```
/*
 * void put_float (value, page, row, column, attribute,
 *                 length, num_decimals)
 *
 * Ecrit un nombre décimal sur la position indiquée.
```

```
 *
 * value (in): décimal à afficher.
 * page (in): page vidéo souhaitée.
 * row (in): ligne souhaitée.
 * column (in): colonne où débute l'affichage.
 * attribute (in): attriibut vidéo de la zone affichée.
 * length (in): longueur maximum à afficher.
 * num_decimals (in): précision après la virgule
 *                    (ou point décimal).
 *
 * exemple d'appel : put_float (12345.67, 0, 10, 10, 7, 11, 2);
 */

void put_float (float value, int page, int row,
                int column, int attribute, int length,
                int num_decimals)
 {
  int count = 0;
  void write_char_and_attr (int, int, int, int);
  void set_cursor_position (int, int, int);
  char *str;
  int sign, decimal_position;
  char *ecvt (double, int, int *, int *);
  str = ecvt ((double) value, length, &decimal_position, &sign);
  if (sign)
   {
     set_cursor_position (page, row, column + count++);
     write_char_and_attr (page, '-', attribute, 1);
   }

  while ((str[count]) && (count < length))
    {
      set_cursor_position (page, row, column + count);
      if (count == decimal_position)
       {
        write_char_and_attr (page, '.', attribute, 1);
        count++;
       }
      else
        write_char_and_attr (page, str[count++], attribute, 1);
      if (count > (num_decimals + decimal_position))
        break;
    }
 }
```

A la différence de put_string, put_prompt affiche une chaîne de caractères mais en effaçant le reste de la ligne courante. Ceci concerne donc les cas où l'on ne souhaite pas conserver l'affichage précédent.

```
/*
 * void put_prompt (prompt, page, row, column, attribute, length)
 *
 * Ecrit un intitulé sur une ligne donnée de l'écran;
 * la fin de la ligne concernée est effacée.
 *
 * prompt (in): intitulé à afficher.
 * page (in): page vidéo souhaitée.
 * row (in): ligne de l'écran recevant le texte.
 * column (in): colonne de départ du texte à afficher.
 * attribute (in): attribut vidéo du texte à afficher.
 * length (in): longueur maximum du texte à afficher.
 *
 * put_prompt ("Enter Name:", 0, 10, 10, 7, 15);
 */

void put_prompt (char *str, int page, int row,
                 int column, int attribute, int length)
 {
  int count = 0;
  void write_char_and_attr (int, int, int, int);
  void set_cursor_position (int, int, int);
  while ((*str) && (count < length))
    {
      set_cursor_position (page, row, column + count++);
      write_char_and_attr (page, *str++, attribute, 1);
    }
  /* efface les caractères restant sur la ligne */
  column += count;
  while (column < 80)
    {
      set_cursor_position (page, row, ++column);
      write_char_and_attr (page, 0, 0, 1);
    }
 }
```

## *Routines de saisie*

La série de routines de ce paragraphe permet d'effectuer des contrôles de saisie sur des données de type caractère, entier ou numérique. La routine de référence de tout le paragraphe est *get_string*.

En C, la plupart des données saisies sont stockées sous forme de chaînes de caractères; il faut donc disposer de routines élaborées qui tirent parti de ce mode de stockage et offrent notamment le contrôle de longueur, la gestion de valeurs par défaut, etc. Par exemple, si l'on traite un dialogue de préparation de publipostage, on peut faire apparaître par défaut dans le champ "Titre de civilité" la chaîne "M. ", ou pour un numéro de téléphone "(16) .. .. .. ..", l'utilisateur pouvant sélectionner ou modifier ces valeurs par défaut.

Dans ce but, la routine get_string permet à l'utilisateur d'employer les flèches de déplacement GAUCHE et DROITE pour modifier le contenu du champ saisi, ainsi que les touches INSERE et EFFACEMENT-ARRIERE (BACKSPACE).

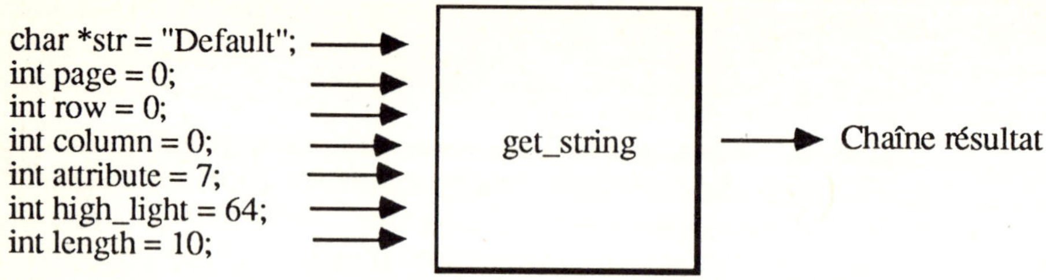


```
/*
 * get_string (string, page, row, column, attribute,
 *             high_light, length);
 *
 * Affiche une chaîne de caractères par défaut, que l'utilisateur
 * peut modifier à volonté.
 *
 * string (in): chaîne par défaut affichée.
 * page (in): page vidéo souhaitée.
 * row (in): ligne d'affichage de la chaîne.
 * column (in): colonne de départ de la chaîne.
 * attribute (in): attribut vidéo de la chaîne affichée.
 * high_light (in): attribut vidéo du restant de la zone à saisir.
 * length (in): longueur maximum de la chaîne saisie.
 *
 * get_string (string, 0, 10, 10, 7, 65, 10);
 */

void get_string (char *str, int page, int row,
                 int column, int attribute,
                 int high_light, int length)
 {
  void write_char_and_attr (int, int, int, int);
  void set_cursor_position (int, int, int);
  int no_echo_read (void);
  int get_shift_state (void);
  int i, count = 0, done = 0, letter, scan_code;
  /* affichage de la chaîne par défaut */
  while ((str[count]) && (count < length))
    {
      set_cursor_position (page, row, column + count);
      write_char_and_attr (page, str[count++], attribute, 1);
    }
  set_cursor_position (page, row, column + count);
  if (length - count)
    write_char_and_attr (page, 32, high_light, length - count);
  count = 0;
  set_cursor_position (page, row, column + count);
  while (! done)
    {
      letter = no_echo_read ();      /* lecture du clavier */
      switch (letter) {
        case 8: /* cas de la touche EFFACEMENT ARRIERE*/
                if (count > 0)       /* pas de caractères à effacer */
                 {
                  if (count + 1 == length)
                   {
                    if (str[count])
                      str[count] = '\0';
```

```
                else
                  set_cursor_position (page, row, column + --count);
                str[count] = '\0';
                write_char_and_attr (page, 32, high_light, 1);
                break;
               }
              else   /* décalage de tous les caractères suivants */
               {
                 for (i = --count + 1; i < length; i++)
                   str[i-1] = str[i];
                 i = 0;
                 while ((str[i]) && (i < length))
                  {
                   set_cursor_position (page, row, column + i);
                   write_char_and_attr(page,str[i++],attribute, 1);
                  }
                 set_cursor_position (page, row, column + i);
                 if (length > i)
                   write_char_and_attr (page, 32, high_light,
                                        length - i);
                 set_cursor_position (page, row, column + count);
               }
             }
            break;
    case 13: /* cas du retour-chariot (ENTER) */
            done = 1;
            break;
    case 0: scan_code = no_echo_read ();
            if (scan_code == 77)  /* right arrow */
             {
              if ((str[count]) && ((count + 1) != length))
               {
                write_char_and_attr(page,str[count++],attribute,1);
                set_cursor_position (page, row, column + count);
               }
             }
            else if (scan_code == 75)  /* left arrow */
             if (count)
               set_cursor_position (page, row, column + --count);
            break;
    default: if (get_shift_state () & 128)
               {
                for (i = length -1; i > count; i--)
                  str[i] = str[i-1];
                for (i = count+1; i < length; i++)
                   if (str[i])
                     {
                      set_cursor_position (page, row, column + i);
                      write_char_and_attr(page,str[i],attribute,1);
                     }
                   else
                     break;
                 set_cursor_position (page, row, column+count);
               }
             if (str[count] != '\0')
               str[count+1] = '\0';
             str[count] = letter;
             write_char_and_attr (page, letter, attribute, 1);
             if (count + 1 != length)
               set_cursor_position (page, row, column + ++count);
             break;
  }
}
```

```
   for (i = 0; str[i] && (i < length); i++)
      count++;
   str[count] = '\0';
 }
```

La routine get_int, basée sur get_string ainsi que sur les routines de conversion ascii_to_int et int_to_ascii présentées dans les chapitres précédents, permet la saisie de valeurs entières:

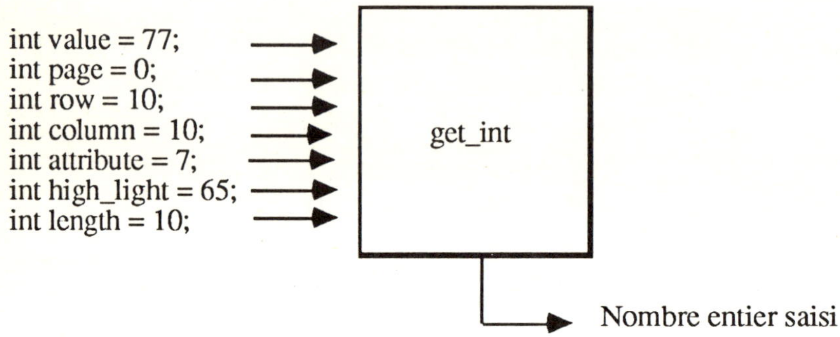


```
/*
 * get_int (value, page, row, column, attribute,
 * high_light, length);
 *
 * Affiche une valeur entière par défaut, que l'utilisateur
 * peut modifier à volonté
 *
 * value (in): Valeur proposée par défaut.
 * page (in): Page vidéo souhaitée.
 * row (in): ligne d'affichage de la valeur.
 * column (in): colonne de départ de la valeur.
 * attribute (in): attribut vidéo de la valeur affichée.
 * high_light (in): attribut vidéo du restant de la zone à saisir.
 * length (in): longueur maximum de la valeur saisie.
 *
 * exemple d'appel : result = get_int (12345, 0, 10, 10, 7, 65, 10);
 */


get_int (int value, int page, int row, int column,
         int attribute, int high_light, int length)
 {
  void get_string (char *, int, int, int, int, int, int);
  char str[132];
  int done = 0;
  int status;
  while (! done)
   {
     int_to_ascii (value, str);
     get_string (str, page, row, column, attribute,
                 high_light, length);
     status = ascii_to_int (str, &value);
     if (status != -1)
       done = 1;
   }
  return (value);
 }
```

La routine ascii_to_float convertit une valeur décimale sous forme de chaîne ASCII en valeur numérique:

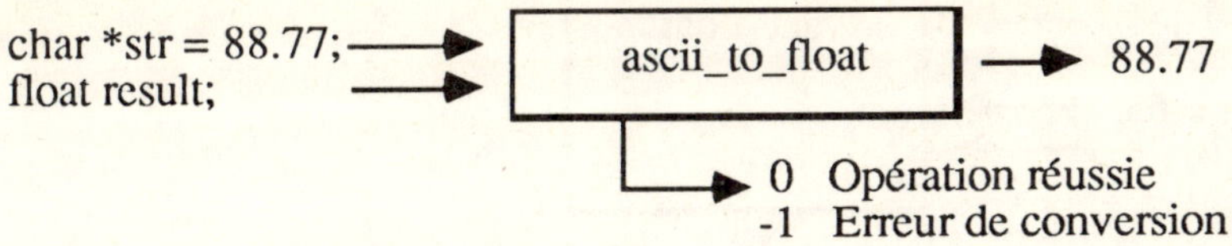


```
/*
 * ascii_to_float (string, result)
 *
 * Convertit la représentation ASCII d'un nombre décimal
 * en son équivalent numérique.
 *
 * string (in): chaîne à convertir.
 * result (out): nombre décimal résultant.
 *
 * exemple d'appel : status = ascii_to_float ("123.333", &result);
 *
 * La routine retourne 0 si elle est correctement terminée.
 */

ascii_to_float (char *str, float *result)
 {
  int count, sign = 1;
  double pow10(int);
  *result = 0.0;
  while (*str == ' ')
    str++;
  if ((*str == '-') || (*str == '+'))
    sign = (*str++ == '-') ? -1: 1;
  while (*str)
    if ((*str >= '0') && (*str <= '9'))
      *result = *result * 10.0 + (*str++ - '0');
    else if (*str++ == '.')
      break ;
    else
      return (-1);
  if (*str)
    for (count = 1; *str; ++count, ++str)
    if ((*str >= '0') && (*str <= '9'))
      *result = *result + ((*str - '0') / pow10(count));
     else
       return (-1);
  *result = *result * sign;
  return (0);
 }
```

La routine get_float permet la saisie d'une valeur décimale:

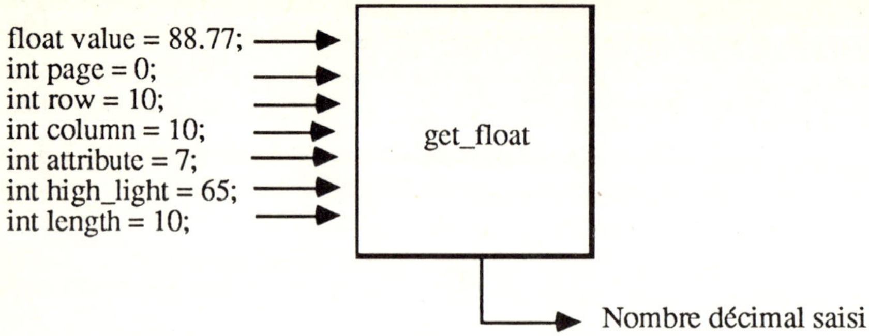


```
/*
 * get_float (value, page, row, column, attribute,
 *            high_light, length);
 *
 * affiche une valeur décimale par défaut que l'utilisateur
 * peut modifier.
 *
 * value (in): valeur par défaut.
 * page (in): page vidéo souhaitée.
 * row (in): ligne où afficher la valeur.
 * column (in): colonne de départ de l'affichage de la valeur.
 * attribute (in): attibut vidéo de l'affichage de la valeur.
 * high_light (in): attribut vidéo du restant de la ligne à saisir.
 * length (in): longueur maximum du nombre à saisir.
 *
 * exemple d'appel: result = get_float(12345.67, 0, 10, 10, 7, 65, 10);
 */

float get_float (float value, int page, int row, int column,
                int attribute, int high_light, int length)
 {
  void get_string (char *, int, int, int, int, int, int);
  char *ecvt (double, int, int *, int *);
  int ascii_to_float (char *, float *);
  char *str;
  int done = 0, decimal_pt, sign;
  int status, i, len;
  while (! done)
   {
     str = ecvt ((double) value, length+1, &decimal_pt, &sign);
     for (len = 0; str[len]; len++) ;
     for (i = len; i > decimal_pt; i--)
       str[i] = str[i - 1];
     str[decimal_pt] = '.';
     if (sign)
      {
       for (i = len+1; i > 0; i--)
         str[i] = str[i - 1];
       str[0] = '-';
      }
     get_string (str, page, row, column, attribute,
                 high_light, length);
     status = ascii_to_float (str, &value);
     if (status != -1)
       done = 1;
   }
  return (value);
 }
```

## *Amélioration de l'interface utilisateur*

Les écrans de dialogue utilisés doivent éliminer tout risque de confusion pour l'utilisateur. Si on reprend l'exemple du problème de publipostage exposé en tête du présent chapitre, le programme à écrire sera:

```
main ()
   {
    void put_string (char *, int, int, int, int, int);
    put_string ("Nom :", 0, 1, 10, 1, 10);
    put_string ("Adresse", 0, 3, 10 1, 10);
    put_string ("Code Postal", 0, 5, 30, 1, 10);
    put_string ("Ville, 0 , 30, 1, 10);
    put_string ("Pays", 0, 5, 50, 1, 10);
   }
```

Ce qui donne à l'écran:

```
    Nom :
    Adresse:
    Code Postal:    Ville:                     Pays:
```

Cet écran, bien que préférable à un dialogue ligne à ligne, peut encore être amélioré par l'ajout d'une ligne d'aide et d'un attribut vidéo différent pour le champ actif. On peut par exemple mettre en inverse vidéo le champ sur lequel se trouve le curseur.

Pour une plus grande convivialité, les attributs vidéo de la page en cours doivent être repositionnés dès que l'utilisateur a saisi une donnée pour le champ actif, tandis que simultanément la ligne d'aide disparaît.

Les routines proposées sont des routines «clés en main» directement utilisables dans des procédures de saisie, permettant, en tout point de l'écran et avec les attributs vidéo souhaités, les opérations suivantes:

* l'affichage de données existantes ou d'intitulés
* la création de rubriques à saisir
* l'affichage d'aide ou de messages

La syntaxe d'appel de *get_prompted_string* est illustrée par l'exemple suivant:

```
char str[132] = "Louis-Arthur VABO";
get_prompted_string (str, 0, 10, 20, 30, 7, 64, "Nom:",
                         10, 7, 13, "Donnez votre nom",23, 7, 40, 7);
```

Cette séquence a pour résultat:

```
Nom: Louis-Arthur VABO



  Donnez votre nom
```

où figurent respectivement l'intitulé et la valeur par défaut du champ (accolés) puis sur la dernière ligne le message d'aide lié à ce champ.

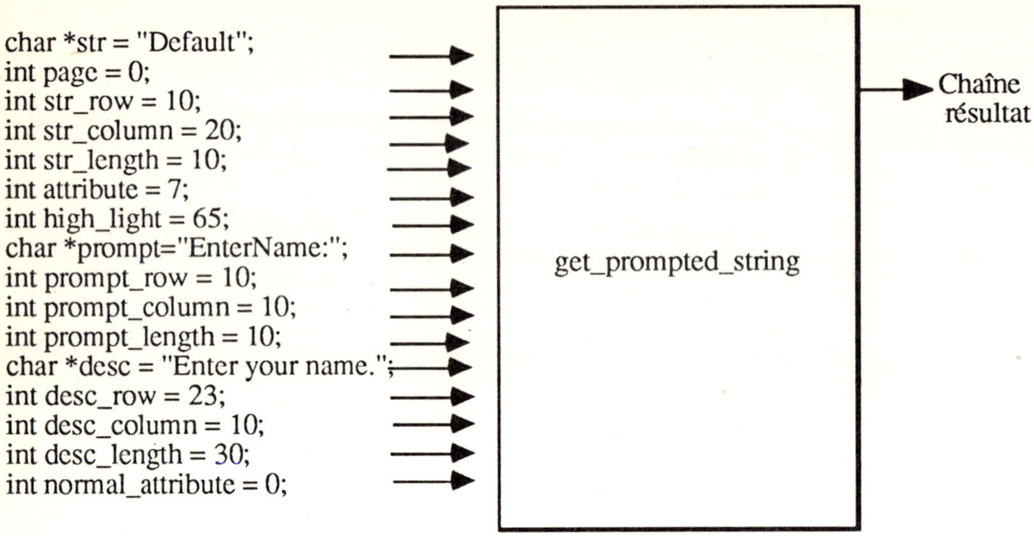


```
/*
 * void get_prompted_string (str, page, str_row, str_column,
 *   str_length, attribute, high_light, prompt, prompt_row,
 *   prompt_column, prompt_length, desc, desc_row, desc_column,
 *   desc_length, normal_attribute)
 *
 * Affiche l'intitulé d'une zone de saisie et une valeur par défaut
 * associée, modifiable par l'utilisateur.
 * Affiche également des messages d'aide disparaissant après la
 * saisie de la donnée.
 *
 * str (in/out): chaîne par défaut modifiable pour saisie.
 * page (in): page vidéo souhaitée.
 * str_row (in): ligne d'affichage de la chaîne à saisir.
 * str_column (in): colonne de départ de l'affichage.
 * str_length (in): longueur maximum de la chaîne affichée.
 * attribute (in): attribut vidéo de la chaîne affichée.
 * high_light (in): attribut vidéo du restant de la zone à saisir.
 * prompt (in): intitulé de la zone.
 * prompt_row (in): ligne d'affichage de l'intitulé.
 * prompt_column (in): colonne de départ de l'intitulé.
 * prompt_length (in): longueur maximum de l'intitulé.
 * desc (in): message d'aide.
 * desc_row (in): ligne d'affichage du message d'aide.
 * desc_column (in): colonne de départ du message d'aide.
 * desc_length (in): longueur maximum du message d'aide .
 * normal_attribute (in): attribut couleur du fond de l'écran.
 *
 * exemple:  get_prompted_string (str, 0, 10, 20, 30, 7, 64,
 * "Enter Name:", 10, 7, 13, "Enter your first name.", 23, 7, 40, 7);
 */


void get_prompted_string (char *str, int page, int str_row,
     int str_column, int str_length, int attribute, int high_light,
     char *prompt, int prompt_row, int prompt_column, int prompt_length,
```

```
    char *desc, int desc_row, int desc_column, int desc_length,
    int normal_attribute)
{
 void get_string (char *, int, int, int, int, int, int);
 void put_string (char *, int, int, int, int, int);
 void put_prompt (char *, int, int, int, int, int);
 put_prompt (prompt, page, prompt_row, prompt_column,
             high_light, prompt_length);
 put_string (desc, page, desc_row, desc_column, high_light,
             desc_length);
 get_string (str, page, str_row, str_column, attribute,
             high_light, str_length);
 put_string (prompt, page, prompt_row, prompt_column,
             normal_attribute, prompt_length);
 put_string (desc, page, desc_row, desc_column, 0, desc_length);
}
```

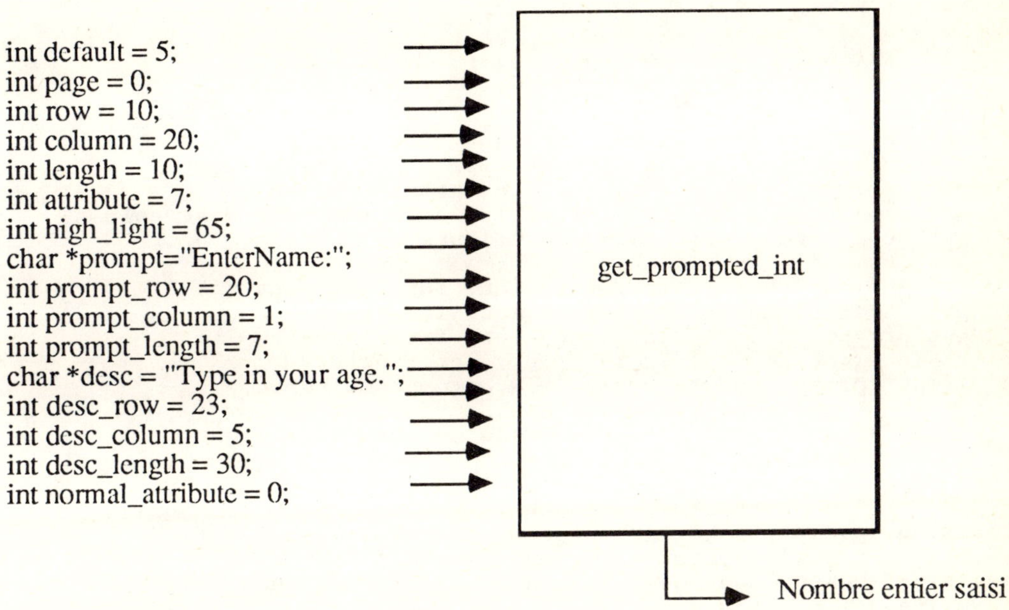


```
/*
 * int get_prompted_int (value, page, row, column,
 *   length, attribute, high_light, prompt, prompt_row,
 *   prompt_column, prompt_length, desc, desc_row, desc_column,
 *   desc_length, normal_attribute)
 *
 * Affiche l'intitulé d'une zone de saisie d'entier et une valeur
 * par défaut associée, modifiable par l'utilisateur.
 * Affiche également des messages d'aide disparaissant
 * après la saisie de la donnée.
 *
 * str (in/out): entier  par défaut modifiable pour saisie.
 * page (in): page vidéo souhaitée.
```

```
 * str_row (in): ligne d'affichage de l'entier à saisir.
 * str_column (in): colonne de départ de l'affichage.
 * str_length (in): longueur maximum de l'entier  affiché.
 * attribute (in): attribut vidéo de l'entier affiché.
 * high_light (in): attribut vidéo du restant de la zone à saisir.
 * prompt (in): intitulé de la zone.
 * prompt_row (in): ligne d'affichage de l'intitulé.
 * prompt_column (in): colonne de départ de l'intitulé.
 * prompt_length (in): longueur maximum de l'intitulé.
 * desc (in): message d'aide.
 * desc_row (in): ligne d'affichage du message d'aide.
 * desc_column (in): colonne de départ du message d'aide.
 * desc_length (in): longueur maximum du message d'aide .
 * normal_attribute (in): attribut couleur du fond de l'écran.
 *
 * exemple: age = get_prompted_int (27, 0, 10, 20, 30, 7, 64,
 * "Enter Age:", 10, 7, 13,"Enter age and press Enter.", 23, 7, 40, 7);
 */




int get_prompted_int (int value, int page, int row,
       int column, int length, int attribute, int high_light,
       char *prompt, int prompt_row, int prompt_column,
       int prompt_length, char *desc, int desc_row, int desc_column,
       int desc_length, int normal_attribute)
 {
  void get_string (char *, int, int, int, int, int, int);
  void put_string (char *, int, int, int, int, int);
  void put_prompt (char *, int, int, int, int, int);
  int get_int (int, int, int, int, int, int, int);
  put_prompt (prompt, page, prompt_row, prompt_column,
              high_light, prompt_length);
  put_string (desc, page, desc_row, desc_column, high_light,
              desc_length);
  value = get_int (value, page, row, column, attribute,
                   high_light, length);
  put_string (prompt, page, prompt_row, prompt_column,
              normal_attribute, prompt_length);
  put_string (desc, page, desc_row, desc_column, 0, desc_length);
  return (value);
 }
```

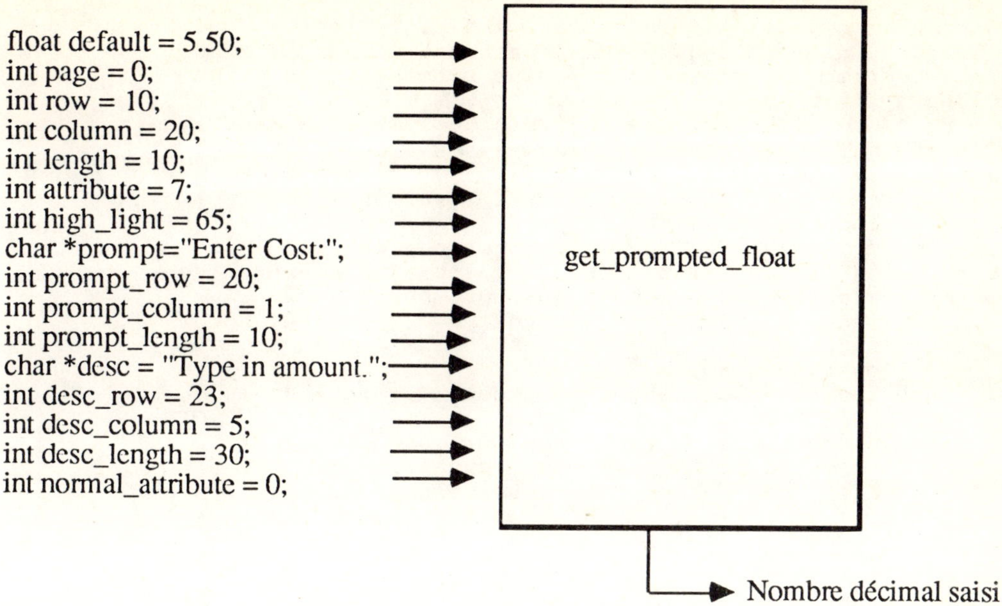


```
/*
 * float get_prompted_float (value, page, row, column,
 *    length, attribute, high_light, prompt, prompt_row,
 *    prompt_column, prompt_length, desc, desc_row, desc_column,
 *    desc_length, normal_attribute)
 *
 * Affiche l'intitulé d'une zone de saisie de nombre décimal
 * et une valeur par défaut associée, modifiable par l'utilisateur.
 * Affiche également des messages d'aide disparaissant
 * après la saisie de la donnée.
 *
 * str (in/out): décimal par défaut modifiable pour saisie.
 * page (in): page vidéo souhaitée.
 * str_row (in): ligne d'affichage du décimal à saisir.
 * str_column (in): colonne de départ de l'affichage.
 * str_length (in): longueur maximum du décimal affiché.
 * attribute (in): attribut vidéo du décimal affiché.
 * high_light (in): attribut vidéo du restant de la zone à saisir.
 * prompt (in): intitulé de la zone.
 * prompt_row (in): ligne d'affichage de l'intitulé.
 * prompt_column (in): colonne de départ de l'intitulé.
 * prompt_length (in): longueur maximum de l'intitulé.
 * desc (in): message d'aide.
 * desc_row (in): ligne d'affichage du message d'aide.
 * desc_column (in): colonne de départ du message d'aide.
 * desc_length (in): longueur maximum du message d'aide .
 * normal_attribute (in): attribut couleur du fond de l'écran.
 *
 * exemple : salary = get_prompted_float (27, 0, 10, 20, 30, 7, 64,
 *     "Enter Salary:", 10, 7, 13,"Enter your current salary.",
 *      23, 7, 40, 7);
*/
```

```
float get_prompted_float (float value, int page, int row,
       int column, int length, int attribute, int high_light,
       char *prompt, int prompt_row, int prompt_column, int
prompt_length,
       char *desc, int desc_row, int desc_column, int desc_length,
       int normal_attribute)
 {
  void get_string (char *, int, int, int, int, int, int);
  void put_string (char *, int, int, int, int, int);
  void put_prompt (char *, int, int, int, int, int);
  float get_float (float, int, int, int, int, int, int);
  put_prompt (prompt, page, prompt_row, prompt_column,
              high_light, prompt_length);
  put_string (desc, page, desc_row, desc_column, high_light,
              desc_length);
  value = get_float (value, page, row, column, attribute,
                     high_light, length);
  put_string (prompt, page, prompt_row, prompt_column,
              normal_attribute, prompt_length);
  put_string (desc, page, desc_row, desc_column, 0, desc_length);
  return (value);
 }
```

Les routines d'entrées-sorties sont de celles qui comptent le plus dans les bibliothèques, car les entrées-sorties sont un critère essentiel d'appréciation des applications. A ce titre, les routines de ce chapitre devraient impérativement figurer dans la bibliothèque personnelle de tout programmeur en Turbo C.

# 13 Structures de données dynamiques

Les chapitres 10 et 11 ont détaillé la manipulation des tableaux, puis les opérations de tri et de recherche. Bien que les tableaux représentent une solution efficace à la plupart des problèmes, certains programmes se trouvent contraints par la taille fixe des tableaux qu'ils manipulent.

Prenons l'exemple d'un programme gérant les soldes des comptes pour 100 clients, au moyen de tableaux:

```
main ()
   {
    int num_client [100];
    float solde [100];
    float operations [100];
            /*    instructions du programme    */
   }
```

A chaque mise à jour d'un compte, le programme recherche l'index du client dans le tableau num_client. Une fois trouvé, cet index est utilisé pour mettre à jour les enregistrements adéquats des tableaux de compte. Bien que cet algorithme soit efficace, un problème se pose pour le client numéro 101: il n'y a plus assez d'espace alloué et il faut modifier le programme. Si on a pris la précaution d'utiliser des constantes comme dans:

```
main ()
   {
    int num_client [MAX_CLIENTS];
    float solde [MAX_CLIENTS];
    float opérations [MAX_CLIENTS];
            /*    instructions du programme    */
   }
```

il suffit de modifier la valeur de la constante:

```
#define MAX_CLIENTS 150
```

Si cette légère modification transforme le programme dans le sens attendu, en revanche elle nécessite de le recompiler. S'il s'agit d'une application que le programmeur se réserve, cela n'est pas pénalisant; mais si ce programme a été diffusé, il lui faudra en envoyer une nouvelle version à tous les utilisateurs chaque fois qu'il sera nécessaire d'augmenter la capacité des fichiers.

Une solution parmi d'autres serait de surestimer largement la taille des tableaux utilisés, par exemple:

```
#define MAX_CLIENTS 10000
```

Cette méthode n'est pas rationnelle car une grande place est ainsi gaspillée, qui risque de faire défaut par ailleurs.

La solution réside en fait dans l'utilisation de variables dynamiques définissant des structures de données dont la taille varie en fonction des besoins effectifs, évitant ainsi tout gaspillage. De plus, on diminue la complexité des algorithmes de recherche et de tri à employer ultérieurement. Le présent chapitre se propose de détailler quelques algorithmes classiques de manipulation de listes dynamiques, constituant le fondement des algorithmes personnalisés que l'on pourra adapter à chaque problème.

## *Listes dynamiques*

Tout tableau doit être déclaré avec une taille donnée; par exemple:

```
int values[10];
```

crée le tableau de 10 valeurs suivant:

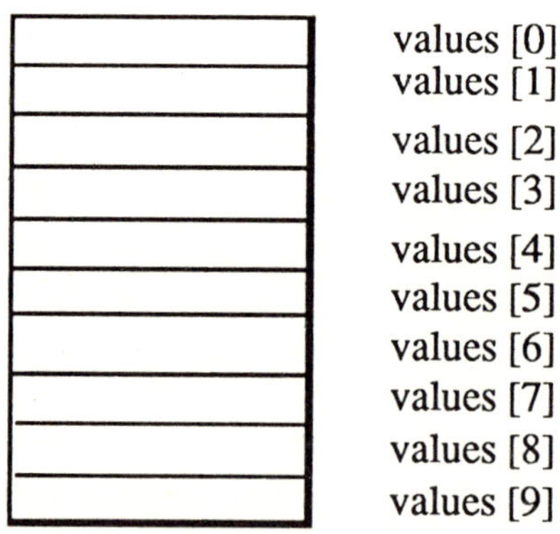


Values

Une liste dynamique commence par un élément isolé appelé *nœud.* Celui-ci sert de début de liste (ou tête de liste):

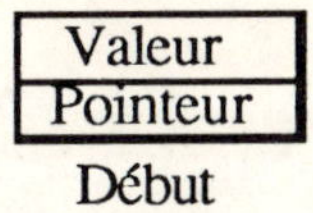


Lorsqu'on ajoute des éléments à cette liste, on crée un lien entre les nœuds de la façon suivante:

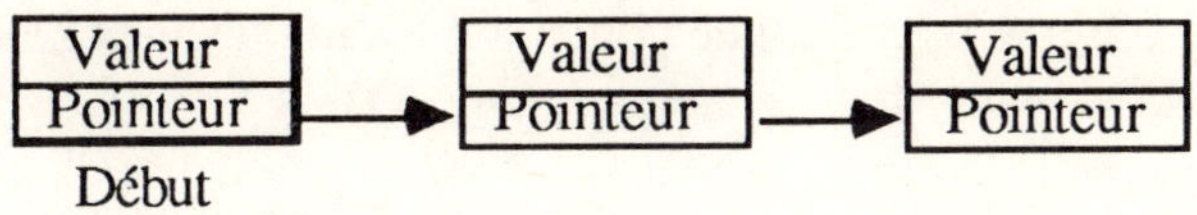


Lorsqu'un élément de la liste est supprimé, celle-ci se trouve réduite de la façon suivante:

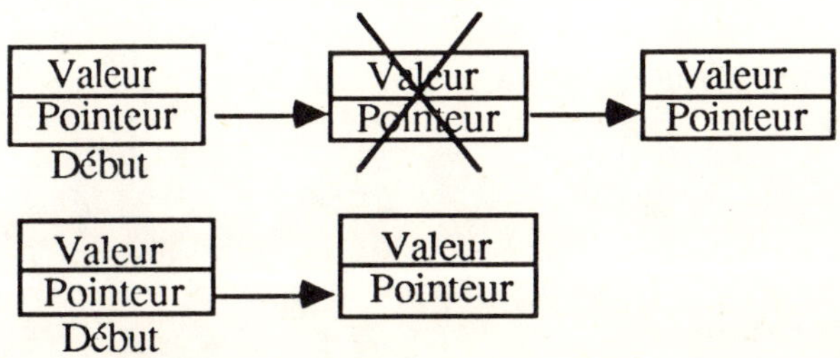


Pour créer une liste chaînée, il faut définir une structure réservant de la place pour la valeur traitée, mais aussi pour le pointeur associé. Une gestion de comptes-client nécessitera par exemple la structure:

```
struct clients {
   char nom[32];
   char telephone[11];
   char adresse[32];
   char ville[15];
   char code_postal[5];
   char pays[8];
   float solde;
   struct clients *suivant;
   };
```

On observera que le pointeur dans la structure fait référence à une structure de même type; ceci garantit que tous les éléments de la liste sont cohérents quant à leur type. Une telle structure, contenant un pointeur sur une structure de même type, est appelée structure *auto-référentielle.*

L'utilisation d'une liste chaînée passe par les étapes suivantes:

1. Définition d'une structure contenant les valeurs souhaitées et un pointeur sur le nœud suivant de la liste.
2. Création du premier nœud par allocation de mémoire au moyen des routines calloc et malloc de la bibliothèque standard de Turbo C. Initialisation du pointeur au début de la liste.
3. Création de nœuds pour les éléments restants de liste, par les routines calloc et malloc. Positionnement du pointeur de chaque nœud sur la référence du nœud suivant. Le dernier nœud doit avoir NULL comme valeur pour le pointeur.
4. Utilisation de la liste dans les programmes.
5. Lorsqu'un nœud doit être supprimé, utilisation de la routine free de la bibliothèque standard de Turbo C pour libérer la mémoire devenue inutilisée.

Le programme suivant crée une liste chaînée contenant les majuscules de l'alphabet:

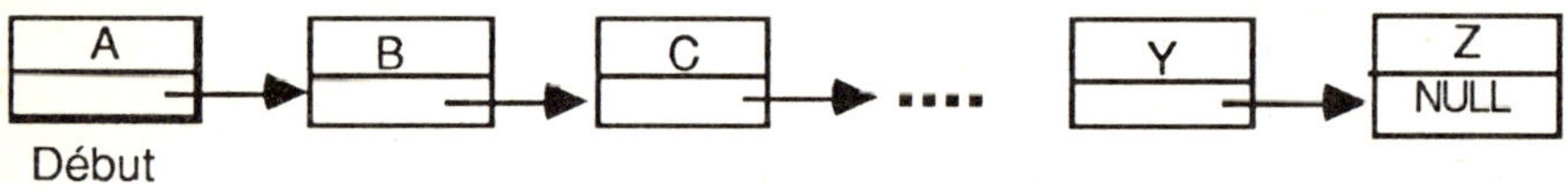


Suivons les étapes mentionnées ci-dessus:

1. Définition de la structure

```
struct list_entry {
   char letter;
   struct list_entry *next;
   } *start, *node, *next;
```

Ici, *start* est le pointeur sur la tête de liste, *node* est le pointeur sur le nœud courant et *next* celui sur le nœud suivant. Sur les figures, ils sont désignés par *début*, *nœud* et *suivant*.

2. Création du premier nœud:

```
if ((start = (struct list_entry *)
         calloc (1, sizeof(struct list_entry))) == NULL)
   {
    printf ("unable to allocate memory for the list\n");
    exit (1);
   }
```

On remarque notamment la contrainte sur le type de ce que retourne la routine calloc:

```
if ((start = (struct list_entry *)
         calloc (1, sizeof(struct list_entry))) == NULL)
```

Cette routine calloc retourne par défaut un pointeur sans type (*void* *). Il faut donc employer le "moule" que représente l'instruction ci-dessus, car la structure de la liste est, elle, typée. On remarquera également que si l'allocation mémoire ne peut être faite par calloc, la valeur retournée est NULL.

3. Création des nœuds suivants par calloc ou malloc:

```
for (letter = 'A'; letter <= 'Z'; letter++)
   {
    if ((node->next = (struct list_entry *)
             calloc (1, sizeof (struct list_entry))) == NULL)
      {
       printf ("unable to allocate memory for the list\n");
       exit (1);
      }
    node = node->next;
    node->letter = letter;   node->next = NULL;
   }
```

4. Parcours de la liste pour l'impression:

```
for (node = start->next; node != NULL; node = node->next)
   printf ("%c\n, node->letter);
```

Cette boucle débute par l'examen du premier élément, sur lequel pointe *start* (tête de liste). Sa valeur est affichée si cet élément existe (ici, "A") le nœud pointe ensuite sur l'élément suivant de la liste ("B"), et ainsi de suite jusqu'à "Z". Après quoi, la valeur du pointeur de nœud courant devient NULL, et la boucle prend fin.

5. Utilisation de free pour libérer la mémoire allouée à la liste:

```
for (node = start; node != NULL; node = next)
   {
   next = node->next;
   free (node);
   }
```

Pour retirer des nœuds de la liste, il faut utiliser le troisième pointeur (*next*). Commençons par initialiser le pointeur *node* en tête de liste, puis on assigne la valeur **node->next** au pointeur *next*:

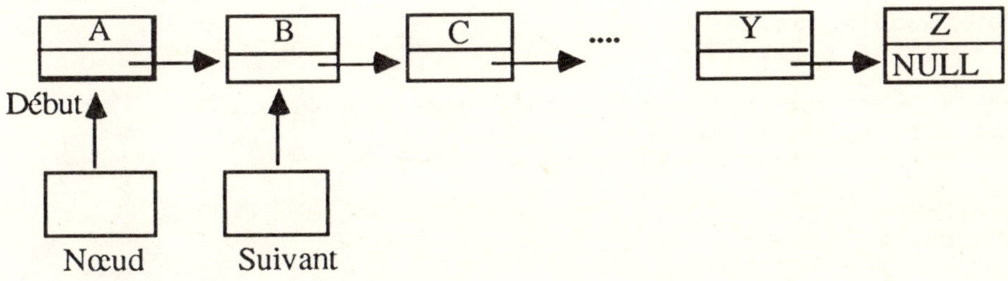


On peut alors libérer la mémoire référencée par le pointeur *node*:

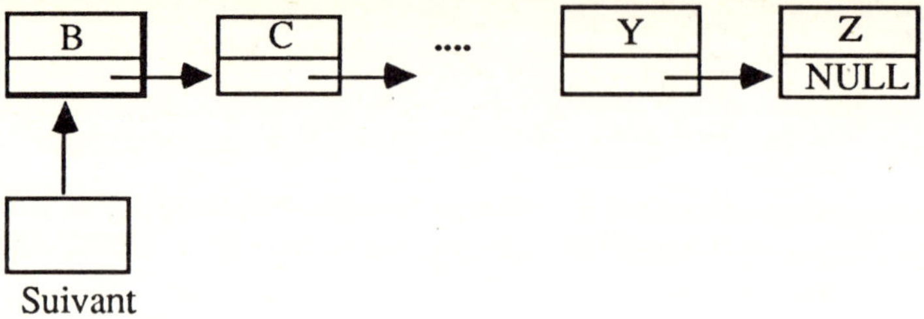


Le pointeur *node* prend alors la valeur de *next*, puis on affecte node->next au pointeur *next* et ainsi de suite jusqu'à ce que toute la mémoire allouée à la liste soit libérée.

Le programme complet sera donc :

```
#include <stdio.h>
main ()
   {
   void *calloc (unsigned, unsigned);
   struct list_entry {
     char letter;
     struct list_entry *next;
     } *start, *node, *next;
   char letter;
   if ((start = (struct list_entry *)
            calloc (1, sizeof(struct list_entry))) == NULL)
      {
       printf ("unable to allocate memory for the list\n");
       exit (1);
      }
   node = start;
   for (letter = 'A'; letter <= 'Z'; letter++)
     {
      if ((node->next = (struct list_entry *)
            calloc (1, sizeof(struct list_entry))) == NULL)
         {
           printf ("unable to allocate memory for the list\n");
           exit (1);
         }
       node = node->next;
       node->letter = letter;  node->next = NULL;
     }
   for (node = start->next; node != NULL; node = node->next)
      printf ("%c\n, node->letter);
   for (node = start; node != NULL; node = next)
     {
      next = node->next;
      free (node);
     }
   }
```

Dans cet exemple, les nœuds contenaient une seule valeur. Cependant, il est possible de manipuler des nœuds contenant un ensemble de valeurs. Dans l'exemple de la gestion de comptes-client, la structure à définir serait légèrement modifiée:

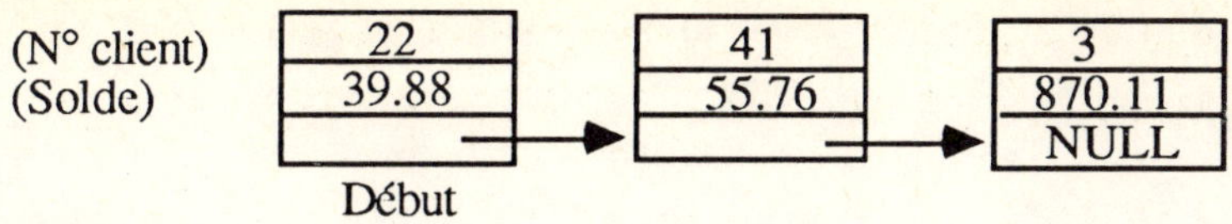


mais les étapes de création de la liste sont les mêmes.
La structure aurait encore pu être:

```
struct clients {
   char nom[32];
   char telephone[11];
   char adresse[32];
   char ville[15];
   char code_postal[5];
   char pays[8];
   float solde;
   struct clients *suivant;
   };
```

## Manipulation de listes triées

La façon dont vous placez les éléments dans une liste peut très souvent s'avérer déterminante dans l'optimisation des tris qui seront faits ensuite sur cette liste.
Supposons que vous ayez à traiter une liste de nombres entrés dans l'ordre suivant:

1 7 3 5 2

On peut les placer dans une liste triée, de la façon suivante:

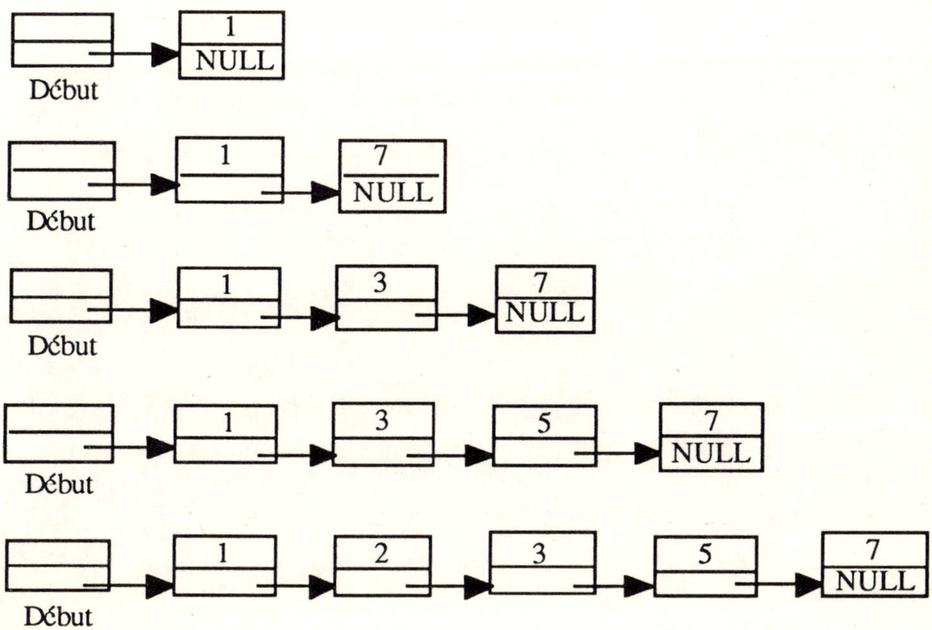

La routine list_insert insère de cette façon une valeur dans une liste triée.

```
/*
 * list_insert (value, start)
 *
 * Insère une valeur dans une liste triée.
 *
 * value (in): valeur à insérer.
 * start (in): premier noeud de la liste.
 *
 * exemple d'appel : status = list_insert (5, start);
 *
 * Si la mémoire nécessaire ne peut être allouée, la routine.
 * retourne -1, sinon elle retourne 0.
 */

int list_insert (int value, struct list_entry *start)
 {
  struct list_entry *new_node, *node, *previous;
  void *calloc(unsigned, unsigned);
  node=start->next;
  previous = start;
  while ((node != NULL) && (node->value < value))
     {
      previous = node;
      node = node->next;
     }
  if ((new_node = (struct list_entry *)
              calloc(1, sizeof(struct list_entry))) == NULL)
        return (-1);
  new_node->value = value;
  new_node->next = node;
  previous->next = new_node;
  return (0);
 }
```

En modifiant légèrement le programme cité plus haut, on obtient:

```
#include <stdio.h>
struct list_entry {
  int value;
  struct list_entry *next;
  };
main ()
   {
   void *calloc (unsigned, unsigned);
   struct list_entry *start, *node, *next;
   char letter;
   if ((start = (struct list_entry *)
            calloc (1, sizeof(struct list_entry))) == NULL)
      {
       printf ("unable to allocate memory for the list\n");
       exit (1);
      }
   node = start;
   for (letter = 'A'; letter <= 'Z'; letter++)
      {
       if (list_insert (letter, start) == -1)
          {
           printf ("unable to allocate memory for the list\n");
           exit (1);
          }
```

```
      }
   for (node = start->next; node != NULL; node = node->next)
      printf ("%c\n, node->value);
   for (node = start; node != NULL; node = next)
     {
      next = node->next;
      free (node);
     }
   }
```

L'utilisation de la routine suivante permet de ranger 10 valeurs dans la liste:

```
#include <stdio.h>
struct list_entry {
  int value;
  struct list_entry *next;
  };
main ()
   {
   void *calloc (unsigned, unsigned);
   struct list_entry *start, *node, *next;
   int i, value;
   int get_prompted_int (int, int, int, int, int, int, int,
                         char *, int, int, int, char *, int,
                         int, int, int);
   if ((start = (struct list_entry *)
           calloc (1, sizeof(struct list_entry))) == NULL)
      {
       printf ("unable to allocate memory for the list\n");
       exit (1);
      }
   node = start;
   node->next = NULL;
   for (i = 0; i < 10; i++)
     {
      value = get_prompted_int (0, 0, 10, 20, 30, 7, 64, "Value:",
        10, 7, 13, "Enter an integer value then press Enter
      if (list_insert (letter, start) == -1)
         {
          printf ("unable to allocate memory for the list\n");
          exit (1);
         }
      }
   for (node = start->next; node != NULL; node = node->next)
      printf ("%c\n, node->value);
   for (node = start; node != NULL; node = next)
     {
      next = node->next;
      free (node);
     }
   }
```

La routine opère en déplaçant les noeuds *courant* et *précédent* :

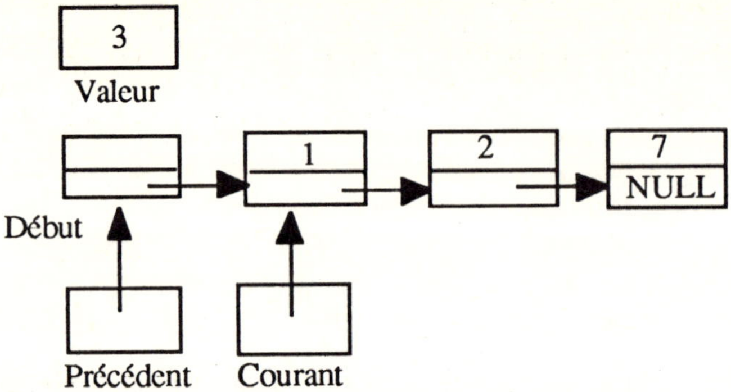


étape suivante:

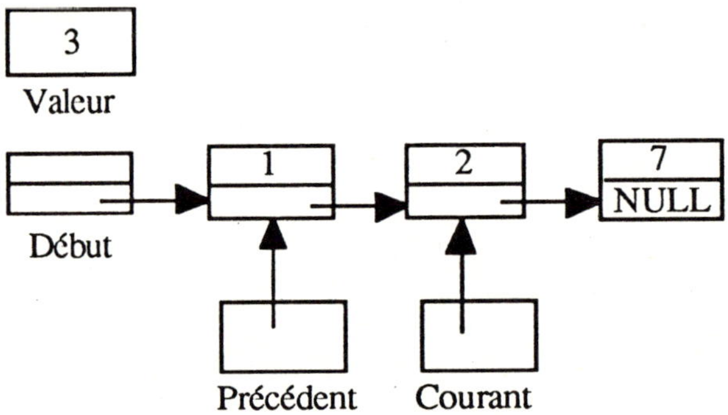


Lorsque la position recherchée est trouvée, la valeur est insérée de la façon suivante:

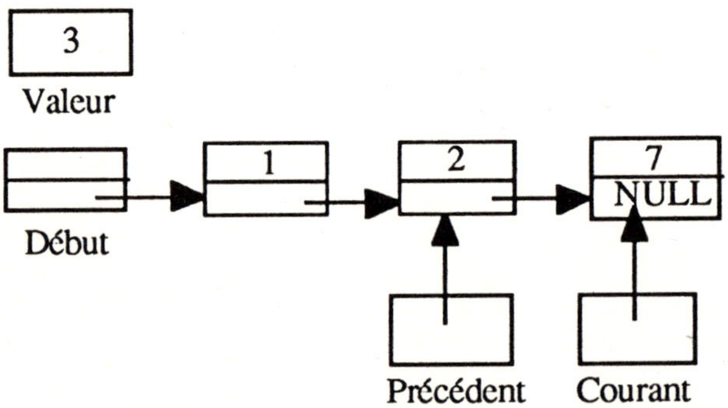


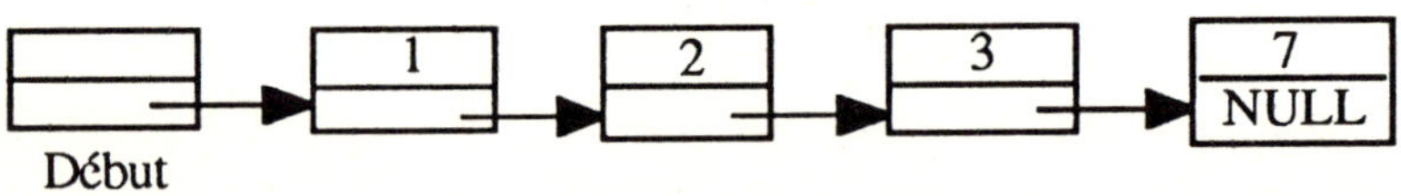

Il est important de retenir la façon de libérer l'espace mémoire alloué pour la liste:

```
for (node =start; node != NULL; node = next)
    {
    next = node->next;
    free (node);
    }
```

On peut employer la routine free_list:

```
/*
 * void free_list (start)
 *
 * Libère la mémoire allouée à une structure dynamique.
 *
 * start (in): adresse du début de la liste.
 *
 * appel : free_list (start)
  */

void free_list (struct list_entry *start)
    {
    struct list_entry *node, *next;
    for (node =start; node != NULL; node = next)
      {
       next = node->next;
       free (node);
      }
    }
```

La suppression d'un élément dans une liste chaînée relève du même principe que l'insertion. On déplace un couple nœud précédent+nœud courant.

Etant donné la liste:

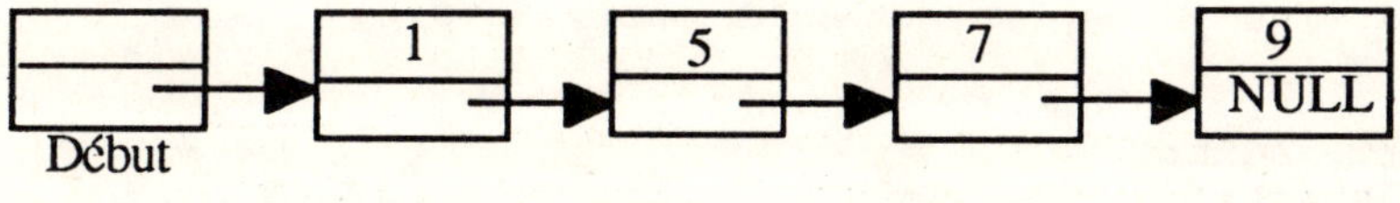


le processus de suppression sera le suivant:

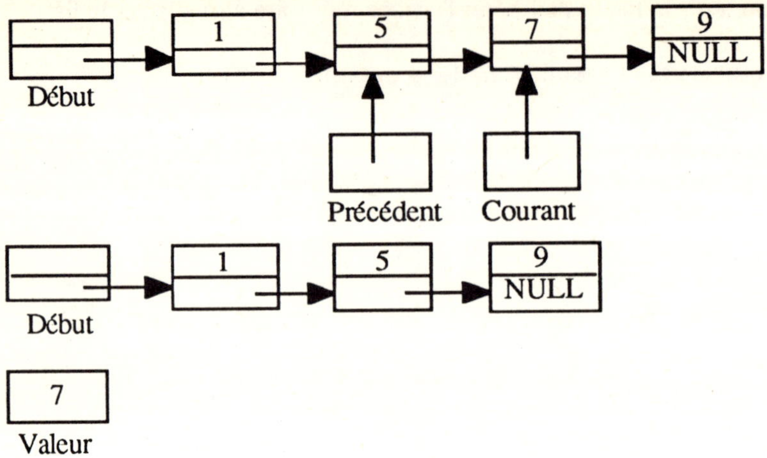


La routine list_delete effectue une telle suppression. Dans le cas où plusieurs nœuds contiennent la même valeur, seul le premier de ces nœuds est supprimé:

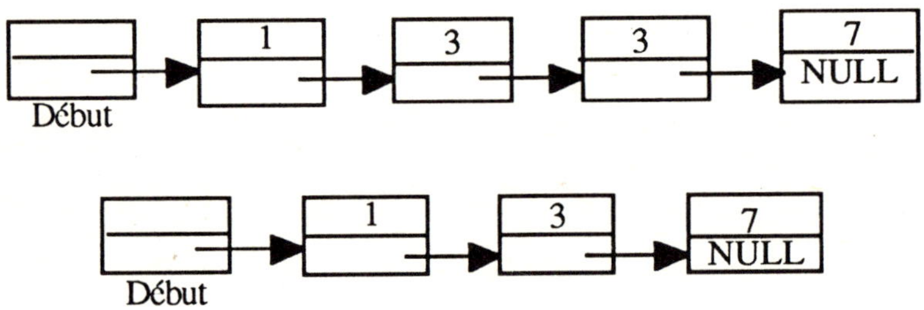


```
/*
 * list_delete (value, start)
 *
 * Supprime un élément d'une liste chaînée (recherche sur valeur).
 *
 * value (in): valeur à supprimer.
 * start (in): premier noeud de la liste.
 *
 * exemple d'appel : status = list_delete (3, start);
 *
 * Si la suppression est réussie, renvoie 0, sinon -1.
 */

int list_delete (int value, struct list_entry *start)
   {
    struct list_entry *node, *previous;
    node = start->next;
    previous = start;
    while ((node != NULL) && (node->value != value))
         {
          previous = node;
          node = node->next;
         }
    if (node)
         {
```

```
        previous->next = node->next;
        free (node);
        return (0);
       }
   else
        return (-1);
}
```

## *Listes doublement chaînées*

Les listes chaînées apportent déjà une grande souplesse à la manipulation des données, mais elles ne peuvent être parcourues que dans un sens. Il est alors intéressant de manipuler une structure encore plus souple, la *liste doublement chaînée*. Dans une telle structure dynamique, chaque nœud contient deux pointeurs, un sur le nœud précédent et un sur le nœud suivant:

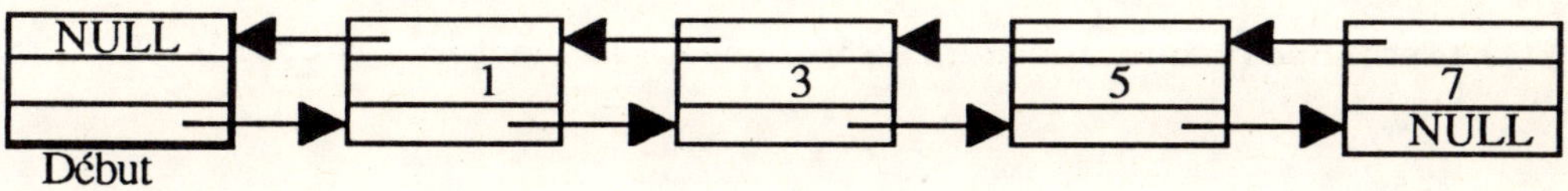


La structure se définit de la façon suivante:

```
struct double_link {
    int value;
    struct double_link *previous;
    struct double_link *next;
   };
```

Les opérations d'insertion et de suppression se trouvent simplifiées car il suffit dorénavant de faire varier un seul pointeur au lieu d'un couple:

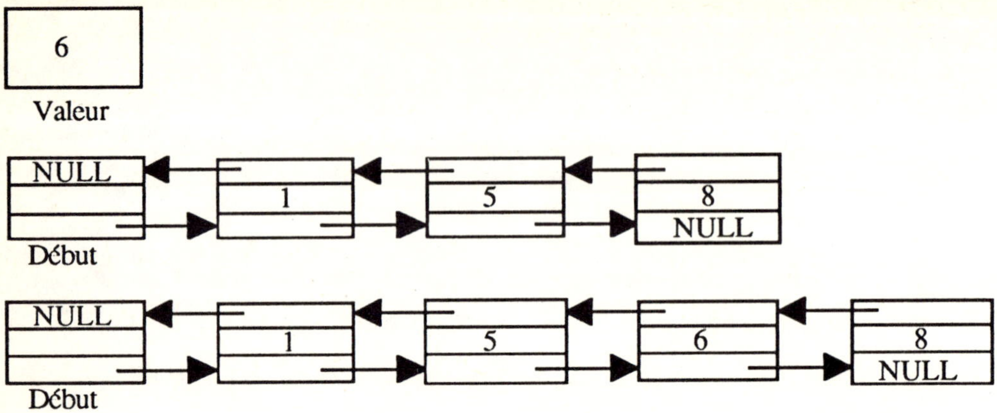


```
/*
 * doubly_list_insert (value, start)
 *
 * Insère une valeur dans une liste doublement chaînée.
 *
 * value (in): valeur à insérer.
 * start (in): premier noeud de la liste.
 *
 * exemple d'appel : status = doubly_list_insert (5, start);
 *
 * Si l'insertion est correctement effectuée, la routine retourne 0,
 * sinon -1.
 */


int doubly_list_insert (int value, struct list_entry *start)
 {
  struct list_entry *new_node, *node;
  void *calloc(unsigned, unsigned);
  node=start->next;
  /* localisation du point d'entrée */
  while ((node != NULL) && (node->value < value))
   if (node->next != NULL)
     node = node->next;
   else
     break;
  if ((new_node = (struct list_entry *)
              calloc(1, sizeof(struct list_entry))) == NULL)
        return (-1);
  new_node->value = value;
  if ((node != NULL) && (node->next != NULL))
                /* fin de liste non atteinte */
   {
     new_node->next = node;
     new_node->previous = node->previous;
     (node->previous)->next = new_node;
     node->previous = new_node;
   }
  else
    {
      if ((start->next == node) && (node == NULL))
        {
         new_node->previous = start;/* première entrée de la liste */
```

```
        start->next = new_node;
        new_node->next = NULL;
       }
      else if (value < node->value)    /* noeuds suivants */
       {
        new_node->next = node;
        new_node->previous = node->previous;
        (node->previous)->next = new_node;
       }
      else
       {                               /* dernier noeud */
        new_node->next = NULL;
        new_node->previous = node;
        node->next = new_node;
       }
   }
  return (0);     /* insertion réussie */
 }
```

De façon analogue, la routine ci-après supprime un nœud dans la liste; si deux nœuds ont la même valeur, seul le premier est supprimé.

```
/*
 * doubly_list_delete (value, start)
 *
 * Supprime une valeur dans une liste doublement chaînée.
 *
 * value (in): valeur à supprimer.
 * start (in): premier noeud de la liste.
 *
 * exemple d'appel : status = doubly_list_delete (5, start);
 *
 * Si la suppression est correctement effectuée, la routine retourne 0,
 * sinon -1.
 * Si deux éléments ont la même valeur, seul le premier est supprimé.
 */

int doubly_list_delete (int value, struct list_entry *start)
 {
  struct list_entry *node;
  node=start->next;
        /* recherche de la valeur */
  while ((node != NULL) && (node->value != value))
     node = node->next;
  if (node)
   {
     (node->previous)->next = node->next;
     if (node->next != NULL)
       (node->next)->previous = node->previous;
     free (node);
     return (0);
   }
  else
    return (-1);
 }
```

## Arbres binaires

Il existe enfin une structure dynamique analogue à la liste doublement chaînée, qui permet de placer toute valeur de façon ordonnée dans la liste:

```
struct binary_tree {
   int value;
   struct binary_tree  *right;
   struct binary_tree  *left;
   }
```

Lorsque par la suite on cherche à localiser à une valeur donnée, on accède à celle-ci aussi vite que par une recherche dichotomique dans un tableau. Cette structure s'appelle *arbre binaire* et a l'allure suivante:

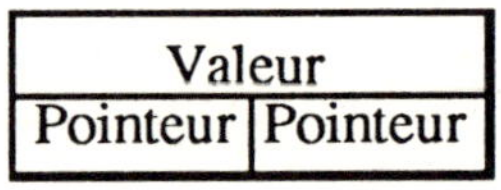


Chaque insertion d'une valeur passe par l'examen de l'élément de départ (racine). Si cette valeur à insérer est inférieure, on parcourt la branche gauche de l'arbre, sinon on parcourt la droite. Prenons l'exemple de la suite de nombres suivante:

3 5 1 7 2 9 8

et construisons l'arbre binaire correspondant. La valeur 3 est placée dans la racine de l'arbre:

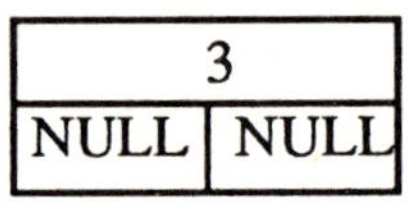


5 étant supérieur, on crée la branche droite:

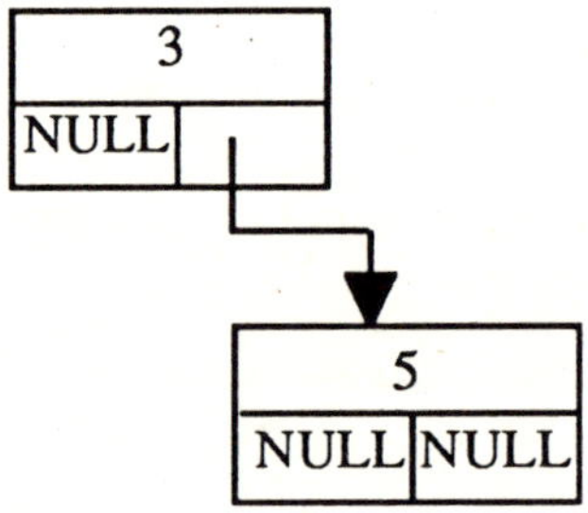


de même, 1 devient le premier nœud de la branche gauche:

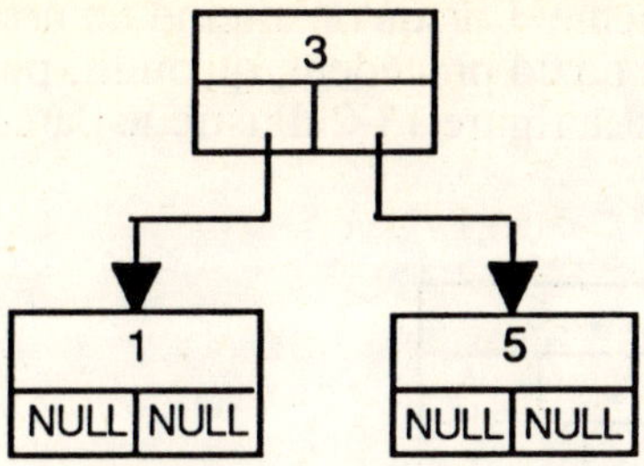


7 étant supérieur à 3, on parcourt la branche droite, et de même après comparaison de 7 par rapport à 5:

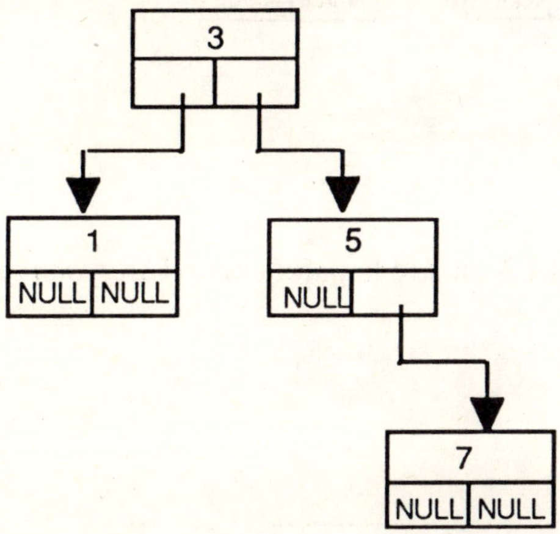


La valeur 2 est ensuite placée dans la sous-branche droite en dessous du nœud 1:

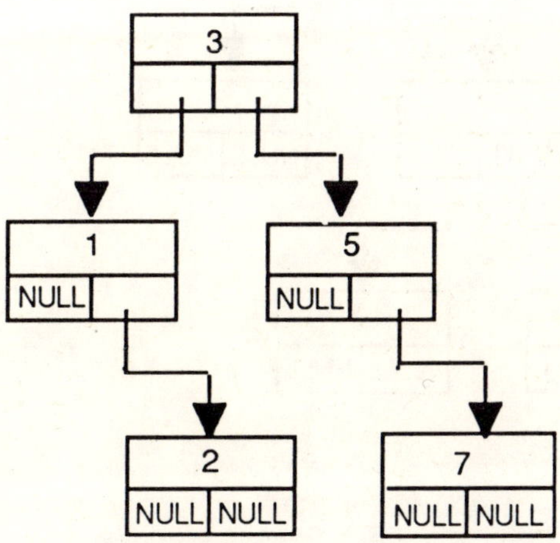


puis on insère les valeurs 9 et 8 (Figure 13-1).

La lecture des valeurs d'un arbre binaire se fait récursivement, selon le même principe. On part de la racine et on parcourt entièrement sa branche gauche en considérant le sousarbre comme un arbre binaire lui-même. Lorsqu'on atteind un nœud terminal, on affiche la valeur associée puis on remonte au nœud précédent, qu'on lit, puis on parcourt la branche droite de ce nœud, et ainsi de suite. La figure 13-2 illustre le parcours de l'arbre schématisé ci-dessous:

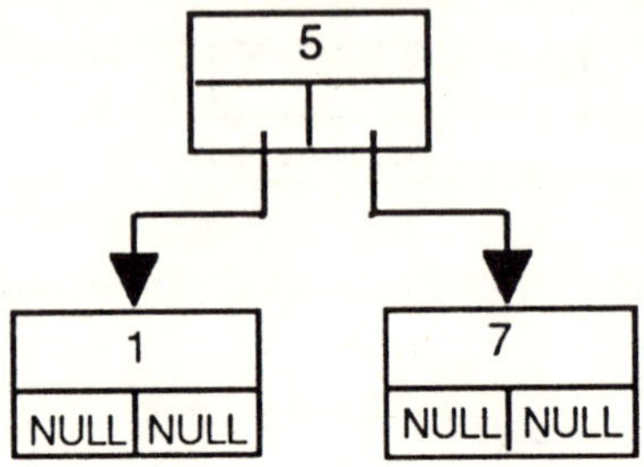


De la même façon, la figure 13-3 illustre le parcours de l'arbre suivant:

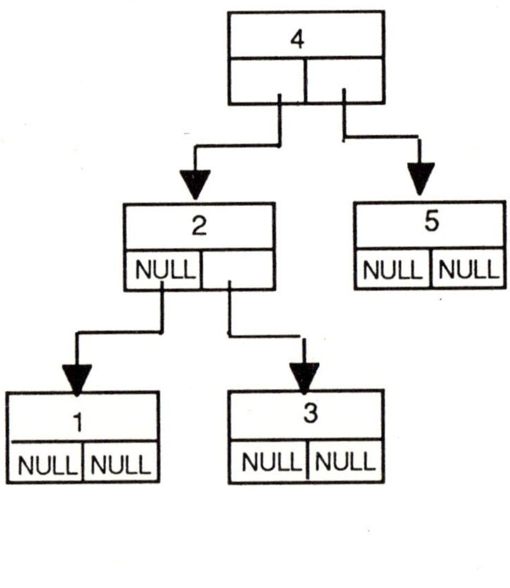

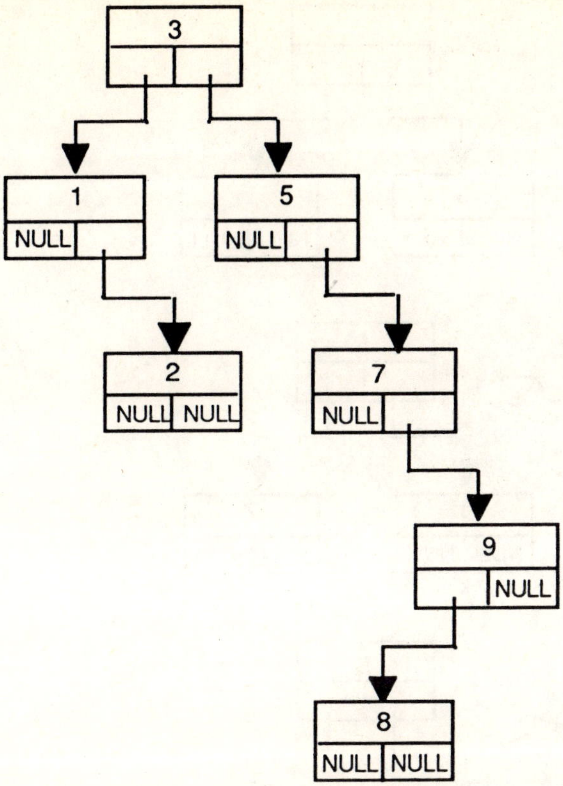


***Figure 13-1.*** *Arbre binaire après insertion des valeurs 8 et 9*

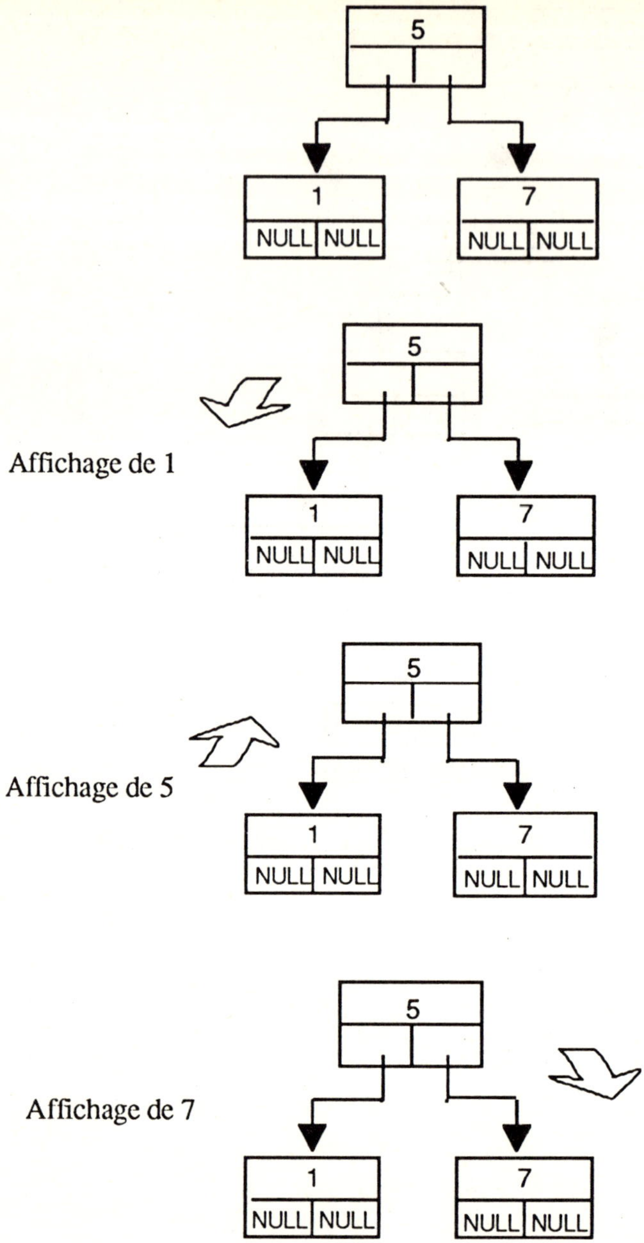


***Figure 13-2.*** *Valeurs affichées durant le parcours de l'arbre*

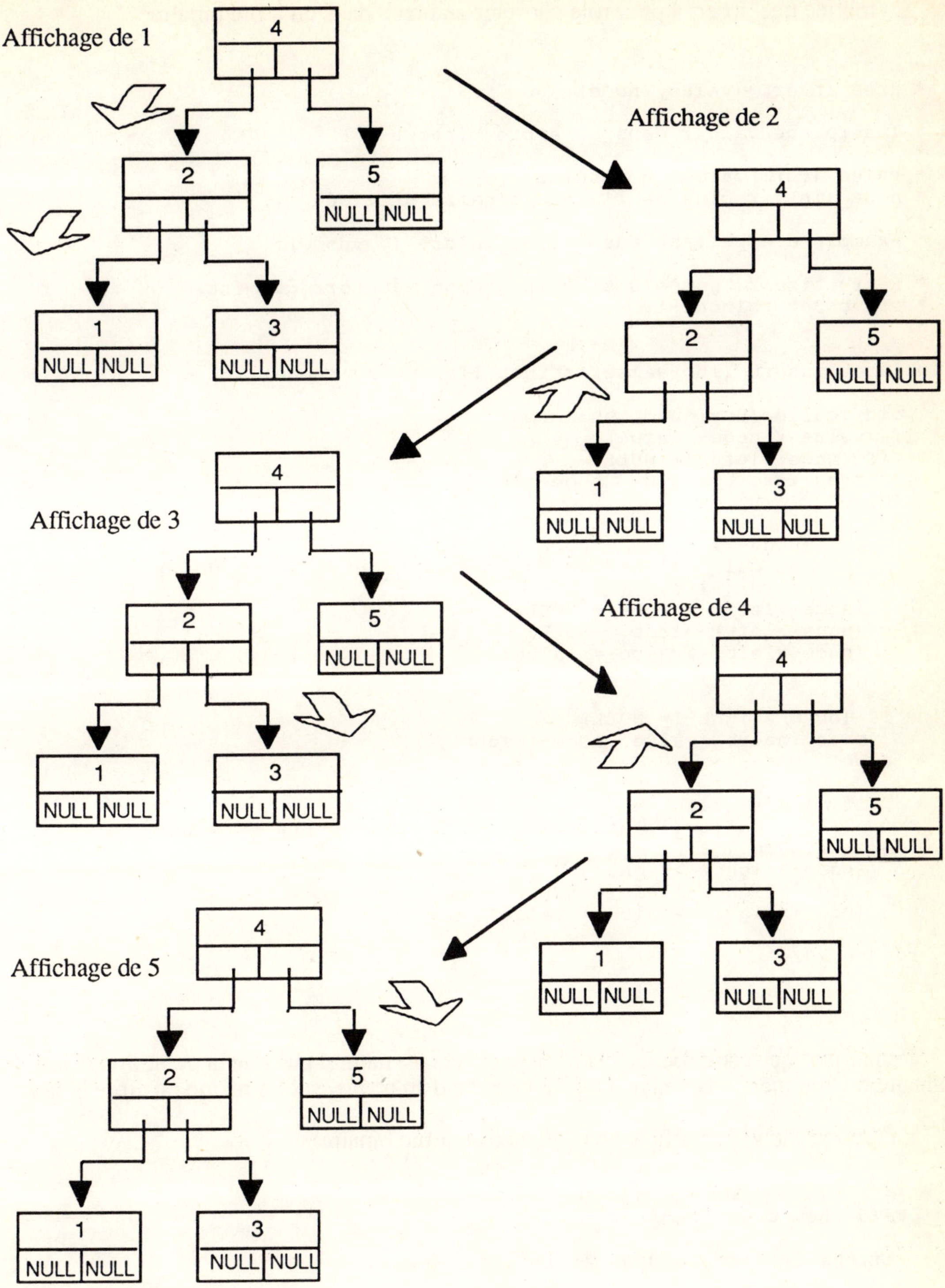


***Figure 13-3.*** *Parcours et affichage des valeurs de l'arbre binaire*

La routine tree_insert a pour rôle d'insérer un nœud dans un arbre binaire:

```
/*
 * tree_insert (value, node)
 *
 * Insère une valeur dans un arbre binaire
 *
 * value (in): valeur à insérer.
 * node (in): racine de l'arbre binaire utilisé.
 *
 * exemple d'appel: status = tree_insert (5, node);
 *
 * La routine retourne 0 si l'insertion est correctement
 * effectuée, sinon -1.
 */

int tree_insert (int value, struct list_entry *node)
 {
  void *calloc(unsigned, unsigned);
  if (value < node->value)
    if (node->left != NULL)
      tree_insert (value, node->left);
    else
     {
      if ((node->left = (struct list_entry *)
              calloc(1, sizeof(struct list_entry))) == NULL)
         return (-1);
      (node->left)->right = NULL;
      (node->left)->left = NULL;
      (node->left)->value = value;
     }
  else
    if (node->right != NULL)
      tree_insert (value, node->right);
    else
     {
      if ((node->right = (struct list_entry *)
              calloc(1, sizeof(struct list_entry))) == NULL)
         return (-1);
      (node->right)->right = NULL;
      (node->right)->left = NULL;
      (node->right)->value = value;
     }
  return (0);
 }
```

Remarquez que cette routine est récursive; cela est naturel puisque la définition d'un arbre binaire est elle-même récursive: chaque branche d'un nœud est elle-même un arbre binaire.

La routine show_tree affiche le contenu d'un arbre binaire:

```
/*
 * void show_tree (node)
 *
 * Affiche le contenu d'un arbre binaire.
 *
 * node (in): racine de l'arbre binaire utilisé.
 *
 * exemple d'appel: show_tree (root);
```

```
 *
 * L'instruction printf doit être adaptée au mode d'affichage
 *              que l'on utilise
*/

void show_tree (struct list_entry *node)
 {
  if (node->left)
    show_tree (node->left);
  printf ("%d\n", node->value);
  if (node->right)
    show_tree (node->right);
 }
```

De façon analogue, on libère l'espace mémoire alloué à un arbre binaire:

```
/*
 * void free_tree (node)
 *
 * Affiche le contenu d'un arbre binaire.
 *
 * node (in): racine de l'arbre binaire utilisé.
 *
 * appel: free_tree (root);
 *
 * L'instruction printf doit être adaptée au mode d'affichage
 * que l'on utilise.
 */


void free_tree (struct list_entry *node)
 {
  if (node->left)
    free_tree (node->left);
  if (node->right)
    free_tree (node->right);
  free (node);
 }
```

Pour pouvoir insérer des valeurs dans un arbre binaire, il faut pouvoir en supprimer. Ceci se fait en deux étapes. Considérons l'arbre suivant:

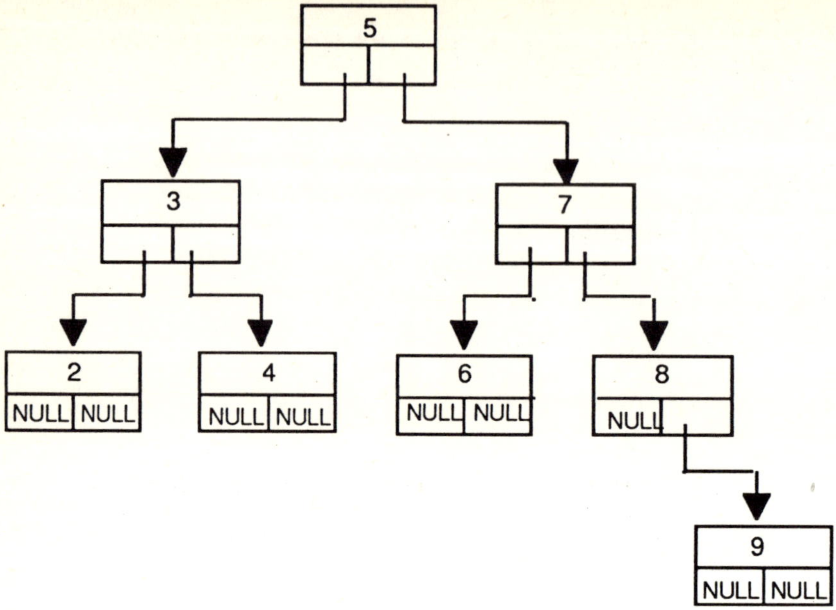


la suppression du nœud contenant la valeur 7 nécessite d'abord de faire pointer le nœud précédent sur le nœud (s'il en existait un) qui la suivait (ici, faire pointer le nœud "5" sur le nœud "6"):

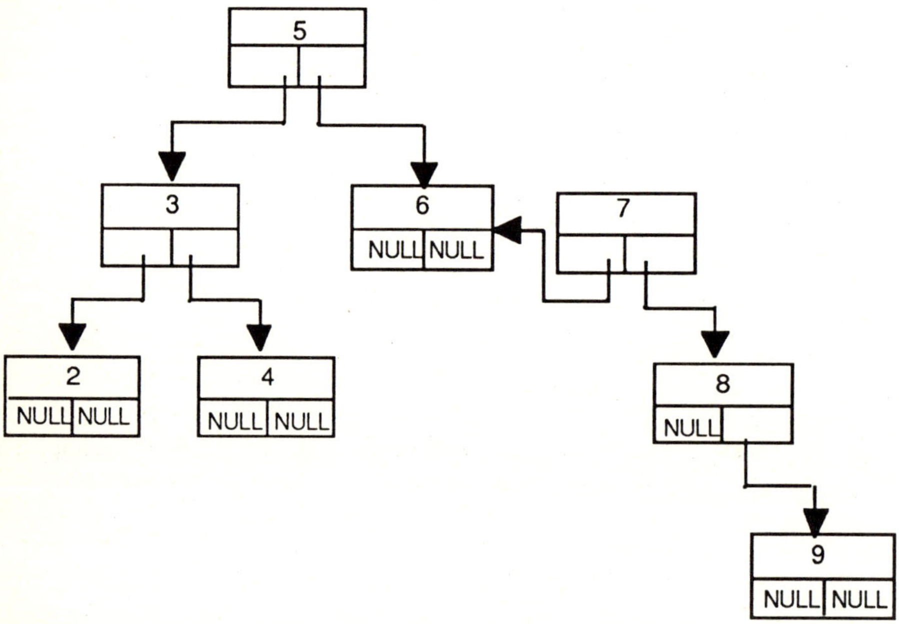


Puis on raccorde le nœud suivant celui qui a été supprimé:

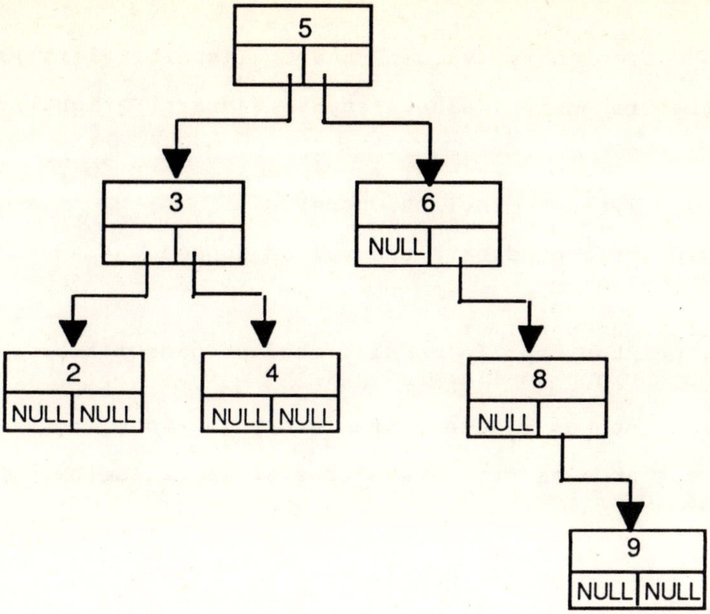


```
/*
 * delete_tree (value, start)
 *
 * Supprime le nœud correspondant à une valeur donnée
 * dans un arbre binaire.
 *
 * value (in): valeur à supprimer.
 * start (in): pointeur sur la racine de l'arbre.
 *
 * exemple d'appel : status = delete_tree (5, &root);
 *
 * Si plusieurs nœuds ont la même valeur, seul le premier noeud trouvé
 * est supprimé. La routine fait appel à la routine delete_tree_entry
 * si la racine ne pointe pas sur la valeur souhaitée.
 */

delete_tree (int value, struct list_entry *start)
   {
   struct list_entry *current_node;
   if (value == (*start)->value)
     {
      if ((*start)->left)
        current_node = (*start)->left;
      else ((*start)->right)
        current_node = (*start)->right;
      else
        return (1);    /* un seul noeud dans l'arbre */
      while (current_node->right)
        current_node = current_node->right;
      if (current_node != (*start)->right;
        current_node->right = (*start)->right;
      current_node = *start;
      if ((*start)->left)
         *start = (*start)->left;
      else if ((*start)->right)
         *start = (*start)->right;
      free (current_node);
      return (0);
```

```
      }
    else if (value < (*start)->value)
      return (delete_tree_entry (value, *start, (*start)->left));
    else
      return (delete_tre_entry (value, *start, (*start)->right));
    }

/*
 * delete_tree_entry (value, previous, node)
 *
 * Supprime le nœud correspondant à une valeur donnée
 * dans un arbre binaire.
 *
 * value (in): valeur à supprimer.
 * previous (in): pointeur sur le noeud précédant dans l'arbre.
 * node (in): nœud courant de l'arbre.
 *
 * exemple d'appel : status = delete_tree_entry (5, root, root->next);
 *
 * Cette routine est appelée par delete_tree si la racine ne contenait
 * pas la valeur à supprimer.
 */

delete_tree_entry (int value, struct list_entry *previous,
                              struct list_entry *node)
    {
    struct list_entry *current_node;
    int result = -1;
    if (node == NULL)
       return (-1);
    if (node->value == value)
      {
       if (previous->left == node)
          previous->left = NULL;
       if (previous->value < value )
         {
          previous->right = node->left;
          current_node = previous;
          while (current_node ->right)
            current_node = current_node->right;
         }
       else
         {
          previous->left = node->left;
          current_node = previous;
          if (current_node ->left)
            {
            current_node = current_node->left;
            while (current_node ->right)
              current_node = current_node->right;
            current_node->right = node->right;
            }
        free (node);
        result = 0;
      }
    else if (node->value > value)
      {
        if (node->right)
           result = delete_tree_entry (value, node, node->right);
        if ((node->left) && (result == -1))
           result = delete_tree_entry (value, node, node->left);
        else
           return (-1);
```

```
      }
   else
      {
       if (node->left)
          result = delete_tree_entry (value, node, node->left);
       if ((node->right) && (result == -1))
          result = delete_tree_entry (value, node, node->right);
       else
          return (-1);
      }
   return (result);
   }
```

Le programme suivant utilise un arbre binaire pour trier un petit fichier avant d'en afficher le contenu:

```
#include <stdio.h>
struct list_entry {
   char value[132];
   struct list_entry *right;
   struct list_entry *right;
   };
main (int argc, char *argv[])
   {
   void *calloc (unsigned, usigned), free_tree ();
   struct list_entry *start, *node, *new_node;
   FILE *fopen (), fp;
   char line[132];
   if (argc < 2)
      {
       printf ("SORT: Invalid usage: SORT FILENAME.EXT \n");
       exit (1);
      }
   else if (! fp = fopen (argv[1], "r"))
      {
       printf ("SORT: Unable to open the file %s\n", argv[1]);
       exit (1);
      }
   else if ((start = (struct list_entry *)
            calloc(1, sizeof(struct list_entry))) == NULL)
      {
       printf ("Unable to allocate memory for the list %s\n", argv[1]);
       exit (1);
      }
   else
      {
       node = start;
       node->right = NULL;
       node->left = NULL;
       fgets (start->value, sizeof(line), fp);
      }
   while (fgets (line, sizeof(line), fp))
      {
       if (tree_insert (line, start) == -1)
          {
           printf ("Unable to allocate memory for the list %s\n",
argv[1]);
           exit (1);
          }
      }
```

```
   fclose (fp);
   show-tree (start);
   free_tree (start);
   }
int tree_insert (char *value, struct list_entry *node)
   {
   void calloc ();
   if (string_comp (value, node->value, 0) == 2)
      if (node->left != NULL)
         tree_insert (value, node->left);
      else
         {
          if ((node->left = (struct list_entry *)
               calloc(1, sizeof(struct list_entry))) == NULL)
             return (-1);
          (node->left)->right = NULL;
          (node->left)->left= NULL;
          copy_string (value, (node->left)->value, 132);
         }
   else
      if (node->right != NULL)
         tree_insert (value, node->right);
      else
         {
          if ((node->right = (struct list_entry *)
               calloc(1, sizeof(struct list_entry))) == NULL)
             return (-1);
          (node->right)->right = NULL;
          (node->right)->left= NULL;
          copy_string (value, (node->right)->value, 132);
         }
   return (0);
   }
show_tree (struct list_entry *node)
   {
   if (node->left)
      show_tree (node->left)
   printf ("%s\n", node->value);
   if (node->right)
      show_tree (node->right)
   }
```

# 14 L'adressage de la mémoire

L'utilisation des pointeurs a été détaillée dans le chapitre 3. Rappelons qu'un pointeur est une valeur qui référence des zones mémoire à l'intérieur d'un segment de données; toutes les adresses contenues dans ce segment peuvent être pointées, mais seulement celles-ci. Ces pointeurs sont appelés pointeurs courts.

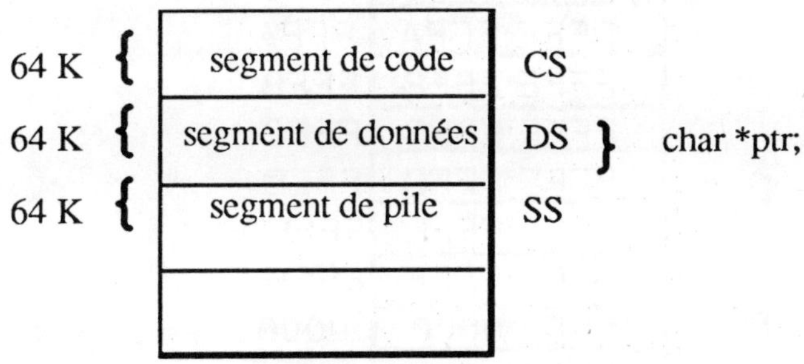


Mémoire

L'adressage mémoire de l'IBM-PC repose en effet sur la combinaison d'une adresse de segment et d'un déplacement dans ce segment. L'*adresse de segment* définit l'adresse de départ d'une zone de 64 Ko. Le *déplacement* donne l'adresse dans le segment de la zone mémoire recherchée. La figure 14-1 illustre ce mode d'adressage, qui est à la base de tout programme faisant des appels à la mémoire.

L'utilisation la plus courante de l'adressage mémoire porte sur les ordres d'entrée et sortie. Plusieurs des services présentés dans les chapitres 6 et 7 sont en effet trop lents dans certains contextes. Dans ce cas, le programmeur a alors la possibilité de placer directement des données dans la zone mémoire réservée à l'affichage. Cette zone, la *mémoire vidéo*, est traitée à part par l'IBM-PC. Tout caractère devant être affiché à l'écran doit auparavant être écrit dans cette zone spécifique de la mémoire.

L'adresse de la mémoire vidéo dépend du type de l'écran:

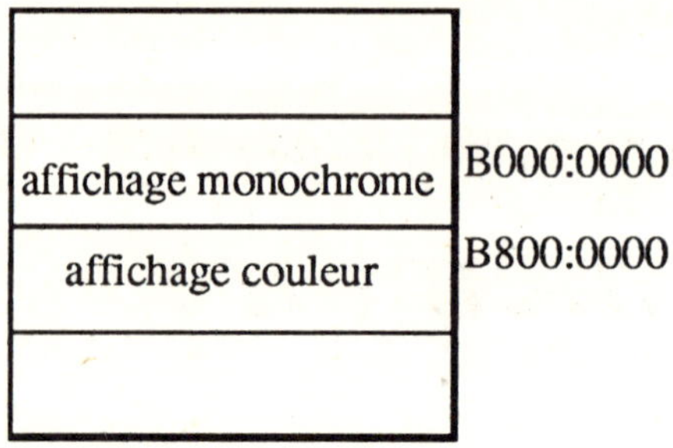


Mémoire

On peut représenter la mémoire vidéo par un tableau à deux entrées, de 25 lignes et 160 colonnes comme l'illustre la figure 14-2

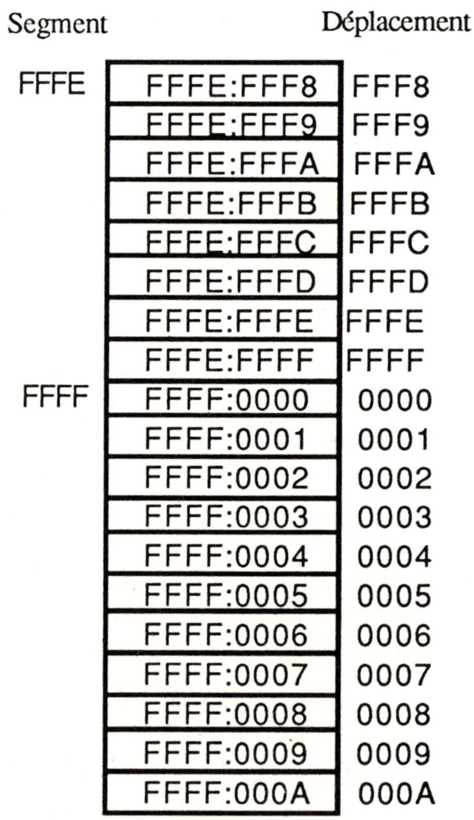


Mémoire

***Figure 14-1.*** *Utilisation de l'offset pour atteindre des adresses mémoire*

| | | | | | | | |
|---|---|---|---|---|---|---|---|
| (l0,c0) caractère | (l0,c0) attribut | (l0,c1) caractère | (l0,c1) attribut | ... | (l0,c79) caractère | (l0,c79) attribut | ligne 0 |
| (l1,c0) caractère | (l1,c0) attribut | (l1,c1) caractère | (l1,c1) attribut | ... | (l1,c79) caractère | (l1,c79) attribut | |
| ⋮ | | | | | | | |
| (l24,c0) caractère | (l24,c0) attribut | (l24,c1) caractère | (l24,c1) attribut | ... | (l24,c79) caractère | (l24,c79) attribut | |

***Figure 14-2.*** *Tableau à deux entrées de la mémoire vidéo*

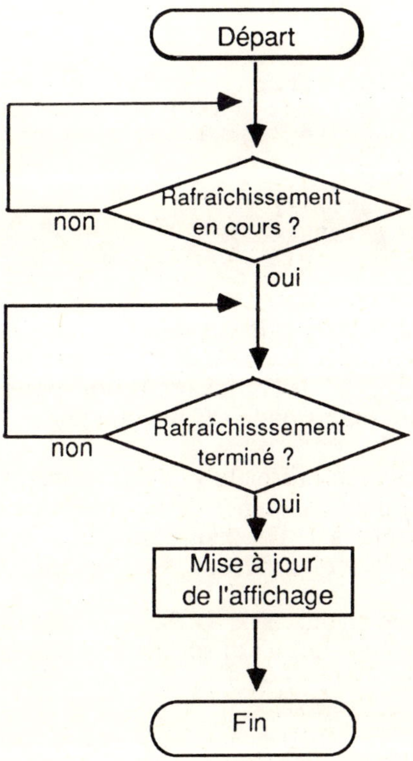


***Figure 14-3.*** *Synchronisation de l'écriture en mémoire vidéo*

Chaque ligne du tableau de la figure 14-2 représente une ligne de l'affichage; chaque caractère sur une ligne d'écran est représenté par deux octets: un pour le caractère lui-même et un pour ses attributs d'affichage.

Ainsi, un caractère dans le coin supérieur gauche de l'écran sera situé à l'adresse 0xB000:0000 ou 0xB800:0000 selon que l'écran est monochrome ou couleurs. Son attribut sera situé à l'adresse 0xB000:0001 ou 0xB800:0001.

Le programme suivant affiche la lettre "A" dans le coin supérieur gauche d'un écran couleurs; il doit pour cela utiliser un pointeur long:

```
main ()
   {
    char far *ptr = 0xB8000000;
    *ptr = 'A';
   }
```

Compte tenu du mode d'adressage expliqué plus haut, on peut afficher un caractère sur une position quelconque de l'écran, de la façon suivante:

```
char far *ptr;
ptr = (char far *) (0xB8000000 + (row * 160) + (column * 2))
```

Ainsi, le programme suivant affiche les lettres A à Z au milieu de l'écran en faisant varier leurs attributs d'affichage:

```
main ()
   {
   char far *ptr, letter;
   int i, j, row = 10, column = 25, attr;
   ptr = (char far *) (0xB8000000 + (row * 160) + (column * 2))
   for (i = 0, letter = 'A'; letter <= 'Z'; i += 2, letter++)
      *(ptr + i) = letter;
   for (i = 1; i < 100; i--)
     for (attr = 1; attr <= 255; attr++)
        for (j = 0, letter = 'A'; letter <= 'Z'; j += 2, letter++)
           *(ptr + j) = attr;
   }
```

Selon le type d'écran dont on dispose, il risque de se produire un phénomène de «neige». Ce genre de trouble de l'affichage est dû au mode de rafraîchissement d'écran de l'IBM-PC. Le PC effectue un rafraîchissement horizontal de l'affichage 18 fois par seconde. Si on tente d'accéder à la mémoire vidéo à l'instant précis où le PC lit cette zone, des points parasites risquent d'apparaître sur l'écran.

Pour éviter ce phénomène, il faut synchroniser le rafraîchissement d'écran et l'ordre d'écriture dans la mémoire vidéo. Lorsqu'une séquence de rafraîchissement est en cours, le premier bit du port 0x3DA est positionné à 1. On peut donc utiliser cet indicateur pour effectuer au moment voulu l'écriture en mémoire vidéo. C'est ce qu'illustre la figure 14-3.

La routine *inportb* de la bibliothèque standard de Turbo C indique la valeur de l'octet situé sur un port donné. La première idée serait d'utiliser directement cette valeur dans la séquence d'instructions:

```
while ((inportb (0x3DA) & 1) != 1)
   ;
while ((inportb (0x3DA) & 1) == 1)
   ;
```

Malheureusement, l'exécution de cette séquence est beaucoup plus longue que l'intervalle de temps entre deux rafraîchissements d'écran. Il faut donc appeler une routine en langage d'assemblage:

```
/*
 * void memory_map_put (segment, offset, value)
 *
 * Place la valeur souhaitée en mémoire vidéo, en synchronisation
 * avec le rafraîchissement d'écran.
 *
 * segment (in): adresse du segment de la mémoire vidéo.
 * offset (in): déplacement dans le segment (adresse du caractère).
 * value (in): valeur à placer en mémoire vidéo.
 *
 * exemple d'appel : memory_map_put (0xB800, 0, 65);
 */

void memory_map_put (int segment, int offset, int value)
  {
#pragma inline

     asm  push     DX
     asm  push     ES
     asm  push     DI
     asm  push     BX
     asm  push     AX

     asm  MOV      ES, segment
     asm  MOV      DI, offset
     asm  MOV      BX, value

     asm  MOV      DX, 03DAH
A:
     asm  IN       AL, DX
     asm  TEST     AL, 1
     asm  JNZ      A
     asm  CLI
B:
     asm  IN       AL, DX
     asm  TEST     AL, 1
     asm  JZ       B
     asm  MOV      BYTE PTR ES:[DI], BL
     asm  STI
     asm  pop      AX
     asm  pop      BX
     asm  pop      DI
     asm  pop      ES
     asm  pop      DX
  }
```

La routine reçoit trois paramètres: le segment, le déplacement, et le caractère à écrire. Etant donné qu'elle ne se situe pas dans le même segment de code que celle qui l'a appelée, l'ordre d'écriture en mémoire vidéo est suffisamment rapide pour pouvoir être exécuté.

Pour inclure une partie de code en langage assembleur, il faut utiliser le macro-assembleur Microsoft. Le compilateur-éditeur de liens TCC le rappelle lorsqu'on tape la commande suivante:

```
C> TCC FILENAME.C
```

en provoquant l'affichage de:

**Turbo C Inline Code**
Utiliser le macro-assembleur Microsoft avant d'exécuter
la compilation de FILENAME.C et l'édition de liens par TCC

Une fois ces deux étapes préalables franchies, on peut terminer le programme écrivant les lettres A à Z ainsi:

```
main ()
   {
   void memory_map_put (int, int, int);
   int letter, i, j, offset, row = 10, column = 25, attr;
   offset = (row * 160) + (column * 2);
   for (i = 0, letter = 'A'; letter <= 'Z'; i += 2, letter++)
      memory_map_put (0xB800, offset + i, letter);
   for (i = 1; 1 < 100; i++)
     for (attr = 1; attr <= 255; attr++)
        for (j = 0, letter = 'A'; letter <= 'Z'; j += 2, letter++)
           memory_map-put (0xB800, offset +j, attr);
   }
```

L'apparition de «neige» est ainsi supprimée.

## *Pages d'écran*

Selon le type d'écran utilisé, on peut avoir à réserver un espace mémoire important pour la mémoire vidéo. Un écran nécessitant 4 000 octets (25 x (80 + 80)), l'espace additionnel à réserver peut être mesuré en *pages*, c'est -à-dire des zones tampon contenant des images d'écran. Ainsi, l'adaptateur graphique couleur CGA peut contenir 4 pages d'écran:

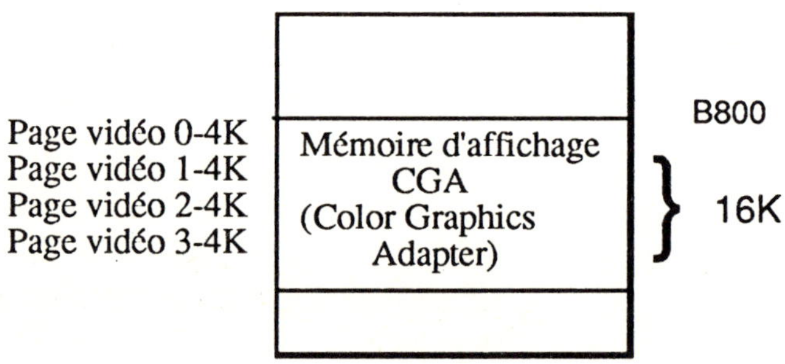


Mémoire

La plupart des routines du chapitre 7 permettent de diriger des données sur une page d'écran spécifiée. Le plus souvent en fait, il s'agit de la page 0 (page implicite), cependant, on peut sensiblement améliorer des programmes en accédant de façon instantanée aux pages d'écran dans la mémoire vidéo. Par exemple, le programme suivant écrit un écran entier dans la page 1 puis rend celle-ci active:

```
#include <stdio.h>
main ()
    {
    int i;
    void set_cursor_position (int, char int);
    void set_active_display_page (int);
    for (i = 0; i < 25; i++)
      {
         set_cursor_position (1, i, 0);
         write_char_and_attr (1, 'A', 7, 80);
      }
    set_active_display_page (1);
    getchar ();
    set_active_display_page (0);
    }
```

De cette manière, l'écran apparaît instantanément.

On observera que ce programme positionne à nouveau la page 0 comme page active en mémoire vidéo avant de se terminer. Ceci est capital car de nombreuses applications s'appuient sur l'activation implicite de la page 0. Il faut donc impérativement restituer une situation standard en sortie des programmes, sinon d'autres programmes risquent de ne plus fonctionner. Vous remarquerez également que la gestion de pages d'écran ne concerne que l'affichage couleur. Les adaptateurs monochromes ne prévoient pas cette facilité.

Cette possibilité de gérer l'affichage par pages peut s'avérer extrêmement utile. On peut en effet augmenter par ce moyen la vitesse d'exécution de certains programmes en adressant directement en mémoire chaque page de la façon suivante:

```
page_location = 0xB8000000 + (page * 4096);
```

La première routine proposée, clear_display_page, permet d'effacer le contenu d'une page spécifiée:

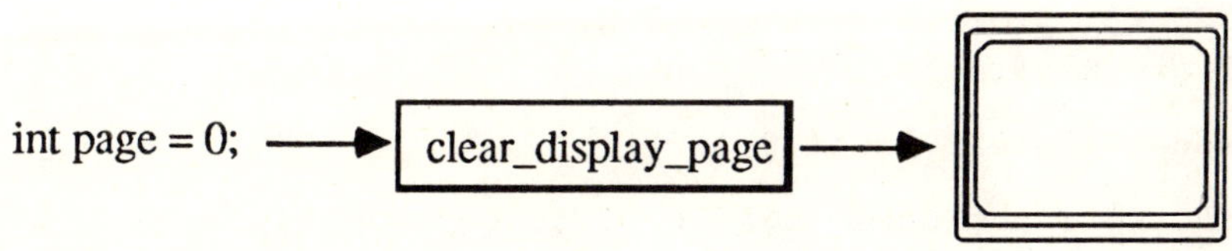


```
/*
 * void clear_display_page (page)
 *
 * Efface une page en la bourrant de caractères d'espacement (ASCII 32).
 *
 * page (in): numéro de la page à effacer.
 *
 * exemple d'appel : clear_display_page (0);
 *
 * Cette routine ne fonctionne qu'avec 80 colonnes maximum.
 */

void clear_display_page (int page)
 {
  int width, mode, current_page, i, j, segment, offset;
  void get_video_mode (int *, int *, int *);
```

```
  void memory_map_put (int, int, int);
  get_video_mode (&width, &mode, &current_page);
  /* mode texte 80 colonnes seulement */
  if ((width != 80) || (page > 3))
    return ;
  if (mode == 7)
   {
    page = 0;
    segment = 0xB000;
   }
  else
    segment = 0xB800;
  for (i = 0; i <= 25; i++)
   {
    offset = (page * 4096) + (i * 160);
    for (j = 0; j <= 79; j++)
      memory_map_put (segment, offset + (j * 2), 32);
   }
}
```

La routine clear_line permet d'effacer une ligne d'une page donnée:

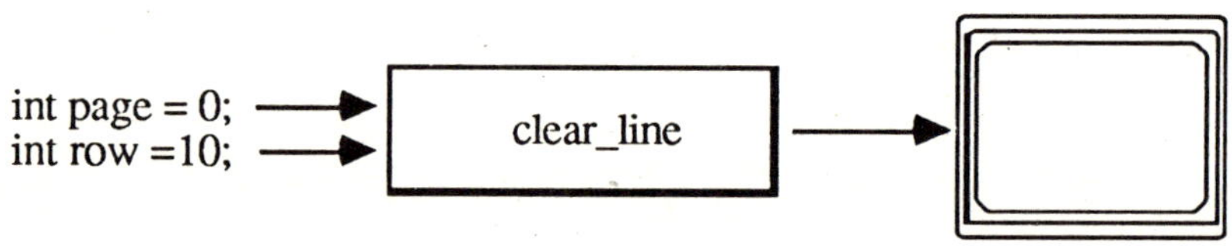


```
/*
 * void clear_line (page, row)
 *
 * Efface en la remplissant de caractères d'espacement (ASCII 32)
 * une ligne donnée d'une page spécifiée.
 *
 * page (in): numéro de la page à modifier.
 * row (in): ligne à effacer.
 *
 * exemple d'appel : clear_line (0, 10);
 *
 * Cette routine ne fonctionne qu'avec 80 colonnes maximum.
 */

void clear_line (int page, int line)
 {
  int width, mode, current_page, i, segment, offset;
  void get_video_mode (int *, int *, int *);
  void memory_map_put (int, int, int);
  get_video_mode (&width, &mode, &current_page);
  if ((width != 80) || (page > 3))
    return ;
  if (mode == 7)
   {
    page = 0;
    segment = 0xB000;
   }
  else
    segment = 0xB800;
  offset = (page * 4096) + (line * 160);
```

```
  for (i = 0; i <= 79; i++)
    memory_map_put (segment, offset + (i * 2), 32);
}
```

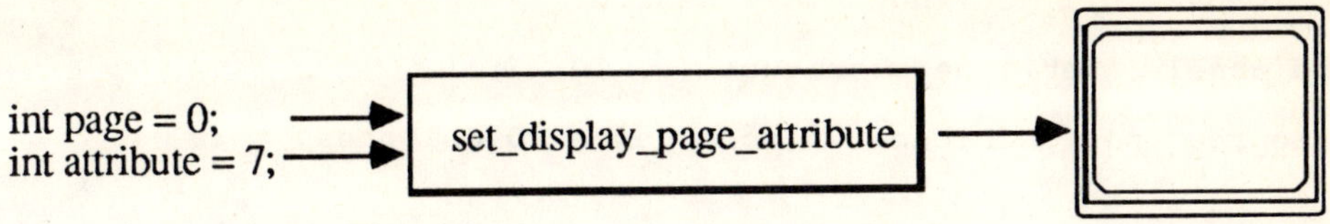


```
/*
 * void set_display_page_attribute (page, attribute)
 *
 * Détermine les attributs vidéo des caractères contenus
 * dans une page spécifiée.
 *
 * page (in): page souhaitée.
 * attribute (in): attribut vidéo souhaité.
 *
 * exemple d'appel : set_display_page_attribute (0, 7);
 *
 * Cette routine fonctionne en mode texte 80 colonnes.
 */

void set_display_page_attribute (int page, int attribute)
 {
  int width, mode, current_page, i, j, segment, offset;
  void get_video_mode (int *, int *, int *);
  void memory_map_put (int, int, int);
  get_video_mode (&width, &mode, &current_page);
  if ((width != 80) || (page > 3))
    return ;
  if (mode == 7)
   {
    segment = 0xB000;
    page = 0;
   }
  else
    segment = 0xB800;
  for (i = 0; i <= 25; i++)
   {
    offset = (page * 4096) + (i * 160);
    for (j = 0; j <= 79; j++)
      memory_map_put (segment, offset + (j * 2) + 1, attribute);
   }
 }
```

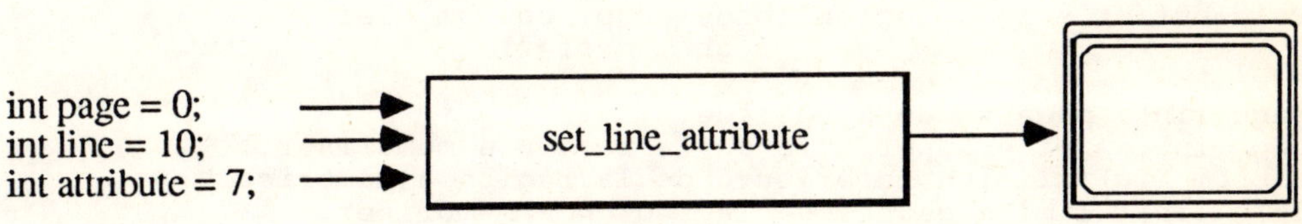


```
/*
 * void set_line_attribute (page, line, attribute)
 *
 * Etablit les attributs vidéo pour une ligne spécifiée
```

```
 * dans une page vidéo donnée.
 *
 * page (in): page vidéo souhaitée.
 * line (in): ligne concernée .
 * attribute (in): attribut vidéo désiré.
 *
 * ex d'appel : set_line_attribute (0, 10, 7);
 *
 * cette routine fonctionne en mode texte 80 colonnes.
 */

void set_line_attribute (int page, int line, int attribute)
 {
  int width, mode, current_page, i, segment, offset;
  void get_video_mode (int *, int *, int *);
  void memory_map_put (int, int, int);
  get_video_mode (&width, &mode, &current_page);
  if ((width != 80) || (page > 3))
    return ;
  if (mode == 7)
   {
    segment = 0xB000;
    page = 0;
   }
  else
    segment = 0xB800;
  offset = (page * 4096) + (line * 160);
  for (i = 0; i <= 79; i++)
    memory_map_put (segment, offset + (i * 2) + 1, attribute);
 }
```

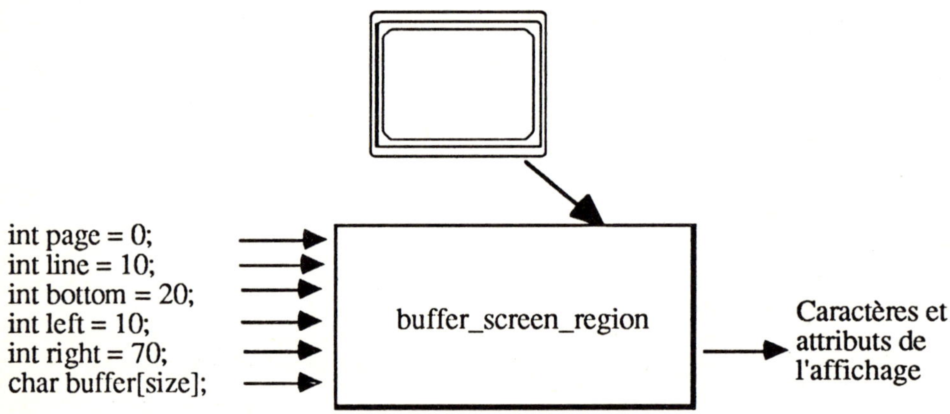


```
/*
 * void buffer_screen_region (page, top, bottom, left,
 *                            right, buffer)
 *
 * page (in): page vidéo souhaitée.
 * top (in): limite supérieure de la région à mémoriser.
 * bottom (in): limite inférieure de la région à mémoriser.
 * left (in): limite gauche de la région à mémoriser.
 * right (in): limite droite de la région à mémoriser.
 * buffer (out): Buffer contenant la région mémorisée.
 *
 * ex d'appel : buffer_screen_region (0, 10, 20, 0, 79, buffer);
 *
```

```
 * Retenir qu'on enregistre les caractères et leurs attributs vidéo,
 * il faut donc réserver une taille de:
 *                    2 * (bottom - top) * (right - left)
 */

void buffer_screen_region (int page, int top, int bottom, left,
                                      int left, int right, char *buffer)
   {
   int i, j, k = 0;
   int offset, segment, mode, width, current_page;
   void get_video_mode (int *, int *, int *);
   get_video_mode (&width, &mode, &current_page);
   if ((width != 80) || (page > 3))
      return ;
   if (mode == 7)
      {
       page = 0;
       segment = 0xB000;
      }
   else
       segment = 0xB800;
   for (i = top; i <= bottom; i++)
       {
        offset = (page * 4096) + (i * 160);
        for (j = left; j <= right; j++)
            {
             buffer[k++] = memory_map_get (segment, offset + (j * 2));
             buffer[k++] = memory_map_get(segment, offset + (j * 2)+ 1);
            }
       }
   }
```

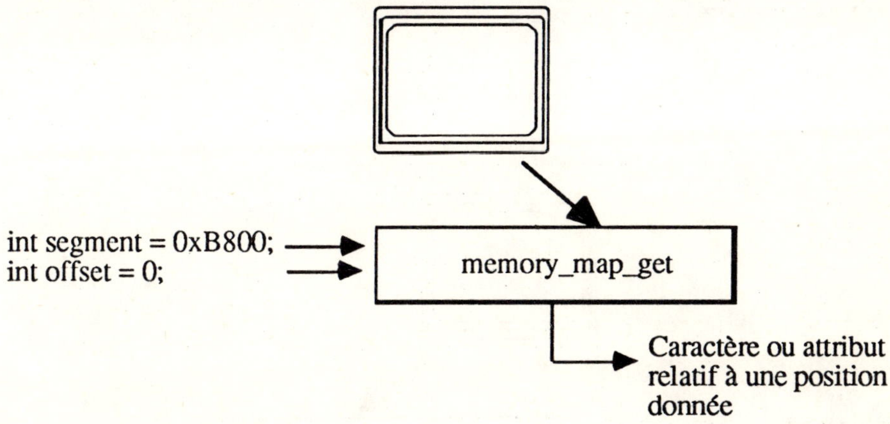


```
/*
 * memory_map_get (segment, offset)
 *
 * Renvoie le contenu d'une adresse mémoire particulière de la
 * mémoire vidéo. Assure la synchronisation avec le rafraîchissement
 * horizontal de l'écran.
 *
 * segment (in): adresse du segment de la mémoire video.
 * offset (in): déplacement.dans le segment.
```

```
 *
 * exemple d'appel : value = memory_map_get (0xB800, 0);
 */

memory_map_get (int segment, int offset)
 {
   char value;
#pragma inline
 asm   push DX
 asm   push ES
 asm   push DI
 asm   push AX

  asm   MOV   ES, segment
  asm   MOV   DI, offset

  asm   MOV   DX, 03DAH
A:
  asm   IN    AL, DX
  asm   TEST  AL, 1
  asm   JNZ   A
  asm   CLI
B:
  asm   IN    AL, DX
  asm   TEST  AL, 1
  asm   JZ    B
  asm   MOV   al, BYTE PTR ES:[DI]
  asm   MOV   value, al
  asm   STI
 asm   pop   AX
 asm   pop   DI
 asm   pop   ES
 asm   pop   DX

        return (value);
 }
```

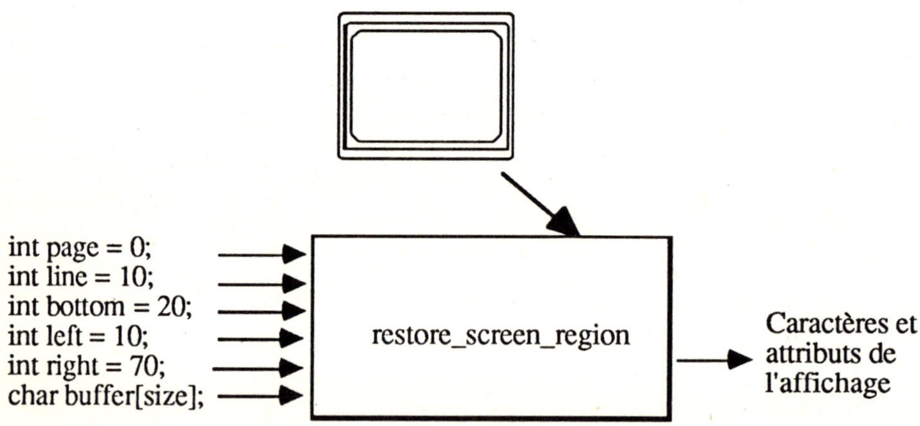

```
/*
 * void restore_screen_region (page, top, bottom, left,
 *                             right, buffer)
 *
 * Rappelle une zone d'écran antérieurement mémorisée
 * dans un buffer.
 *
 * page (in): page video souhaitée.
 * top (in): limite supérieure de la région à rappeler.
 * bottom (in): limite inférieure de la région à rappeler.
 * left (in): limite gauche de la région à rappeler.
 * right (in): limite droite de la région à rappeler.
 * buffer (out): buffer contenant la région à rappeler.
 *
 * exemple d'appel : restore_screen_region (0, 10, 20, 0, 79, buffer);
 */

void restore_screen_region (int page, int top, int bottom,
                            int left, int right, char *buffer)
 {
  int i, j, k = 0;
  int offset, segment, mode, width, current_page;
  void get_video_mode (int *, int *, int *);
  void memory_map_put (int, int, int);
  get_video_mode (&width, &mode, &current_page);
  if ((width != 80) || (page > 3))
    return ;
  if (mode == 7)
   {
    page = 0;
    segment = 0xB000;
   }
  else
    segment = 0xB800;
  for (i = top; i <= bottom; i++)
   {
    offset = (page * 4096) + (i * 160);
    for (j = left; j <= right; j++)
     {
       memory_map_put (segment, offset + (j * 2), buffer[k++]);
       memory_map_put (segment, offset + (j * 2) + 1, buffer[k++]);
     }
   }
 }
```

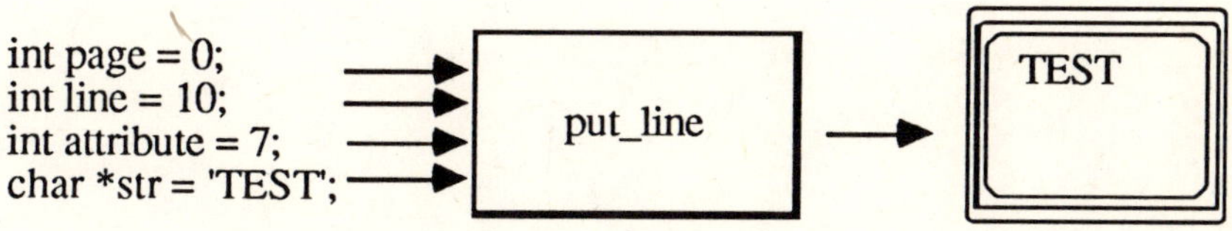


```
/*
 * void put_line (page, row, attribute, line)
 *
 * Ecrit une chaîne de caractères sur la ligne spécifiée
 * avec l'attribut vidéo souhaité.
 *
```

```
 * page (in): page video souhaitée.
 * row (in): ligne devant recevoir la chaîne.
 * attribute (in): attribut video souhaité.
 * line (in): chaîne à afficher.
 *
 * exemple d'appel : put_line (0, 10, 7, "This is a test");
 *
 * Cette routine fonctionne en mode texte 80 colonnes.
 */

void put_line (int page, int line, int attribute, char *str)
 {
  int width, mode, current_page, i, segment, offset;
  void get_video_mode (int *, int *, int *);
  void memory_map_put (int, int, int);
  get_video_mode (&width, &mode, &current_page);
  if ((width != 80) || (page > 3))
    return ;
  if (mode == 7)
   {
    segment = 0xB000;
    page = 0;
   }
  else
    segment = 0xB800;
  offset = (page * 4096) + (line * 160);
  for (i = 0; i <= 79; i++)
   {
    if (*str)
     {
      memory_map_put (segment, offset + (i * 2), *str++);
      memory_map_put (segment, offset + (i * 2) + 1, attribute);
     }
    else
      break ;
   }
 }
```

# 15 Menus et entrées-sorties spéciales

L'objectif visé par les routines d'E/S présentées dans le chapitre 12 était d'assurer un dialogue clair et cohérent avec l'utilisateur, à base de fenêtres de dialogue en plein écran. Le propos du présent chapitre est de permettre un dialogue plus interactif... Nombre d'utilisateurs, voire de développeurs, préfèrent en effet un dialogue à base de menus.

La forme type d'un menu est la suivante:

```
FORME DE L'OBJET :

cArré     ................ 1
Cercle    ................ 2
Ovale     ................ 3
Rectangle ........... 4
Ligne     ................ 5
Polygone  ........... 6
```

l'utilisateur devant donner le numéro de l'option choisie.

Mais avec la généralisation de l'emploi des ordinateurs, les utilisateurs sont devenus plus exigeants en matière de présentation. L'ensemble des routines qui suivent propose un type de menus plus souple, par sa facilité de lecture et sa simplicité d'emploi, grâce notamment à l'emploi, au choix, de:

- mnémoniques clairement liés aux options du menu (ex: taper la première lettre de l'option voulue)
- touches de déplacement pour se positionner directement sur une option avant de la valider par ENTER.

La figure ci-après illustre un tel enrichissement du menu initial:

```
FORME DE L'OBJET :

   A        cArré
   C        Cercle
   O        Ovale
   R        Rectangle
   L        Ligne
   P        Polygone

Utilisez les flèches ou le code-lettre pour choisir
```

Ce principe de construction des menus permet de simplifier notablement la programmation, par la copie de blocs entiers d'instructions. Cependant, le principe retenu dans le présent chapitre est de proposer trois routines-type, auxquelles on passe en paramètre une structure contenant les informations propres au menu traité. Le dernier paragraphe traite des menus «pop-up», dont la conception est facilitée par les fonctions développées dans le chapitre précédent.

## *La structure* menus

Toutes les routines de ce paragraphe utilisent la structure *menus* suivante:

```
struct menus {
   int num_entries;
   char choices [15];
   char *entries [15];
   char *title;
   char *prompt;
   };
```

Tout menu est ainsi limité à 14 options, non pour des raisons de limitation mais plutôt d'ergonomie. Trop remplis, les écrans deviennent vite illisibles. Par ailleurs, un nombre trop important d'options perturbent parfois l'utilisateur final dans ses choix. Par exemple, à partir de la structure

```
struct menus {
   int num_entries;
   char choices [15];
   char *entries [15];
   char *title;
   char *prompt;
   } payroll_menu =
       { 6, "ACORLP",
           {"FORME DE L'OBJET:",
            "cArré",
            "Cercle",
            "Ovale",
            "Rectangle",
            "Ligne",
            "Polygone",
            "Utilisez les flèches ou le code-lettre pour choisir"
       }
   };
```

la routine display_menu (détaillée plus loin) affiche le menu

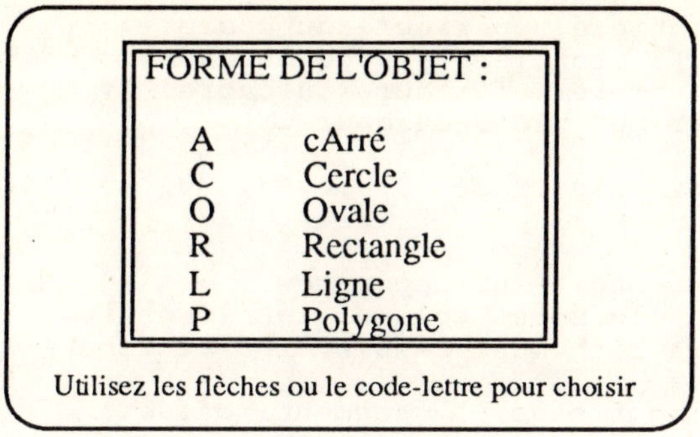


## *Cadrage des menus*

La totalité des routines de ce chapitre produisent des menus présentés dans un cadre graphique, dans le but de mettre en évidence les options proposées. La taille du cadre variera en effet en fonction du nombre et de la largeur des options du menu affiché. Les caractères graphiques utilisés pour tracer le cadre sont les caractères ASCII 186, 187, 188, 200, 201, et 205, comme le montre le schéma suivant:

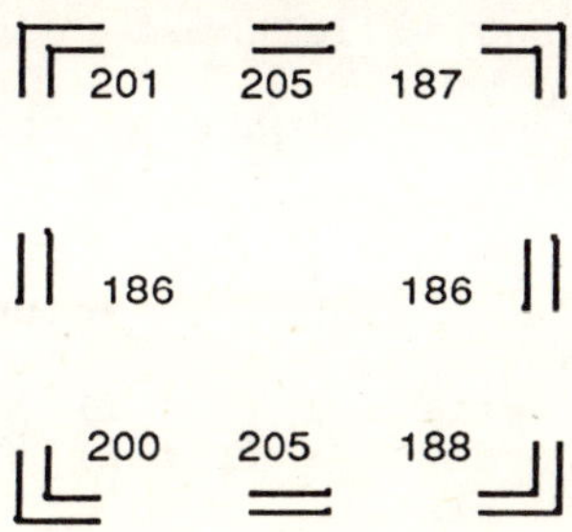


Le programme d'affichage du cadre, display_frame, est le suivant:

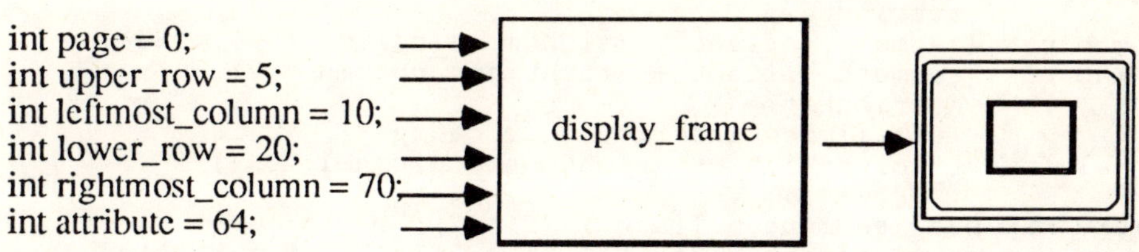


```
/*
 * void display_frame (page, upper_row, leftmost_column,
 *                     lower_row, rightmost_column, attribute)
 *
```

```
 * Permet de dessiner des cadres pour des menus ou messages
 *  par l'utilisation de caractères du code ASCII étendu.
 *
 * page (in): page video souhaitée.
 * upper_row (in): frontière supérieure du cadre.
 * leftmost_column (in): frontière gauche du cadre.
 * lower_row (in): frontière inférieure du cadre.
 * attribute (in): attribut vidéo du cadre.
 *
 * exemple d'appel : display_frame (0, 10, 5, 20, 65, 64);
 */

void display_frame (int page, int upper_row,
                    int leftmost_column, int lower_row,
                    int rightmost_column, int attribute)
 {
  int width, mode, current_page, i, segment, offset;
  void get_video_mode (int *, int *, int *);
  void memory_map_put (int, int, int);
  get_video_mode (&width, &mode, &current_page);

  if ((width != 80) || (page > 3))  /* mode 80 colonnes uniquement */
    return ;
  if (mode == 7)
   {
    segment = 0xB000;               /* mode monochrome */
    page = 0;
   }
  else
    segment = 0xB800;
                    /* angles supérieurs du cadre */
  offset = (page * 4096) + (upper_row * 160);
  memory_map_put (segment, offset + (leftmost_column * 2), 201);
  memory_map_put (segment, offset + (leftmost_column * 2) + 1,
                  attribute);
  memory_map_put (segment, offset + (rightmost_column * 2), 187);
  memory_map_put (segment, offset + (rightmost_column * 2) + 1,
                  attribute);
                 /* limite supérieure du cadre */
  for (i = leftmost_column+1; i <= rightmost_column-1; i++)
   {
      memory_map_put (segment, offset + (i * 2), 205);
      memory_map_put (segment, offset + (i * 2) + 1, attribute);
   }
                   /* angles inférieurs du cadre */
  offset = (page * 4096) + (lower_row * 160);
  memory_map_put (segment, offset + (leftmost_column * 2), 200);
  memory_map_put (segment, offset + (leftmost_column * 2) + 1,
                  attribute);
  memory_map_put (segment, offset + (rightmost_column * 2), 188);
  memory_map_put (segment, offset + (rightmost_column * 2) + 1,
                  attribute);
                    /* limite inférieure du cadre */
  for (i = leftmost_column+1; i <= rightmost_column-1; i++)
   {
      memory_map_put (segment, offset + (i * 2), 205);
      memory_map_put (segment, offset + (i * 2) + 1, attribute);
   }
                  /* tracé des bordures */
  for (i = upper_row + 1; i <= lower_row -1; i++)
   {
    offset = (page * 4096) + (i * 160);
    memory_map_put (segment, offset + (leftmost_column * 2), 186);
```

```
    memory_map_put (segment, offset + (leftmost_column * 2) + 1,
                    attribute);
    memory_map_put (segment, offset + (rightmost_column * 2), 186);
    memory_map_put (segment, offset + (rightmost_column * 2) + 1,
                    attribute);
  }
 }
```

## *Affichage et utlisation d'un menu*

La routine fondamentale proposée est display_menu, et utilise les principes énoncés ci-dessus:

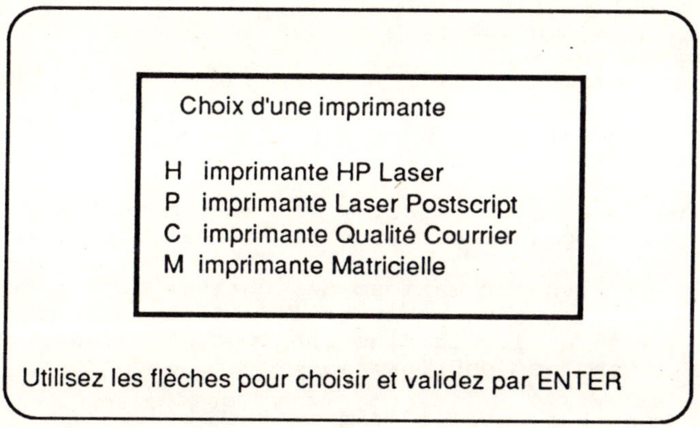


Le code correspondant est le suivant:

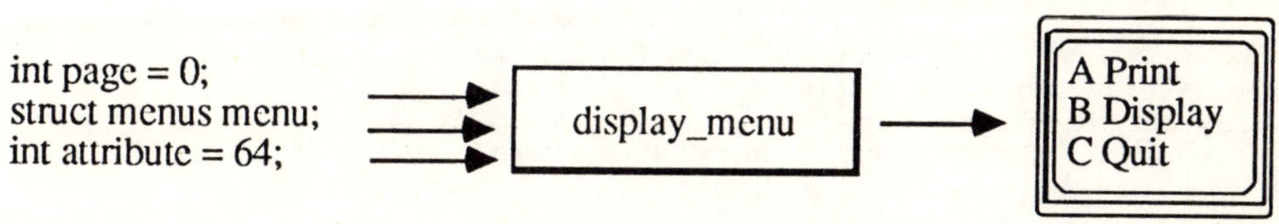


```
/*
 * void display_menu (page, menu, attribute)
 *
 * Affiche un menu sur une page vidéo donnée.
 *
 * page (in): page vidéo désirée.
 * menu (in): Structure contenant les libellés du menu
 * attribute (in): attributs vidéo souhaités.
 *
 * exemple d'appel : display_menu (0, main_menu, 7);
 */

void display_menu (int page, struct menus menu, int attribute)
 {
  int upper_row, lower_row, leftmost_column, rightmost_column;
```

```
int title_row, prompt_row, title_column, prompt_column, max_size;
int width, mode, current_page, i, j, segment, offset;
void get_video_mode (int *, int *, int *);
void memory_map_put (int, int, int);
void display_frame (int, int, int, int, int, int);
get_video_mode (&width, &mode, &current_page);
if ((width != 80) || (page > 3))
  return ;               /* mode 80 colonnes seulement */
if (mode == 7)           /* affichage monochrome */
 {
  segment = 0xB000;
  page = 0;
 }
else
  segment = 0xB800;
          /* calcul de la position des bords supérieur et inférieur */
upper_row = 13 - 4 - (menu.num_entries / 2);
lower_row = 13 + 1 + ((menu.num_entries % 2) ?
        ((menu.num_entries + 1) / 2): (menu.num_entries / 2));
               /* calcul de la position du titre et affichage */
title_row = upper_row + 2;
for (i = 0; menu.title[i]; i++) ;
title_column = 39 - (i / 2);
offset = (page * 4096) + (title_row * 160) + (title_column * 2);
for (i = 0; menu.title[i]; i++)
 {
  memory_map_put (segment, offset + (i * 2), menu.title[i]);
  memory_map_put (segment, offset + (i * 2) + 1, attribute);
 }
max_size = i;     /* longeur maximum des chaînes déjà rencontrées */
                  /*     ajustement de la taille du cadre         */
                  /*     sur la plus longue chaîne à afficher     */
for (i = 0; i < menu.num_entries; i++)
 {
  for (j = 0; menu.entries[i][j]; j++)
    ;
  if (j > max_size)
      max_size = j;
 }
                    /* centrage du menu sur la colonne 39 */
leftmost_column = 39 - ((max_size + 8) /2);
rightmost_column = 39 + ((max_size + 8) /2);
display_frame (page, upper_row, leftmost_column,
               lower_row, rightmost_column, 7);
                    /* affichage des options du menu */
for (i = 0; i < menu.num_entries; i++)
 {
  offset = (page * 4096) + ((title_row + 2 + i) * 160);
  memory_map_put (segment, offset + (leftmost_column + 2) * 2,
        menu.choices[i]);
  memory_map_put (segment, offset + (leftmost_column + 2) * 2 + 1,
        attribute);
  offset = (page * 4096) + ((title_row + 2 + i) * 160) +
           (leftmost_column + 4) * 2;
  for (j = 0; menu.entries[i][j]; j++)
   {
     memory_map_put (segment, offset + (j * 2), menu.entries[i][j]);
     memory_map_put (segment, offset + (j * 2) + 1, attribute);
   }
 }
/* calcul de la position de la zone de message et affichage */
prompt_row = 23;
for (i = 0; menu.prompt[i]; i++) ;
```

```
  prompt_column = 39 - (i / 2);
  offset = (page * 4096) + (prompt_row * 160) + (prompt_column * 2);
  for (i = 0; menu.prompt[i]; i++)
   {
    memory_map_put (segment, offset + (i * 2), menu.prompt[i]);
    memory_map_put (segment, offset + (i * 2) + 1, attribute);
   }
 }
```

Après affichage du menu, la réponse est traitée par la routine get_menu_response:

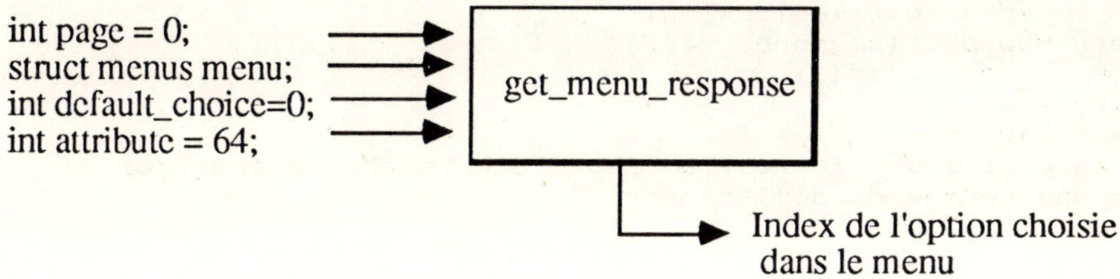


```
/*
 * get_menu_response (page, menu, default_choice, attribute)
 *
 * page (in): page vidéo souhaitée
 * menu (in): structure contenant le menu recherché
 * default_choice (in): option par défaut du menu
 * attribute (in): attribut vidéo désiré
 *
 * exemple d'appel : selection = get_menu_response (0, main_menu, 0,
64);
 */
get_menu_response (int page, struct menus menu,
                               int default_choice, int attribute)
   {
   int upper_row, leftmost_column;
   int width, mode, current_page, i, j, segment, offset;
   int done = 0, row, old_row, max_size, choice, valid_key)
   void get_video_mode (int *, int *, int *);
   void memory_map_put (int, int, int);
   get_video_mode (&width, &mode, &current_page);
   if ((width != 80) || (page > 3))
      return;   /*  mode texte 80 colonnes seulement   */
   if (mode == 7)  /*  mode monochrome  */
      {
       segment = 0xB000;
       page = 0;
      }
   else
       segment = 0xB800;
   upper_row = 13 -4 - (menu.num_entries / 2)
   for (i = 0; menu.title[i]; i++)
  max_size = i;   /* longeur maximum des chaînes déjà rencontrées */
                  /*        ajustement de la taille du cadre      */
                  /*        sur la plus longue chaîne à afficher  */
  for (i = 0; i < menu.num_entries; i++)
   {
    for (j = 0; menu.entries[i][j]; j++)
       ;
```

```
    if (j > max_size)
        max_size = j;
   }
            /* centrage du menu sur la largeur */
  leftmost_column = 39 - ((max_size + 8) /2);
  row = default_choice;
     /*  saisie de la réponse  */
  while (! done)
    {
     /* mise en surbrillance de la ligne courante  */
  offset = (page * 4096) + ((upper_row + 4 + row) * 160);
  memory_map_put(segment, offset + (leftmost_column + 2) * 2 + 1, 7);
    offset = (page * 4096) + ((upper_row + 4 + row) * 160) +
             (leftmost_column + 4) * 2;
    for (j = 0; menu.entries[row][j]; j++)
       memory_map_put (segment, offset + (j * 2) + 1, 7);
    choice = no_echo_read();
    valid_key = 0;
    old_row = row;
    /* on teste si l'utilisateur a frappé une touche de fonction */
    /*   ou une touche de déplacement                            */
    if (choice == 0)
      {
       choice = no_echo_read();
       switch (choice) {
         case 72: if (row == 0)  /*flèche de déplacement vers le haut */
                    row = menu.num_entries - 1;
                  else
                    row--;
                  valid_key = 1;
                  break;
         case 80: if (row == menu.num_entries - 1)
                    row = 0;     /*flèche de déplacement vers le bas  */
                  else
                    row++;
                  valid_key = 1;
                  break ;
       }
       if (valid_key)
         {
     /*déplacement de la surbrillance sur la ligne courante désignée */
         offset = (page * 4096) + ((upper_row + 4 + old_row) * 160);
         memory_map_put(segment, offset + (leftmost_column + 2) * 2 + 1,
           attribute);
         offset = (page * 4096) + ((upper_row + 4 + old_row) * 160) +
             (leftmost_column + 4) * 2;
         for (j = 0; menu.entries[old_row][j]; j++)
             memory_map_put (segment, offset + (j * 2) + 1, attribute);
         offset = (page * 4096) + ((upper_row + 4 + row) * 160);
         memory_map_put(segment, offset + (leftmost_column + 2) * 2 + 1,
                         7);
         offset = (page * 4096) + ((upper_row + 4 + row) * 160) +
             (leftmost_column + 4) * 2;
         for (j = 0; menu.entries[row][j]; j++)
             memory_map_put (segment, offset + (j * 2) + 1, 7);
         }
      }
    else
     {
      if (choice == 13)  /* cas du retour-chariot */
        return (row);
      else               /* appel du choix correspondant à la lettre */
        for (i = 0; i < menu.num_entries; i++)
```

```
          if ((choice == menu.choices[i]) ||
             ((choice & ~32) == menu.choices[i]))
            return (i);
      }
    }
  }
```

Ces deux routines ont été écrites séparément afin de réduire la longueur totale du code.

## *Menus Pop-Up*

De nombreuses routines d'affichage de menus commencent par effacer l'écran avant d'afficher le menu souhaité. Or il est parfois utile de pouvoir afficher un menu complétant celui déjà affiché, en surimpression ou dans un coin de l'écran:

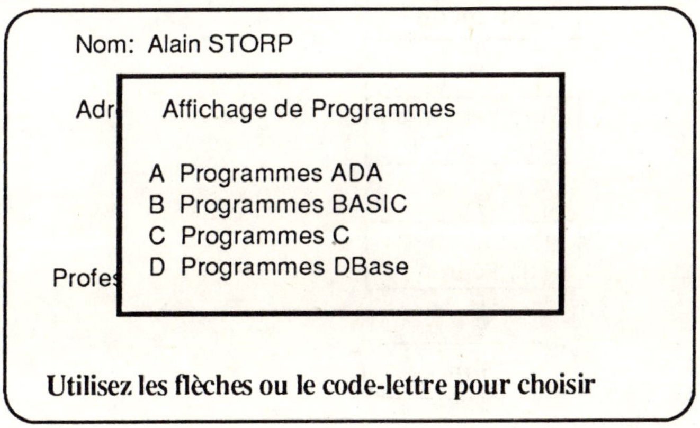


Le menu appelé disparaît ensuite et l'écran précédent est reconstitué:

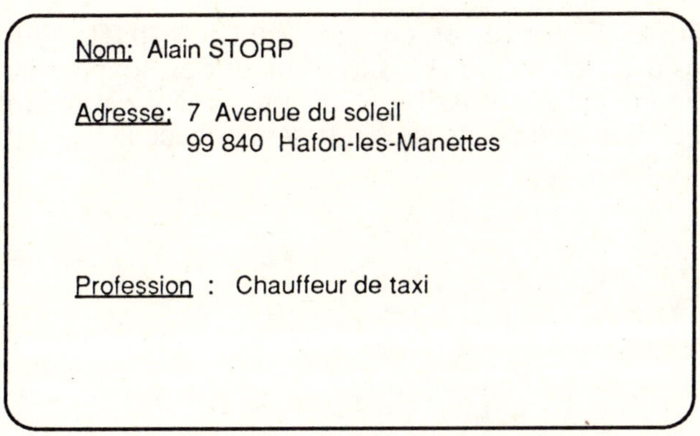

Ce type de menu intermédiaire est appelé *menu de choix sur invite* ou *menu jaillissant*, selon les programmeurs, et plus communément désigné par le terme anglais *pop-up menu*. La conception de ces menus est extrêmement aisée. Elle consiste d'abord à sauvegarder dans une mémoire tampon le contenu (caractères et attributs) de la zone qui doit être récrite, puis on affiche le menu intermédiaire désiré et on traite la réponse. Enfin on restaure l'écran dans son état antérieur grâce à la mémoire tampon (Figure 15-1).

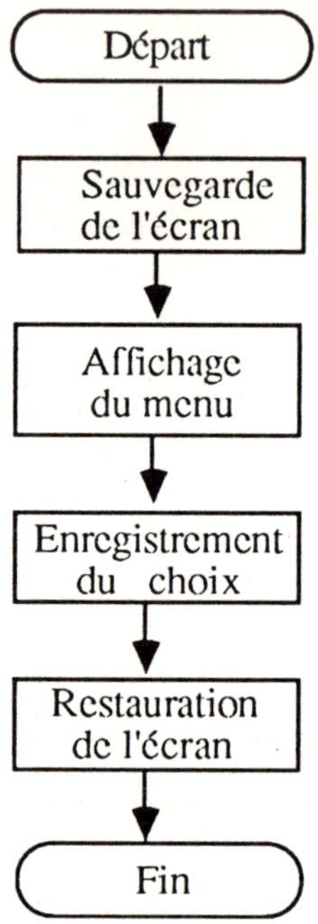


***Figure 15-1.*** *Processus d'affichage d'un menu*

Ce processus est facile à écrire grâce aux routines buffer_video_region et restore_video_region vues dans le chapitre 14. Les routines développées utilisent la même structure de menus, avec en plus la possibilité de passer les paramètres donnant les coordonnées de la fenêtre additionnelle dans le coin supérieur gauche.

La structure:

```
struct menus {
   int num_entries;
   char choices [15];
   char *entries [15];
   char *title;
   char *prompt;
   } prt_menu =
       { 4, "HPCM",
           {"Choix d'une imprimante:",
            "Imprimante HP Laser",
            "Imprimante Laser Postscript",
            "Imprimante Qualité Courrier",
```

```
            "Imprimante Matricielle",
            "Utilisez les flèches pour choisir puis validez par ENTER"
        }
    };
```

est ainsi appelée par la routine :

```
display_popup_menu (0, 1, 2, prt_menu, 7);
```

L'affichage résultant est alors :

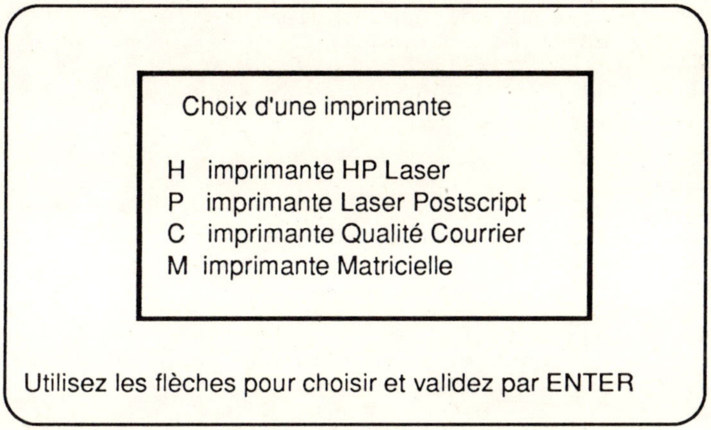


La routine display_popup_menu s'écrit de la façon suivante:

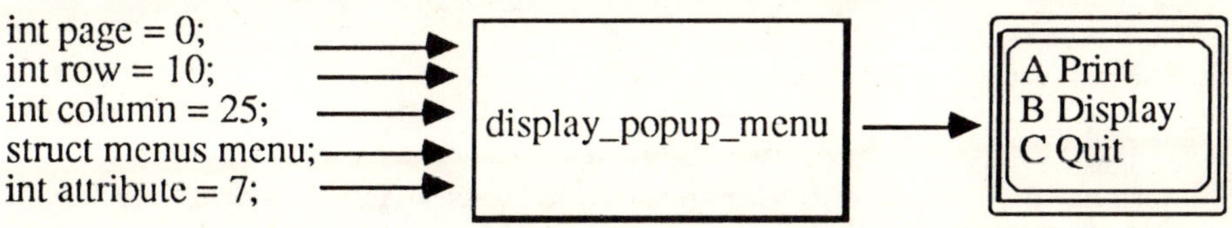


```
/*
 * void display_popup_menu (page, row, column, menu, attribute)
 *
 * Affiche un menu spécifié, en sauvegardant l'écran précédent
 *     pour le restaurer après le choix.
 *
 * page (in): page vidéo désirée.
 * row (in): limite supérieure du cadre du menu.
 * column (in): limite gauche du cadre du menu.
 * menu (in): structure content les options du menu.
 * attribute: attribut vidéo de la page.
 *
 * exemple d'appel : display_popup_menu (0, 0, 0, printer_menu, 64);
 *
 * Cette routine utilise une variable globale appelée buffer
 *  pour stocker le contenu de l'écran courant; le fait que celle-ci
 *  soit globale facilite l'accès par la routine au moment de
 *  la restauration.
 */
```

```
void display_popup_menu (int page, int row, int column,
           struct menus menu, int attribute)
 {
  int upper_row, lower_row, leftmost_column, rightmost_column;
  int title_row, prompt_row, title_column, prompt_column, max_size;
  int title_size, width, mode, current_page, i, j, segment, offset;
  void get_video_mode (int *, int *, int *);
  void memory_map_put (int, int, int);
  void buffer_video_region (int, int, int, int, int, char *);
  void display_frame (int, int, int, int, int, int);

  get_video_mode (&width, &mode, &current_page);
  if ((width != 80) || (page > 3))
    return ;          /* mode 80 colonnes seulement */
  if (mode == 7)      /* écran monochrome */
   {
    segment = 0xB000;
    page = 0;
   }
  else
    segment = 0xB800;
         /* sauvegarde du contenu de l'écran précédent */
  buffer_screen_region (page, 0, 24, 0, 79, buffer);
  upper_row = row;
  lower_row = row + 5 + menu.num_entries;
  title_row = upper_row + 2;
  for (i = 0; menu.title[i]; i++) ;
  max_size = i;   /* ajustement de la taille sur la plus longue */
                  /*          chaîne rencontrée               */
  title_size = i;
         /* recherche de la plus longue chaîne dans le menu */
  for (i = 0; i < menu.num_entries; i++)
   {
    for (j = 0; menu.entries[i][j]; j++)
      ;
    if (j > max_size)
        max_size = j;
   }
  leftmost_column = column;
  rightmost_column = max_size + column + 8;
    /*  effacement de la zone d'écran devant recevoir le menu  */
  for (i = row; i < row + 6 + menu.num_entries; i++)
   {
    offset = (page * 4096) + (i * 160);
    for (j = leftmost_column; j <= rightmost_column; j++)
      memory_map_put (segment, offset + (j * 2) + 1, 0);
   }
         /*  positionnement et affichage du titre  */
  title_column = ((column + 8 + max_size) / 2) - (title_size / 2);
  offset = (page * 4096) + (title_row * 160) + (title_column * 2);
  for (i = 0; menu.title[i]; i++)
   {
    memory_map_put (segment, offset + (i * 2), menu.title[i]);
    memory_map_put (segment, offset + (i * 2) + 1, attribute);
   }
  display_frame (page, upper_row, leftmost_column,
                 lower_row, rightmost_column, 7);
                   /*  affichage des options du menu  */
  for (i = 0; i < menu.num_entries; i++)
   {
    offset = (page * 4096) + ((title_row + 2 + i) * 160);
    memory_map_put (segment, offset + (leftmost_column + 2) * 2,
```

```
                    menu.choices[i]);
     memory_map_put (segment, offset + (leftmost_column + 2) * 2 + 1,
                    attribute);
     offset = (page * 4096) + ((title_row + 2 + i) * 160) +
             (leftmost_column + 4) * 2;
     for (j = 0; menu.entries[i][j]; j++)
      {
        memory_map_put (segment, offset + (j * 2), menu.entries[i][j]);
        memory_map_put (segment, offset + (j * 2) + 1, attribute);
      }
    }
     /* positionnement et affichage de la zone de saisie du choix  */
   prompt_row = row + 7 + menu.num_entries;
   for (i = 0; menu.prompt[i]; i++) ;
   prompt_column = column;
   offset = (page * 4096) + (prompt_row * 160) + (prompt_column * 2);
   for (i = 0; menu.prompt[i]; i++)
    {
     memory_map_put (segment, offset + (i * 2), menu.prompt[i]);
     memory_map_put (segment, offset + (i * 2) + 1, attribute);
    }
  }
```

La réponse à un menu ainsi affiché est traitée par la routine get_popup_menu_response, qui reconstitue l'écran antérieurement affiché:

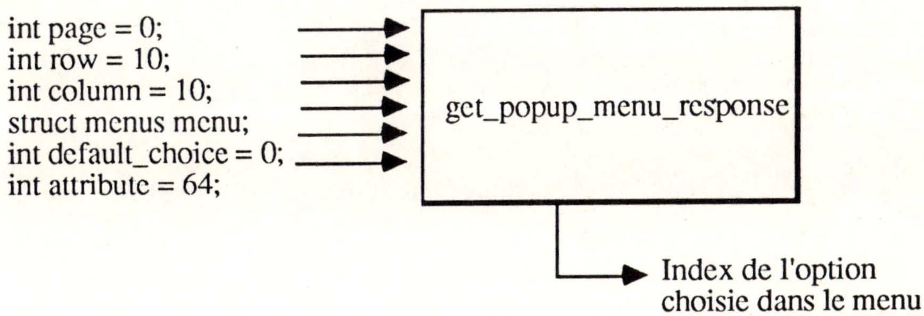


```
/*
 * get_popup_menu_response (page, row, column, menu,
 *                          default_choice, attribute)
 *
 * Traitement de la réponse à un menu appelé. Une fois connue
 *  l'option, l'écran précédent est restauré.
 *
 * page (in): page vidéo souhaitée.
 * row (in): limite supérieure du cadre du menu.
 * column (in): limite gauche du cadre du menu.
 * menu (in): structure contenant les éléments du menu.
 * default_choice (in): option par défaut du menu.
 * attribute (in): attribut vidéo désiré.
 *
 * exemple d'appel :get_popup_menu_response (0, 0, 0, printer_menu, 0,
64);
 *
 * Cette routine utilise la variable globale buffer pour stocker
 *  l'écran antérieur à restaurer.
 */

get_popup_menu_response (int page, int row, int column,
          struct menus menu, int default_choice, int attribute)
```

```
{
 int upper_row, leftmost_column;
 int width, mode, current_page, i, j, segment, offset;
 int done = 0, old_row, max_size, choice, valid_key;
 void get_video_mode (int *, int *, int *);
 void memory_map_put (int, int, int);
 void display_frame (int, int, int, int, int, int);

 get_video_mode (&width, &mode, &current_page);
 if ((width != 80) || (page > 3))
   return ;          /* mode 80 colonnes seulement */
 if (mode == 7)     /* écran monochrome */
  {
   segment = 0xB000;
   page = 0;
  }
 else
   segment = 0xB800;
 upper_row = row;
 row = default_choice;
 leftmost_column = column;
 while (! done)
  {
   /* mise en surbrillance de l'option courante */
   offset = (page * 4096) + ((upper_row + 4 + row) * 160);
   memory_map_put (segment, offset + (leftmost_column + 2) * 2 + 1,
                   7);
   offset = (page * 4096) + ((upper_row + 4 + row) * 160) +
            (leftmost_column + 4) * 2;
   for (j = 0; menu.entries[row][j]; j++)
      memory_map_put (segment, offset + (j * 2) + 1, 7);
   choice = no_echo_read();
   valid_key = 0;
   old_row = row;
   /* on teste si l'utilisateur a frappé une touche de fonction */
   /*       ou une touche de déplacement                         */
   if (choice == 0)
     {
      choice = no_echo_read();
      switch (choice) {
        case 72: if (row == 0)  /* up arrow */
                   row = menu.num_entries - 1;
                 else
                   row--;
                 valid_key = 1;
                 break;
        case 80: if (row == menu.num_entries - 1)
                   row = 0;       /* down arrow */
                 else
                   row++;
                 valid_key = 1;
                 break ;
       }
      if (valid_key)
        {
        /*  déplacement de la surbrillance sur l'option désignée  */
        offset = (page * 4096) + ((upper_row + 4 + old_row) * 160);
        memory_map_put (segment, offset + (leftmost_column + 2) * 2+1,
                        attribute);
        offset = (page * 4096) + ((upper_row + 4 + old_row) * 160) +
                 (leftmost_column + 4) * 2;
        for (j = 0; menu.entries[old_row][j]; j++)
            memory_map_put (segment, offset + (j * 2) + 1, attribute);
```

```
          offset = (page * 4096) + ((upper_row + 4 + row) * 160);
          memory_map_put (segment, offset + (leftmost_column+2)*2+ 1,7);
          offset = (page * 4096) + ((upper_row + 4 + row) * 160) +
                   (leftmost_column + 4) * 2;
          for (j = 0; menu.entries[row][j]; j++)
              memory_map_put (segment, offset + (j * 2) + 1, 7);
        }
      }
    else
     {
      if (choice == 13)  /*  cas du retour-chariot  */
       {
          restore_screen_region (page, 0, 24, 0, 79, buffer);
          return (row);
       }
      else          /* appel de l'option associée à la lettre frappée */
        for (i = 0; i < menu.num_entries; i++)
          if ((choice == menu.choices[i]) ||
              ((choice & ~32) == menu.choices[i]))
           {
             restore_screen_region (page, 0, 24, 0, 79, buffer);
             return (i);
           }
     }
  }
}
```

## *Menus Pop-Up sophistiqués*

Les menus pop-up sont aisés à concevoir, sans pour autant que leurs possibilités d'affichage soient limitées. L'exemple suivant illustre la possibilité offerte à un utilisateur d'additionner, de soustraire, de multiplier ou de diviser deux valeurs:

```
Valeur: 0.00000000
Valeur:

Résultat:

F7  Addition          F8  Soustraction
F9  Multiplication    F10 Division


Entrez une première valeur
```

De telles possibilités sont particulièrement intéressantes pour la saisie de valeurs numériques. On peut ainsi offrir à l'utilisateur d'appeler par une touche de fonction une fenêtre lui permettant d'effectuer des opérations simples avant de saisir une valeur dans le menu principal affiché. Les figures ci-dessous illustrent la possibilité d'effectuer le calcul intermédaire de 625 divisé par 17:

```
Valeur: 625.000000
Valeur:

Résultat:

F7  Addition          F8  Soustraction
F9  Multiplication    F10 Division


Entrez une première valeur
```

saisie du deuxième nombre:

```
Valeur: 625.000000
Valeur: 17.0000000

Résultat:

F7  Addition          F8  Soustraction
F9  Multiplication    F10 Division


Entrez une deuxième valeur
```

choix de F10 pour la division:

```
Valeur: 625.000000
Valeur: 17.0000000

Résultat: 36.64705

F7  Addition          F8  Soustraction
F9  Multiplication    F10 Division


Taper sur une touche pour continuer
```

la routine se met alors en attente de n'importe quelle touche pour sortir, et reconstituer l'écran antérieur.

La routine calc permet de mettre en œuvre cette "calculette" (intitulés anglais conservés par souci de cohérence avec la disquette):

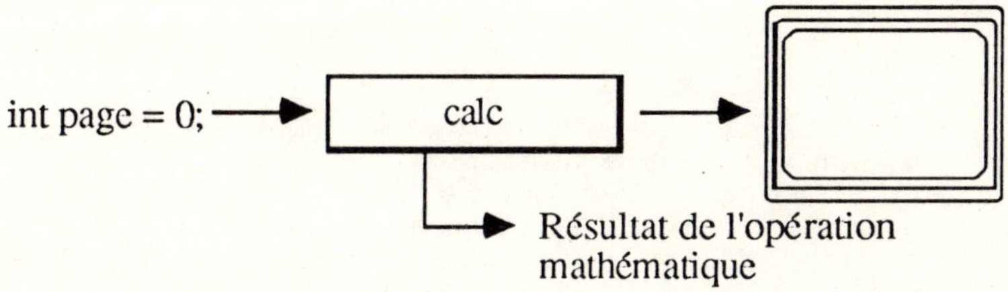


```
/*
 * float calc (page)
 *
 * Appelle un écran permettant d'effectuer des calculs intermédiaires.
 *
 * page (in): page vidéo désirée.
 *
 * exemple d'appel : result = calc (0);
 *
 * La routine calc sauvagarde l'écran courant puis affiche un écran
 *  permettant avec un menu simple d'effectuer des opérations
 *  arithmétiques élémentaires.Une fois le calcul terminé, elle
 *  restaure l'écran précédent et récupère le résultat calculé..
 */


float calc (int page)
 {
  int upper_row, lower_row, leftmost_column, rightmost_column;
  int attribute, width, mode, current_page, i, j, segment, offset;
  int key, done = 0;
  char buffer[8000];
  float a, b, result;
  void get_video_mode (int *, int *, int *);
  void memory_map_put (int, int, int);
  void buffer_video_region (int, int, int, int, int, char *);
  void put_float (float, int, int, int, int, int, int);
  void put_string (char *, int, int, int, int, int);
  float get_prompted_float (float, int, int, int, int, int,
          int, char *, int, int, int, char *, int, int, int, int);

  attribute = 7;
  get_video_mode (&width, &mode, &current_page);
  if ((width != 80) || (page > 3))
    return ;        /* mode 80 colonnes seulement */
  if (mode == 7)   /* écran monochrome */
   {
    segment = 0xB000;
    page = 0;
   }
  else
    segment = 0xB800;
  buffer_screen_region (page, 0, 24, 0, 79, buffer);
  upper_row = 0;
  lower_row = upper_row + 14;
```

```
leftmost_column = 0;
rightmost_column = 79;
/* efface la zone de l'écran devant recevoir le menu calculette */
for (i = upper_row; i < lower_row; i++)
 {
  offset = (page * 4096) + (i * 160);
  for (j = leftmost_column; j <= rightmost_column; j++)
    memory_map_put (segment, offset + (j * 2) + 1, 0);
 }
/*   affichage du haut du cadre    */
offset = (page * 4096) + (upper_row * 160);
memory_map_put (segment, offset + (leftmost_column * 2), 201);
memory_map_put (segment, offset + (leftmost_column * 2) + 1,
                attribute);
memory_map_put (segment, offset + (rightmost_column * 2), 187);
memory_map_put (segment, offset + (rightmost_column * 2) + 1,
                attribute);
for (i = leftmost_column+1; i <= rightmost_column-1; i++)
 {
    memory_map_put (segment, offset + (i * 2), 205);
    memory_map_put (segment, offset + (i * 2) + 1, attribute);
 }
/*   affichage du bas du cadre    */
offset = (page * 4096) + (lower_row * 160);
memory_map_put (segment, offset + (leftmost_column * 2), 200);
memory_map_put (segment, offset + (leftmost_column * 2) + 1,
                attribute);
memory_map_put (segment, offset + (rightmost_column * 2), 188);
memory_map_put (segment, offset + (rightmost_column * 2) + 1,
                attribute);
for (i = leftmost_column+1; i <= rightmost_column-1; i++)
 {
    memory_map_put (segment, offset + (i * 2), 205);
    memory_map_put (segment, offset + (i * 2) + 1, attribute);
 }
put_string ("Value:", page, 2, 4, attribute, 10);
put_string ("Value:", page, 4, 4, attribute, 10);
put_string ("Result:", page, 6, 4, attribute, 10);
put_string ("F7  Addition        F8  Substraction", page,
            8, 4, attribute, 40);
put_string ("F9  Multiplication  F10 Division", page,
            9, 4, attribute, 40);
a = get_prompted_float (0, page, 2, 12,
                        10, 7, 7, "Value:", 2, 4, 10,
                        "Enter first value.", 12, 4, 25, 7);
b = get_prompted_float (0, page, 4, 12,
                        10, 7, 7, "Value:", 4, 4, 10,
                        "Enter second value.", 12, 4, 25, 7);
put_string ("Select function key desired ", 0, 12,
             4, 7, 30);
while (! done)
 {
   key = no_echo_read();
   if (key == 0)  /* traitement des touches de fonction */
    {
     key = no_echo_read ();

     if (key == 65)        /* F7 */
       {
        result = a + b;
        done = 1;
       }
     else if (key == 66)  /* F8 */
```

```
          {
           result = a - b;
           done = 1;
          }
       else if (key == 67)   /* F9 */
          {
           result = a * b;
           done = 1;
          }
       else if (key == 68)   /* F10 */
          {
           result = a / b;
           done = 1;
          }
      }
   }
  put_float (result, page, 6, 12, 7, 20, 5);
  put_string ("Press any key to continue    ", 0, 12,
              4, 7, 30);
  key = no_echo_read ();
  if (key == 0) no_echo_read ();
      /* si une touche de fonction ou de déplacement a été frappée */
  restore_screen_region (page, 0, 24, 0, 79, buffer);
  return (result);
 }
```

Les différentes sortes de menus sont à utliser en fonction des applications, de façon à obtenir l'interface utilisateur la plus conviviale possible. Les routines que nous venons de présenter sont des briques avec lesquelles vous pourrez construire des programmes très puissants tout en étant très agréables d'emploi.

ANNEXE

# A La bibliothèque de Turbo C

Cette annexe donne la séquence d'appel et la fonction de chaque routine de la bibliothèque de Turbo C. Comme nous l'avons déjà dit, la bonne utilisation d'une bibliothèque permet de réduire considérablement l'effort de développement des programmes; c'est pourquoi il est indispensable de bien connaître la bibliothèque de Turbo C.

Borland fournit, en effet, des dizaines de routines que l'on peut utiliser dans ses applications. Prenons le temps de les analyser soigneusement.

### *void abort(void);*

**Fonction :** écrit un message de fin sur stderr et arrête l'exécution du programme par un appel à _exit(3).

**Prototype dans** <sdtlib.h>

**Exemple :** abort();

### *int abs(int);*

**Fonction :** retourne la valeur absolue de l'entier spécifié.

**Prototype dans** <stdlib.h>

**Exemple :** result = abs (a * b);

**Note:** si l'on n'inclut pas stdlib.h, Turbo C considère abs comme une fonction et non comme une macro. La routine abs retourne une valeur comprise entre 0 et 32 767.

### *int absread(int disk,int num_sectors, int prem_sect, void *buffer);*

**Fonction :** lit des secteurs spécifiques d'un disque et les place dans un tampon.

**Prototype dans** <dos.h>

| | |
|---|---|
| disk (in): | unité de disque (A=0, B=1, C=2) |
| num_sectors (in): | nombre de secteurs à lire |
| prem_sect (in): | secteur de départ |
| buffer (out): | tampon (adresse mémoire) |

**Exemple :** status = absread (0, 1, 0, boot_record);

**Note :** si tout se passe bien, absread retourne 0, sinon elle retourne -1.

### *int abswrite (int disk, int num_sectors, int prem_sect, void *buffer);*

**Fonction :** écrit des données sur un secteur de disque.

**Prototype dans** <dos.h>

| | |
|---|---|
| disk (in): | unité de disque (A=0, B=1, C=2) |
| num_sectors (in): | nombre de secteurs à écrire |
| prem_sect (in): | secteur de départ |
| buffer (out): | tampon (adresse mémoire) |

**Exemple :** status = abswrite (0, 1, 0, boot_record);

**Note :** si tout se passe bien, abswrite retourne 0, sinon elle retourne -1.

### *int access (char *nomfich, int mode_access)*

**Fonction :** détermine si le fichier existe, et dans ce cas comment on peut y accéder.

**Prototype dans** <io.h>

| | |
|---|---|
| nomfich (in): | fichier désiré |
| mode_access (in): | valeur spécifiant le mode d'accès désiré:<br>0 contrôle de l'existence du fichier<br>1 fichier exécutable<br>2 contrôle de l'autorisation d'écriture<br>4 contrôle de l'autorisation de lecture<br>6 contrôle de l'autorisation d'écriture et de lecture |

**Exemple :** status = access ("TURBO.NTS",0);

**Note:** si le mode d'accès est valide pour le fichier spécifié, access retourne la valeur 0, sinon elle retourne -1.

### *double acos (double);*

**Fonction :** retourne l'arc cosinus de l'expression spécifiée.

**Prototype dans** <math.h>

**Exemple :** result = acos (pi);

### *int allocmem (unsigned parag, unsigned *segp);*

**Fonction :** allocation par le DOS d'un segment de mémoire.

**Prototype dans** <dos.h>

| | |
|---|---|
| parag (in): | nombre de paragraphes de 16 octets désirés |
| segp (in): | pointeur sur l'adresse du segment |

**Exemple :** status = allocmem (1000, &seg_addr);

**Note :** allocmem retourne -1 si le bloc a pu être alloué, sinon elle renvoie la taille du plus grand bloc qu'il est possible d'allouer. On ne doit pas utiliser cette fonction avec malloc, calloc, farmalloc ou faralloc.

### *void far arc (int xloc, int yloc, int ang_deb, int ang_fin, int ray);*

**Fonction :** tracé d'un arc de cercle de centre (xloc,yloc) et de rayon ray. L'arc va de ang_deb à ang_fin.

**Prototype dans** <graphics.h>

| | |
|---|---|
| xloc, yloc (in): | centre de l'arc |
| ang_deb (in): | angle de début (0-360) |
| ang_fin (in): | angle de fin (0-360) |
| ray (in): | rayon |

**Note :** la routine arc utilise la couleur de tracé courante.

### *char *asctime (struct tm *time);*

**Fonction :** conversion d'une date et d'une heure en une chaîne ASCII.

**Prototype dans** <time.h>

**Exemple :** time_string = asctime (&current_datetime)

### *double asin (double);*

**Fonction :** retourne l'arc sinus de l'expression spécifiée.

**Prototype dans** <math.h>

**Exemple :** result = asin

### *void assert (int condition);*

**Fonction :** test de la condition spécifiée. Si le test échoue, assert met fin à l'exécution du programme et affiche le message

```
Assertion failed: file nomfich, line num_ligne
```

**Prototype dans** <assert.h>

condition (in): expression booléenne à tester

**Exemple :** assert (argc > 1);

**Note :** si l'on place la directive NDEBUG avant assert, Turbo C ignore l'assert.

## *double atan (double);*

**Fonction :** retourne l'arc tangent de l'expression spécifiée.

**Prototype dans** <math.h>

**Exemple :** result = atan(pi)

## *double atan2(double y, double x);*

**Fonction :** retourne l'arc tangent de y/x.

**Prototype dans** <math.h

**Exemple :** result = atan2 (y, x);

## *int atexit (atexit_t nom_fonction);*

**Fonction :** enregistre une fonction de sortie, c'est-à-dire la fonction que Turbo C appellera à la fin du programme avant de redonner le contrôle au système d'exploitation.

**Prototype dans** <stdlib.h>

nom_fonction (in): point d'entrée de la fonction à ajouter à la liste de sortie.

**Exemple :**
```
void test ()
{
   printf("Test called \n");
}
main ()
{
   status = atexit (test);
}
```

**Note :** atexit retourne 0 si l'enregistrement de la fonction peut avoir lieu et une valeur non nulle en cas d'anomalie.

## *double atof (char *str);*

**Fonction :** convertit une chaîne de caractères ASCII en un nombre en virgule flottante.

**Prototype dans** <math.h>

str (in): représentation en ASCII de la valeur

**Exemple :** salaire = atof ("77500.34");

**Note :** si atof ne peut convertir la chaîne, elle retourne 0.

## *int atoi (char *str);*

**Fonction :** convertit une chaîne de caractères en un entier de type int.

**Prototype dans** <stdlib.h>
str (in): représentation en ASCII de la valeur

**Exemple :** age = atoi("58");

**Note :** si atoi ne peut convertir la chaîne, elle retourne 0.

## *long atol (char *str);*

**Fonction :** convertit une chaîne de caractères en un entier de type long.

**Prototype dans** <stdlib.h>
str (in): représentation en ASCII de la valeur

**Exemple :** code_postal = atol("92500");

**Note :** si atol ne peut convertir la chaîne, elle retourne 0.

## *void far bar (int gauche, int haut, int droite, int bas);*

**Fonction :** trace une barre rectangulaire en deux dimensions.

**Prototype dans** <graphics.h>
Le coin supérieur gauche du rectangle est donné par (gauche, haut) et le coin inférieur droit par (droite, bas).

**Exemple :** bar (10, 10, ventes, offset);

**Note :** la routine bar utilise la couleur et le motif de remplissage courants.

## *void far bar 3d(int gauche, int haut, int droite, int bas, int profondeur, int topflag);*

**Fonction :** trace une barre rectangulaire en trois dimensions.

**Prototype dans** <graphics.h>
Le coin supérieur gauche du rectangle est donné par (gauche, haut) et le coin inférieur droit par (droite, bas). La profondeur de la barre est donnée en pixels par profondeur. Si topflag est non nul, il y a une face supérieure, sinon il n'y en a pas (et l'on peut donc empiler des barres).

**Exemple :** bar 3d(10, 10, ventes, offset, 3, 1);

**Note :** la routine bar3d utilise la couleur et le motif de remplissage courants.

### *int bdos (int DOSfonction, unsigned dx, unsigned al);*

**Fonction :** appel d'une fonction DOS (pour les petits modèles de mémoire) qui ne nécessitent que les registres DX et AX.

**Prototype dans** <dos.h>

| | |
|---|---|
| DOSfonction (in): | fonction, DOS à réaliser |
| dx (in): | contenu du registre DX |
| al (in): | contenu du registre AL |

**Exemple :** disk_courant = bdos(0*19, 0, 0);

**Note :** la valeur retournée par bdos est celle qui est retournée dans le registre AX par l'appel système ou -1 s'il y a une erreur.

### *int bdosptr (int DOSfonction, void *parametre, unsigned al);*

**Fonction :** appel système à une fonction DOS qui nécessite un pointeur vers un argument et AX.

**Prototype dans** <dos.h>

| | |
|---|---|
| DOSfonction (in): | fonction,DOS à réaliser |
| parametre (in): | paramètre nécessaire |
| al (in): | contenu du registre AL |

**Exemple :** disk_courant = bdosptr (0*19, 0, 0);

**Note :** la valeur retournée par bdosptr est celle qui est retournée dans le registre AX par l'appel système ou -1 s'il y a une erreur.

### *int bioscom (int command, char byte, int port_id);*

**Fonction :** effectue des entrées-sorties sur la voie série.

**Prototype dans** <bios.h>

| | | |
|---|---|---|
| command (in): | Opération à réaliser: | 0 positionnement du port |
| | | 1 envoi d'un caractère |
| | | 2 réception d'un caractère |
| | | 3 retour du mot d'état |
| byte (in): | caractéristiques du port ou caractère à envoyer | |
| port_id (in): | 0 pour COM1, 1 pour COM2 et ainsi de suite | |

**Exemple :** status = bioscom (1, 65, 0);

**Note :** voir manuel de référence Turbo C page 57 pour plus de détails.

### *int biosdisk (int command, int disk, int side, int track, int sector, int numsect, void *buffer);*

**Fonction :** entrées-sorties sur disque en utilisant l'interruption 13H du BIOS.

**Prototype dans** <bios.h>

command (in): Opération à réaliser:
0 réinitialisation adaptateur
1 retourne octet état dernière opération
2 lecture secteur(s)
3 écriture secteur(s)
4 vérification secteur(s)
5 formatage piste
(valeurs suivantes uniquement sur XT et AT)
6 formatage piste et indication secteurs défectueux
7 formatage disque
8 retour des paramètres du lecteur courant
9 initialisation des caractéristiques du disque
10 lecture longue des secteurs
11 écriture longue des secteurs
12 positionnement sur la piste spécifiée
13 réinitialisation du disque
14 lecture de secteurs dans une mémoire tampon
15 écriture de secteurs depuis une mémoire tampon
16 teste si le lecteur spécifié est prêt
17 recalibrage du lecteur
18 test de la mémoire du contrôleur
19 test du disque
20 test interne du contrôleur

disk (in): unité de disque désirée (A=0, B=1, C=2, ...)
side (in): face désirée (0 ou 1)
track (in): piste désirée
sector (in): secteur de départ
numsect (in): nombre de secteurs à manipuler
buffer (in/out): tampon de données

**Exemple :** status = biosdisk (2, 0, 0, 0, 0, 1, bootrecord);

**Note :** biosdisk retourne 0 s'il n'y a pas eu d'erreur, ou un code d'erreur dans le cas contraire.

## *int biosequip (void);*

**Fonction :** retourne une valeur décrivant l'équipement connecté au système.

**Prototype dans** <bios.h>

**Exemple :** equipement = biosequip ();

**Note :** la valeur retournée doit être interprétée de la façon suivante:

| | |
|---|---|
| bit 1 | présence coprocesseur mathématique |
| bits 2-3 | taille mémoire vive sur carte mère (0=16K, 01=32K, 10=48K, 11= 64K); |
| bits 4-5 | mode vidéo initial (0=non utilisé, 01=40*25 avec couleur, 10=80*25 couleur, 11=80*25 monochrome) |
| bits 6-7 | nombre de lecteurs de disquettes (0=1 lecteur, 1=2 lecteurs, 2=3 lecteurs, 3=4 lecteurs) |
| bit 11 | nombre de ports série |
| bit 12 | présence d'une manette de jeu |
| bit 14-15 | nombre d'imprimantes. |

### *int bioskey (int command);*

**Fonction :** interface clavier par l'intermédiaire du BIOS.

**Prototype dans** <bios.h>
command (in): Opération à réaliser

- 0 pour retourner la prochaine touche frappée au clavier. Si les 8 bits de poids faible ne sont pas tous nuls, ils forment le code ASCII du caractère frappé, sinon les 8 bits de poids fort forment le code étendu de la touche frappée.
- 1 pour tester si un caractère est disponible à la suite d'une frappe de touche.
- 2 pour retourner l'état des touches spéciales:

| | |
|---|---|
| 0x1 | touche Majuscule droite enfoncée |
| 0x2 | touche Majuscule gauche enfoncée |
| 0x4 | touche Ctrl enfoncée |
| 0x8 | touche ALT enfoncée |
| 0x10 | touche Scroll Lock enfoncée |
| 0x20 | touche Num Lock enfoncée |
| 0x40 | touche Caps enfoncée |
| 0x80 | touche Ins enfoncée |

**Exemple :** status = bioskey (2);

### *int biosmemory (void);*

**Fonction :** retourne la taille de la mémoire en Ko.

**Prototype dans** <bios.h>

**Exemple :** Koctets = biosmemory();

### *int biosprint (inc command, int byte, int port_id);*

**Fonction :** routine interface BIOS avec l'imprimante

**Prototype dans** <bios.h>
command (in): commande à exécuter:

- 0 imprimer le caractère placé dans byte
- 1 initialiser le port spécifié
- 2 lire l'état de l'imprimante

byte (in): caractère à imprimer (command = 1)
port_id (in): numéro du port affecté (0-LPT1, 1-LPT2)

**Exemple :** status = biosprint (1, 65, 0);

**Note:** la valeur retournée est l'état de l'imprimante:

| | | | |
|---|---|---|---|
| 0x01 | Dépassement temps | 0x08 | erreur d'entrée-sortie |
| 0x10 | imprimante sélectionnée | 0x20 | plus de papier |
| 0x40 | accusé réception | 0x80 | périphérique libre. |

## *long biostime (int command, long newtime);*

**Fonction :** gestion de l'heure par appel au BIOS.

**Prototype dans** <bios.h>

| | | |
|---|---|---|
| command (in): | commande à réaliser : | (0 pour retourner la valeur courante, 1 pour la modifier) |
| newtime (in): | valeur à prendre | |

**Note :** le décompte du temps se fait à raison d'environ 18,2 impulsions par seconde. Cette routine retourne le nombre d'impulsions depuis minuit.

## *int brk (void *addr);*

**Fonction :** modifie l'espace d'allocation du segment de données.

**Prototype dans** <alloc.h>

| | |
|---|---|
| addr (in): | nouvelle valeur de rupture |

**Exemple :** status = brk (endds);

**Note :** l'emplacement mémoire qui suit immédiatement le segment de données s'appelle la valeur de rupture. En modifiant cette valeur, on change la taille du segment de données.

## *void *bsearch (void *key, void *base, int nbre_elements, int width, int (*compare)());*

**Fonction :** recherche dichotomique dans un tableau.

**Prototype dans** <stdlib.h>

| | |
|---|---|
| key (in): | pointeur vers élément à rechercher |
| base (in): | pointeur vers le début du tableau |
| nbre_elemnts | nombre d'éléments du tableau |
| width (in): | taille de chaque élément |
| compare (in): | fonction de comparaison |

**Exemple :** index = bsearch (ssan, ocial, 100, 2, comp);

**Note :** si la recherche échoue, bsearch retourne la valeur 0.

## *double cabs (struct complex number);*

**Fonction :** retourne la valeur absolue d'un nombre complexe.

**Prototype dans** <math.h>

**Exemple :** result = cabs (complex);

## *void *calloc (size_t nitems, size_t size);*

**Fonction :** alloue un bloc de mémoire et l'initialise à zéro.

**Prototype dans** <stdlib.h> et <alloc.h>
nitems (in): nombre d'éléments pour lesquels il faut allouer l'espace
size (in): taille d'un élément

**Exemple :** pointer = (char *) calloc (1, 255);

## *double ceil (double);*

**Fonction :** arrondit par excès.

**Prototype dans** <math.h>

**Exemple :** max = ceil (value);

## *char *cgets (char *string);*

**Fonction :** lit une chaîne de caractères depuis la console.

**Prototype dans** <conio.h>
string (in/out): chaîne à lire. Avant l'appel de cgets, str[0] doit contenir la longueur maximale de la chaîne à lire. Au retour, str[1] contient le nombre de caractères réellement lus. La chaîne lue commence donc en str[2] et se termine par un caractère nul.

**Exemple :** cgets (string);

**Note :** la routine cgets remplace le caractère nouvelle ligne par le caractère nul (\0).

## *int chdir (char *path);*

**Fonction :** change le répertoire courant.

**Prototype dans** <dir.h>

**Exemple :** status = chdir ("\\TURBOC");

**Note :** Quand le changement peut avoir lieu, chdir retourne la valeur 0. Dans les autres cas c'est la valeur -1 qui est retournée.

## *int _chmod (char *nomfich, int function[, int attribute]);*

**Fonction :** change le mode d'accès à un fichier.

**Prototype dans** <io.h>
nomfich (in): nom du fichier désiré
function (in): 0 on retourne l'attribut courant; 1 on le positionne
attribute (in): attribut désiré:
FA_RDONLY
FA_HIDDEN
FA_SYSTEM

**Exemple :** attribute = _chmod ("ALLOC.H", 0);

**Note :** en cas d'erreur la routine retourne la valeur -1, sinon elle retourne la valeur 0.

### *int chmod (char *nomfich, int access);*

**Fonction :** change le mode d'accès à un fichier

**Prototype dans** <io.h>

| | |
|---|---|
| nomfich (in): | nom du fichier désiré |
| access (in): | accès désiré: |
| | S_IWRITE (écriture seule) |
| | S_IREAD (lecture seule) |
| | S_IREAD S_IWRITE (lecture/écriture) |

**Exemple :** result = chmod ("TEST.C", S_IWRITE);

**Note :** en cas d'erreur la routine retourne la valeur -1, sinon elle retourne la valeur 0.

### *int chsize (int handle, long size);*

**Fonction :** change la taille d'un fichier.

**Prototype dans** <io.h>

| | |
|---|---|
| handle (in): | identificateur du fichier |
| size (in): | nouvelle taille du fichier |

**Exemple :** chsize (handle, 32000);

**Note :** le fichier doit être ouvert en mode écriture ou lecture/écriture.

### *void far circle (int xloc, int yloc, int ray);*

**Fonction :** trace un cercle de rayon donné à la position (xloc, yloc).

**Prototype dans** <graphics.h>

| | |
|---|---|
| xloc, yloc (in): | positions en x et y du centre du cercle |
| ray (in): | rayon du cercle |

**Exemple :** circle (100, 100, 10);

**Note :** cette routine utilise la couleur de tracé courante.

### *unsigned int _clear87 (void);*

**Fonction :** réinitialise le mot d'état du coprocesseur.

**Prototype dans** <float.h>

**Exemple :** status = _clear87();

**Note :** les bits retournés indiquent l'ancienne valeur du mot d'état.

### *void far cleardevice (void);*

**Fonction :** efface l'écran graphique.

**Prototype dans** <graphics.h>

**Exemple :** cleardevice();

**Note :** cleardevice efface la totalité de l'écran grahique et ramène la position courante à l'origine (0,0).

### *void clearerr (FILE *stream);*

**Fonction :** réinitialise l'indicateur d'erreur et de fin de fichier.

**Prototype dans** <stdio.h>
stream (in): flux concerné

**Exemple :** clearerr (pointeur_fichier);

**Note :** voir en particulier ferror.

### *void far clearviewport (void);*

**Fonction :** efface la fenêtre graphique courante.

**Exemple :** clearviewport ( );

**Note :** cette routine efface la totalité de la fenêtre graphique et ramène la position courante à l'origine (0,0).

### *int _close (int handle);*

**Fonction :** ferme le fichier d'identificateur handle.

**Prototype dans** <io.h>
handle (in): identificateur du fichier à fermer

**Exemple :** status = _close (handle);

**Note :** en cas de fermeture correcte _close retourne la valeur 0; dans le cas contraire elle retourne -1. Cette fonction n'écrit pas de caractère Ctrl-Z en fin de fichier.

### *int close (int handle);*

**Fonction :** ferme le fichier d'identificateur handle.

**Prototype dans** <io.h>
handle (in): identificateur du fichier à fermer

**Exemple :** status = close (handle);

**Note :** en cas de fermeture correcte close retourne la valeur 0; dans le cas contraire elle retourne -1. Cette fonction écrit un caractère Ctrl-Z en fin de fichier.

## *void far closegraph (void);*

**Fonction :** referme le système graphique pour passage au mode texte.

**Prototype dans** <graphics.h>

**Note :** cette routine fait exactement l'inverse d'initgraph.

## *void clreol (void);*

**Fonction :** efface la fin de la ligne courante dans la fenêtre texte.

**Prototype dans** <conio.h>

**Exemple :** clreol();

**Note :** cette routine ne modifie pas la position du curseur.

## *void clrscr();*

**Fonction :** efface la fenêtre texte et place le curseur en haut à gauche (position 1,1).

**Prototype dans** <conio.h>

**Exemple :** clrscr( );

## *unsigned coreleft (void);*

**Fonction :** retourne la taille de la mémoire vive inutilisée (en octets).

**Prototype dans** <alloc.h>

**Exemple :** bytes = coreleft( );

**Note :** pour les modèles de mémoire compact, grand et maximal, il est nécessaire d'utiliser pour le retour un type long.

## *double cos (double);*

**Fonction :** retourne le cosinus de l'expression spécifiée.

**Prototype dans** <math.h>

**Exemple :** result = double cos(pi)

## *double cosh (double);*

**Fonction :** retourne le cosinus hyperbolique de l'expression spécifiée.

**Prototype dans** <math.h>

**Exemple :** result = double cosh(pi)

## *struct country *country(int xcode, struct country *cp);*

**Fonction :** retourne des informations dépendant du pays.

**Prototype dans** <dos.h>
xcode (in): numéro de code du pays désiré
cp (out): structure contenant les informations

**Note :** le fichier DOS.H définit la structure country.

## *int cprintf (char *format [, argument, ...]);*

**Fonction :** écrit des données formatées dans la fenêtre texte courante.

**Prototype dans** <conio.h>
format (in): chaîne spécifiant le format de sortie
argument (in): données à écrire

**Exemple :** cprintf ("String %s Number %d \n", str, 10);

**Note :** cette routine ne convertit pas un caractère d'interligne en une suite retour-chariot + saut de ligne. Elle écrit dans la fenêtre texte courante.

## *void cputs (char *string);*

**Fonction :** écrit une chaîne dans la fenêtre texte courante.

**Prototype dans** <conio.h>
string (in): chaîne à afficher

**Exemple :** cputs ("Voici le test \n");

**Note :** cette routine n'ajoute pas de caractère d'interligne. Elle écrit dans la fenêtre courante.

## *int _creat (char *nomfich, int attribut);*

**Fonction :** crée un nouveau fichier ou récrit un fichier existant.

**Prototype dans** <dos.h>
nomfich (in): fichier à créer
attribut (in): attribut désiré

**Exemple :** result = _creat("TEST.DAT", 0);

**Note :** si un fichier de ce nom existe déjà, _creat réécrit sur ce fichier (si c'est possible). Si la création réussit, on retourne le nouvel identificateur de fichier (un entier non négatif); sinon on retourne la valeur -1.

### *int creat (char *nomfich, int access);*

**Fonction :** crée un nouveau fichier ou réécrit un fichier existant.

**Prototype dans** <dos.h>

| | |
|---|---|
| nomfich (in): | fichier à créer |
| access (in): | accès désiré: |
| | S_IWRITE (écriture seule) |
| | S_IREAD (lecture seule) |
| | S_IREAD S_IWRITE (lecture/écriture) |

**Exemple :** result = creat("TEST.DAT", S_IWRITE);

**Note :** si un fichier de ce nom existe déjà, _creat réécrit sur ce fichier (si c'est possible). Si la création réussit, on retourne le nouvel identificateur de fichier (un entier non négatif); sinon on retourne la valeur -1.

### *int creatnew (char *nomfich, int attribut);*

**Fonction :** crée un nouveau fichier

**Prototype dans** <io.h>

| | |
|---|---|
| nomfich (in): | nom du fichier à créer |
| attribut (in): | attribut désiré |

**Exemple :** result = creatnew ("TEST.DAT",0);

**Note :** si un fichier de même nom existe déjà, creatnew le récrit. Si la création réussit, on retourne le nouvel identificateur de fichier (un entier non négatif); sinon on retourne -1.

### *int creattemp (char *nomfich, int attribut);*

**Fonction :** crée un fichier temporaire dans le répertoire spécifié par le chemin d'accès.

**Prototype dans** <io.h>

| | |
|---|---|
| nomfich (in/out): | nom du fichier à créer |
| attribut (in): | attribut désiré |

**Exemple :** result = creattemp ("TEST.DAT",0);

**Note :** si la création réussit, on retourne le nouvel identificateur de fichier (un entier non négatif); sinon on retourne la valeur -1.

### *int cscanf (char *format [,adresse, ...]);*

**Fonction :** effectue des entrées formatées depuis le clavier.

| | |
|---|---|
| format (in): | format d'entrée désiré |
| adresse (in): | pointeurs sur les variables à entrer |

**Exemple :** nb_champs = cscanf ("%d %d", &val1, &val2);

**Note :** cscanf retourne le nombre de champs d'entrée correctement lus, convertis et mémorisés.

## *void ctrlbrk (int (*fonction) (void));*

**Fonction :** installe un gestionnaire du control-break.

**Prototype dans** <dos.h>
fonction (in): adresse de la fonction DOS à appeler chaque fois qu'on aura l'interruption 23H. Cette interruption survient en tapant Ctrl-C ou Ctrl-Break.

**Exemple :** int my_handler ();
ctrlbrk(my_handler);

**Note :** à la fin de l'exécution du programme, DOS remet le gestionnaire de l'interruption 23H à sa valeur originelle.

## *void delay (unsigned milliseconds);*

**Fonction :** suspend l'exécution pendant un intervalle de temps (en millisecondes).

**Prototype dans** <dos.h>
milliseconds (in); nombre de millisecondes souhaité

**Exemple :** delay(1000); /* on attend 1 seconde */

## *void delline (void);*

**Fonction :** efface une ligne dans la fenêtre texte.

**Prototype dans** <conio.h>

**Exemple :** delline();

## *void far detectgraph (int far *graphdriver, int far *graphmode);*

**Fonction :** détermine le gestionnaire et le mode graphique à utiliser en testant la configuration matérielle.

**Prototype dans** <graphics.h>
graphdriver (out): entier spécifiant le gestionnaire graphique à activer
graphmode (out): entier spécifiant le mode graphique initial

**Exemple :** detectgraph (&graph_driver, &graph_mode);

## *double difftime (time_t time2, time_t time1);*

**Fonction :** retourne le nombre de secondes entre les deux instants spécifiés.

**Prototype dans** <time.h>
time2 (in): temps duquel on soustrait time1
time1 (in): temps à soustraire de time2

**Exemple :** result = difftime(jourdhui, hier);

## *void disable (void);*

**Fonction :** interdit les interruptions.

**Prototype dans** <dos.h>

**Exemple :** disable();

**Note :** pour autoriser à nouveau les interruptions, utiliser enable.

## *div_t div (int numer, int denom);*

**Fonction :** divise deux entiers et retourne le quotient et le reste.

**Prototype dans** <stdlib.h>
numer (in): nombre à diviser
denom (in): nombre divisant le précédant

**Exemple :** result = div(16, 3);

note div_t est une structure qui contient:

```
typedef struct {
  int quot;
  int rem;
} div_t;
```

## *int dosexterr (struct DOSERR *errinfo);*

**Fonction :** fournit les informations étendues du DOS sur une erreur.

**Prototype dans** <dos.h>
errinfo (out): structure contenant les informations étendues.

**Exemple :** result = dosexterr (&errinfo);

**Note :** si dosexterr retourne la valeur 0, cela signifie que le dernier appel au DOS n'avait pas entraîné d'erreur.

## *long dostounix (struct date *d, struct time *t);*

**Fonction :** convertit la date et l'heure du DOS au format reconnu par Unix.

**Prototype dans** <dos.h>
d (in): structure contenant la date DOS
t (in): structure contenant l'heure DOS

**Exemple :** unix_time = dostounix (&date_var, &time_var);

### *void far drawpoly (int nbpoints, int far *points);*

**Fonction :** trace une ligne polygonale.

**Prototype dans** <graphics.h>
nbpoints (in): nombre de points du polygone
points (in): tableau contenant les coordonnées x,y du polygone

**Exemple :** drawpoly (4, triangle);

**Note :** en cas d'erreur lors du remplissage du polygone, graphresult renvoie -6.

### *int dup (int handle);*

**Fonction :** duplique l'identificateur d'un fichier.

**Prototype dans** <io.h>
handle (in): identificateur du fichier à dupliquer

**Exemple :** new_handle = dup (file_handle);

**Note :** lorsque l'opération réussit, dup retourne le nouvel identificateur de fichier; dans les autres cas, c'est la valeur -1 qui est retournée.

### *int dup2 (int oldhandle, int newhandle);*

**Fonction :** duplique un identificateur de fichier (oldhandle) dans un identificateur de fichier déjà existant (newhandle).

**Prototype dans** <io.h>

**Exemple :** dup (oldfile, filehandle);

**Note :** cette routine est fournie pour compatibilité avec Unix.

### *char *ecvt (double value, int ndig, int *dec, int *sign);*

**Fonction :** convertit un nombre à virgule flottante en une chaîne de caractères.

**Prototype dans** <stdlib>
value (in): valeur en virgule flottante à convertir
ndig (in): nombre de chiffres de la chaîne de caractères.
dec (out): emplacement du point décimal
sign (out): non nul si le résultat est négatif, nul autrement.

**Exemple :** str = ecvt (664.333, 7, &loc, &sign);

**Note :** cette routine ne place pas le point décimal dans la chaîne, pas plus que le signe.

### *void far ellipse (int x, int y, int angle_deb, int angle_fin, int xray, int yray);*

**Fonction :** trace un arc d'ellipse.

**Prototype dans** <graphics.h>

| | |
|---|---|
| x, y (in): | coordonnées x et y du centre de l'arc |
| angle_deb (in): | angle de départ |
| angle_fin (in): | angle de fin de l'ellipse |
| xray (in): | axe horizontal |
| yray (in): | axe vertical |

**Exemple :** allipse (100, 100, 0, 360, 10, 5);

**Note :** cette routine utilise la couleur de tracé courante.

### *void enable (void);*

**Fonction :** autorise les interruptions.

**Prototype dans** <dos.h>

**Exemple :** enable( );

**Note :** la routine disable interdit les interruptions sauf celles qui ne sont pas masquables.

### *int eof (int handle);*

**Fonction :** détecte la fin d'un fichier et retourne 1 lorsque la position courante du pointeur de fichier est à la fin du fichier, 0 dans le cas contraire.

**Prototype dans** <io.h>

**Exemple :** while (! eof (handle))

**Note :** en cas d'erreur, eof retourne -1.

### *int exec... (char *path, char *arg0, char *arg1 ..., NULL);*

**Fonction :** chargement et lancement d'autres programmes (processus fils).

**Prototype dans** <process.h>

| | |
|---|---|
| path (in): | nom du fichier contenant le processus fils |
| arg0, ... | paramètres du processus fils |

**Exemple :** status = execl("TEST.EXE", "TEST.EXE", "A1", NULL);

**Note :** les suffixes p, v, l, et e ajoutés au nom exec précisent les possibilités de ces fonctions: sans le suffixe p, la recherche se fait dans le répertoire courant, le suffixe l précise que les pointeurs argument sont passés séparément à la fonction, v précise que les pointeurs arguments sont passés comme un tableau de pointeurs, e précise que l'argument env doit être passé au processus fils, ce qui permet de modifier l'environnement de ce processus.

## *void _exit (int status);*

**Fonction :** met fin à un programme et retourne une valeur d'état spécifique.

**Prototype dans** <process.h>
status (in): valeur à retourner

**Exemple :** _exit (0);

**Note :** la routine _exit ne ferme pas les fichiers encore ouverts.

## *void exit (int status);*

**Fonction :** met fin à un programme et retourne une valeur d'état spécifique.

**Prototype dans** <process.h>
status (in): valeur à retourner

**Exemple :** exit (0);

**Note :** la routine exit vide les tampons de fichiers et ferme tous les fichiers.

## *double exp (double value);*

**Fonction :** fonction exponentielle.

**Prototype dans** <math.h>
value (in): valeur dont on retourne l'exponentielle

**Exemple :** result = exp(x);

## *double fabs (double value);*

**Fonction :** valeur absolue d'un nombre réel.

**Prototype dans** <math.h>
value (in): valeur dont on retourne la valeur absolue

**Exemple :** result = fabs (-44.3332);

## *void far *farcalloc(unsigned long nunits, unsigned long unitsz);*

**Fonction :** alloue de la mémoire dans le tas externe au segment de données (far heap).

**Prototype dans** <alloc.h>
nunits (in): nombre d'éléments pour l'allocation
unitsz (in): nombre d'octets de chaque élément

**Exemple :** chunk = faralloc(1, 65000);

**Note :** si l'allocation ne peut être faite, farcalloc retourne la valeur NULL.

### *long farcoreleft (void);*

**Fonction :** retourne la taille de la mémoire inutilisée dans le tas externe au segment de données (far heap).

**Prototype dans** <alloc.h>

**Exemple :** long_var = farcoreleft();

### *void farfree (void far *ptr);*

**Fonction :** libère un bloc de mémoire du tas externe au segment de données (far heap).

**Prototype dans** <alloc.h>

**Exemple :** farfree (chunk);

### *void far *farmalloc (unsigned long nbytes);*

**Fonction :** alloue de la mémoire dans le tas externe au segment de données (far heap).

**Prototype dans** <alloc.h>
nbytes (in): nombre d'octets à allouer

**Exemple :** buffer = farmalloc(65000);

**Note :** si farmalloc ne peut satisfaire la demande, on retourne la valeur NULL; dans le cas contraire, on retourne un pointeur sur le bloc qui vient d'être alloué.

### *void far *farrealloc (void far *ptr, unsigned long nbytes);*

**Fonction :** ajuste la taille d'un bloc alloué dans le tas externe au segment de données (far heap).

**Prototype dans** <alloc.h>
ptr (in): pointeur sur le bloc précédemment alloué
nbytes (in): nombre d'octets désirés

**Exemple :** block = farrealloc(block, 650001);

### *int fclose (FILE *stream);*

**Fonction :** ferme un flux en vidant tous les tampons associés à ce fichier et en mettant à jour ce fichier sur disque.

**Prototype dans** <stdio.h>

**Exemple :** status = fclose(file);

**Note :** si la fermeture s'effectue sans erreur, fclose retourne la valeur 0.

## *int fcloseall (void);*

**Fonction :** ferme tous les flux ouverts en vidant tous les tampons de fichiers et en mettant à jour sur disque tous les fichiers.

**Prototype dans** <stdio.h>

**Exemple :** status = fcloseall();

**Note :** cette routine retourne le nombre de flux fermés.

## *char *fcvt (double value, int ndig, int *dec, int *sign);*

**Fonction :** convertit un nombre à virgule flottante en une chaîne de caractères.

**Prototype dans** <stdlib.h>

| | |
|---|---|
| value (in): | valeur virgule flottante à convertir |
| ndig (in): | nombre de chiffres dans la chaîne |
| dec (out): | emplacement du point décimal |
| sign (out): | négatif si la valeur est négative; 0 dans le cas contraire. |

**Exemple :** str = ecvt(664.333, 7, &loc, &sign);

**Note :** cette routine ne place pas le point décimal dans la chaîne ni le signe + ou - en début de chaîne. Elle diffère de ecvt en ce qu'elle arrondit le nombre de chiffres spécifié en un format Fortran F.

## *FILE *fdopen (int handle, char *type);*

**Fonction :** associe un flux avec un identificateur de fichier retourné par creat, dup, dup2, ou open.

**Prototype dans** <stdio.h>

| | |
|---|---|
| handle (in) | identificateur de fichier |
| type (in): | accès au fichier: r (lecture seule), w (écriture), a (ajout),<br>r+ (lecture/écriture), w+ (création), a+ (ouverture pour mise à jour). |

**Exemple :** file_pointer = fdopen (handle, "r");

**Note :** s'il y a une erreur, fdopen retourne la valeur NULL.

## *int feof(FILE *stream);*

**Fonction :** retourne true (1) si l'on est à la fin du fichier, 0 dans le cas contraire.

**Prototype dans** <stdio.h>

| | |
|---|---|
| stream (in): | fichier à examiner |

**Exemple :** while (! feof (in_file))

### *int ferror (FILE *stream);*

**Fonction :** détecte les erreurs dans un flux et renvoie 1 s'il y a eu erreur de lecture ou d'écriture, 0 dans le cas contraire.

**Prototype dans** <stdio.h>

**Exemple :** status = ferror(in_file);

### *int fflush (FILE *stream);*

**Fonction :** vide la mémoire tampon associée à un flux

**Prototype dans** <stdio.h>

**Exemple :** status = fflush (in_file);

**Note :** si le fichier est un fichier d'entrée, fflush vide le tampon d'entrée.

### *int fgetc(FILE *stream);*

**Fonction :** retourne le caractère suivant du flux spécifié.

**Prototype dans** <stdio.h>

**Exemple :** ltr = fgetc(in_file);

**Note :** si fgetc obtient EOF ou qu'il y a une erreur, fgetc retourne EOF.

### *int fgetchar (void);*

**Fonction :** retourne un caractère depuis le flux d'entrée stdin.

**Prototype dans** <stdio.gh>

**Exemple :** ltr = fgetchar;

**Note :** si fgetchar obtient EOF ou qu'il y a une erreur, fgetchar retourne EOF. A la différence de getchar, fgetchar est une fonction.

### *int fgetpos (FILE *stream, fpos_t *pos);*

**Fonction :** fournit dans pos la valeur courante du pointeur du fichier identifié par stream.

**Prototype dans** <stdio.h>
stream (in): pointeur de fichier associé au fichier
pos (out): emplacement où l'on range la valeur courante du pointeur.

**Exemple :** status = fgetpos(fp, &file_position);

**Note :** fgetpos retourne 0 s'il n'y a pas eu d'erreur, 1 dans le cas contraire.

### *char *fgets (char *string, int nbytes, FILE *stream);*

**Fonction :** retourne une chaîne depuis un flux.

**Prototype dans** <stdio.h>
string (out): chaîne de caractères lue
nbytes (in): nombre maximum de caractères de la chaîne à lire
stream (in): flux considéré

**Exemple :** status = fgets(str, 255, fp);

**Note :** si l'on est en fin de fichier, fgets retourne NULL. Il ne conserve pas le caractère d'interligne.

### *long filelength (int handle);*

**Fonction :** retourne le nombre d'octets du fichier associé à l'identificateur donné.

**Prototype dans** <io.h>
handle (in): identificateur retourné par open ou creat

**Exemple :** long_var = filelength (handle);

**Note :** s'il se produit une erreur, filelength retourne la valeur -1.

### *int fileno (FILE *stream);*

**Fonction :** retourne l'identificateur de fichier d'un flux.

**Prototype dans** <stdio.h>
stream (in): flux dont on retourne l'identificateur de fichier

**Exemple :** handle = fileno (fp);

### *void far fillpoly (int numpoints, int far *points);*

**Fonction :** trace et remplit un polygone.

**Prototype dans** <graphics.h>
nbpoints (in): nombre de points du polygone
points (in): tableau des points sommets du polygone

**Exemple :** fillpoly (10, points);

**Note :** cette routine utilise la couleur, le style de tracé et le motif de remplissage courants.

### *int findfirst (char *path, struct ffblk *fileblock, int attribut);*

**Fonction :** recherche dans un répertoire de fichiers correspondant à une description donnée.

**Prototype dans** <dir.h>
path (in): chemin d'accès au sens DOS

fileblock (out): structure de bloc de fichier contenant

```
struct ffblk {
        char    ff_reserved[21];
        char    ff_attrib;
        int     ff_ftime;
        int     ff_fdate;
        long    ff_fsize;
        char    ff_name[13];
};
```

attribut (in): attribut du fichier

**Exemple :** status = findfirst ("*.*", &file_block, 0);

**Note :** on utilise findfirst pour trouver le premier fichier qui correspond et findnext pour trouver les suivants. S'il n'y a pas eu d'erreur, findfirst retourne la valeur 0.

## *int findnext (struct ffblk *fileblock);*

**Fonction :** continue une recherche commencée par findfirst.

**Prototype dans** <dir.h>
fileblock (out): structure définie comme dans findfirst

**Exemple :** status = findnext (&file_block);

**Note :** on utilise findfirst pour trouver le premier fichier qui correpond et findnext pour trouver les suivants. S'il n'y a pas eu d'erreur, findnext retourne la valeur 0.

## *void far floodfill (int x, int y, int border);*

**Fonction :** remplit une zone délimitée par une couleur.

**Prototype dans** <graphics.h>

x, y (in): coordonnées du point de départ
border : couleur délimitant la zone

**Exemple :** floodfill (100, 100, red);

**Note :** en cas d'erreur dans floodfill, graphresult retourne la valeur -7.

## *double floor (double value);*

**Fonction :** arrondit par défaut

**Prototype dans** <math.h>
value (in): valeur à arrondir

**Exemple :** prix_approx = floor (hors_taxe * taxe);

## *int flushall (void);*

**Fonction :** vide toutes les mémoires tampon des flux.

**Prototype dans** <stdio.h>

**Note :** cette routine retourne le nombre de flux d'entrée et de sortie ouverts.

### *double fmod (double x, double y);*

**Fonction :** calcule x modulo y, c'est-à-dire le reste de la division de x par y.

**Prototype dans** <math.h>
x (in): valeur que l'on va diviser
y (in): diviseur

**Exemple :** result = fmod (ventes, employes);

**Note :** voir également la routine modf.

### *void fnmerge (char *path, char *drive, char *directory, char *nomfich, char *extension);*

**Fonction :** construit un nom de fichier à partir de ses éléments constitutifs.

**Prototype dans** <dir.h>
path (out): chemin d'accès complet au sens DOS
drive (in): lecteur (y compris les "deux-points")
directory (in): répertoire souhaité
nomfich (in): nom de fichier DOS (8 caractères)
extension (in): extension DOS (3 caractères)

**Exemple :** fnmerge (path, "A:","\\TURBOC\\","TEST","C");

**Note :** voir également la routine fnsplit.

### *void fnsplit (char *path, char *drive, char *directory, char *nomfich, char *extension);*

**Fonction :** décompose un nom de fichier complet en ses éléments constitutifs.

**Prototype dans** <dir.h>
path (out): chemin d'accès complet au sens DOS
drive (in): lecteur (y compris les "deux-points")
directory (in): répertoire
nomfich (in): nom de fichier DOS (8 caractères)
extension (in): extension DOS (3 caractères)

**Exemple :** fnsplit ("A:\\TBO\\FILENAME.C",drive, path, file, ext);

**Note :** voir également la routine fnmerge.

### *FILE *fopen (char *filename, char *mode);*

**Fonction :** ouvre un flux.

**Prototype dans** <stdio>
filename (in): nom de fichier à ouvrir
mode (in): accès au fichier: r (lecture seule), w (écriture), a (ajout), r+ (lecture/écriture), w+ (création), a+ (ouverture pour mise à jour)

**Exemple :** fp = fopen(argv[1], "r");

**Note :** en cas d'ouverture réussie, la fonction fopen retourne un pointeur sur le flux nouvellement ouvert. Elle retourne la valeur NULL en cas d'erreur. Pour ouvrir un fichier en mode texte il suffit d'ajouter t au mode; de même, pour l'ouvrir en binaire, attacher b.

## *unsigned FP_OFF(void far *farpointer);*

**Fonction :** donne le déplacement (offset) d'une adresse longue.

**Prototype dans** <dos.h>
farpointer (in): pointeur long dont on donne le déplacement

**Exemple :** offset = FP_OFF (farpointer);

## *void _fpreset (void);*

**Fonction :** réinitialise l'arithmétique flottante.

**Prototype dans** <float.h>

**Note :** avec d'anciennes versions de DOS (antérieures à 2.x), il se peut qu'un processus fils modifie le mot d'état de l'arithmétique flottante du processus père. Cette routine permet de réinitialiser cette arithmétique à un état connu.

## *int fprintf (FILE *stream, char *format [, argument, ...]);*

**Fonction :** écrit des sorties formatées dans un flux de sortie.

**Prototype dans** <stdio.h>
stream (in): flux dans lequel on écrit
format (in): format d'écriture
argument (in): donnée à écrire

**Exemple :** num_bytes = fprintf (fp, "%d %f\n", jours, salaire);

**Note :** cette fonction retourne le nombre d'octets écrits (ou EOF en cas d'erreur).

## *unsigned FP_SEG (void far *farpointer);*

**Fonction :** donne le segment d'une adresse longue.

**Prototype dans** <dos.h>
farpointer (in): pointeur d'adresse dont on donne le segment

**Exemple :** segment = FP_SEG (farpointer);

### *int fputc (int character, FILE *stream);*

**Fonction :** envoie un caractère dans un flux.

**Prototype dans** <stdio.h>
character (in): caractère à écrire dans le flux
stream (in): flux de sortie

**Exemple :** result = fputc ('a', fp);

**Note :** si la sortie peut se faire, la fonction fputc retourne le caractère . En cas d'erreur, elle retourne EOF.

### *int fputs (char *str, FILE *stream);*

**Fonction :** envoie une chaîne de caractères dans un flux.

**Prototype dans** <stdio.h>
str(in): chaîne à écrire dans le flux
stream (in): flux de sortie

**Exemple :** last_char = fputs ("Voici un test \n", fp);

**Note :** s'il n'y a pas d'erreur, fputs retourne le dernier caractère écrit. Autrement c'est la valeur EOF qui est retournée.

### *int fread (void *pointer, int bytes, int items, FILE *stream);*

**Fonction :** lit le nombre spécifié d'octets depuis un flux.

**Prototype dans** <stdio.h>
pointer (in): pointeur sur le tampon des données
bytes (in): nombre d'octets de chaque entrée
items (in): nombre d'éléments de longueur bytes à lire

**Exemple :** items_lus = fread(buffer, 255,5, fp);

**Note :** si l'opération s'accomplit correctement, fread retourne le nombre d'éléments lus. S'il y a une erreur, fread retourne une valeur invalide.

### *void free (void *pointer);*

**Fonction :** libère un bloc de mémoire alloué.

**Prototype dans** <stdlib.h>
pointer (in): pointeur sur le bloc de mémoire

**Exemple :** free (list_node);

### *int freemem (unsigned segment);*

**Fonction :** libère un bloc de mémoire précédemment alloué par le DOS.

**Prototype dans** <dos.h>
segment (in): adresse de segment du bloc à libérer

**Exemple :** result = freemem (segment_addr);

**Note :** si la libération a bien lieu, freemem retourne 0; elle retourne -1 en cas d'erreur.

### *FILE *freopen (char *nomfich, char *mode, FILE *stream);*

**Fonction :** substitue le fichier de nom nomfich au flux ouvert stream.

**Prototype dans** <stdio.h>
nomfich (in): nom du fichier à ouvrir
mode (in): mode d'ouverture du fichier: r (lecture seule), w (création en écriture), a (ouverture pour ajout), r+(ouverture pour lecture écriture), w+ (nouveau fichier en lecture et écriture), a+ (ouverture ou création pour ajout).
stream (in): pointeur associé au fichier

**Exemple :** fp = freopen ("TEMP.DAT", "w", stdout);

**Note :** en cas d'ouverture réussie, la fonction retourne le flux stream passé en argument. En cas d'erreur, elle retourne la valeur NULL.

### *double frexp (double value, int *exponent);*

**Fonction :** décompose un réel de type double en sa mantisse et son exposant.

**Prototype dans** <math.h>
value (in): valeur à décomposer
exponent (in): exposant

**Exemple :** mantisse = frexp (value, &exponent);

**Note :** la valeur retournée par frexp est la mantisse.

### *int fscanf (FILE *stream, char *format [, argument ...]);*

**Fonction :** effectue des entrées formatées depuis un flux.

**Prototype dans** <stdio.h>
stream (in): flux dans lequel on lit
format (in): format pour la lecture
argument (in): données à lire

**Exemple :** num_fields = fscanf (fp, "%d %d %fn", &a, &b, &c);

**Note :** fscanf retourne le nombre de champs d'entrée correctement lus, convertis et mémorisés.

## *int fseek (FILE *stream, long offset, int location);*

**Fonction :** repositionne le pointeur de fichier d'un flux.

**Prototype dans** <stdio.h>

| | |
|---|---|
| stream (in): | flux concerné |
| offset(in): | déplacement souhaité |
| location (in): | base pour déplacement: 0 (début du fichier), 1 (position courante) ou 2 (fin du fichier). |

**Exemple :** status = fseek (fp, 128, SEEK_SET);

**Note :** fseek renvoie 0 si le pointeur de fichier a pu être déplacé, et une valeur non nulle sinon.

## *int fsetpos (FILE *stream, const fpos_t *pos);*

**Fonction :** positionne le pointeur de fichier d'un flux à la valeur sauvée par fgetpos.

**Prototype dans** <stdio.h>

| | |
|---|---|
| stream (in): | flux désiré |
| pos (in): | position sélectionnée |

**Exemple :** result = fsetpos (fp, &file_position);

**Note :** quand l'opération aboutit, la fonction fsetpos retourne 0. Dans le cas contraire, elle retourne une valeur non nulle.

## *int fstat (char *handle, struct stat *statbuf);*

**Fonction :** donne des informations sur un fichier ouvert.

**Prototype dans** <stat.h>

| | |
|---|---|
| handle (in): | identificateur du fichier ou du répertoire concerné |
| statbu (out): | structure contenant l'information. |

**Exemple :** result = fstat (handle, &statinfo);

**Note :** fstat retourne 0 quand elle réussit à ramener les informations sur le fichier ouvert, -1 dans le cas contraire.

## *long ftell (FILE *stream);*

**Fonction :** retourne la position courante du pointeur d'un fichier.

**Prototype dans** <stdio.h>

| | |
|---|---|
| stream (in): | flux de données désiré |

**Exemple :** loc = ftell (fp);

## *int fwrite (void *buffer, int bytes, int items, FILE *stream);*

**Fonction :** écrit le nombre d'octets spécifié dans un flux.

**Prototype dans** <stdio.h>
pointeur (in): pointeur vers le tampon de données
bytes (in): nombres d'octets de chaque entrée
items (in): nombre d'entrées

**Exemple :** items_ecrits = fwrite (buffer, 255, 5, fp);

**Note :** si l'opération s'accomplit correctement, fwrite retourne le nombre d'objets écrits; sinon elle retourne un nombre invalide.

## *char *gcvt (double value, int ndig, char *str);*

**Fonction :** convertit un nombre à virgule flottante en une chaîne.

**Prototype dans** <stdlib.h>
value (in): valeur à convertir
ndig (in): nombre de chiffres de la chaîne
str (out): représentation ASCII de la valeur en virgule flottante

**Exemple :** status = gcvt (334.33, 10, str);

**Note :** gcvt retourne une valeur de type string.

## *void geninterrupt (int intr_num);*

**Fonction :** génère une interruption logicielle.

**Prototype dans** <dos.h>
intr_num (in): interruption logicielle souhaitée

**Exemple :** geninterrupt (0x21);

## *void far getarccoords (struct arccoordstype far *arccoord);*

**Fonction :** donne les coordonnées du dernier arc créé par la fonction arc.

**Prototype dans** <graphics.h>
arccord (out): structure contenant les coordonnées de l'arc

**Exemple :** getarccoords (&arccoord);

**Note :** on a:

```
struct arccoordstype {
        int x,y;
        int xstart, ystart, xend, yend;
};
```

## *void far getaspectratio (int far *xasp, int far *yasp);*

**Fonction :** retourne les coefficients d'aspect du mode graphique courant.

**Prototype dans** <graphics.h>

xasp (out): coefficient d'aspect du mode graphique courant
yasp (out): coefficient d'aspect (normalisé à 10000) du mode courant.

**Exemple :** getaspectratio (&xasp, &yasp);

## *int far getbkcolor (void);*

**Fonction :** retourne la couleur courante du fond.

**Prototype dans** <graphics.h>

**Exemple :** couleur_fond = getbkcolor ();

**Note :** la couleur de fond est positionnée par la routine setbkcolor.

## *int getc(FILE *stream);*

**Fonction :** retourne un caractère depuis un flux.

**Prototype dans** <stdio.h>
stream (in): flux concerné

**Note :** si getc rencontre une fin de fichier, il retourne EOF.

## *int getcbrk (void);*

**Fonction :** donne l'état du test de "Control-break": armé (1) ou non armé (0).

**Prototype dans** <dos.h>

**Exemple :** state = getcbrk();

**Note :** la routine setcbrk qui permet d'armer ou de désarmer le test du "Control-break".

## *int getch (void);*

**Fonction :** retourne un caractère depuis le clavier, sans écho.

**Prototype dans** <conio.h>

**Exemple :** lettre = getch();

**Note :** si getch rencontre une fin de fichier ou une erreur, il retourne EOF.

## *int getchar (void);*

**Fonction :** retourne un caractère depuis le flux d'entrée stdin.

**Prototype dans** <stdio.h>

**Exemple :** lettre = getchar();

**Note :** si getchar rencontre une fin de fichier ou une erreur, il retourne EOF.

## *int getche (void);*

**Fonction :** retourne un caractère depuis le clavier, avec écho dans la fenêtre texte courante.

**Prototype dans** <conio.h>

**Exemple :** lettre = getche();

**Note :** si getche rencontre une fin de fichier ou une erreur, il retourne EOF.

## *int far getcolor (void);*

**Fonction :** retourne la couleur courante de tracé.

**Prototype dans** <graphics.h>

**Exemple :** couleur_trace = getcolor ();

**Note :** la routine setcolor permet de positionner cette couleur courante de tracé.

## *int getcurdir (int drive, char *directory);*

**Fonction :** donne le répertoire courant du lecteur spécifié.

**Prototype dans** <dir.h>
drive (in): unité de disque désirée (0=courante, 1=A, 2=B, ...)
directory (out): chemin d'accès DOS au répertoire

**Exemple :** status = getcurdir (1, directory);

**Note :** en cas d'erreur, getcurdir retourne la valeur -1.

## *char *getcwd (char *directory, int nbytes);*

**Fonction :** donne le répertoire de travail courant.

**Prototype dans** <dir.h>
directory (in): tampon contenant le catalogue courant
nbytes (in): nombre d'octets que malloc doit allouer pour stocker le catalogue courant

**Exemple :** status = getcwd (directory, 64);

**Note :** en cas d'erreur, getcwd retourne la valeur -1.

## *void getdate (struct date *datep);*

**Fonction :** donne la date du système.

**Prototype dans** <dos.h>
datep (out): structure contenant la date système:

```
struct date {
        int da_year;
        char da_day;
        char da_mon;
};
```

**Exemple :** getdate (&date_courante);

### *void getdfree (int drive, struct dfree *dtable);*

**Fonction :** donne l'espace libre sur un disque.

**Prototype dans** <dos.h>
drive (in): unité de disque (0=A, 1=B, 2=C)
*dtable (out): structure contenant l'information:

```
struct dfree {
        unsigned df_avail; /* granules disponibles */
        unsigned df_total; /* nombre total de granules */
        unsigned df_bsec; /* octets par secteur */
        unsigned df_sclus; /* secteurs par granule */
};
```

**Exemple :** status = getdfree (0, &disk_info);

**Note :** en cas d'erreur getdfree retourne la valeur -1.

### *int getdisk (void);*

**Fonction :** donne le lecteur courant.

**Prototype dans** <dir.h>

**Exemple :** drive = getdisk ();

**Note :** les unités de disque sont données par 0=A, 1=B, 2=C, ...

### *char *far getdta (void);*

**Fonction :** donne l'adresse de transfert disque (DTA).

**Prototype dans** <dos.h>

**Exemple :** far_address = getdta ();

**Note :** par défaut, DOS place l'adresse de transfert disque au déplacement (offset) 0x80 du segment du programme.

## *char *getenv(char *nom_env);*

**Fonction :** retourne la valeur affectée à une variable environnement.

**Prototype dans** <stdlib.h>
nom_env (in): variable

**Exemple :** str = getenv ("INCLUDE");

**Note :** si getenv ne trouve pas l'entrée correspondante, il renvoie NULL.

## *void getfat(int drive, struct fatinfo *fat_info);*

**Fonction :** donne les informations de la table d'allocation des fichiers (FAT) du lecteur spécifié.

**Prototype dans** <dos.h>
drive (in): lecteur (0=lecteur courant, 1=A, 2=B, ...)
fat_info (in): structure contenant les informations sur la FAT:

```
struct fatinfo {
        char fi_sclus; /*secteurs par granule */
        char fi_fatid; /* octet id de la FAT */
        int fi_nclus; /* nombre de granules */
        int fi_Bysec; /* octets par secteur */
};
```

**Exemple :** getfat (1, &fat_info);

## *void getfatd(struct fatinfo *fat_info);*

**Fonction :** donne les informations de la table d'allocations des fichiers (FAT) du lecteur par défaut.

**Prototype dans** < dos.h>
fat_info (in): structure contenant les informations sur la FAT:

```
struct fatinfo {
        char fi_sclus; /*secteurs par granule */
        char fi_fatid; /* octet id de la FAT */
        int fi_nclus; /* nombre de granules */
        int fi_Bysec; /* octets par secteur */
};
```

**Exemple :** getfatd (&fat_info);

## *void far getfillpattern (char far *fill_pattern);*

**Fonction :** recopie dans la mémoire un motif de remplissage défini par l'utilisateur.

**Prototype dans** < graphics.h>
fill_pattern (in): tableau de 8 octets, chaque octet correspondant aux 8 pixels d'un motif.

**Exemple :** get_fillpattern (mon_motif);

### *void far getfillsettings (struct fillsettingstype far *fill_info);*

**Fonction :** retourne le motif et la couleur de remplissage courants.

**Prototype dans** < graphics.h>
file_info (out): structure contenant motif et couleur de remplissage courants

```
struct fillsettingstype {
        int pattern;  /* motif */
        int color;  /* couleur */
};
```

**Exemple :** getfillsettings (&fill_info);

**Note :** si pattern vaut 12, c'est le motif défini par l'utilisateur qui est utilisé. Il existe un certain nombre de motifs prédéfinis:

| | | |
|---|---|---|
| EMPTY_FILL | 0 | rempli avec la couleur du fond |
| SOLID_FILL | 1 | plein |
| LINE_FILL | 2 | rempli avec — |
| LTSLASH_FILL | 3 | rempli avec des /// |
| SLASH_FILL | 4 | rempli avec des /// épais |
| BKSLASH_FILL | 5 | rempli avec des \\\ épais |
| LTBKSLASH_FILL | 6 | rempli avec des \\\ |
| HATCH_FILL | 7 | hachures |
| XHATCH_FILL | 8 | hachures obliques |
| INTERLEAVE_FILL | 9 | pointillés |
| WIDEDOT_FILL | 10 | pointillés espacés |
| CLOSEDOT_FILL | 11 | pointillés rapprochés |
| USER_FILL | 12 | motif défini par l'utilisateur. |

### *int getftime(int file_handle, struct ftime *file_stamp);*

**Fonction :** donne la date et l'heure de création ou de mise à jour d'un fichier.

**Prototype dans** < dos.h>
file_handle (in): identificateur associé au fichier
file_stamp (out): structure contenant les informations demandées:

```
struct ftime {
        unsigned ft_sec : 5;  /* secondes */
        unsigned ft_min : 6;  /* minutes */
        unsigned ft_hour : 5;  /* heure */
        unsigned ft_day : 5;  /* jour */
        unsigned ft_month : 4;  /* mois */
        unsigned ft_year : 7;  /* année depuis 1980 */
};
```

**Exemple :** status = getftime (filehandle, &file_stamp);

**Note :** getftime retourne 0 lorsqu'elle peut s'exécuter correctement.

### *int far getgraphmode();*

**Fonction :** donne le mode graphique courant.

**Prototype dans** < graphics.h>

**Exemple :** save_mode = getgraphmode();

**Note :** voir graphics.h pour la définition des modes graphiques.

### *void far getimage (int left, int top, int right, int bottom, void far *image);*

**Fonction :** sauvegarde en mémoire l'image (bitmap) d'une région particulière de l'écran.

**Prototype dans** < graphics.h>

| | |
|---|---|
| left ,top (in): | coin en haut à gauche |
| right, bottom (in): | coin en bas à droite |
| image (out): | tampon contenant l'image en bit map |

**Exemple :** getimage (10,20,20, 30, buffer);

**Note :** la taille de l'image ne peut dépasser 64K.

### *int far getmaxcolor (void);*

**Fonction :** donne le plus grand numéro de couleur disponible.

**Prototype dans** < graphics.h>

**Exemple :** max_color = getmaxcolor ();

### *int far getmaxx(void);*

**Fonction :** retourne la plus grande abscisse x possible dans l'écran.

**Prototype dans** < graphics.h>

**Exemple :** max_x = getmaxx();

### *int far getmaxy (void);*

**Fonction :** retourne la plus grande ordonnée y possible dans l'écran.

**Prototype dans** < graphics.h>

**Exemple :** max_y = getmaxy();

### *void far getmoderange (int graph_driver, int far *lomode, int far *himode);*

**Fonction :** retourne les modes graphiques disponibles pour un gestionnaire graphique donné.

**Prototype dans** < graphics.h>

**Exemple :** getmoderange (graphdriver, &low, &high);

**Note :** si le gestionnaire spécifié est invalide, low et high prennent la valeur -1.

## *void far getpalette (struct palettetype *far palette);*

**Fonction :** donne des informations sur la palette courante.

**Prototype dans** < graphics.h>
palette (out): structure contenant les informations sur la palette:

```
struct palettetype {
        unsigned char size;
        signed char colors[MAXCOLORS + 1];
};
```

**Exemple :** getpalette (&palette);

**Note :** voir graphics.h pour les définitions de couleurs.

## *char *getpass (char *prompt);*

**Fonction :** lit un mot de passe au clavier.

**Prototype dans** < conio.h>
prompt (in): invite

**Exemple :** pass = getpass("Tapez votre mot de passe");

**Note :** le mot de passe est limité à huit caractères.

## *int far getpixel (int x_loc, int y_loc);*

**Fonction :** donne la couleur du pixel spécifié.

**Prototype dans** < graphics.h>
x_loc, y_loc (in): coordonnées x,y du pixel

**Exemple :** color = getpixel (10,20);

## *unsigned getpsp (void);*

**Fonction :** donne le préfixe de segment de programme.

**Prototype dans** < dos.h>

**Exemple :** segment_addr = gepsp();

**Note :** getpsp n'est pas disponibles pour des versions DOS antérieures à 3.0.

## *char *gets (char *string)*

**Fonction :** retourne une chaîne depuis le flux d'entrée stdin.

**Prototype dans** < stdio.h>
string (out):  chaîne lue

**Exemple :** status = gets(str);

**Note :** à la fin du fichier ou s'il y a une erreur, gets retourne la valeur NULL.

## *int gettext (int left, int top, int right, int bottom, void *buffer);*

**Fonction :** recopie dans une mémoire une portion de texte issu de l'écran (en mode texte).

left, top (in):  coin en haut à gauche
right, bottom (in):  coin en bas à droite

**Exemple :** gettext (0,10,20,79,buffer);

**Note :** la taille du tampon doit être calculée de la façon suivante:
taille = (lignes) * (colonnes) * 2

## *gettextinfo (struct text_info *text_record);*

**Fonction :** donne des informations sur le mode vidéo courant

**Prototype dans** < conio.h>

text_record (out):  structure contenant l'information:

```
struct text_info {
        unsigned char winleft;  /* colonne coin supérieur  gauche */
        unsigned char wintop;  /* ligne coin supérieur gauche */
        unsigned char winright;  /* colonne coin inférieur droit */
        unsigned char winbottom;  /* ligne coin inférieur droit */
        unsigned char attribute;  /* attribut texte */
        unsigned char normattr;  /* attribut normal */
        unsigned char currmode;  /* BW40,BW80,C40 ou C80 */
        unsigned char screenheight;  /* hauteur de l'écran */
        unsigned char screenwidth;  /* largeur de l'écran */
        unsigned char curx;  /* abscisse x dans fenêtre courante */
        unsigned char cury;  /* ordonnée y dans fenêtre courante */
};
```

**Exemple :** gettextinfo (&text_record);

## *void far gettextsettings (struct textsettingstype far text_record);*

**Fonction :** donne des informations sur les paramètres courants du texte en mode graphique.

**Prototype dans** < graphics.h>
text_record (out):  structure contenant l'information:

```
struct textsettingstype {
        int font;
```

```
            int direction;
            int charsize;
            int horiz;
            int vert;
        };
```

**Exemple :** gettextsettings (&text_record);

### *void gettime (struct time *system_time);*

**Fonction :** retourne l'heure du système.

**Prototype dans** < dos.h>
system_time (out): structure pour heure du système:

```
struct time {
unsigned char ti_min;
unsigned char ti_hour;
unsigned char ti_hund;
unsigned char ti_sec;
};
```

**Exemple :** gettime (&current_time);

### *unsigned interrupt (*getvect(int interrupt_number))();*

**Fonction :** retourne un vecteur d'interruption.

**Prototype dans** < dos.h>
interrupt_number (in): numéro d'interruption

**Exemple :** adresse_vecteur = getvect(5);

### *getviewsettings (struct viewporttype far *view_port);*

**Fonction :** donne des informations sur la fenêtre graphique courante.

**Prototype dans** < graphics.h>
viewport (out): structure contenant les informations:

```
struct viewporttype {
        int left, top, right, bottom;
        int clipflag;
};
```

**Exemple :** getviewsettings (&view_port);

### *int getverify (void);*

**Fonction :** donne l'état de l'indicateur de vérification du DOS.

**Prototype dans** < dos.h>

**Exemple :** status = getverify();

**Note :** si l'indicateur de vérification est armé, on retourne 1, sinon on retourne 0. Rappelons que si l'indicateur est armé, toutes les écritures sur disque sont vérifiées.

### *int getw(FILE *stream);*

**Fonction :** retourne un entier depuis un flux.

**Prototype dans** < stdio.h>

**Exemple :** valeur = getw(fp);

### *int far getx (void);*

**Fonction :** donne l'abscisse x de la position courante.

**Prototype dans** < graphics.h>

**Exemple :** xloc = getx();

**Note :** la valeur retournée est relative à la fenêtre courante.

### *int far gety (void);*

**Fonction :** donne l'ordonnée y de la position courante.

**Prototype dans** < graphics.h>

**Exemple :** yloc = gety();

**Note :** la valeur retournée est relative à la fenêtre courante.

### *struct tm *gmtime(long *clock);*

**Fonction :** convertit une date et une heure au standard GMT.

**Prototype dans** < time.h>
clock (in): structure contenant l'heure à convertir

**Exemple :** gmt_time = gmtime (&current_time);

### *void gotoxy (int x_loc, int y_loc);*

**Fonction :** positionne le curseur dans la fenêtre texte.

**Prototype dans** < conio.h>
x_loc, y_loc (in): coordonnées désirées du curseur

**Exemple :** gotoxy (10,10);

**Note :** le curseur est positionné dans la fenêtre texte courante.

### *char far *grapherrormsg (int error_code);*

**Fonction :** retourne une chaîne formée d'un message d'erreur.

**Prototype dans** < graphics.h>
error_code (in): valeur du code d'erreur

**Exemple :** msg = grapherrormsg(-8);

### *void far _graphfreemem (void far *pointer, unsigned bytes);*

**Fonction :** libération de la mémoire allouée pour le graphique par _graphgetmem.

**Prototype dans** < graphics.h>
pointer (in): pointeur sur la mémoire allouée
bytes (in): nombre d'octets à libérer

**Exemple :** _graphfreemem (buffer, 1024);

### *void far *far _graphgetmem (unsigned size);*

**Fonction :** allocation de la mémoire pour le graphique.

**Prototype dans** < graphics.h>
size (in): nombre d'octets à allouer

**Exemple :** buffer = _graphgetmem (1024);

### *int far graphresult (void);*

**Fonction :** retourne le code d'erreur de la dernière opération graphique qui n'a pas abouti.

**Prototype dans** < graphics.h>

**Exemple :** status = graphresult ();

**Note :** après avoir été appelée, la fonction graphresult se remet à 0. Codes d'erreur les plus courants:

| | |
|---|---|
| 0 | Pas d'erreur |
| -1 | Graphique non installé; (utiliser initgraph) |
| -2 | Adaptateur graphique non détecté |
| -3 | Fichier du gestionnaire graphique non trouvé |
| -4 | Fichier du gestionnaire graphique incorrect |
| -5 | Pas assez de mémoire pour charger le gestionnnaire |
| -6 | Plus de mémoire pour le remplissage |
| -7 | Plus de mémoire pour le remplissage |
| -8 | Fichier police de caractères non trouvé |
| -9 | Pas asez de mémoire pour charger la police de caractères |
| -10 | Mode graphique incorrect pour le gestionnaire sélectionné |
| -11 | Erreur graphique |
| -12 | Erreur d'entrées-sorties graphiques |
| -13 | fichier de police de caractères incorrect |
| -14 | Numéro de police de caractères incorrect |
| -15 | Numéro de gestionnaire incorrect. |

### *int gsignal (int signal);*

**Fonction :** lève le signal spécifié.

**Prototype dans** < signal.H>
signal (in): signal logiciel (valeur de 1 à 15)

**Exemple :** result = gsignal (2);

**Note :** si le signal est invalide, la routine renvoie la valeur SIG_DFL.

### *void harderr (int (*handler)());*

**Fonction :** établit un gestionnaire des erreurs matérielles.

**Prototype dans** < dos.h>
handler (in): pointeur sur la fonction à appeler

**Exemple :** harderr (mon_handler);

**Note :** il y a erreurs matérielles lors de l'appel de l'interruption 0x24, ce qui se produit notamment lorsqu'une unité de disque est ouverte. Vous pouvez définir votre propre gestionnaire d'erreur. A l'apparition de l'interruption 0x24, votre routine recevra en paramètres:
(int val_erreur, int ax, int bp, int si);
Voir le manuel de référence Turbo C p. 198-200 pour plus de détails.

### *void hardresume (int resume_code);*

**Fonction :** fonction du gestionnaire d'erreurs matérielles.

**Prototype dans** < dos.h>
resume_code (in): valeur de retour du gestionnaire (2=abandon, 1=rééssai, 0=ignorer)

**Exemple :** hardresume (0);

### *void hardretn (int error_code);*

**Fonction :** fonction du gestionnaire d'erreurs matérielles.

**Prototype dans** < dos.h>
error_code (in): valeur retournée au programme d'application

**Exemple :** hardretn (0);

### *void highvideo (void);*

**Fonction :** sélectionne l'affichage de caractères en surbrillance (en mode texte).

**Prototype dans** < conio.h>

**Exemple :** highvideo();

**Note :** cette routine permet de visualiser des caractères gras à l'écran.

## *double hypot (double x, double y);*

**Fonction :** calcule l'hypothénuse d'un triangle rectangle.

**Prototype dans** < math.h>
x (in): côté x du triangle
y (in): côté y du triangle

**Exemple :** z = hypot (x,y);

## *unsigned far imagesize (int left, int top, int right, int bottom);*

**Fonction :** retourne le nombre d'octets nécessaires à la mémorisation d'une image.

**Prototype dans** < graphics.h>

| | |
|---|---|
| left, top (in): | coordonnées du coin en haut à gauche |
| right, bottom (in): | coordonnées du coin en bas à droite |

**Exemple :** num_octets = imagesize (10, 10, 20, 20);

## *void far initgraph (int far *graph_driver, int far *graph_mode, char far *driver_path);*

**Fonction :** initialise le système graphique en chargeant un gestionnaire graphique depuis le disque et en plaçant ensuite le système dans un mode graphique particulier.

**Prototype dans** < graphics.h>

| | |
|---|---|
| graph_driver (in): | gestionnaire graphique |
| graph_mode (in): | mode graphique |
| driver_path (in): | répertoire qui contient le gestionnaire |

**Exemple :** initgraph (&graphics_drivers, &graphics_mode, "");

**Note :** si l'argument driver_path a pour valeur NULL, les fichiers .BGI doivent être dans le catalogue courant. Les valeurs des gestionnaires graphiques sont:

| | |
|---|---|
| 0 | DETECT (demande de détection automatique) |
| 1 | CGA |
| 2 | MCGA |
| 3 | EGA |
| 4 | EGA64 |
| 5 | EGAMONO |
| 6 | IBM8514 |
| 7 | HERCMONO |
| 8 | ATT400 |
| 9 | VGA |
| 10 | PC3270 |

Pour les modes graphiques, voir le fichier graphics.h

### *int inport (int port_number);*

**Fonction :** lit un mot depuis un port d'entrée matériel.

**Prototype dans** < dos.h>
port_number (in): numéro du port matériel désiré

**Exemple :** status = inport (0x3da);

### *int inportb (int_port_number);*

**Fonction :** lit un octet depuis un port d'entrée matériel.

**Prototype dans** < dos.h>
port_number (in): numéro du port matériel souhaité

**Exemple :** status = inportb (0x3da);

### *void insline (void);*

**Fonction :** insère une ligne dans la fenêtre texte à la position courante du curseur.

**Prototype dans** < conio.h>

**Exemple :** insline();

**Note :** toutes les lignes situées en dessous sont décalées une ligne vers le bas.

### *int int86 (int interrupt_number, union REGS *inregs, union REGS *outregs);*

**Fonction :** interface générale avec les interruptions logicielles du 8086 avec affectation aux registres du 8086 des valeurs contenues dans la structure inregs.

**Prototype dans** < dos.h>
interrupt_number (in): interruption 8086 souhaitée
inregs (in): structure contenant les valeurs à affecter au 8086 (voir chapitre 6)
outregs (out): structure contenant les valeurs des registres du 8086 après l'interruption

**Exemple :** status = int86(0x10, inregs, outregs);

**Note :** int86 retourne la valeur du registre AX à la fin de la routine d'interruption.

### *int int86x (int interrupt_number, union REGS *inregs, union REGS *outregs, struct SREGS *segregs);*

**Fonction :** interface générale avec les interruptions logicielles du 8086 avec affectation aux registres du 8086 des valeurs contenues dans les structures inregs et sregs.

**Prototype dans** < dos.h>
interrupt_number (in): interruption 8086 souhaitée

inregs (in): structure contenant les valeurs à affecter au 8086 (voir chapitre 6)
outregs (out): structure contenant les valeurs des registres du 8086 après l'interruption
sregs (in/out): structure des registres segment du 8086

**Exemple :** status = int86(0x10, &inregs, &outregs, &sregs);

**Note :** int86x retourne la valeur du registre AX à la fin de la routine d'interruption.

## *int intdos (union REGS *inregs, union REGS *outregs);*

**Fonction :** interface générale avec l'interruption 0x21 du DOS avec affectation aux registres du 8086 des valeurs contenues dans la structure regs.

**Prototype dans** < dos.h>
inregs (in): structure contenant les valeurs à affecter au 8086 (cf Chapitre 6)
outregs (out): structure contenant les valeurs des registres du 8086 après l'interruption

**Exemple :** status = intdos (&inregs, &outregs);

**Note :** intdos retourne la valeur du registre AX après l'exécution de la routine d'interruption.

## *int intdosx (union REGS *inregs, union REGS *outregs, struct SREGS sregs);*

**Fonction :** interface générale avec l'interruption 0x21 du DOS avec affectation aux registres du 8086 des valeurs contenues dans les structures regs et sregs.

**Prototype dans** < dos.h>
inregs (in): structure contenant les valeurs à affecter au 8086 (voir chapitre 6)
outregs (out): structure contenant les valeurs des registres du 8086 après l'interruption
sregs (in/out): structure contenant les registres segment du 8086.

**Exemple :** status = intdosx (&inregs, &outregs, &sregs);

**Note :** intdosx retourne la valeur du registre AX après l'exécution de la routine d'interruption.

## *void intr (int interrupt_number, struct REGPACK *regs);*

**Fonction :** exécute une routine d'interruption du 8086.

**Prototype dans** < dos.h>
interrupt_number (in): routine d'interruption souhaitée
regs (in/out): structure contenant les registres 8086:

```
struct REGPACK {
        unsigned r_ax, r_bx, r_cx, r_dx;
        unsigned r_bp, r_si, r_di, r_ds;
        unsigned r_es, r_flags;
};
```

**Exemple :** inter (5, &regs);

### *int ioctl (int devhandle, int command [, int argdx, int argcx]);*

**Fonction :** contrôle un périphérique d'entrée/sortie

**Prototype dans** < io.h>
devhandle (in): identificateur de l'unité souhaitée
command (in): commande spécifique:

| | |
|---|---|
| 0 | donne les paramètres du périphérique |
| 1 | modifie les paramètres du périphérique (dans argcx) |
| 2 | lit argcx octets transférés à l'adresse argdx |
| 3 | écrit argcx octets transférés depuis l'adresse argdx |
| 4 | identique à 2, mais devhandle référence un lecteur de disque |
| 5 | identique à 3, mais devhandle référence un lecteur de disque |
| 6 | donne l'état du périphérique en entrée |
| 7 | donne l'état du périphérique en sortie |
| 8 | teste si un disque est amovible ou non (à partir DOS 3.0) |
| 11 | initialise le compteur d'essais utilisé pour l'accès aux fichiers |

partagés (à partir DOS 3.0)

**Exemple :** status = ioctl (handle, 0, &arcgx, &argdx);

**Note :** cette routine permet d'accéder directement aux unités.

### *int isalnum (int character);*

**Fonction :** retourne 1 si le caractère contenu dans le paramètre est alphanumérique, 0 sinon.

**Prototype dans** < io.h>

**Exemple :** while (isalnum (letter));

### *int isalpha (int character);*

**Fonction :** retourne 1 si le caractère contenu dans le paramètre appartient à l'intervalle A-Z ou a-z, 0 sinon.

**Prototype dans** < io.h>

**Exemple :** while (isalpha (letter));

### *int isascii (int character);*

**Fonction :** retourne 1 si le caractère contenu dans le paramètre est dans l'intervalle 0-127.

**Prototype dans** < io.h>

**Exemple :** while (isascii (letter));

### *int isatty (int handle);*

**Fonction :** retourne 1 si l'unité associée à l'identificateur est de type "caractère".

**Prototype dans** < io.h>

**Exemple :** status = isatty (handle);

**Note :** isatty retourne donc 1 si l'unité est une console, un terminal, une imprimante ou un port de communication asynchrone (une voie série).

## *int iscntrl (int character);*

**Fonction :** retourne 1 si le caractère est dans l'intervalle 0-0x1F.

**Prototype dans** < io.h>

**Exemple :** while (iscntrl (letter));

## *int isdigit (int carac);*

**Fonction :** retourne 1 si le caractère contenu dans le paramètre carac est dans l'intervalle '0'-'9'.

**Prototype dans** < io.h>

**Exemple :** while (isdigit (letter));

## *int isgraph (int carac);*

**Fonction :** retourne 1 si le caractère est un caractère imprimable autre que l'espace, 0 sinon.

**Prototype dans** < io.h>

**Exemple :** while (isgraph(lettre));

## *int islower (int carac);*

**Fonction :** retourne 1 si le caractère est un caractère minuscule, 0 sinon.

**Prototype dans** < io.h>

**Exemple :** while (islower(lettre));

## *int isprint (int carac);*

**Fonction :** retourne 1 si le caractère est un caractère imprimable, sinon 0.

**Prototype dans** < io.h>

**Exemple :** while (isprint(lettre));

### *int ispunct (int carac);*

**Fonction :** retourne 1 si le caractère est un caractère de ponctuation (iscntrl ou isspace), 0 sinon.

**Prototype dans** < io.h>

**Exemple :** while (ispunct(lettre));

### *int isspace (int carac);*

**Fonction :** retourne 1 si le caractère est un espace, un retour-chariot, une tabulation, un saut de page, un saut de ligne, ou une tabulation verticale et 0 sinon.

**Prototype dans** < io.h>

**Exemple :** while (isspace(lettre));

### *int isupper (int carac);*

**Fonction :** retourne 1 si le caractère est une majuscule, 0 sinon.

**Prototype dans** < io.h>

**Exemple :** while (isupper(lettre));

### *int isxdigit (int carac);*

**Fonction :** retourne 1 si le caractère est un chiffre hexadécimal (0-9, 'A'-'F'), 0 sinon.

**Prototype dans** < io.h>

**Exemple :** while (isxdigit(lettre));

### *char *itoa (int val, char *str, int radix);*

**Fonction :** convertit un entier en une chaîne.

**Prototype dans** < stdlib.h>

| | |
|---|---|
| val (in): | valeur entière à convertir |
| str (out): | chaîne contenant la représentation ASCII |
| radix (in): | base désirée (2-36) :<br>2 (binaire), 10 (décimale), 16 (hexadécimale), 8 (octale), etc. |

**Exemple :** result = itoa (3344, str, 10);

**Note :** itoa ne retourne pas d'erreur.

### *int kbhit (void);*

**Fonction :** retourne une valeur non nulle si l'on a eu une frappe au clavier, 0 sinon.

**Prototype dans** < conio.h>

**Exemple :** while (!kbhit());

## *void keep (int status, int paragraphs);*

**Fonction :** met fin à l'exécution du programme en le laissant résident.

**Prototype dans** < dos.h>
status (in): code de sortie
paragraphs (in): mémoire réservée au programme

**Exemple :** keep(1, 1000);

## *long labs (long value);*

**Fonction :** retourne la valeur absolue pour des variables de type long.

**Prototype dans** < math.h>
value (in): valeur dont on renvoie la valeur absolue

**Exemple :** result = labs (-3456020L);

## *double ldexp (double x, int exp);*

**Fonction :** fait l'élévation à la puissance de la valeur x.

**Prototype dans** < math.h>
x (in): valeur à élever à la puissance
exp (in): exposant

**Exemple :** result = ldexp (val, 10);

## *ldiv_t ldiv (long num, long denom);*

**Fonction :** divise deux entiers longs et retourne le quotient et le reste.

**Prototype dans** < stdlib.h>
num (in): entier à diviser
denom (in): entier qui divise

**Exemple :** result = ldiv (160000L, 56555L);

**Note :** ldiv_t est une structure qui contient:

```
typedef struct {
        long quot;
        long rem;
} ldiv_t;
```

### *void *lfind (void *key_desired, void *base_address, int *num_elements, int element_width, int (*compare_function)());*

**Fonction :** effectue une recherche linéaire dans un tableau.

**Prototype dans** < stdlib.h>
key_desired (in): pointeur sur la valeur cherchée
base_address (in): adresse de départ du tableau
num_elements (in): nombre d'éléments du tableau
element_width (in): nombre d'octets de chaque élément
compare_function (in): pointeur sur la fonction de comparaison

**Exemple :** location = lfind(nom, nomtableau, &nb_elem, sizeof(nom), str_comp);

**Note :** lfind est une routine de recherche générique. Elle peut travailler sur tout type de données (int, float, char, ...); elle renvoie l'adresse de l'élément correspondant à la clé de recherche, si on l'a trouvé, et 0 sinon.

### *void far line (int xstart, int ystart, int xend, int yend);*

**Fonction :** trace une ligne entre deux points.

**Prototype dans** < graphics.h>
xstart, ystart (in): coordonnées de départ
xend, yend (in): coordonnées d'arrivée

**Exemple :** line (10, 10, 20, 20);

**Note :** line utilise la couleur de tracé courante.

### *void far linerel (int x_offset, int y_offset);*

**Fonction :** trace une ligne de la position courante en se déplaçant de x_offset et y_offset.

**Prototype dans** < graphics.h>
x_offset, y_offset (in): déplacement en x et y pour le tracé

**Exemple :** linerel (10, 10);

**Note :** linerel utilise la couleur de tracé courante

### *void far lineto (int x_loc, int y_loc);*

**Fonction :** trace une ligne de la position courante au point x_loc, y_loc.

**Prototype dans** < graphics.h>
x_loc, y_loc(in): coordonnées du point y d'arrivée

**Exemple :** lineto(10, 10);

**Note :** lineto utilise la couleur de tracé courante.

### *struct tm *localtime (long *seconds);*

**Fonction :** convertit une date et une heure en une structure.

**Prototype dans** < time.h>

**Exemple :** current_time = localtime (&timeinseconds);

**Note :** la structure retournée contient:

```
struct tm {
        int tm_sec;
        int tm_min;
        int tm_hour;
        int tm_mday;
        int tm_mon;
        int tm_year;
        int tm_wday;
        int tm_yday;
        int tm_isdst;
};
```

### *int lock (int filehandle, long offset, long length);*

**Fonction :** verrouille un fichier partagé.

**Prototype dans** < io.h>

| | |
|---|---|
| filehandle (in): | identificateur du fichier |
| offset (in): | déplacement pour premier octet de la région à verrouiller |
| length (in): | taille en octets de la région à verrouiller |

**Exemple :** status = lock(file, 256, 512);

**Note :** lock permet de verrouiller des fichiers à partir de DOS 3.0; elle retourne 0 quand elle s'est exécutée correctement et -1 sinon.

### *double log (double value);*

**Fonction :** retourne le logarithme népérien (ln) de la valeur spécifiée.

**Prototype dans** < math.h>

**Exemple :** result = log (value);

### *double log10 (double value);*

**Fonction :** retourne le logarithme décimal de la valeur spécifiée.

**Prototype dans** < math.h>

**Exemple :** result = log10 (value);

## void longjmp (jmp_buf task_state, int return_value);

**Fonction :** effectue un saut entre blocs.

**Prototype dans** < setjmp.h>

| | |
|---|---|
| task_state (in): | tampon stockant les valeurs de CS,DS,SS,DI,SP,FP, et les indicateurs binaires (flags). |
| return_value (in): | valeur à retourner du saut |

**Exemple :** longjmp (task_state, 1);

**Note :** voir la routine setjmp.

## void lowvideo (void);

**Fonction :** sélectionne l'affichage des caractères en faible intensité.

**Prototype dans** < conio.h>

**Exemple :** lowvideo ();

## unsigned long _lrotl (unsigned long long_value, int num_shifts);

**Fonction :** effectue une rotation vers la gauche d'un entier de type unsigned long.

**Prototype dans** < stdlib.h>

| | |
|---|---|
| long_value (in): | entier sur lequel s'effectue la rotation |
| num_shifts (in): | nombre de décalages à faire |

**Exemple :** long_result = _lrotl (address, 16);

## unsigned long _lrotr (unsigned long long_value, int num_shifts);

**Fonction :** effectue une rotation vers la droite d'un entier de type unsigned long.

**Prototype dans** < stdlib.h>

| | |
|---|---|
| long_value (in): | entier sur lequel s'effectue la rotation |
| num_shifts (in): | nombre de décalages à faire |

**Exemple :** long_result = _lrotr (address, 16);

## void *lsearch (void *key_desired, void *base_address, int *num_elements, int element_width, int (*compare_function)());

**Fonction :** effectue une recherche linéaire dans un tableau pour trouver une valeur. Si la valeur est trouvée, lsearch retourne son adresse, sinon elle l'ajoute à la fin de la liste.

**Prototype dans** < stdlib.h>

| | |
|---|---|
| key_desired (in): | pointeur sur la valeur cherchée ou à ajouter |
| base_address (in): | adresse de départ du tableau |
| num_elements (in): | nombre d'éléments du tableau |
| element_width (in): | nombre d'octets de chaque élément |

compare_function (in): pointeur sur la fonction de comparaison

**Exemple :** location = lsearch(&nom, nomtableau, &nb_elem, sizeof(nom), str_comp);

**note:**si lsearch ajoute la valeur à la fin de la liste, elle renvoie la valeur 0, sinon elle renvoie l'adresse de l'élément cherché.

## *long lseek (int filehandle, long offset, int location);*

**Fonction :** déplace le pointeur de fichier associé à un certain identificateur.

**Prototype dans** < io.h>

| | |
|---|---|
| filehandle (in): | identificateur du fichier |
| offset (in): | déplacement désiré du pointeur |
| location (in): | permet de déplacer le pointeur à partir du début (0:seek_set), de l'emplacement courant (1:seek_cur) ou de la fin (2:seek_end) du fichier. |

**Exemple :** result = lseek(filehandle, 1024, SEEK_SET);

**Note :** lseek retourne le déplacement de la nouvelle position du pointeur, exprimé en octets depuis le début du fichier ou -1 en cas d'erreur.

## *char *ltoa (long value, char *str, int radix);*

**Fonction :** convertit un entier long en une chaîne.

**Prototype dans** < stdlib.h>

| | |
|---|---|
| value (in): | entier long à convertir |
| str (out): | chaîne après conversion |
| radix (in): | base dans laquelle se fait la conversion (2-36):<br>2 (binaire), 10 (décimale), 8 (octale), 16 (hexadécimale), ... |

**Exemple :** result = ltoa (334114L, str, 10);

**note:**ltoa ne retourne pas de code d'erreur.

## *void *malloc (size _t num_bytes);*

**Fonction :** alloue un certain nombre d'octets de mémoire

**prototype dans:** <alloc.h>
num_bytes (in): nombre d'octets à allouer

**Exemple :** node = malloc(255);

**Note :** malloc retourne un pointeur sur le bloc nouvellement créé, ou bien la valeur NULL quand il n'y a pas assez de place pour un nouveau bloc.

### *double matherr (struct exception *except);*

**Fonction :** gestionnaire des erreurs mathématiques

**Prototype dans** <math.h>
except (in): structure contenant l'information sur l'exception:

```
struct exception {
        int type;
        char *name;
        double arg1, arg2, retval;
};
```

**Exemple :** matherr n'est pas appelée directement par l'utilisateur

**Note :** lorsque Turbo C rencontre une exception en effectuant une routine mathématique, il appelle la routine matherr. Par défaut, cette routine retourne simplement 0. Mais l'utilisateur peut développer sa propre routine matherr pour disposer d'une fonction particulière de gestion d'erreurs. Le fichier math.h définit toutes les exceptions possibles.

### *void memcmp (void *ptr1, void *ptr2, unsigned num_bytes);*

**Fonction :** compare les valeurs pointées par *ptr1 à celles pointées par *ptr2.

**Prototype dans** <mem.h>
ptr1 (in): pointeur vers le premier bloc de mémoire
ptr2 (in): pointeur vers le deuxième bloc de mémoire,
num_bytes (in):nombre d'octets à comparer

**Exemple :** result = memcmp(s1, s2, 255);

**Note :** memcmp retourne 0 si s1==s2, une valeur positive si s1>s2 et négative si s1<s2.

### *void *memcpy (void *destination, void *source, unsigned num_bytes);*

**Fonction :** copie le nombre d'octets spécifié d'un emplacement de mémoire à un autre.

**Prototype dans** <mem.h>
destination (in): emplacement auquel les octets sont copiés
source (in): emplacement à partir duquel on copie les octets
num_bytes (in): nombre d'octets à copier

**Exemple :** memcpy (array_b, array_a, sizeof(array_a));

### *void memccpy (void *destination, void *source, unsigned char letter, unsigned num_bytes);*

**Fonction :** copie un certain nombre d'octets d'un emplacement à un autre en s'arrêtant cependant dès qu'un certain caractère a été copié.

**Prototype dans** <mem.h>
destination (in): emplacement auquel les octets sont copiés
source (in): emplacement à partir duquel on copie les octets

letter (in): caractère qui, lorsqu'il est copié, arrête la copie
num_bytes (in): nombre d'octets à copier

**Exemple :** memccpy (array_b, array_a, 'a', sizeof(array_a));

**Note :** si le fameux caractère a été copié, memccpy retourne l'octet qui le suit, dans le cas contraire elle retourne la valeur NULL.

### *void *memchr (void *ptr, char letter, unsigned num_bytes);*

**Fonction :** recherche d'un certain caractère dans les premiers octets d'un tableau.

**Prototype dans** <mem.h>
ptr (in): pointeur sur le tableau
letter (in): caractère qu'on recherche
num_bytes (in): nombre d'octets dans lesquels on cherche

**Exemple :** emplacement = memchr (str, 'A', sizeof(str));

**Note :** memchr retourne un pointeur sur la première occurrence de la lettre dans la chaîne, ou bien la valeur NULL.

### **void memicmp (void *ptr1, void *ptr2, unsigned num_bytes);*

**Fonction :** comparaison des valeurs pointées par ptr1 et ptr2 (on ignore le fait que les lettres soient en majuscules ou en minuscules).

**Prototype dans** <mem.h>
ptr1 (in): pointeur sur le premier bloc de mémoire
ptr2 (in): pointeur sur le second bloc de mémoire
num_bytes (in): nombre d'octets à comparer

**Exemple :** result = memicmp (s1, s2, 255);

**Note :** memicmp retourne 0 si s1==s2, une valeur positive si s1>s2 et négative si s1<s2

### *void *memmove (void *destination, void *source, unsigned num_bytes);*

**Fonction :** copie un certain nombre d'octets d'un emplacement à un autre.

**Prototype dans** <string.h>
destination (in): pointeur sur l'emplacement de destination
source (in): pointeur sur l'emplacement source
num_bytes (in): nombre d'octets à copier

**Exemple :** ptr = memmove (str1, str2, strlen(str1));

### *void *memset (void *ptr, char letter, unsigned num_bytes);*

**Fonction :** initialise un certain nombre d'octets de la mémoire à une certaine valeur.

**Prototype dans** <mem.h>

| | |
|---|---|
| ptr (in): | pointeur sur la mémoire |
| letter (in): | caractère à affecter aux emplacements mémoire |
| num_bytes (in): | nombre d'octets auxquels on doit affecter le caractère |

**Exemple :** memset (str, 'A', sizeof(str));

**Note :** memset retourne le pointeur ptr.

### *int mkdir (char *DOSpath);*

**Fonction :** création d'un répertoire de nom DOSpath.

**Prototype dans** <dir.h>

**Exemple :** status = mkdir("TESTDIR");

**Note :** mkdir retourne la valeur 0 si le répertoire a pu être créé, -1 sinon.

### *void far *MK_FP (unsigned segment, unsigned offset);*

**Fonction :** fabrique un pointeur long à partir de segment et d'offset.

**Prototype dans** <dos.h>

**Exemple :** far_address = MK_FP (segment, offset);

### *char *mktemp (char *template);*

**Fonction :** fabrique un nom nouveau de fichier.

**Prototype dans** <dir.h>
template (in): chaîne formée de 6 X "XXXXXX".

**Exemple :** result = mktemp (template);

**Note :** l'argument template doit être une chaîne de 6 X qui seront remplacés par un nom nouveau de fichier: deux lettres un point et trois lettres; ce nom est créé en partant de AA.AAA et en passant au besoin au nom suivant jusqu'à ce qu'il n'existe pas déjà.

### *double modf (double value, double *integer_portion);*

**Fonction :** décompose un nombre en sa mantisse et son exposant.

**Prototype dans** <math.h>

**Exemple :** mantisse = modf (valeur, &partie_entière);

### *void movedata (int source_segment, int source_offset, int target_segment, int target_offset, unsigned n);*

**Fonction :** recopie une suite de n octets d'un emplacement à un autre.

**Prototype dans** <mem.h>

| | |
|---|---|
| source_segment, source_offset (in): | adresse de l'emplacement source |
| target_segment, target_offset (in): | adresse de la destination |
| n (in): | nombre d'octets à transférer |

**Exemple :** movedata (segment, offset, 0xB000, 0, 4000);

**Note :** movedata ne retourne pas de valeur.

### *void far moverel (int x_offset, int y_offset);*

**Fonction :** déplace la position courante d'une valeur x et y.

**Prototype dans** <graphics.h>

**Exemple :** moverel (1, 10);

### *int movetext (int left, int top, int right, int bottom, int newleft, int newtop);*

**Fonction :** recopie un rectangle de texte d'un emplacement de l'écran à un autre.

| | |
|---|---|
| left, top (in): | coin supérieur gauche du rectangle à recopier |
| right, bottom (in): | coin inférieur droit du rectangle à recopier |
| newleft, newtop (in): | emplacement du nouveau rectangle |

**Exemple :** movetext (15, 20, 21, 25, 5, 10);

**Note :** movetext retourne une valeur non nulle si l'opération a abouti, et la valeur 0 dans le cas contraire.

### *void far moveto (int x_loc, int y_loc);*

**Fonction :** place la position courante en (xloc, yloc).

**Prototype dans** <graphics.h>

**Exemple :** moveto (1, 10);

### *void movmem (void *source, void target, unsigned n_octets);*

**Fonction :** copie un bloc de n_octets.

**Prototype dans** <mem.h>

| | |
|---|---|
| source (in): | pointeur sur l'emplacement source |
| target (in): | pointeur sur la destination |

n_octets (in): nombre d'octets à copier

**Exemple :** movmem (mon_tableau, ton_tableau, sizeof(mon_tableau));

**Note :** movmem ne retourne pas de valeur.

### *void normvideo (void);*

**Fonction :** sélectionne l'affichage normal des caractères (en mode texte).

**Prototype dans** <conio.h>

**Exemple :** normvideo ();

### *void nosound (void);*

**Fonction :** arrête le haut-parleur de l'IBM PC.

**Prototype dans** <dos.h>

**Exemple :** nosound();

**Note :** la routine sound permet de mettre en route le haut-parleur de l'IBM PC.

### *int _open (char *DOSpath, int accesstype);*

**Fonction :** ouvre un fichier pour des lectures et/ou des écritures.

**Prototype dans** <io.h>
DOSpath (in): nom du fichier à ouvrir
accesstype (in): spécifie le mode d'accès:

| | |
|---|---|
| O_NOINHERIT: | le fichier ne doit pas être passé au processus fils |
| O_DENYALL: | autorise l'accès au fichier seulement à l'aide de l'identificateur courant |
| O_DENYWRITE: | autorise seulement les lectures pour toute autre ouverture du fichier |
| O_DENYREAD: | autorise seulement les écritures pour toute autre ouverture du fichier |
| O_DENYNONE: | autorise d'autres ouvertures partagées du fichier |

**Exemple :** handle = _open("TEST.DAT", O_DENYNONE);

**Note :** en cas d'erreur, _open retourne la valeur -1.

### *int open (char *DOSpath, int accesstype[, int permissions]);););*

**Fonction :** ouvre un fichier pour des lectures et/ou des écritures.

**Prototype dans** <io.h>
DOSpath (in): nom du fichier à ouvrir
accesstype (in): spécifie le mode d'accès:
O_RDONLY: lecture seulement
O_WRONLY: écriture seulement

O_RDWR: lecture/écriture
O_NDELAY: inutilisé
O_APPEND: ouverture pour ajout
O_CREAT: création du fichier s'il n'existe pas déjà
O_TRUNC: si le fichier existe, sa longueur est ramenée à 0.
O_EXCL: non utilisé
O_BINARY: mode binaire
O_TEXT: mode texte

permission (in): définit les autorisations d'accès:
S_IWRITE: écriture seule
S_IREAD: lecture seule
S_IREAD ! S_IWRITE: lecture et écriture

**Exemple :** handle = open("TEST.DAT", O_BINARY);

**Note :** en cas d'erreur, open retourne la valeur -1.

## *void outport (int port_id, int word);*

**Fonction :** effectue la sortie d'un mot sur un port matériel.

**Prototype dans** <dos.h>
port_id (in): adresse du port
word (in): mot à sortir

**Exemple :** outport (0x3da, 0);

## *void outportb (int port_id, char byte);*

**Fonction :** effectue la sortie d'un octet sur un port matériel.

**Prototype dans** <dos.h>
port_id (in): adresse du port
byte (in): octet à sortir

**Exemple :** outportb (0x3da, 255);

## *void far outtext (char far *string);*

**Fonction :** affiche une chaîne dans la fenêtre graphique.

**Prototype dans** <graphics.h>
string (in): chaîne de caractères à afficher

**Exemple :** outtext("TEXT");

## *void far outtextxy (int x_loc, int y_loc, char far *string);*

**Fonction:** affiche une chaîne de caractères à un emplacement spécifié de la fenêtre graphique.

**Prototype dans** <graphics.h>
x_loc, y_loc (in): position à laquelle se fait l'affichage
string (in): chaîne à afficher

**Exemple :** outtextxy (5, 10, "TEXT");

### *char *parsfnm (char *command_line, struct fcb *filecontrol_block, int al_register);*

**Fonction :** analyse un nom de fichier.

**Prototype dans** <dos.h>

| | |
|---|---|
| command_line (in): | chaîne à analyser |
| filecontrol_block (in): | structure de bloc de contrôle de fichier |
| al_registers (in): | valeur à placer dans le registre AL pour l'appel de la fonction DOS (cf. rubrique sur l'interruption 0x29 du manuel DOS) |

**Exemple :** result = parsfnm (commline, &file_control_block);

**Note :** en cas de succès, la routine renvoie un pointeur sur le premier octet qui suit le nom de fichier dans la commande; en cas d'échec elle renvoie NULL.

### *int peek (int segment, int offset);*

**Fonction:** renvoie le mot situé à l'emplacement de mémoire dont l'adresse est segment:offset

**Prototype dans** <dos.h>

**Exemple :** char_and_color = peek (0xb800, 0);

### *int peekb (int segment, int offset);*

**Fonction:** retourne l'octet situé à l'emplacement de mémoire dont l'adresse est segment:offset

**Prototype dans** <dos.h>

**Exemple :** color = peek (0xb800, 1);

### *perror (char *string);*

**Fonction :** permet d'afficher les messages d'erreur du système.

**Prototype dans** <stdio.h>

**Exemple :** perror ("FILECOPY");

### *void far pieslice (int x, int y, int angdeb, int angfin, int radius);*

**Fonction :** t race et remplit un secteur angulaire.

| | |
|---|---|
| x, y (in): | centre du secteur angulaire |
| angdeb, angfin (in): | angles de début et de fin du tracé (0-360) |
| radius (in): | rayon du tracé (en pixels) |

**Exemple :** pieslice (100, 100, 45, 90, 30);

**Note :** cette routine utilise la couleur et le motif de remplissage courants.

### *int poke (int segment, int offset, int value);*

**Fonction :** range un mot à l'emplacement de mémoire dont l'adresse est segment:offset

**Prototype dans** <dos.h>

**Exemple :** poke (0xB800, 0, 0x4807);

### *int pokeb (int segment, int offset, char value);*

**Fonction :** range un octet à l'emplacement de mémoire dont l'adresse est segment:offset

**Prototype dans** <dos.h>

**Exemple :** poke (0xB800, 0,'a');

### *double poly (double x, int n, double *poly_array);*

**Fonction :** génère un polynôme de degré n à partir des coefficients données dans poly_array, et évalue le polynôme pour la valeur spécifiée par x.

**Prototype dans** <math.h>

**Exemple :** result = poly(5, 3, coeffs);

### *double pow (double valeur, double puissance);*

**Fonction :** retourne le résultat de la valeur élevée à la puissance.

**Prototype dans** <math.h>

**Exemple :** result = pow(5, 2);

### *double pow10 (int puissance);*

**Fonction :** retourne le résultat de la valeur 10 élevée à la puissance.

**Prototype dans** <math.h>

**Exemple :** cent = pow10 (2);

### *int printf (char *format_seq [, argument...]);*

**Fonction :** écrit des sorties formattées dans le flux standard stdout.

**Prototype dans** <stdio.h>

**Exemple :** printf ("DATA %d %f %s \n", 5, 33.44, str_var);

**Note :** la routine printf accepte les spécifications suivantes: %d (entier signé), %i (entier signé), %o (valeur octale), %u (entier non signé), %x (hexadécimal non signé), %X (hexadécimal non signé), %f (virgule flottante), %e (virgule flottante ), %g (virgule flottante), %c (caractère), %s (chaîne de caractères), %% (impression de %), %n (pointeur sur entier), %p (pointeur). On peut aussi remplacer la taille par défaut de l'argument avec: l (valeur de type long ou double), h (entier court de type short), F (pointeur long) et N (pointeur court).

## *int putc (int character, FILE *stream);*

**Fonction :** sort un caractère dans un flux.

**Prototype dans** <stdio.h>

**Exemple :** result = putc ('A', stdout);

**Note :** si la sortie peut se faire, putc retourne la valeur du caractère.

## *int putch (int character);*

**Fonction :** envoie un caractère à l'écran dans la fenêtre courante.

**Prototype dans** <conio.h>

**Exemple :** (in): result = putch (character);

## *int putchar (int character);*

**Fonction :** envoie un caractère dans le flux standard stdout.

**Prototype dans** <stdio.h>

**Exemple :** result = putchar('A');

**Note :** la routine putchar est une macro telle que putchar(c) est équivalent à putc(c, stdout);

## *int putenv (char *envir);*

**Fonction :** ajoute une chaîne à l'environnement courant.

**Prototype dans** <stdlib.h>
*envir (in): chaîne de caractère à ajouter à l'environnement

**Exemple :** result = putenv ("FILE=MYFILE");

**Note :** putenv retourne 0 si l'opération peut s'effectuer sans erreur, et -1 sinon.

## *void far putimage (int x, int y, void far *buffer, int operation);*

**Fonction :** ramène à l'écran une image graphique qu'on avait préalablement sauvée.

**Prototype dans** <graphics.h>

x, y (in): coordonnées du coin supérieur gauche de l'image
buffer (in): tampon contenant l'image
operation (in): operateur de combinaison qui permet de calculer la couleur de chaque pixel:
0 recopie
1 ou exclusif avec ce qui est sur l'écran
2 ou
3 et
4 recopie l'inverse de la source

**Exemple :** putimage (100, 100, box, 0);

## *void far putpixel (int x, int y, int pixel_color);*

**Fonction :** affiche un pixel d'une couleur donnée à la position x,y.

**Prototype dans** <graphics.h>

**Exemple :** putpixel(100, 100, 1);

## *int puts (char *string);*

**Fonction :** envoie une chaîne dans le flux standard stdout.

**Prototype dans** <stdio.h>

**Exemple :** puts ("Chaine à sortir");

**Note :** en cas de succès, puts retourne le dernier caractère écrit; en cas d'échec, elle retourne EOF.

## *int puttext (int left, int top, int right, int bottom, void *buffer);*

**Fonction :** recopie le texte contenu dans la mémoire tampon vers un rectangle de l'écran.

left, top (in): définit le coin supérieur gauche de l'écran
right, bottom (in): définit le coin inférieur droit
buffer (in): tampon contenant les données

**Exemple :** status = puttext (10, 10, 20, 20, buffer);

**Note :** en cas de succès puttext retourne 1; en cas d'échec elle retourne 0.

## *int putw (int word, FILE *stream);*

**Fonction :** envoie un mot (16 bits) dans un flux.

**Prototype dans** <stdio.h>

**Exemple :** result = putw (1024, fp);

**Note :** en cas de succès, putw retourne la valeur entière sortie.

### *void qsort (void *base_address, int num_elements, int width, int (*compare_function)());*

**Fonction :** effectue un tri rapide (QuickSort).

**Prototype dans** <stdlib.h>

| | |
|---|---|
| base_address (in): | adresse du premier élément du tableau à trier |
| num_elements (in): | nombre d'éléments à trier |
| width (in): | nombre d'octets de chaque élément |
| compare_function (in): | fonction de comparaison |

**Exemple :** qsort (my_array, 10, sizeof(float), float_comp);

**Note :** ce tri rapide est une routine générique qui fonctionne avec tout type de tableau. Voir le chapitre 11 pour plus de détails sur les fonctions de comparaisons.

### *int rand(void);*

**Fonction :** retourne un nombre aléatoire.

**Prototype dans** <stdlib.h>

**Exemple :** random = rand ();

**Note :** pour initialiser le générateur de nombres aléatoires, on utilise srand.

### *int randbrd (struct fcb *file_ctrl, int num_rec);*

**Fonction :** lecture d'un bloc de num_rec enregistrements dans un fichier à accès aléatoire.

**Prototype dans** <dos.h>

**Exemple :** result = randbrd (&file_control_block, 5);

**Note :** la routine randbrd renvoie une des valeurs suivantes:

| | |
|---|---|
| 0 | tous les enregistrements ont été lus |
| 1 | on a atteint la fin de fichier (en ayant lu tous les enregistrements) |
| 2 | on n'a pas pu lire tous les enregistrements |
| 3 | on a atteint la fin du fichier (sans avoir lu tous les enregistrements) |

### *int randbwr (struct fcb *file_ctrl, int num_rec);*

**Fonction :** écriture d'un bloc de num_rec enregistrements dans un fichier à accès aléatoire.

**Prototype dans** <dos.h>

**Exemple :** result = randbwr (&file_control_block, 5);

**Note :** la routine randbrd renvoie une des valeurs suivantes:

| | |
|---|---|
| 0 | tous les enregistrements ont été écrits |
| 1 | espace disque insuffisant |

### *int random (int borne);*

**Fonction :** retourne un nombre aléatoire compris entre 0 et la borne -1.

**Prototype dans** <stdlib.h>

**Exemple :** start = random(10);

**Note :** cette routine est équivalente à rand () %num.

### *void randomize (void);*

**Fonction :** initialise le générateur de nombres aléatoires.

**Prototype dans** <stdlib.h>

**Exemple :** randomize ();

**Note :** cette routine initialise le générateur à l'aide d'une valeur aléatoire.

### *int _read(int handle, void *buffer, int n);*

**Fonction :** lit n octets dans un fichier spécifié par handle.

**Prototype dans** <io.h>

**Exemple :** result = _read (handle, buffer, 256);

**Note :** en cas de succès, _read retourne le nombre d'octets lus. S'il survient une erreur, _read retourne -1, et sur une fin de fichier elle retourne 0. La routine _read appelle directement un service du DOS. Cette routine ne permet de lire au plus que 65 534 octets.

### *int read (int handle, void *buffer, int n);*

**Fonction :** lit n octets dans le fichier identifié par handle.

**Prototype dans** <io.h>

**Exemple :** result = read(handle, buffer, 256);

**Note :** en cas de succès, read retourne le nombre d'octets lus. S'il survient une erreur, read retourne -1, et sur une fin de fichier elle retourne 0. Cette routine ne permet de lire au plus que 65 534 octets.

### *void *realloc (void *pointer, unsigned newsize_in_bytes);*

**Fonction :** modifie la quantité de mémoire précédemment allouée.

**Prototype dans** <alloc.h>

| | |
|---|---|
| pointer (in): | pointeur sur la mémoire précédement allouée. |
| new_size_in_bytes (in): | taille désirée en octets |

**Exemple :** ptr = realloc(ptr, 1024);

**Note :** en cas de succès, realloc retourne un pointeur sur le nouveau bloc de mémoire alloué; en cas d'échec, c'est la valeur NULL qui est retournée.

### *void far rectangle (int left, int top, int right, int bottom);*

**Fonction :** tracé d'un rectangle.

left, top (in): définit le coin supérieur gauche du rectangle
right, bottom (in): définit le coin inférieur droit du rectangle

**Exemple :** rectangle (10, 10, 20, 30);

**Note :** cette routine utilise l'épaisseur de trait et la couleur de tracé courantes.

### *int registerbgidriver (void (*driver)(void));*

**Fonction :** enregistre le code exécutable d'un gestionnaire graphique.

**Prototype dans** <graphics.h>

**Exemple :** status = registerbgidriver (EGA_driver);

**Note :** s'il se produit une erreur, la routine renvoie le code d'erreur correspondant, sinon elle renvoie la valeur 0.

### *int registerbgifont (void(*font)(void));*

**Fonction :** enregistre le code d'une police de caractères intégrée.

**Prototype dans** <graphics.h>

**Exemple :** status = registerbgifont (big_font);

**Note :** s'il se produit une erreur, cette routine retourne le code d'erreur correpondant; sinon elle retourne la valeur 0.

### *int rename (char *oldname, char *newname);*

**Fonction :** renomme un fichier.

**Prototype dans** <stdio.h>
oldname (in): ancien nom
newname (in): nouveau nom

**Exemple :** result = rename ("TEST.C", "TEST.SAV");

**Note :** rename retourne 0 en cas de succès, -1 en cas d'erreur.

### *void far restorecrtmode (void);*

**Fonction :** replace l'écran dans le mode où il était avant l'appel à initgraph.

**Prototype dans** <graphics.h>

**Exemple :** restorecrtmode ();

### *int rewind (FILE *stream);*

**Fonction :** repositionne le pointeur de fichier du flux spécifié sur le début du fichier.

**Prototype dans** <stdio.h>

**Exemple :** result = rewind (fp);

**Note :** rewind retourne 0 si tout s'est bien passé, une valeur non nulle sinon.

### *int rmdir (char *directory_name);*

**Fonction :** suprime le catalogue DOS spécifié.

**Prototype dans** <dir.h>

**Exemple :** result = rmdir ("QUICKC");

**Note :** la routine rmdir ne peut supprimer un catalogue si celui-ci contient des fichiers, si c'est le catalogue courant ou si c'est la racine. En cas de succès, rmdir retourne la valeur 0; en cas d'échec, elle retourne la valeur -1.

### *unsigned _rotl (unsigned value, int n);*

**Fonction :** effectue n rotations vers la gauche sur un entier non signé.

**Prototype dans** <stdlib.h>

**Exemple :** result = _rotl (address, 16);

### *unsigned _rotr (unsigned val, int n);*

**Fonction :** effectue n rotations vers la droite sur un entier non signé.

**Prototype dans** <stdlib.h>

**Exemple :** result = _rotr(address, 16);

### *char *sbrk (int increment);*

**Fonction :** modifie l'espace d'allocation du segment de données en ajoutant increment octets.

**Prototype dans** <alloc.h>

**Exemple :** result = sbrk(1024);

**Note :** en cas de succès, sbrk retourne l'ancienne valeur de rupture.

### *int scanf (char *format [,argument...]);*

**Fonction :** effectue des entrées formatées depuis le flux standard stdin.

**Prototype dans** <stdio.h>
format (in): format d'entrée
argument (in): données à lire

**Exemple :** num_fields = scanf("%d %d %f \n",&a, &b, &c);

**Note :** la routine scanf retourne le nombre de champs correctement remplis. Voir printf pour le détail des codes de formatage.

### *char *searchpath (char nomfich);*

**Fonction :** consulte les répertoires de recherche du DOS pour y localiser le fichier nomfich.

**Prototype dans** <dir.h>

**Exemple :** pathname = search("TURBOC.DAT");

**Note :** en cas de succès, la routine retourne le chemin d'accès au fichier, sinon elle retourne la valeur NULL.

### *void segread (struct REGS *segment_registers);*

**Fonction :** retourne les valeurs courantes des registres de segmentation.

**Prototype dans** <dos.h>

**Exemple :** segread (&segment_registers);

### *void far setactivepage (int page_number);*

**Fonction :** sélectionne la page active pour les sorties graphiques.

**Prototype dans** <graphics.h>
page_number (in): numéro page active

**Exemple :** setactivepage (2);

**Note :** seules les cartes graphiques EGA, VGA et Hercules disposent de plusieurs pages graphiques.

### *void far setallpalette (struct palettetype far *palette);*

**Fonction :** définit les couleurs d'une palette.

**Prototype dans** <graphics.h>
palette (in): structure contenant les couleurs de la palette:

```
struct palettetype {
        unsigned char size;
        signed char colors[MAXCOLORS+1];
};
```

**Exemple :** setallpalette (&my_palette);

## *void far setbkcolor (int background_color);*

**Fonction :** sélectionne la couleur de fond courante.

**Prototype dans** <graphics.h>
background_color (in): couleur de fond souhaitée

**Exemple :** setbkcolor(1);

## *int setblock (int segment, int newsize);*

**Fonction :** modifie la taille d'un bloc de mémoire précédemment alloué.

**Prototype dans** <dos.h>
segment (in): bloc précédemment alloué
newsize (in) nouvelle taille en octets

**Note :** en cas de succès, la routine renvoie la valeur -1; en cas d'erreur, elle renvoie la taille du plus grand bloc disponible.

## *void setbuf (FILE *stream, char *buffer);*

**Fonction :** affecte une nouvelle mémoire tampon à un flux donné.

**Prototype dans** <stdio.h>

**Exemple :** setbuf (fp, char_array);

**Note :** si le tampon spécifié est NULL, les entrées/sorties sur le flux ne seront pas tamponnées.

## *int setcbrk (int status);*

**Fonction :** initialise l'état du test de Control-break.

**Prototype dans** <dos.h>
status (in): 0 pour désarmer le test, 1 pour l'armer.

**Exemple :** result = setcbrk (1);

**Note :** setcbrk retourne l'état courant du test de Control-break.

### *void far setcolor (int color);*

**Fonction :** sélectionne la couleur courante de tracé.

**Exemple :** setcolor (2);

### *void setdate (struct date *current_date);*

**Fonction :** initialise la date du système.

**Prototype dans** <dos.h>
current_date (out): structure contenant la date du système:

```
struct date {
        int da_year;
        char da_day;
        char da_mon;
};
```

**Exemple :** status = setdate (&current_date);

### *int setdisk (int disk_drive);*

**Fonction :** choisit le lecteur de disque courant.

**Prototype dans** <dir.h>
disk_drive (in): lecteur de disque désiré (A=0, B=1, C=2, ..)

**Exemple :** result = setdisk(1);

**Note :** setdisk retourne le nombre de lecteurs de disques disponibles.

### *void setdta (char far *disk_transfer_address);*

**Fonction :** initialise l'adresse du transfert disque (DTA).

**Prototype dans** <dos.h>

**Exemple :** setdta ((char far *) buffer);

### *setfillpatter (char far *fill_pattern, int color);*

**Fonction :** sélectionne un motif de remplissage défini par l'utilisateur.

fill_patter (in): tableau contenant le motif de remplissage
color (in): couleur de remplissage désirée

**Exemple :** setfillpatter (xxx, 1);

### *void far setfillstyle (int fill_style, int color);*

**Fonction :** sélectionne le motif et la couleur de remplissage.

fill_pattern (in): motif désiré:

| | |
|---|---|
| 0 | rempli avec la couleur du fond (vide) |
| 1 | plein |
| 2 | rempli avec — |
| 3 | remplis avec des /// |
| 4 | rempli avec des /// épais |
| 5 | remplis avec des \\\ épais |
| 6 | remplis avec des \\\ |
| 7 | hachures |
| 8 | hachures obliques |
| 9 | pointillés |
| 10 | pointillés espacés |
| 11 | pointillés rapprochés |
| 12 | motif défini par l'utilisateur |

color (in): couleur de la palette désirée

**Exemple :** setfillstyle (3, 1);

## *int setftime (int handle, struct ftime *file_stamp);*

**Fonction :** initialise la date et l'heure d'un fichier.

**Prototype dans** <dos.h>

handle (in): identificateur du fichier

file_stamp (out): structure contenant la date et l'heure du fichier:

```
struct ftime {
        unsigned ft_tsec:5;
        unsigned ft_min:6;
        unsigned ft_hour:5;
        unsigned ft_day:5;
        unsigned ft_month:4;
        unsigned ft_year:7;
};
```

**Exemple :** status = setftime (handle, &file_stamp);

**Note :** setftime retourne 0 lorsqu'elle peut s'exécuter correctement.

## *unsigned far setgraphbufsize (unsigned buffer_size);*

**Fonction :** définit la taille du tampon graphique interne

buffer_size (in): taille en octets du tampon désirée

**Exemple :** setgraphbufsize (9182);

**Note :** on doit appeler setgraphbufsize avant d'appeller initgraph.

## *void far setgraphmode (int graphics_mode);*

**Fonction :** sélectionne le mode graphique courant et efface l'écran.

**Prototype dans** <graphics.h>

**Exemple :** setgraphmode (CGA);

**Note :** pour les différents modes graphiques, voir graphics.h

## *int setjmp (jmp_buf task_state);*

**Fonction :** prépare un saut entre blocs.

**Prototype dans** <setjmp.h>
task_state (in): tampon stockant les valeurs des registres CS, DS, ES, SS, ...

**Exemple :** setjmp (&task_state);

**Note :** voir la routine longjmp.

## *void far setlinestyle (int linestyle, unsigned pattern, int thickness);*

**Fonction :** sélectionne l'épaisseur et le style courant des lignes.

**Prototype dans** <graphics.h>
linestyle (in): style désiré: 0 (ligne continue), 1 (pointillés), 2 (alternée), 3 (tiretée), 4 (style définissable par l'utilisateur).
pattern (in): motif désiré si linestyle vaut 4
thickness (in): épaisseur désirée: 1 (1 pixel), 3 (3 pixels)

**Exemple :** setlinestyle (0, 0, 1);

## *void setmem (void *address, int n, char letter);*

**Fonction :** initialise une zone de mémoire.

**Prototype dans** <mem.h>
address (in): adresse de la mémoire
n (in): nombre d'octets concernés
letter (in): valeur à affecter aux emplacements mémoire

Exemple : setmem (ptr, 255, 'A');

## *int setmode (int filehandle, unsigned mode);*

**Fonction :** sélectionne le mode d'un fichier ouvert.

**Prototype dans** <io.h>
filehandle (in): identificateur du fichier
mode (in): mode désiré: O_BINARY (fichier binaire), O_TEXT (fichier texte)

**Exemple :** setmode (fp, O_BINARY);

**Note :** s'il n'y a pas d'erreur, setmode retourne la valeur 0; elle retourne -1 sinon.

### *void far setpalette (int index, int color);*

**Fonction :** change une couleur de la palette.

**Prototype dans** <graphics.h>
index (in): index de la couleur à modifier
color (in): couleur à donner

**Exemple :** setpalette (1, 4);

### *void far settextjustify (int horizontal, int vertical);*

**Fonction :** sélectionne le mode de justification du texte.

**Prototype dans** <graphics.h>
horizontal (in): spécifie la justification en horizontal: 0 (justifié à gauche), 1 (centré) ou 2 (justifié à droite).
vertical (in): spécifie la justification en vertical: 0 (en bas), 1 (au centre), 2 (en haut)

**Exemple :** settextjustify (1,1);

### *void far settextstyle (int font, int direction, int size);*

**Fonction :** sélectionne les caractéristiques courantes du texte (police, direction et taille).

**Prototype dans** <graphics.h>
font (in): police désirée: 0 (police 8x8 bits), 1 (police triplex vectorielle), 2 (petite police vectorielle), 3 (police sans-serif vectorielle), 3 (police gothique vectorielle)
direction (in): direction du texte:
0 (horizontal de gauche à droite), 1 (vertical de bas en haut)
size (in): donne la taille 1 (8x8), 2 (16x16)

**Exemple :** settextstyle (0, 0, 1);

### *void settime (struct time *system_time);*

**Fonction :** initialise l'heure du système.

**Prototype dans** <dos.h>
system_time (out): structure contenant l'heure système:

```
struct time {
        unsigned char ti_min;
        unsigned char ti_hour;
        unsigned char ti_hund;
        unsigned char ti_sec;
};
```

**Exemple :** settime (&current_time);

### *int setvbuf (FILE *stream, char *buf, int type, size_t size);*

**Fonction :** affecte une mémoire tampon à un flux.

**Prototype dans** <stdio.h>
stream (in): identificateur de flux
type (in): donne le type de tampon demandé: _IOBUF (mémoire tampon complète), _IOLBF (mémoire tampon de ligne), _IONBF (pas de mémoire tampon).
size (in): nombre d'octets alloué au tampon

**Exemple :** setvbuf (fp, char_array, _IONBF, 0);

**Note :** si le tampon spécifié est NULL, les entrées sorties du flux ne seront pas tamponnées.

### *void setvect (int num_interr, void interrupt (*service_routine)());*

**Fonction :** initialise un vecteur d'interruption.

**Prototype dans** <dos.h>
num_interr (in): numéro du vecteur à remplacer
service_routine (in): pointeur sur la nouvelle fonction d'interruption

**Exemple :** setvect (5, my_print_routine);

### *void setverify (int state);*

**Fonction :** initialise l'état de l'indicateur de vérification du DOS.

**Prototype dans** <dos.h>
state (in): état désiré: 0 pas de vérification des écritures, 1 vérification.

**Exemple :** setverify(1);

### *void far setviewport (int left, int top, int right, int bottom, int clip);*

**Fonction :** définit la fenêtre graphique courante pour les sorties graphiques.

**Prototype dans** <graphics.h>
left, top (in): coordonnées coin supérieur gauche
bottom, right: coordonnées coin inférieur droit
clip (in): sert à déterminer si les dessins seront coupés à la frontière de la fenêtre. Si clip est non nul à l'appel de setviewport, tous les dessins seront limités à la fenêtre courante.

**Exemple :** setviewport (10, 10, 200, 200, 1);

### *void far setvisualpage (int page_num);*

**Fonction :** sélectionne le numéro de la page graphique visible.

**Prototype dans** <graphics.h>
page_number (in): numéro de la page graphique

**Exemple :** setvisualpage(2);

**Note :** seules les cartes EGA, VGA et Hercules disposent de plusieurs pages graphiques.

### *double sin (double value);*

**Fonction :** retourne le sinus de la valeur.

**Prototype dans** <math.h>

**Exemple :** result = sin(pi);

### *double sinh (double value);*

**Fonction :** retourne le sinus hyperbolique de la valeur.

**Prototype dans** <math.h>

**Exemple :** result = sinh(value);

### *void sleep (unsigned seconds);*

**Fonction :** suspend l'application courante pour un certain temps.

**Prototype dans** <dos.h>
seconds (in): nombre de secondes pendant lesquelles on suspend l'exécution de l'application.

**Exemple :** sleep(10);

### *void sound (unsigned frequency);*

**Fonction :** met en marche le haut parleur du PC à une fréquence donnée.

**Prototype dans** <dos.h>

**Exemple :** sound(14);

### *int spawn...(int mode, char *command, char *arg [, ...], NULL);*

**Fonction :** créé et exécute un processus fils.

**Prototype dans** <process.h>
mode (in): action du père après l'appel: P_WAIT (attendre jusqu'à la fin de l'exécution du processus fils), P_NOWAIT (continuer le déroulement), P_OVERLAY (placer le processus fils à la place du processus père, comme avec exec).
command (in): commande DOS à exécuter
arg (in): ligne de commande à passer au processus fils

**Exemple :** spawn (P_WAIT, "BACKUP", "C:*.*", "A:", NULL);

**Note :** il existe un grand nombre de versions de spawn: spawnl, spawnle, spawnp, ... (cf. manuel de référence p. 358). En cas de succès, spawn retourne la valeur 0.

### *int sprintf (char *string, char *format_sequence [,argument...]);*

**Fonction :** envoie des sorties formattées dans une chaîne.

**Prototype dans** <stdio.h>
string (out): chaîne contenant la sortie formattée
format_sequence (in): indications de formattage
argument (in): données à sortir

**Exemple :** result = sprintf (str, "%d", age);

**Note :** la routine sprintf retourne le nombre d'octets sortis, sans compter le NULL de la fin.

### *double sqrt (double value);*

**Fonction :** retourne la racine carrée d'une valeur.

**Prototype dans** <math.h>

**Exemple :** cinq = sqrt(25.0);

### *void srand (unsigned seed);*

**Fonction :** initialise le générateur de nombres aléatoires.

**Prototype dans** <stdlib.h>
seed (in): germe du générateur souhaité

**Exemple :** srand(time(&current));

### *int sscanf (char *string, char format_sequence [,argument...]);*

**Fonction :** effectue des entrées formattées depuis une chaîne et non depuis un flux.

**Prototype dans** <stdio.h>
string (in): chaîne depuis laquelle se font les entrées
format_sequence (in): indications de formattage
argument (in): données à lire

**Exemple :** num_champs = sscanf(str, "%d %d %f \n", &a, &b, &c);

**Note :** la routine retourne le nombre de champs remplis sans erreur.

### *int stat (char *pathname, struct stat *stat_info);*

**Fonction :** donne des informations sur le fichier ouvert spécifié.

**Prototype dans** <stat.h>
pathname (in): nom du fichier
stat_info (out): structure contenant l'information désirée

**Exemple :** result = stat ("TEST.C", &stat_info);

**Note :** en cas de succès, stat retourne la valeur 0; dans le cas contraire, la valeur -1.

### *unsigned int _status87 (void);*

**Fonction :** donne l'état de l'arithmétique flottante.

**Prototype dans** <floart.h>

**Exemple :** status = _status87();

**Note :** le fichier float.h donne les valeurs de retour possibles de _status87.

### *int stime (long *seconds);*

**Fonction :** fixe la date et l'heure.

**Prototype dans** <time.h>
seconds (in): nombre de secondes depuis le 01/01/1970 à 0 heure GMT

**Exemple :** stime (&secondes);

### *char *stpcpy (char *destination, char *source);*

**Fonction :** copie une chaîne dans une autre.

**Prototype dans** <string.h>

**Exemple :** result = stpcpy (destination, "CHAINE A COPIER");

**Note :** la routine retourne destination + le nombre de caractères copiés.

### *char *strcat (char *destination, char *source);*

**Fonction :** concatène une chaîne à une autre.

**Prototype dans** <string.h>

**Exemple :** result = strcat (destination, "CHAINE A AJOUTER");

**Note :** la routine renvoie destination + le nombre de caractères ajoutés.

### *strchr (char *string, char letter);*

**Fonction :** cherche dans une chaîne la première occurrence d'un caractère donné.

**Prototype dans** <string.h>

**Exemple :** loc = strchr(str, 'A');

**Note :** cette routine renvoie un pointeur sur la première occurrence de la lettre spécifiée ou la valeur NULL.

## *int strcmp (char *s1, char *s2);*

**Fonction :** compare le contenu de deux chaînes de caractères.

**Prototype dans** <string.h>

**Exemple :** result = strcmp ("CHAINE1", "CHAINE2");

**Note :** cette routine renvoie une valeur négative si s1<s2, positive si s1>s2 et nulle si s1==s2.

## *char strcpy (char *destination, char *source);*

**Fonction :** copie une chaîne dans une autre.

**Prototype dans** <string.h>

**Exemple :** result = strcpy(destination, "CHAINE A COPIER");

**Note :** la routine strcpy retourne destination.

## *int strcspn (char *s1, char *s2);*

**Fonction :** cherche le premier segment d'une chaîne qui ne contienne aucun sous-ensemble d'un ensemble de caractères donnés.

**Prototype dans** <string.h>

**Exemple :** index = strcspn (str, "ABCDE");

## *char *strdup (char *str);*

**Fonction :** copie une chaîne à un emplacement nouvellement créé.

**Prototype dans** <string.h>

**Exemple :** result = strdup ("CHAINE A DUPLIQUER");

**Note :** cette routine retourne un pointeur sur la nouvelle chaîne , ou la valeur NULL s'il n'y avait pas assez d'espace pour dupliquer la chaîne.

## *char *_strerror (const char *string);*

**Fonction :** génération de messages d'erreur.

**Prototype dans** <string.h>

**Exemple :** result = _strerror(str);

### *char *strerror(char *string);*

**Fonction :** retourne un pointeur sur une chaîne contenant un message d'erreur.

**Prototype dans** <string.h>

**Exemple :** result = strerror ("Unité de disque invalide \n");

**Note :** si la chaîne est NULL, le résultat de strerror est le message d'erreur correspondant à la dernière erreur système.

### *int stricmp (char *s1, char *s2);*

**Fonction :** compare une chaîne à une autre, sans distinguer majuscules et minuscules.

**Prototype dans** <string.h>

**Exemple :** result = stricmp ("CHAINE1", "Chaine1");

**Note :** cette routine retourne une valeur négative si s1<s2, nulle si s1==s2 et positive si s1>s2

### *unsigned strlen (char *string);*

**Fonction :** retourne le nombre de caractère d'une chaîne.

**Prototype dans** <string.h>

**Exemple :** longueur = strlen("Chaine a compter");

### *char *strlwr (char *string);*

**Fonction :** convertit les lettres majuscules d'une chaîne en minuscules.

**Prototype dans** <string.h>

**Exemple :** result = strlwr (chaine);

### *char *strncat (char *destination, char *source, int n);*

**Fonction :** concatène une partie d'une chaîne à une autre.

**Prototype dans** <string.h>

| | |
|---|---|
| destination (out): | chaîne résultat |
| source (in): | chaîne origine |
| n (in): | nombre max d'octets de la destination. |

**Exemple :** result = strcat (destination, src, sizeof (destination));

**Note :** cette routine retourne destination + le nombre de caractères ajoutés.

### *int strncmp (char *s1, char *s2, int n);*

**Fonction :** comparaison du contenu de deux chaînes de caractères.

**Prototype dans** <string.h>
s1, s2 (in): chaînes à comparer
n (in): nombre d'octets à examiner

**Exemple :** result = strncmp (s1, "STRING2", strlen(s1));

**Note :** la routine retourne une valeur négative si s1<s2, nulle si s1==s2, et positive si s1>s2

### *char *strncpy (char *destination, char *source, int n);*

**Fonction :** copie le contenu d'une chaîne source dans une chaîne destination.

**Prototype dans** <string.h>
destination (in): chaîne destination
source (in): chaîne source
n (in): nombre d'octets à copier

**Exemple :** result = strncpy (destination, s1, sizeof(destination));

**Note :** la routine strncopy retourne destination.

### *int strnicmp (char *s1, char *s2, int n);*

**Fonction :** compare une chaîne à une autre, sans distinguer majuscules et minuscules.

**Prototype dans** <string.h>

**Exemple :** result = strnicmp ("CHAINE1", "Chaine1", strlen(s1));

**Note :** cette routine retourne une valeur négative si s1<s2, nulle si s1==s2 et positive si s1>s2

### *char strnset (char *string, char character, int max_bytes);*

**Fonction :** initialise un certain nombre de caractère d'une chaîne par un caractère donné.

**Prototype dans** <string.h>

**Exemple :** result = strnset (str, 'A', sizeof(str));

### *char *strpbrk (char *s1, char *s2);*

**Fonction :** recherche dans s2 la première occurrence d'un cara ctère quelconque de s1.

**Prototype dans** <string.h>

**Exemple :** result = strpbrk (s1, s2);

**Note :** cette routine retourne un pointeur sur la première occurrence dans s2 d'un caractère de s1, ou NULL s'il n'y en a pas.

### *char *strrchr (char *str, char character);*

**Fonction :** cherche dans une chaîne la dernière occurrence d'un caractère donné.

**Prototype dans** <string.h>

**Exemple :** index = strrchr(str,'z');

**Note :** si la lettre n'apparaît pas dans la chaîne, strrchr retourne la valeur NULL, sinon elle retourne un pointeur sur l'occurrence la plus à droite.

### *char *strrev (char *string);*

**Fonction :** inversion d'une chaîne de caractères.

**Prototype dans** <string.h>

**Exemple :** result = strrev (str);

### *char *strset (char *string, char character);*

**Fonction :** remplace tous les caractères d'une chaîne par le caractère donné.

**Prototype dans** <string.h>

**Exemple :** result = strset (str, 'A');

### *char *strstr (char *s1, char s2);*

**Fonction :** cherche la première occurrence de s2 dans s1.

**Prototype dans** <string.h>

**Exemple :** index_ptr = strstr ("Alchimie", "chimie");

**Note :** si l'on trouve la chaîne, strstr retourne un pointeur sur la première occurrence dans s2, sinon strstr retourne la valeur NULL.

### *double strtod (char *string, char **end);*

**Fonction :** convertit une chaîne en une valeur de type double.

**Prototype dans** <string.h>
string (in): chaîne à convertir
end (out): caractère qui a arrêté la conversion de la chaîne

**Exemple :** double_result = strtod ("133.344", &end);

**Note :** cette routine s'arrête sur un NULL ou lorsqu'elle rencontre un caractère qui ne peut être convertit. Si *end n'est pas égal à NULL c'est que la chaîne contient au moins un caractère invalide.

### *char *strtok (char *s1, char *s2);*

**Fonction :** cherche dans la chaîne s1 des éléments séparés par des délimiteurs définis dans une autre chaîne s2.

**Prototype dans** <string.h>

**Exemple :** result = strtok (s1, s2);

**Note :** si l'on trouve un délimiteur, strtok retourne un pointeur vers son emplacement. Dans le cas contraire, strtok retourne la valeur NULL.

### *long strtol (char *string, char **end, int radix);*

**Fonction :** convertit une chaîne en une valeur de type long.

**Prototype dans** <string.h>
string (in): chaîne à convertir
end (out): caractère qui a arrêté la conversion
radix (in): base de la valeur contenue dans la chaîne

**Exemple :** long_result = strtol ("133344L", &end, 10);

**Note :** cette routine s'arrête sur un NULL ou lorsqu'elle rencontre un caractère qui ne peut être convertit. Si *end n'est pas égal à NULL c'est que la chaîne contient au moins un caractère invalide.

### *unsigned long strtoul (const char *str, char **end, int radix);*

**Fonction :** convertit une chaîne en une valeur de type long non signé.

**Prototype dans** <stdlib.h>
str (in): chaîne à convertir
end (out): pointeur sur le dernier caractère convertit
radix (in): base de la représentation ASCII (2, 8, 10, 16)

**Exemple :** result = strtoul ("13334", end_pointer, 10);

### *char *strupr (char *string);*

**Fonction :** convertit les lettres minuscules d'une chaîne en majuscules.

**Prototype dans** <string.h>

**Exemple :** result = stupr (s1);

### *void swab (char *s1, char *s2, int n);*

**Fonction :** échange le nombre n d'octets de la chaîne s1 à la chaîne s2.

**Prototype dans** <stdlib.h>

**Exemple :** swab (s1, s2, sizeof(s1));

### *int system (char *DOScommand);*

**Fonction :** lance une commande du DOS à partir du programme.

**Prototype dans** <stdlib.h>

**Exemple :** result = system("DIR");

**Note :** la valeur retournée est celle engendrée par COMMAND.COM: 0 si l'opération a pu se réaliser, -1 sinon.

### *double tan (double value);*

**Fonction :** retourne la tangente d'une valeur donnée.

**Prototype dans** <math.h>

**Exemple :** result = tan (pi * x);

### *double tanh (double value);*

**Fonction :** retourne la tangente hyperbolique d'une valeur.

**Prototype dans** <math.h>

**Exemple :** result = tanh (pi* x);

### *long tell (int handle);*

**Fonction :** donne la position courante du pointeur du fichier spécifié.

**Prototype dans** <io.h>
handle (in): identificateur du fichier

**Exemple :** loc = tell (handle);

### *void textattr (int attribute);*

**Fonction :** configure les attributs du texte et sélectionne les couleurs de fond d'écran et d'écriture.

**Prototype dans** <conio.h>

**Exemple :** textattr (0xA1);

**Note :** les couleurs définies dans conio.h sont les suivantes:
a) pour le fond comme pour les caractères:
0 (noir), 1 (bleu), 2 (vert), 3 (cyan), 4 (rouge), 5 (magenta), 6 (brun), 7 (gris clair)
b) pour les caractères seulement:
8 (gris foncé), 9 (bleu clair), 10 (vert clair), 11 (cyan clair), 12 (rouge clair), 13 (magenta clair), 14 (jaune), 15 (blanc) 128 (clignotement);

### *void textbackground (int background_color);*

**Fonction :** sélectionne la couleur de fond désirée.

**Prototype dans** <conio.h>

**Exemple :** testbackground (3);

**Note :** voir conio.h pour les définitions de couleur.

### *void textcolor (int color);*

**Fonction :** sélectionne une nouvelle couleur pour les caractères en mode texte.

**Prototype dans** <conio.h>

**Exemple :** textcolor (1);

### *int far textheight (char far *string);*

**Fonction :** retourne la hauteur en pixels d'une chaîne en mode graphique.

**Prototype dans** <graphics.h>

**Exemple :** result = textheight ("TEXT"); /* la hauteur par défaut est 8 */

### *void textmode (int desired_mode);*

**Fonction :** sélectionne un mode texte spécifique.

**Prototype dans** <conio.h>
desired_mode (in): mode désiré: -1 (mode texte précédent), 0 (noir et blanc 40 colonnes), 1 (couleur 40 colonnes), 2 (noir et blanc 80 colonnes), 3 (couleur 80 colonnes), 7 (monochrome 80 colonnes).

**Exemple :** textmode (3);

### *int far textwidth (char far *string);*

**Fonction :** retourne la largeur d'une chaîne en pixels.

**Prototype dans** <graphics.h>

**Exemple :** result = textwidth ("TEXT"); /* largeur par défaut 8*4 */

### *long time (long *seconds);*

**Fonction :** retourne le nombre de secondes écoulées depuis le 01/01/1970 à O heure GMT.

**Prototype dans** <time.h>

**Exemple :** result = time (&seconds);

### *int toascii (int character);*

**Fonction :** convertit un caractère donné en une valeur comprise entre 0 et 127.

**Prototype dans** <ctype.h>

**Exemple :** ltr = toascii (extended_ascii_char);

### *int _tolower (int character);*

**Fonction :** convertit un caractère en minuscule.

**Prototype dans** <ctype.h>

**Exemple :** minus = _tolower(caract);

### *int tolower (int character);*

**Fonction :** convertit un caractère en minuscule.

**Prototype dans** <ctype.h>

**Exemple :** minus = tolower(caract);

### *int _toupper (int character);*

**Fonction :** convertit un caractère en majuscule.

**Prototype dans** <ctype.h>

**Exemple :** maju = _toupper(caract);

### *int toupper (int character);*

**Fonction :** convertit un caractère en majuscule.

**Prototype dans** <ctype.h>

**Exemple :** maju = _oupper(caract);

### *void tzet (void);*

**Fonction :** configure les variables globales daylight, timezone et tzname.

**Exemple :** tzet();

### *char *ultoa (unsigned long value, char *str, int radix);*

**Fonction :** convertit un entier long non signé en une chaîne.

**Prototype dans** <stdlib.h>
value (in): valeur à convertir
str (out): chaîne qui contiendra la représentation ASCII
radix (in): base souhaitée (2-36): 2=binaire, 10=décimale, 8=octale, 16=hexadécimale,

**Exemple :** result = ultoa (334114L, str, 10);

**Note :** la routine ultoa ne retourne pas de code d'erreur.

### *int ungetc (char character, FILE *stream);*

**Fonction :** replace un caractère dans un flux d'entrée.

**Prototype dans** <stdio.h>

**Exemple :** result = ungetc (lettre, fp);

**Note :** la routine ungetc retourne la valeur replacée dans le flux d'entrée.

### *int ungetch (char character);*

**Fonction :** replace un caractère dans le tampon du clavier.

**Prototype dans** <stdio.h>

**Exemple :** result = ungetch (lettre);

**Note :** la routine ungetch retourne la valeur replacée dans le tampon du clavier.

### *void unixtodos (long unixtime, struct date *date_ptr, struct time *_time_ptr);*

**Fonction :** convertit une date et une heure au format du DOS.

**Prototype dans** <dos.h>
unixtime (in): date et heure au format UNIX
date_ptr (out): structure contenant la date au format DOS
time_ptr (out): structure contenant l'heure au format DOS

**Exemple :** unixtodos (unixdatetime, &dosdate, &dostime);

### *int unlink (char *DOSnomfich);*

**Fonction :** supprime le fichier de nom DOSnomfich.

**Prototype dans** <dos.h>

**Exemple :** unlink ("TEST.BAK");

**Note :** la routine unlink retourne -1 en cas d'erreur et 0 dans le cas contraire.

### *int unlock (int filehandle, long offset, long num);*

**Fonction :** déverrouille un fichier partagé que l'on avait verrouillé avec lock.

**Prototype dans** <dos.h>

| | |
|---|---|
| filehandle (in): | indicateur du fichier |
| offset (in): | emplacement du début de la région |
| num (in): | nombre d'octets de la région à déverrouiller |

**Exemple :** result = unlock (handle, 1024, 255);

**Note :** la routine unlock retourne 0 si elle s'exécute sans erreur et -1 s'il se produit une erreur.

### *usertype va_arg (va_list param, usertype);*

**Fonction :** retourne l'argument suivant dans une liste variable d'arguments.

**Prototype dans** <stdarg.h>

| | |
|---|---|
| param (in): | liste d'arguments de longueur variable |
| type (in): | type des données des arguments |

**Exemple :** param = va_arg (arg_list, int);

**Note :** la routine va_arg retourne NULL après le dernier paramètre de la liste.

### *void va_end (va_list parameter);*

**Fonction :** marque la fin d'une liste variable d'arguments.

**Prototype dans** <stdarg.h>

**Exemple :** va_end(arg_list);

### *void va_start (va_list parameter);*

**Fonction :** marque le début d'une liste variable d'arguments.

**Prototype dans** <stdarg.h>

**Exemple :** va_start (arg_list);

## *int vfprintf (FILE *stream, char format_sequence, va_list arglist);*

**Fonction :** envoie des sorties formatées dans un flux.

**Prototype dans** <stdarg.h>

| | |
|---|---|
| stream (in): | pointeur sur le flux |
| format_sequence (in): | indications de formatage |
| arglist (in): | liste d'arguments de longueur variable |

**Exemple :** result = vfprintf (fp, "%d %c", arg_list);

**Note :** cette routine retourne le nombre d'octets sortis.

## *int vfscanf (FILE *stream, char format_sequence, va_list arglist);*

**Fonction :** effectue des entrées formatées depuis un flux.

**Prototype dans** <stdarg.h>

| | |
|---|---|
| stream (in): | pointeur sur le flux |
| format_sequence (in): | indications de formatage |
| arglist (in): | liste d'arguments de longueur variable |

**Exemple :** result = vfscanf (fp, "%d %c", arg_list);

**Note :** cette routine retourne le nombre de champs remplis.

## *int vprintf ( char format_sequence, va_list arglist);*

**Fonction :** envoie des sorties formatées dans le flux stdout..

**Prototype dans** <stdarg.h>

| | |
|---|---|
| format_sequence (in): | indications de formatage |
| arglist (in): | liste d'arguments de longueur variable |

**Exemple :** result = vprintf ("%d %c", arg_list);

**Note :** cette routine retourne le nombre d'octets sortis.

## *int vscanf (char format_sequence, va_list arglist);*

**Fonction :** effectue des entrées formatées depuis le flux stdin.

**Prototype dans** <stdarg.h>

| | |
|---|---|
| format_sequence (in): | indications de formatage |
| arglist (in): | liste d'arguments de longueur variable |

**Exemple :** result = vscanf ( "%d %c", arg_list);

**Note :** cette routine retourne le nombre de champs remplis.

### *int vsprintf (char *string, char format_sequence, va_list arglist);*

**Fonction :** envoie des sorties formatées dans une chaîne de caractères.

**Prototype dans** <stdarg.h>

| | |
|---|---|
| string (in): | chaîne dans laquelle se fait la sortie |
| format_sequence (in): | indications de formatage |
| arglist (in): | liste d'arguments de longueur variable |

**Exemple :** result = vsprintf (str, "%d %c", arg_list);

**Note :** cette routine retourne le nombre d'octets sortis.

### *int vsscanf (char *string, char format_sequence, va_list arglist);*

**Fonction :** effectue des entrées formatées depuis une chaîne de caractères.

**Prototype dans** <stdarg.h>

| | |
|---|---|
| string (in): | chaîne dans laquelle on lit |
| format_sequence (in): | indications de formatage |
| arglist (in): | liste d'arguments de longueur variable |

**Exemple :** result = vsscanf (str, "%d %c", arg_list);

**Note :** cette routine retourne le nombre de champs remplis.

### *int wherex (void);*

**Fonction :** retourne la coordonnée en x du curseur dans la fenêtre courante.

**Prototype dans** <conio.h>

**Exemple :** x_loc = wherex();

### *int wherey (void);*

**Fonction :** retourne la coordonnée en y du curseur dans la fenêtre courante.

**Prototype dans** <conio.h>

**Exemple :** y_loc = wherey();

### *void window (int left, top, right, bottom);*

**Fonction :** définit la fenêtre active en mode texte.

**Prototype dans** <conio.h>

| | |
|---|---|
| left, top (in): | coin supérieur gauche |
| right, bottom (in): | coin inférieur bas |

**Exemple :** window (1, 1, 80, 25);

### *int _write (handle, void *buffer, int n);*

**Fonction :** écrit dans un fichier un certain nombre d'octets pris dans un tampon.

**Prototype dans** <io.h>

| | |
|---|---|
| handle (in): | identificateur du fichier |
| buffer (in): | tampon contenant les données |
| n (in): | nombre d'octets à écrire |

**Exemple :** bytes_wtn = _write (handle, buffer, sizeof(buffer));

**Note :** s'il n'y a pas d'erreur, _write retourne le nombre d'octets écrits; dans le cas contraire, elle retourne -1. Le nombre maximum d'octets qui peuvent être écrits est de 65 534.

### *int write (handle, void *buffer, int n);*

**Fonction :** écrit dans un fichier un certain nombre d'octets pris dans un tampon.

**Prototype dans** <io.h>

| | |
|---|---|
| handle (in): | identificateur du fichier |
| buffer (in): | tampon contenant les données |
| n (in): | nombre d'octets à écrire |

**Exemple :** bytes_wtn = write (handle, buffer, sizeof(buffer));

**Note :** s'il n'y a pas d'erreur, _write retourne le nombre d'octets écrits; dans le cas contraire, elle retourne -1. Le nombre maximum d'octets qui peuvent être écrits est de 65 534.

ANNEXE

# B Les codes ASCII

Vous trouverez ci-dessous la table des codes des caractères ASCII

| DEC | OCTAL | HEX | ASCII | DEC | OCTAL | HEX | ASCII |
|---|---|---|---|---|---|---|---|
| 0 | 000 | 00 | NUL | 27 | 033 | 1B | ESC |
| 1 | 001 | 01 | SOH | 28 | 034 | 1C | FS |
| 2 | 002 | 02 | STX | 29 | 035 | 1D | GS |
| 3 | 003 | 03 | ETX | 30 | 036 | 1E | RS |
| 4 | 004 | 04 | EOT | 31 | 037 | 1F | US |
| 5 | 005 | 05 | ENQ | 32 | 040 | 20 | SPACE |
| 6 | 006 | 06 | ACK | 33 | 041 | 21 | ! |
| 7 | 007 | 07 | BEL | 34 | 042 | 22 | " |
| 8 | 010 | 08 | BS | 35 | 043 | 23 | # |
| 9 | 011 | 09 | HT | 36 | 044 | 24 | $ |
| 10 | 012 | 0A | LF | 37 | 045 | 25 | % |
| 11 | 013 | 0B | VT | 38 | 046 | 26 | & |
| 12 | 014 | 0C | FF | 39 | 047 | 27 | ' |
| 13 | 015 | 0D | CR | 40 | 050 | 28 | ( |
| 14 | 016 | 0E | SO | 41 | 051 | 29 | ) |
| 15 | 017 | 0F | SI | 42 | 052 | 2A | * |
| 16 | 020 | 10 | DLE | 43 | 053 | 2B | + |
| 17 | 021 | 11 | DC1 | 44 | 054 | 2C | , |
| 18 | 022 | 12 | DC2 | 45 | 055 | 2D | — |
| 19 | 023 | 13 | DC3 | 46 | 056 | 2E | . |
| 20 | 024 | 14 | DC4 | 47 | 057 | 2F | / |
| 21 | 025 | 15 | NAK | 48 | 060 | 30 | 0 |
| 22 | 026 | 16 | SYN | 49 | 061 | 31 | 1 |
| 23 | 027 | 17 | ETB | 50 | 062 | 32 | 2 |
| 24 | 030 | 18 | CAN | 51 | 063 | 33 | 3 |
| 25 | 031 | 19 | EM | 52 | 064 | 34 | 4 |
| 26 | 032 | 1A | SUB | | | | |

| DEC | OCTAL | HEX | ASCII | DEC | OCTAL | HEX | ASCII |
|---|---|---|---|---|---|---|---|
| 53 | 065 | 35 | 5 | 94 | 136 | 5E | ^ |
| 54 | 066 | 36 | 6 | 95 | 137 | 5F | — |
| 55 | 067 | 37 | 7 | 96 | 140 | 60 | ` |
| 56 | 070 | 38 | 8 | 97 | 141 | 61 | a |
| 57 | 071 | 39 | 9 | 98 | 142 | 62 | b |
| 58 | 072 | 3A | : | 99 | 143 | 63 | c |
| 59 | 073 | 3B | ; | 100 | 144 | 64 | d |
| 60 | 074 | 3C | < | 101 | 145 | 65 | e |
| 61 | 075 | 3D | = | 102 | 146 | 66 | f |
| 62 | 076 | 3E | > | 103 | 147 | 67 | g |
| 63 | 077 | 3F | ? | 104 | 150 | 68 | h |
| 64 | 100 | 40 | @ | 105 | 151 | 69 | i |
| 65 | 101 | 41 | A | 106 | 152 | 6A | j |
| 66 | 102 | 42 | B | 107 | 153 | 6B | k |
| 67 | 103 | 43 | C | 108 | 154 | 6C | l |
| 68 | 104 | 44 | D | 109 | 155 | 6D | m |
| 69 | 105 | 45 | E | 110 | 156 | 6E | n |
| 70 | 106 | 46 | F | 111 | 157 | 6F | o |
| 71 | 107 | 47 | G | 112 | 160 | 70 | p |
| 72 | 110 | 48 | H | 113 | 161 | 71 | q |
| 73 | 111 | 49 | I | 114 | 162 | 72 | r |
| 74 | 112 | 4A | J | 115 | 163 | 73 | s |
| 75 | 113 | 4B | K | 116 | 164 | 74 | t |
| 76 | 114 | 4C | L | 117 | 165 | 75 | u |
| 77 | 115 | 4D | M | 118 | 166 | 76 | v |
| 78 | 116 | 4E | N | 119 | 167 | 77 | w |
| 79 | 117 | 4F | O | 120 | 170 | 78 | x |
| 80 | 120 | 50 | P | 121 | 171 | 79 | y |
| 81 | 121 | 51 | Q | 122 | 172 | 7A | z |
| 82 | 122 | 52 | R | 123 | 173 | 7B | { |
| 83 | 123 | 53 | S | 124 | 174 | 7C | / |
| 84 | 124 | 54 | T | 125 | 175 | 7D | } |
| 85 | 125 | 55 | U | 126 | 176 | 7E | ~ |
| 86 | 126 | 56 | V | 127 | 177 | 7F | DEL |
| 87 | 127 | 57 | W | | | | |
| 88 | 130 | 58 | X | | | | |
| 89 | 131 | 59 | Y | | | | |
| 90 | 132 | 5A | Z | | | | |
| 91 | 133 | 5B | [ | | | | |
| 92 | 134 | 5C | \ | | | | |
| 93 | 135 | 5D | ] | | | | |

# Index

## *Disquette d'accompagnement*

Ce livre comporte des milliers de lignes de code. Toutes les routines sont fournies dans leur intégralité, de sorte que vous pourrez les taper sur votre micro-ordinateur lorsque vous en aurez besoin. Attention cependant à ne pas taper les accents circonflexes et trémas que nous avons mis dans les commentaires afin d'améliorer la lisibilité des programmes.

Vous pouvez également disposer de la version originale de toutes ces routines: Il vous suffit de commander la disquette qui les contient, disquette qui vous sera fournie avec un petit manuel qui présente en français chaque routine. Ceci vous permettra de gagner du temps, d'abord en évitant de retaper le code source, ensuite en ayant l'ensemble de la documentation des programmes sous la main.

Pour recevoir cette disquette (5 1/4 pouces, format MS-DOS) au prix de 240 F., il vous suffit de remplir le bon ci-dessous.

Bon de commande

Veuillez me faire parvenir la disquette correspondant à l'ouvrage Bibliothèque du programmeur en Turbo C. Je joins mon paiement (220,00 F. plus 20,00 F. de frais de port et d'emballage, soit au total 240,00 F.) par chèque à l'ordre de Bernard Decourbe Consultants.

A renvoyer à: Bernard Decourbe Consultants
Service DC
75, avenue Parmentier
75011 Paris

Nom ..............................................................................

Prénom ..........................................................................

Adresse .........................................................................

...................................................................................................

Code Postal .................. Ville ...................................

Reproduction photomécanique
IMPRIMERIE LOUIS-JEAN
BP 87 — 05002 GAP
Tél. : 92.51.35.23
Dépôt légal : 385 — Mai 1989
Imprimé en France